Im Westen was Neues

D1665276

Uwe Andersen/Rainer Bovermann (Hrsg.)

Im Westen was Neues

Kommunalwahl 1999 in NRW

Leske + Budrich, Opladen 2002

Gedruckt auf alterungsbeständigem und säurefreiem Papier

Die Deutsche Bibliothek – CIP-Einheitsaufnahme
Ein Titeldatensatz für die Publikation ist bei
Der Deutschen Bibliothek erhältlich

ISBN 3-8100-3373-1

© 2002 Leske + Budrich, Opladen

Satz: Leske + Budrich, Opladen
Druck: DruckPartner Rübelmann, Hemsbach
Printed in Germany

Inhaltsverzeichnis

Uwe Andersen/Rainer Bovermann

Einführung: Die Uraufführung der Bürgermeisterdirektwahl in NRW

1. Vorstellung des Forschungsprojektes

„Im Westen was Neues" – dieses auch als Titel des vorliegenden Sammelbandes gewählte Schlaglicht beschreibt zutreffend, wenn auch zugespitzt, die Kommunalwahl 1999 in Nordrhein-Westfalen unter zwei zentralen Aspekten. Zum einen handelt es sich bei der Kommunalwahl 1999 um eine „Uraufführung", insofern sie unter tiefgreifend veränderten institutionellen Rahmenbedingungen stattfand. Die kommunale Verfassungs„revolution" von 1994 in Nordrhein-Westfalen war nach der grundlegenden kommunalen Gebietsreform der 70er Jahre und der anschließenden begrenzten kommunalen Funktionalreform zweifellos der weitreichendste Eingriff in die Rahmenbedingungen der kommunalen Selbstverwaltung bzw. Kommunalpolitik. Zu den wichtigsten Veränderungen 1994 zählt die Abschaffung der norddeutschen Ratsverfassung, insbesondere die Einführung des hauptamtlichen Bürgermeisters[1] als Einheitsspitze – Vorsitzender des Rates und Verwaltungschef – an Stelle der Doppelspitze sowie seine Direktwahl durch die Bürgerschaft. Zum anderen führte die Kommunalwahl 1999 zu einer erheblichen Veränderung der parteipolitischen Landschaft. Mitbedingt durch eine ausgeprägte Schwächephase der SPD-geführten rot-grünen Bundesregierung gelang der CDU ein beeindruckender kommunalpolitischer Wahlsieg. So eroberten CDU-(Ober-)Bürgermeister selbst eine Reihe von Rathäusern des bisher sozialdemokratisch dominierten Ruhrgebiets, und die SPD verlor in einer Vielzahl von Räten dieser bisher tiefroten Region ihre zur Tradition gewordenen Mehrheiten.

Die kommunalen Wahlergebnisse im Einzelnen sind von einer Vielzahl von Faktoren beeinflusst worden. Bei einer landesweiten Betrachtung drängt sich der Eindruck auf, dass die Ergebnisse am stärksten von der bundespolitischen Großwetterlage geprägt worden sind. Demgegenüber dürften die grundlegend veränderten Rahmenbedingungen, die für alle Beteiligten neue Chancen und Risiken bedeuteten, den landesweiten Ergebnistrend weniger

---

1   Wir greifen hier der Lesbarkeit halber auf eine geschlechtsspezifische Schreibweise zurück, bemühen uns aber im Allgemeinen um geschlechtsneutrale Formulierungen.

stark bestimmt haben. Gleichwohl stehen diese langfristig vermutlich bedeut-
sameren neuen Rahmenbedingungen und ihr Prägepotenzial im Mittelpunkt
des Interesses dieses Sammelbandes.

Die Herausgeber haben die Uraufführung der Bürgermeisterdirektwahl
als einmalige Chance gesehen, diese mit dem Reiz des Neuen ausgestattete
Experimentalsituation wissenschaftlich empirisch zu begleiten und zu analysieren. Dabei bot sich der methodische Zugriff insbesondere über kommunale
Fallstudien unter Einschluss repräsentativ angelegter Umfragen auch deshalb
an, weil solche empirischen Studien auf der kommunalen Ebene in Deutschland bisher extrem selten sind.[2] Eine gewichtige Ursache dieses Defizits
dürfte in den erheblichen Kosten liegen, die insbesondere mit repräsentativen
Umfragen verbunden und für die auf kommunaler Ebene Financiers schwer
zu finden sind. Glücklicherweise stieß unser Forschungsvorhaben sowohl bei
der Kommunalabteilung des Innenministeriums Nordrhein-Westfalen als
auch bei den ins Auge gefassten vier Kommunen, den Städten Essen, Duisburg, Xanten und der Gemeinde Hünxe, die sich zu einem Forschungsver-
bund zusammenschlossen, auf großes Interesse. Im Auftrag des Forschungsverbundes und mit finanzieller Hilfe des Innenministeriums haben die beiden
Herausgeber mit einer Arbeitsgruppe im Zentrum für interdisziplinäre Ruhrgebietsforschung (ZEFIR) der Ruhr-Universität Bochum das Forschungsprojekt umsetzen können. Die Herausgeber sind daher insbesondere Ministe-
rialdirigent a.D. Friedrich Wilhelm Held, dem damaligen Leiter der Kommunalabteilung im Innenministerium, für sein Engagement und seine Hilfe sowie den politischen Spitzen der vier Kommunen und den beteiligten Mitarbeitern zu besonderem Dank verpflichtet. Ohne ihre Offenheit, Unterstützung
und Kooperation wäre die erfolgreiche Durchführung des Projektes nicht
möglich gewesen. Der abschließende ausführliche Projektbericht[3] ist an die
vier Kommunen des Forschungsverbundes und das Innenministerium des
Landes NRW übermittelt und von letzterem auch an den Kommunalaus-
schuss des Landtages weitergeleitet worden. Dieser Sammelband greift auf
den Bericht zurück, geht aber sowohl in den behandelten Fragestellungen als
auch in der Auswertungstiefe darüber hinaus und bezieht auch zusätzliches

---

2   Zu den wenigen Beispielen empirischer Untersuchungen mit repräsentativen Bür-
    gerumfragen zu Kommunalwahlen zählen: Biege u.a. 1978; Gabriel/Brettscheider/
    Vetter 1997; Löffler/Rogg 1985; Marcinkowski 2001. Beispiele für empirische Studi-
    en unter Rückgriff auf Akteursbefragungen sind darüber hinaus die Untersuchungen
    von Hans-Georg Wehling zu den Bürgermeistern in Baden-Württemberg (Weh-
    ling/Siewert 1984; Wehling 1998) sowie das von Janbernd Oebbecke geleitete For-
    schungsprojekt zu den hauptamtlichen Bürgermeistern in NRW während der Über-
    gangszeit 1994-99 (Lingk 1999, Schulenburg 1999). Zur Kommunalverfassung und
    Kommunalpolitik in NRW vgl. auch die Analyse von Jörg Bogumil (2001).
3   Kommunalwahl 1999 – Erste direkte (Ober-)Bürgermeisterwahl in NRW. Analyse der
    Rats- und Bürgermeisterwahl auf der Basis von Fallstädten und einer landesweiten
    Ergänzungskomponente, Bochum 2000.

empirisches Material aus anderen Befragungen ein. Die Verantwortung für Konzeption und Inhalt liegt selbstverständlich allein bei den Herausgebern und Autoren.

Erfreulicherweise hat sich die Landeszentrale für politische Bildung NRW entschlossen, der speziellen Zielgruppe der Kommunen diesen Sammelband zur Verfügung zu stellen. Unser besonderer Dank gilt daher auch der Landeszentrale und insbesondere dem zuständigen Referenten Dr. Andreas Kost.

2. Ausgangssituation: Änderungen der Gemeindeordnung und rechtliche Rahmenbedingungen

Der grundlegende Charakter der Änderungen der Gemeindeordnung Nordrhein-Westfalen im Jahre 1994 rechtfertigt die Bezeichnung kommunale Verfassungsrevolution. Das betrifft sowohl die institutionelle Neukonfiguration der Gemeindeorgane – die „innere" Kommunalverfassung – als auch die durchgängige Grundtendenz eines erweiterten Angebots der Bürgerpartizipation. Letzteres gilt quantitativ wie qualitativ und bezieht sich sowohl auf Personalplebiszite – Bürgermeisterdirektwahl – wie Sachplebiszite. Auf die letztgenannte Möglichkeit von Bürgerbegehren und -entscheid wird im Rahmen dieses Sammelbandes nur am Rande eingegangen. Gleichwohl ist im Auge zu behalten, dass sie – und sei es als „fleet in being" – die Handlungsoptionen der Bürgerschaft erweitert und damit auch als Widerlager der durch Wahlen legitimierten Gemeindeorgane betrachtet werden kann, das deren Handlungsspielraum zusätzlich begrenzt und ein auch nur zeitweiliges Entfernen vom kommunalen Mehrheitstrend politisch risikoreich macht.

Die seit 1952 geltende Gemeindeordnung wurde von Anfang an kontrovers diskutiert. Trotz einiger bedeutender Änderungen kam es bis 1994 jedoch nicht zu einer grundlegenden Systemreform.[4] Zentraler Kritikpunkt in einer sich seit den 80er Jahren verschärfenden Debatte war die vom britischen System des „local government" beeinflusste Aufgabenverteilung an der Gemeindespitze.

---

4   Zu den seit 1952 vorgenommenen Änderungen vgl. Andersen 1998, 51ff. und ausführlich Lingk 1999.

Abbildung 1:   Leitungsstruktur der Gemeindeordnung NRW (alt)

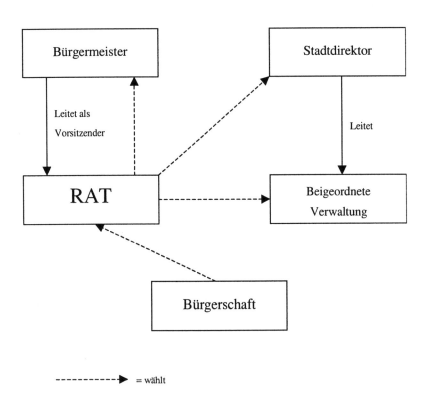

Quelle: Andersen 1998, S. 62.

Die theoretische Trennung von (unpolitischer) Verwaltungsführung durch
den Stadtdirektor und (politischem) Ratsvorsitz und Repräsentation durch
den ehrenamtlichen Bürgermeister sei weder von der Bürgerschaft verstanden
worden, noch in der kommunalen Praxis durchzuhalten gewesen, was zu
Reibungsverlusten zwischen den Akteuren und zu einem generellen Ausein-
anderklaffen von Verfassungsnorm und Verfassungswirklichkeit geführt habe
– so der Tenor der Kritik. Daher war die Vereinigung der beiden Spitzenämter zu einem neuen hauptamtlichen Bürgermeister, der von den Bürgerinnen
und Bürgern direkt zu wählen sei, eine der zentralen Forderungen der Kriti-
ker der nordrhein-westfälischen Gemeindeordnung. Hier diente vor allem die
baden-württembergische Gemeindeordnung als Vorbild hinsichtlich der Füh-

rungsstruktur sowie der klaren Abgrenzung der Kompetenzen von Gemeindespitze und Vertretungskörperschaft.[5]

Andere Diskussionspunkte, wie beispielsweise Rolle und Selbstverständnis der Ratsmitglieder, gerieten im Verlauf der Debatte zunehmend in den Hintergrund. Als Ergebnis eines kontroversen parlamentarischen Beratungsprozesses wurde 1994 schließlich die Doppelspitze in NRW abgeschafft.[6]

Abbildung 2:   Leitungsstruktur der Gemeindeordnung NRW (neu)

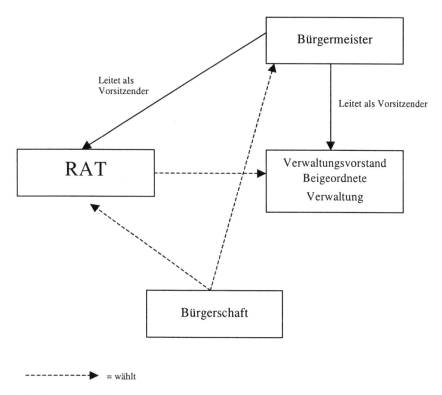

Quelle: Andersen 1998, S. 62.

---

5   Vgl. hier vor allem die Beiträge von Banner 1984 und 1989.
6   Zum Verlauf des parlamentarischen Beratungsprozesses vgl. Lingk 1999, S. 149ff.; Andersen 1998, S. 56ff.; Kleinfeld 1996, S. 78 ff. sowie Freis 1998.

Die nun seit 1994 gültige Leitungsstruktur der Gemeindeordnung NRW hat sich in zwei wesentlichen Merkmalen der Gemeindeordnung Baden-Württembergs angeglichen: Der von den Bürgern direkt gewählte hauptamtliche Bürgermeister ist nun Vorsitzender des Rates sowie Leiter der Verwaltung (Einheitsspitze), allerdings ist die formale Stellung des hauptamtlichen Bürgermeisters in Nordrhein-Westfalen sowohl hinsichtlich der Kompetenzausstattung als auch des Wahlmodus (verbundene Wahl mit dem Rat) schwächer als die seines baden-württembergischen Amtskollegen.

Man hat in NRW also bei allen Angleichungsprozessen der Gemeindeordnungen in Deutschland eine eigene institutionelle Konfiguration entwickelt. Trotz der Annäherung an die Süddeutsche Ratsverfassung durch die Direktwahl der Einheitsspitze wurden wichtige institutionelle Arrangements, die gerade das Verhältnis von Rat und Bürgermeister maßgeblich mitbestimmen, aus der alten Gemeindeordnung NRW übernommen (z.B. Rückholrecht des Rates, alleinige Ratswahl der Beigeordneten), und bei den Neuregelungen wurde darauf geachtet, dass eine relativ enge Anbindung des Bürgermeisters an die Vertretungskörperschaft bzw. an die einzelnen Parteien erfolgt (z.B. verbundene Wahl, Vorschlagsrecht der Parteien bei Bürgermeisterkandidaten). Man kann dieses institutionelle Design vor dem Hintergrund des konfliktreichen Entscheidungsprozesses bei der Verabschiedung der neuen Gemeindeordnung NRW als ein Kompromissmodell zwischen süddeutscher Ratsverfassung und der bisherigen starken Stellung der Vertretungskörperschaft und der Fraktionen in NRW deuten.

Entschiedene Befürworter des süddeutschen Ratsmodells sehen hierin eher eine Verwässerung. Von Arnim spricht sogar von den „Absonderlichkeiten der neuen Kommunalverfassung in Nordrhein-Westfalen",[7] die nach seiner Auffassung dadurch zustande kamen, dass man sich durch die Androhung eines Volksbegehrens seitens der Politik gezwungen sah, die Direktwahl des Bürgermeisters einzuführen, aber durch die institutionelle Ausgestaltung sicherstellen wollte, dass die Einflusschancen der Bürger nicht zu groß werden bzw. die Interessen der Parteien nicht negativ tangiert werden. Auf der anderen Seite kann man dem entgegen halten, dass das institutionelle Design der neuen Gemeindeordnung NRW wohl nicht nur vor dem Hintergrund der unterschiedlichen Eigeninteressen der politischen Akteure auf der Landesebene zu erklären ist, sondern dass auch sachlich rationale Gründe dafür sprechen, in NRW von der süddeutschen Ratsverfassung in einigen Punkten abzuweichen. Ein Grund dafür mag z.B. in der unterschiedlichen durchschnittlichen Gemeindegröße liegen.

Mit Inkrafttreten des Gesetzes zur Änderung der Kommunalverfassung einen Tag nach der Kommunalwahl am 17. Oktober 1994 begann die lange Übergangsphase bis zur ersten Direktwahl der hauptamtlichen Bürgermeister am 12. September 1999. In dieser Phase hatten die Kommunen die Möglich-

---

7   Vgl. von Arnim 2000.

keit, vorzeitig durch Wahl eines hauptamtlichen Bürgermeisters durch den Gemeinderat auf das neue Recht umzusteigen, eine in dieser Form in Deutschland einmalige Lösung. Mit Blick auf die noch laufenden Amtszeiten der Stadtdirektoren trug diese Regelung dazu bei, die Akzeptanz der Reform zu erhöhen und die Versorgungslasten der Kommunen zu reduzieren.

Bis zum letztmöglichen Termin der Umstellung (31.12.1998) hatten 163 Städte und Gemeinden in Nordrhein-Westfalen die Möglichkeit der Umstellung genutzt, davon 16 kreisfreie Städte und 147 kreisangehörige Städte und Gemeinden. Verteilt auf die Gemeindegrößenklassen ergibt sich folgendes Bild:

Tabelle 1: Umstellung auf die neue Gemeindeordnung nach Gemeindegrößenklassen 1994-1999

Umstellung		Größenklassen					Gesamt
		1	2	3	4	5	
Nein	Anzahl	41	78	80	22	12	233
	%	70,7	61,4	58,4	50,0	40,0	58,8
Ja	Anzahl	17	49	57	22	18	163
	%	29,3	38,6	41,6	50,0	60,0	41,2
Gesamt	Anzahl	58	127	137	44	30	396

Anmerkungen: Größenklasse 1: unter 10.000 Einwohner; 2: 10.000 bis unter 20.000 Einwohner; 3: über 20.000 bis unter 50.000 Einwohner; 4: über 50.000 bis unter 100.000 Einwohner; 5: über 100.000 Einwohner.
Quelle: Informationen des Innenministeriums NRW.

Der Anteil der Kommunen, die auf die neue Gemeindeordnung umgestellt hatten, nahm mit der Gemeindegröße zu. So hatten in Gemeinden unter 10.000 Einwohnern nur 29,3% (17 Städte/Gemeinden) einen hauptamtlichen Bürgermeister, in den Großstädten über 100.000 Einwohnern dagegen 60,0% (18 Städte).

Die Kommunalwahl 1999, mit der die Umsetzung der neuen Gemeindeordnung in die entscheidende Phase trat, war in mehrfacher Hinsicht eine Uraufführung. Zum einen fand zum ersten Mal eine Direktwahl des Bürgermeisters in Nordrhein-Westfalen statt, zum anderen ergaben sich einige bedeutende Änderungen des aktiven Wahlrechts sowie von Regelungen, die die Zusammensetzung der Gemeinderäte entscheidend beeinflussten. Die Kommunalwahl 1999 war eine verbundene Wahl. In kreisfreien Städten wurden am gleichen Termin die Oberbürgermeister, die Stadträte und die Bezirksvertretungen, in kreisangehörigen Städten/Gemeinden die Landräte, die Kreistage, die Bürgermeister und die Gemeinderäte gewählt.[8] Die rechtlichen Grundlagen zur Durchführung der Kommunalwahl ergeben sich einerseits aus den

---

8   Die Wahlen von Landräten und Kreistagen werden im Weiteren nicht berücksichtigt.

wahlbezogenen Regelungen der Gemeindeordnung NRW sowie andererseits
aus dem vom Landtag NRW am 12. Mai 1998 beschlossenem Kommunalwahlgesetz (KWG) und der vom Innenministerium am 8.6.1998 erlassenen
Kommunalwahlordnung (KWO). Im Folgenden sollen die rechtlichen Rahmenbedingungen der Kommunalwahl 1999 unter besonderer Berücksichtigung der Vorschriften zur Aufstellung von Bürgermeisterkandidatinnen und -
kandidaten zusammengefasst werden.

Eine zusammenfassende Übersicht zu den Voraussetzungen des aktiven
Wahlrechts bietet die folgende Tabelle.

Tabelle 2:   Kriterien des aktiven Wahlrechts

Deutsche Staatsbürgerschaft (Art. 116 Absatz 1 des Grundgesetzes) oder Staatsbürgerschaft eines anderen Mitgliedslandes der Europäischen Union (KWG §7)
Mindestens vollendetes 16. Lebensjahr (KWG §7)
Hauptwohnsitz in der Gemeinde seit mindestens drei Monaten (KWG §7)
Ausnahmen (nicht wahlberechtigt):
– Entmündigung
– richterliche Aberkennung des Wahlrechts (KWG §8)
Quelle: Andersen/Bovermann/Gehne 1999, S. 19; ergänzt um die Fundstellen.

Die Ausweitung des Wahlrechts auf die Einwohner aus Staaten der Europäi-
schen Union ist eine Folge des Vertrags von Maastricht, in dem sich die Mit-
gliedsstaaten der Europäischen Union verpflichtet hatten, Bürgerinnen und
Bürgern anderer Mitgliedsstaaten das kommunale Wahlrecht einzuräumen.
Der Landtag NRW hat diese Anpassung am 12.12.1995 vorgenommen. Die
Herabsetzung des Wahlalters auf 16 Jahre war dagegen eine politische Ent-
scheidung der rot-grünen Landesregierung, die sich dadurch eine stärkere
Einbindung von Jugendlichen in politische Prozesse erhoffte. Beide Ände-
rungen zusammen bewirkten eine Ausweitung der Wählerschaft bei der
Kommunalwahl 1999 um ca. 750.000 Personen (fast 6%).

Neben der Ausweitung des aktiven Wahlrechts hatten zwei weitere Neuregelungen bei der Kommunalwahl 1999 zum ersten Mal Gültigkeit, die gerade in ihrem Zusammenwirken die Zusammensetzung der Gemeindevertre-
tungen nachhaltig beeinflussten. Zum einen wurde das Stimmenverrech-
nungsverfahren bei der Ratswahl gewechselt. Anstelle des Höchstzahlverfah-
rens nach d'Hondt, das in bestimmten Fällen bei der Vergabe der letzten Sitze größere Parteien/Wählergruppen begünstigt,[9] wird nun das Verfahren der
mathematischen Proportionen nach Hare/Niemeyer angewandt. Zum anderen
hob der Landtag in seiner Sondersitzung am 14.7.1999 die Fünf-Prozent-
Klausel bei Kommunalwahlen auf. Erzwungen wurde eine Anpassung durch

---

9   Ein Beispiel bietet die Neuberechnung der Sitzverteilung nach Hare/Niemeyer bei der
    Wahl des Rates der Stadt Essen 1994. Vgl. dazu Andersen/Bovermann/Gehne 1999,
    S. 54.

das Urteil des Verfassungsgerichtshofs des Landes Nordrhein-Westfalen vom 6.7.1999, in welchem die Fünf-Prozent-Klausel bei Kommunalwahlen für unwirksam erklärt[10] und damit den Klagen der Partei des Demokratischen Sozialismus (PDS) und der Ökologisch Demokratischen Partei (ÖDP) stattgegeben wurde. Beide Änderungen begünstigten bei der Kommunalwahl 1999 Zahl und Stärke der in den Räten vertretenen kleinen Parteien/Wählergruppen und erschwerten damit tendenziell eine Mehrheitsbildung in den Gemeinderäten.

Tabelle 3 bietet eine zusammenfassende Übersicht zu den Voraussetzungen des passiven Wahlrechts für das Amt des Bürgermeisters.

Tabelle 3:   Kriterien des passiven Wahlrechts (Bürgermeister)

Deutsche Staatsbürgerschaft (Art. 116, Absatz 1 des Grundgesetzes) oder Staatsbürgerschaft eines Mitgliedslandes der Europäischen Union
Mindestens vollendetes 23. Lebensjahr, höchstens vollendetes 68. Lebensjahr (§ 195, Absatz 4 Landesbeamtengesetz)
Hauptwohnsitz in der Bundesrepublik Deutschland
Keine besondere berufliche Qualifikation
Ausnahmen (nicht wahlberechtigt):
– Entmündigung
– richterliche Aberkennung des Wahlrechts

Quelle: Andersen/Bovermann/Gehne 1999, S. 23; ergänzt um die Fundstellen.

Die untere Altersgrenze liegt im Gegensatz zum passiven Wahlrecht zum Rat bei 23 Jahren. Darüber hinaus gibt es mit 68 eine obere Altersgrenze. Sie ergibt sich aus den Regelungen des Landesbeamtengesetzes und findet aufgrund des Status des Bürgermeisters als kommunaler Wahlbeamter Anwendung. Von einer Residenzpflicht wurde abgesehen, d.h. ein Bürgermeisterkandidat muss nicht in der Gemeinde wohnen, in der er kandidiert. Dies soll die Bewerbung auswärtiger Kandidaten ermöglichen. Gewählt werden können ausdrücklich auch Bundestags- oder Landtagsabgeordnete und Mitglieder des Kreistags oder des Rates. Im Falle einer Wahl zum Bürgermeister besteht jedoch eine Unvereinbarkeit dieser Ämter mit dem Amt des Bürgermeisters.

Bei der Bewerbung für das Amt des Bürgermeisters können im Hinblick auf den Weg zur Kandidatur drei Typen unterschieden werden: Kandidaten von Parteien und Wählergruppen, Einzelbewerber und „aus dem Amt" heraus kandidierende Einzelbewerber. Kandidaten von Parteien oder Wählergruppen müssen in einer Mitglieder- oder Vertreterversammlung gewählt worden sein, die innerhalb der letzten 15 Monate vor der Wahl stattgefunden haben muss. Kandidaten von Parteien und Wählergruppen, die zur Zeit der Bewer-

---

10 Urteil des Verfassungsgerichtshofes des Landes Nordrhein-Westfalen vom 6. Juli 1999 (VerfGH 14 und 15/98).

bung um das Amt nicht im Rat, Kreistag, Landtag oder Bundestag vertreten sind, müssen Unterstützungsunterschriften sammeln. In Gemeinden bis zu 10.000 Einwohnern sind dies mindestens dreimal so viele, in Gemeinden mit mehr als 10.000 Einwohnern mindestens fünfmal so viele Unterstützungsunterschriften, wie der Rat Mitglieder hat.

Einzelbewerber können sich selbst vorschlagen. Sie müssen entsprechend den Regelungen für Parteikandidaten, deren Parteien nicht in den Vertretungskörperschaften vertreten sind, im Normalfall Unterstützungsunterschriften sammeln. Ausgenommen von der Verpflichtung, Unterstützungsunterschriften beizubringen, sind jedoch die aus dem Amt kandidierenden Einzelbewerber. Hierzu zählten bei der Kommunalwahl 1999 bereits amtierende hauptamtliche Bürgermeister und noch im Amt befindliche Gemeindedirektoren, nicht dagegen noch amtierende ehrenamtliche Bürgermeister.

Für die Wahlentscheidung gilt, dass jeder Wähler bei der Bürgermeisterwahl eine Stimme hat. Gewählt ist, wer mehr als die Hälfte der gültigen Stimmen erhalten hat. Falls nur ein Bewerber kandidiert, müssen mindestens 25% der Wahlberechtigten für ihn gestimmt haben. Falls im ersten Wahlgang keiner der Kandidaten den nötigen Stimmenanteil erhalten hat, findet zwei Wochen nach dem ersten Wahlgang eine Stichwahl zwischen den beiden Kandidaten statt, die im ersten Wahlgang die meisten Stimmen gewonnen haben. Gewählt ist dann, wer von den gültigen Stimmen die meisten erhält.

3. Der Ausgang der Wahl im Überblick

Nachdem die Ausgangssituation im Hinblick auf die erste Bürgermeisterdirektwahl ausführlicher vorgestellt worden ist, soll nun noch ein kürzerer Blick auf die zweite Neuerung im Zusammenhang mit der Kommunalwahl 1999 in NRW geworfen werden: Die Veränderung der politischen Landschaft als Folge des Wahlausgangs. Dazu sind die Einzelergebnisse der Ratswahl in den 396 Kommunen zu einem Gesamtergebnis summiert worden.[11] Dieses Vorgehen ist eigentlich für eine Kommunalwahl fragwürdig, da gerade die Unterschiede im Wahlausgang zwischen den Kommunen verdeckt und der Eindruck eines landesweiten Ergebnisses ähnlich dem bei Landtagswahlen vermittelt wird. Trotzdem spielt das Gesamtergebnis von Kommunalwahlen

---

11   Vgl. aber das Vorgehen des Landesamtes für Datenverarbeitung und Statistik, das in seinen Veröffentlichungen die Ergebnisse aus den 23 kreisfreien Städten und den 31 Kreisen zu einem Gesamtergebnis zusammenfasst und damit Ratswahlen und Kreistagswahlen vermischt (LDS 1999). Dadurch wird zum Beispiel der Anteil der Wählergruppen (kreisfreie Städte und Kreise: 2,6%) im Vergleich zum Gesamtergebnis auf der Basis der 396 Kommunen (5,0%) verzerrt, da diese eher in den kreisangehörigen Gemeinden als in den Kreisen kandidieren.

in der öffentlichen Diskussion immer wieder eine zentrale Rolle. Das gilt in besonderem Maße für die nordrhein-westfälische Kommunalwahl vom 12. September 1999. In den Berichten der Medien und den zahlreichen Kommentaren der Bundes-, Landes- und Kommunalpolitiker nach der Wahl dominierten die Schlagworte von der Eroberung der „roten Rathäuser" durch die CDU und dem Wahldebakel der Sozialdemokraten an Rhein und Ruhr. Das Ergebnis der Kommunalwahl wurde vor allem mit anderen Politikebenen in Beziehung gesetzt und als „Denkzettel" für die rot-grüne Bundesregierung sowie als "Testwahl" für die Landtagswahl in NRW im folgenden Jahr interpretiert. Die Neuheiten auf der kommunalen Ebene, die Einordnung in die langfristige Wahlentwicklung und die differenzierte Untersuchung nach Städten und Gemeinden kamen dagegen bei der Analyse meist zu kurz.[12]

Abbildung 3:   Ratswahl 1999 (% der gültigen Stimmen)

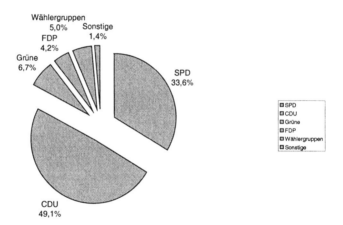

Quelle: Eigene Darstellung auf der Grundlage der Wahldaten des LDS NRW.

---

12   Vgl. aber z.B. Andersen/Bovermann 1999 und Naßmacher 2000.

Abbildung 4:   Gewinne und Verluste bei der Ratswahl 1999 im Vergleich
zur Ratswahl 1994 (Prozentpunkte, gültige Stimmen)

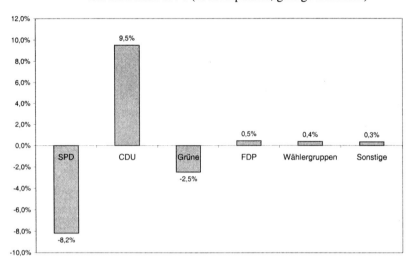

Quelle: Eigene Darstellung auf der Grundlage der Wahldaten des LDS NRW.

Tatsächlich ist das Gesamtergebnis der Kommunalwahl dazu geeignet, einen
allgemeinen Trend aufzuzeigen, der offensichtlich mit der bundespolitischen
Stimmungslage in Verbindung steht. Die Wahl fand ungefähr ein Jahr nach
der Ablösung der Regierung Kohl und dem Wechsel zu einer rot-grünen Regierung unter Bundeskanzler Gerhard Schröder statt. Nachdem bereits Land-
tags- und Kommunalwahlen in anderen Bundesländern und die Europawahl
im Juni 1999 einen Abwärtstrend für die SPD signalisierten, erreichte die
Stimmung für die Bundesregierung im September 1999 einen neuen Tief-
punkt. Nach der bundesweiten repräsentativen Bevölkerungsumfrage der
Forschungsgruppe Wahlen waren in diesem Monat nur noch 34% der Befragten der Meinung, dass die Bundesregierung ihre Arbeit insgesamt eher
gut macht, während 59% mit den Leistungen der rot-grünen Koalition unzu-
frieden waren.[13] Diese Unzufriedenheit mit der Regierungspolitik auf der
Bundesebene fand offensichtlich ein Ventil auf der kommunalen Ebene in
NRW. Die Wahlbeteiligung sank bei der Ratswahl mit 55% auf den tiefsten
Stand bei einer Kommunalwahl seit Bestehen des Landes. Der höhere Nichtwähleranteil 1999 im Vergleich zur Kommunalwahl 1994, die zeitgleich mit
der Bundestagswahl durchgeführt wurde, ging vor allem zu Lasten der SPD.

---

13   Forschungsgruppe Wahlen: Politbarometer September 1999.

Die Sozialdemokraten verloren bei der Ratswahl 8,2 Prozentpunkte gemessen an den gültigen Stimmen. Umgekehrt konnte die CDU ihre Anhänger relativ gut mobilisieren und von dem Niedergang der Sozialdemokraten profitieren, so dass sich ihr Anteil an den gültigen Stimmen gegenüber 1994 um 9,5 Prozentpunkte verbesserte.

Der Wahlausgang schlug sich auch in veränderten Mehrheitsverhältnissen in den 396 Räten nieder. Der folgenden Tabelle liegt die Sitzverteilung ohne Berücksichtigung des Sitzes des hauptamtlichen Bürgermeisters im Rat zugrunde, so dass sich die Mehrheitsverhältnisse in einzelnen Fällen unter Einbeziehung der Bürgermeisterstimme anders darstellen können.

Tabelle 4: Mehrheitsverhältnisse in den Räten 1994 und 1999
(Anzahl der Kommunen)

	1994		1999	
	absolute Mehrheiten	relative Mehrheiten	absolute Mehrheiten	relative Mehrheiten
CDU	129	117	192	161
SPD	57	72	2	29
CDU und SPD gleich stark		21		10
Wählergruppen				2
Gesamt	186	210	194	202

Quelle: Eigene Berechnungen auf der Grundlage der Wahldaten des LDS NRW.

Während die CDU die Zahl ihrer absoluten Mehrheiten von 129 nach der Kommunalwahl 1994 auf nun 192 ausbauen konnte, büßte die SPD ihre eindeutige Vorherrschaft in 57 Kommunen aus dem Jahr 1994 weitgehend ein. Nur noch in zwei Kommunen, der Stadt Oer-Erkenschwick und der Gemeinde Rödinghausen, verfügt die SPD – ohne die Stimme des Bürgermeisters – über mehr als 50% der Mandate.

Bemerkenswert ist in diesem Zusammenhang, dass ein demokratischer Wechsel zwischen den beiden Großparteien stattgefunden hat, sich aber die Gesamtzahl der absoluten Mehrheiten kaum verändert hat. Nachdem sich zwischen 1975 (302 absolute Mehrheiten) und 1994 (186) ein starker Abbau absoluter Mehrheiten vollzogen hatte, ist nun sogar wieder ein leichter Anstieg auf 194 Kommunen mit Dominanz einer Partei zu verzeichnen.

Allerdings gehen diese Stabilisierungstendenzen zugunsten der beiden Großparteien CDU und SPD mit einer weiteren Aufsplitterung des kommunalen Parteiensystems einher, wie an der Anzahl und Verteilung der Parteien und Wählergruppen in den 396 Kommunen zu erkennen ist.

Tabelle 5: Parteiensysteme in den Räten 1994 und 1999
(Anzahl der Kommunen)

	1994	1999
Zwei Parteien/Wählergruppen	11	5
Drei Parteien/Wählergruppen	151	36
Vier Parteien/Wählergruppen	191	161
Fünf Parteien/Wählergruppen	41	151
Sechs Parteien/Wählergruppen	2	35
Sieben Parteien/Wählergruppen		6
Acht Parteien/Wählergruppen		2
Parteien/Wählergruppen je Gemeinde	3,68	4,51

Quelle: Eigene Berechnungen auf der Grundlage der Wahldaten des LDS NRW.

Nachdem 1975 durchschnittlich nur 2,87 Parteien bzw. Wählergruppen in den Räten vertreten waren, stieg dieser Durchschnittswert 1989 auf 3,84 und erreicht nach einem zwischenzeitlichen Rückgang 1994 auf 3,68 nun den Spitzenwert von 4,51. Damit verlagerte sich der Schwerpunkt von Räten mit drei und vier Gruppierungen 1994 auf vier und fünf Parteien und Wählergruppen 1999. Den Hintergrund für diese Fragmentierungstendenzen bilden der vom Verfassungsgerichtshof erzwungene Wegfall der Fünf-Prozent-Hürde und die Einführung der Stimmenverrechnung nach dem Verhältnis der mathematischen Proportionen, die den Einzug kleinerer Gruppierungen in die Räte begünstigen.

Tabelle 6: Erfolgsquote bei den Ratswahlen 1994 und 1999
(Anzahl der Kommunen)

	Kandidatur für den Rat 1994	Einzug in den Rat 1994	Kandidatur für den Rat 1999	Einzug in den Rat 1999
SPD	396	396	396	396
CDU	396	396	396	396
GRÜNE	311	303	333	333
FDP	337	142	323	314
REP	33		13	10
PDS			20	17
WG 1	252	195	266	262
WG 2	44	16	41	33
WG 3	4		4	4

Anmerkungen: WG: Wählergruppe.
Quelle: Eigene Berechnungen auf der Grundlage der Wahldaten des LDS NRW.

Insbesondere die FDP, die 1994 nur noch in einem Drittel der Gemeinderäte vertreten war, profitierte von den institutionellen Veränderungen des Wahlsystems. Aber auch die Wählergruppen konnten ihre Position in den Kommunalvertretungen ausbauen. Bei der Kommunalwahl 1994 waren 300 Wählergruppen in 252 Kommunen angetreten, aber nur 211 von ihnen konnten die Fünf-Prozent-Hürde überwinden. Der Wegfall der Fünf-Prozent-Hürde im Vorfeld der Kommunalwahl 1999 führte zwar möglicherweise aufgrund der knappen Zeit noch nicht zu einer wesentlich vermehrten Kandidatur von Wählergruppen (311 Kandidaturen in 266 Kommunen), aber ihre Erfolgsquote war sehr viel größer, indem sie in 299 Fällen in den Rat einzogen und nun in 262 Kommunen eine oder mehrere Wählergruppen vertreten sind. Aber auch die Chancen von links- bzw. rechtsextremistischen Parteien vergrößerten sich vor allem in Großstädten. Auch wenn ihre Gesamtzahl nach wie vor gering ist, so bedeutete der völlige Verzicht auf eine Sperrklausel doch, dass jede angetretene extremistische Partei 1999 eine realistische Chance hatte, im Rat vertreten zu sein.

Abbildung 5:   Bürgermeisterwahl 1999 (% der gewählten Bürgermeister)

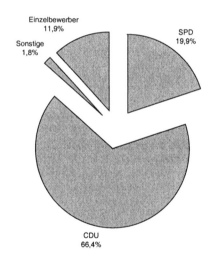

Einzelbewerber 11,9%
Sonstige 1,8%
SPD 19,9%
CDU 66,4%

Quelle: Eigene Darstellung auf der Grundlage der Wahldaten des LDS NRW.

Noch deutlicher als bei der Ratswahl fiel der Sieg der CDU bei den Bürgermeisterwahlen aus. Mit 263 Bürgermeistern besetzen die Christdemokraten zwei Drittel der kommunalen Spitzenämter in den 396 nordrhein-westfälischen Städten und Gemeinden. Demgegenüber konnten sich nur 79 SPD-Bürgermeister im ersten Wahlgang am 12.9.1999 bzw. in der Stichwahl am 26.9.1999 durchsetzen. Die Wahl eines Bürgermeisters einer kleineren Partei oder Wählergruppe blieb die Ausnahme (7), während 47 Einzelbewerber in das Amt des Bürgermeisters gewählt wurden.

4. Fragestellungen

Die grundlegende Veränderung der Kommunalverfassung wirft im Hinblick
auf ihre potenziellen Auswirkungen eine Vielzahl interessanter Fragen auf,
die für die Perspektiven der Kommunalpolitik von großer Bedeutung sind,
auch wenn sie selbstverständlich nicht alle im Rahmen dieses Forschungsprojektes bearbeitet werden können. In der folgenden Übersicht (Tabelle 7)
ist versucht worden, ein Tableau interessanter Fragestellungen zu den Auswirkungen der Kommunalverfassungs"revolution" aus der Sicht unterschiedlicher Akteursgruppen zu entwerfen, das zunächst bewusst weit gefasst wurde.

Tabelle 7:   Fragestellungen

Politikwissenschaftler	Zusammenhänge, Einflüsse:
	Wirkungen institutioneller Arrangements auf Wahlverhalten und kommunalpolitische Praxis
	Interdependenz der verschiedenen politischen Systemebenen
	Einfluss der Gemeindegröße
	Einfluss der politischen Kultur
	Einfluss des Zeitfaktors
Akteure auf Landesebene	Ziele:
	Größere Übereinstimmung von Verfassungsnorm und –realität
	Mehr Transparenz
	Höhere Effizienz
	Größere Bürgernähe
	Mehr Partizipation
	Erweiterte Rekrutierungsbasis für Mandatsträger
	Weniger Parteieinfluss
Akteure vor Ort	Strategien:
	Der Bürgermeister als „Zugpferd"
	Verhältnis Rat – Bürgermeister
	Personalisierung
	Minderheits- versus Mehrheitssituation
	Große versus kleine Parteien/Wählergruppen
	Einzelbewerbung
Bürgerschaft/ Wählerschaft	Reaktionen:
	Kenntnisnahme
	Nutzung der Handlungsmöglichkeiten
	Teilnahme versus Nichtteilnahme
	Taktisches Verhalten bei Wahlgängen

Anmerkungen:
Fett: Wird im Rahmen des Forschungsprojektes schwerpunktmäßig behandelt.
Kursiv: Wird im Rahmen des Forschungsprojektes nur am Rande behandelt.
Quelle: Eigene Darstellung.

Innerhalb der *Politikwissenschaft* stellt die Forschung zu Wahlen als dem in repräsentativen Demokratien wichtigsten regelmäßigen Akt der Legitimation und Machtverteilung durch die Bürgerschaft einen der entwickeltsten Forschungszweige dar. Allerdings sind die Kommunalwahlen bisher eindeutig das Stiefkind der Wahlforschung mit eng begrenzten materiellen und personellen Ressourcen. Dies ist umso bedauerlicher, als die kommunale Ebene wegen der Differenzierung ihrer institutionellen Rahmenbedingungen reichhaltiges Anschauungsmaterial für die Untersuchung einer zentralen Frage der Wahlforschung bietet, nämlich der Wirkungen institutioneller Arrangements auf Wahlverhalten und politische Praxis. Eine andere klassische Frage der Wahlforschung mit besonderem Gewicht in föderalistischen politischen Systemen ist die wechselseitige Einflussnahme der unterschiedlichen Ebenen auch bei Wahlen, zugespitzt also die Frage nach der Eigenständigkeit der Kommunalwahlen aus der Sicht unterschiedlicher Akteursgruppen. Weitere Fragen beziehen sich auf den Einfluss der Gemeindegröße, zum Beispiel dörfliche Strukturen versus Großstädte, da sie u.a. die „Nähe" der Bürger zur eigenen Kommune bestimmen dürfte, wie auch den Einfluss der politischen Kultur. Letztere als Sammelbegriff für die sozialisations- und erfahrungsgeprägten subjektiven Einstellungsmuster der Bürger zur (Kommunal-)Politik kann nicht nur nach Ländern variieren. Gerade hinsichtlich der Kommunalpolitik mag die politische Kultur sowohl regional- als auch lokalbezogen wahlrelevante Unterschiede aufweisen. Schließlich bleibt der Einfluss des Zeitfaktors zu berücksichtigen. Dies gilt einmal für die Einführung der Bürgermeisterdirektwahl und zwar im Hinblick auf den davon ausgehenden, vermutlich längerfristigen Lernprozess bei den unterschiedlichen Akteursgruppen. Bei der Ratswahl sind andere bereits deutlich erkennbare längerfristige Trends zu beachten wie die auf allen politischen Ebenen tendenziell sinkende Wahlbeteiligung und die Erosionstendenzen sozialstruktureller Milieus beispielsweise der SPD im Ruhrgebiet.[14]

Da die Kommunen nicht selbständig über ihre Verfassung entscheiden können, sondern als insofern landesabhängige kommunale Ebene die vom Landtag beschlossene Gemeindeordnung als Rahmen zu akzeptieren haben, sind die *Akteure auf Landesebene* besonders wichtig. Die kontroverse Diskussion auf Landesebene ist dabei selbstverständlich nicht auf den Landtag als Letztentscheider beschränkt geblieben. In der Diskussion sind im Hinblick auf die neue Kommunalverfassung von unterschiedlichen Akteuren mit unterschiedlicher Gewichtung und Vehemenz die in der Übersicht genannten Ziele vertreten worden. Größere Übereinstimmung von Verfassungsnorm und -realität bezieht sich auf einen Zentralvorwurf gegenüber der alten Gemeindeordnung. Mehr Transparenz für die Bürgerschaft ist eng mit dem vorgenannten Ziel verbunden. Höhere Effizienz wird im Einzelnen differenziert begründet,

---

14 Vgl. zu den Kommunalwahlen in NRW 1946-1994: Bovermann 1998. Zur Wahlentwicklung im Ruhrgebiet vgl. Bovermann 1996.

wird aber im Kern auf die stärkere Verantwortlichkeit und direkte Legitimation des Bürgermeisters bezogen, die in der Verwaltung zu stärkerer Leistungsorientierung und weniger Parteibuchwirtschaft anreizen soll. Die direkte Wahlabhängigkeit des Bürgermeisters wie auch Bürgerbegehren und -entscheid wiederum legen eine größere Bürgernähe der politischen Akteure nahe. Von dem erweiterten Partizipationsangebot an die Bürgerschaft (Direktwahl des Bürgermeisters, Bürgerbegehren und -entscheid) wird eine Aktivierung der Bürgerschaft erhofft. Letzteres gilt auch im Hinblick auf ein breiteres Kandidatenangebot für das Amt des Bürgermeisters. Einige Akteure auf Landesebene haben als Ziel auch einen verringerten Parteieinfluss auf der kommunalen Ebene herausgestellt, wobei der Zusammenhang mit der bei Direktwahl des Bürgermeisters nahe liegenden primären Orientierung an Bürgerakzeptanz von Kandidaten und dem schon genannten Aspekt der Parteibuchwirtschaft auf der Hand liegt.

Die *kommunalpolitischen Akteure* im engeren Sinn (d.h. nicht nur im Rahmen der Wählerschaft) haben sich auf die neuen verfassungspolitischen Rahmenbedingungen einzustellen und müssen sie im Rahmen ihrer Strategien umsetzen. Dabei erscheinen einige Fragen besonders interessant: Wird versucht, den Bürgermeisterkandidaten als „Zugpferd" der Partei auch für die Ratswahl einzusetzen, und kommt es zu einer eng abgestimmten Wahlkampfstrategie mit möglicher Dominanz des Bürgermeisterkandidaten? Wie entwickelt sich das Verhältnis von Rat und Bürgermeister, wie das Verhältnis zur Fraktion der eigenen Partei, insbesondere bei unterschiedlichen Mehrheitsverhältnissen? Tritt eine stärkere „Personalisierung" ein, indem immer stärker mit Personen geworben wird und persönliche Charakteristika gegenüber inhaltlichen und programmatischen Aussagen dominieren? Führt die Situation als „strukturelle" Minderheitspartei im Vergleich zur Mehrheitspartei zu einer spezifischen Strategie, indem zum Beispiel versucht wird, einen attraktiven Bürgermeisterkandidaten von außen oder auch außerhalb der Partei zu gewinnen? Lohnt die Aufstellung von Bürgermeisterkandidaten auch für kleine Parteien bzw. Wählergruppen, da sich damit selbst bei geringen Stimmenanteilen die Werbemöglichkeiten für die Ratswahl verbessern? Welche Typen von Einzelbewerbern sind sinnvoll zu unterscheiden, von welchen Faktoren hängen die Erfolgschancen von Einzelbewerbern ab, die weder die Unterstützung von Parteien genießen, noch aus dem Amt heraus kandidieren?

Auch die *Bürgerschaft* bzw. *Wählerschaft* muss auf die von der Kommunalverfassung neu gesetzten Rahmenbedingungen sowie auf die daraufhin von den engeren politischen Akteuren entworfenen Strategien reagieren. Für die Reaktion ist als Vorbedingung wichtig, inwieweit die neuen Bedingungen überhaupt zur Kenntnis genommen worden sind und damit potenziell auch in das Handlungskalkül eingehen. Eine andere Frage ist, ob und wie die erweiterten Handlungsmöglichkeiten – bis hin zur Kandidatur zum Bürgermeister – tatsächlich genutzt werden. Als grundlegende Optionen stehen die Teilnahme und die Nicht-Teilnahme zur Verfügung, wobei die sehr unterschiedlichen, aber typisierbaren Motive zum Beispiel der Wahlverweigerung von besonderem Interesse sind. Bei einer Wahlbeteiligung eröffnen die neuen Partizipationsmöglichkeiten zusätzliche taktische Optionen, wie zum Beispiel unterschiedliche Parteiorientierungen bei Rats- und Bürgermeisterwahl.

Obwohl alle genannten Fragestellungen aus unserer Sicht interessant und auch zukunftsrelevant sind, konnte im Sammelband nur ein Teil von ihnen – und dabei durchaus in unterschiedlicher Tiefenschärfe – behandelt werden. Im Zentrum stehen die wahlbezogenen Auswirkungen. Auch dabei gilt die wichtige Einschränkung, dass die wünschenswerte Vergleichsperspektive nur sehr eingegrenzt – innerhalb des Landes – berücksichtigt wird. Aus Gründen mangelnder Ressourcen ist ein synchroner Vergleich mit anderen Bundesländern – zum Beispiel mit Baden-Württemberg oder Bayern als den klassischen Ländern der süddeutschen Ratsverfassung oder mit Niedersachsen als dem Bundesland, das ebenfalls die norddeutsche Ratsverfassung aufgegeben hat – unterblieben. Auch ein diachroner Vergleich, der zumindest die zeitliche Entwicklung innerhalb des Landes Nordrhein-Westfalen berücksichtigt, wird nur eingeschränkt mit dem Vergleich der Kommunalverfassungen vor und nach 1994 einbezogen. Ein Zeitvergleich unter den neuen Rahmenbedingungen ist wegen des Uraufführungscharakters der Kommunalwahl 1999 noch nicht möglich.

Um den Überblick zu erleichtern, sind die in diesem Sammelband eingehender untersuchten Fragestellungen in Tabelle 7 fett gedruckt worden.

5. Untersuchungsansatz

Zur Bearbeitung der verschiedenen Fragestellungen wurde das Forschungsprojekt nicht auf den eigentlichen Wahlausgang und die Analyse von Wahlergebnissen im engeren Sinn beschränkt, sondern zeitlich und inhaltlich weiter gefasst. Dabei standen vier Aspekte im Mittelpunkt der Untersuchung. Der erste Aspekt umfasste die Analyse der Kenntnisnahme, Bewertungen und Einstellungen von Bürgern und kommunalpolitischen Akteuren zur Kommunalverfassungsreform sowie insbesondere zum neuen Instrument der Bürgermeisterdirektwahl. Zum zweiten wurde die Phase der Nominierung der Bürgermeisterkandidaten untersucht. Diese Phase setzte informell bereits nach der Einführung der neuen Gemeindeordnung ein. Die formale Nominierungsfrist für Bürgermeisterkandidaten begann am 30.6.1998. Die Frist für die Einreichung von Wahlvorschlägen für die Wahl des Bürgermeisters und des Rates endete am 26.7.1999. Den dritten Aspekt bildete die Beobachtung und Auswertung des Wahlkampfes, der Anfang August 1999 in seine „heiße" Phase eintrat. Schließlich wurde – viertens – das Wahlverhalten analysiert, wobei sowohl das beabsichtigte Wahlverhalten etwa einen Monat vor dem Wahltermin als auch die tatsächlichen Wahlergebnisse am 12.9.1999 bzw. bei der Stichwahl zum Amt des Bürgermeisters am 26.9.1999 einbezogen wurden.

Neben den inhaltlichen Aspekten war die Unterscheidung von zwei Untersuchungsebenen für das Forschungsprojekt von Bedeutung. Im Hinblick
auf die kommunale Differenzierung und die wünschenswerte Tiefenschärfe
boten sich Fallstudien als zentraler Zugriff an. Da Fallstudien schon wegen
des erforderlichen Forschungsaufwandes zahlenmäßig eng begrenzt bleiben
müssen und nicht als repräsentative Stichprobe ausgelegt werden können,
wurde als Ergänzung und zur Kontrolle eine landesweite Komponente in die
Untersuchung einbezogen.

Eine weitere Gliederungshilfe bieten die verschiedenen im Projekt eingesetzten Instrumente zur Datengewinnung. Die Erhebungsinstrumente und ihre
Zuordnung zu den Untersuchungsebenen zeigt die folgende Tabelle, an die
sich eine Erläuterung des methodischen Vorgehens anschließt.

Tabelle 8:   Untersuchungsebenen und -instrumente

Fallstudien	Landesweite Ergänzungskomponente
– Telefonische Bürgerbefragungen Vertiefende Analyse:	– (Telefonische Bürgerbefragung)
– Leitfadengestützte Intensivinterviews mit Bürgermeisterkandidaten und ausgewählten kommunalen Akteuren	– Schriftliche Befragung der Bürgermeisterkandidaten
– Ergänzende Auswertung der lokalen Medien	– Ergänzende Expertenbefragung
– Kleinräumige Analyse der Wahlergebnisse (Aggregatdaten)	– Gesamtwahlanalyse der 396 Städte und Gemeinden (Aggregatdaten)

Quelle: Eigene Darstellung.

Die *Fallstudienanalyse* umfasste drei Komponenten. Als aufwendigstes Instrument wurden in vier nordrhein-westfälischen Kommunen Bürgerbefragungen durchgeführt.[15] Kommunale Bürgerbefragungen, speziell wahlbezogene Befragungen, zählen anders als auf Bundes- und Landesebene zu den
großen Ausnahmen, was primär auf die Schwierigkeit zurückgehen dürfte,
bei kommunal begrenzten Interessen die notwendigen Finanzquellen zu erschließen. Allerdings haben der „Uraufführungscharakter" und das damit
verbundene ungewöhnlich starke, auch über die Einzelkommune und das
Land NRW hinausgehende Interesse für die Kommunalwahl 1999 dazu geführt, dass eine Reihe von Institutionen, insbesondere Medien wie der WDR
und lokale Zeitungen, als Auftraggeber von kommunalwahlbezogenen Befragungen – schwerpunktmäßig in den Großstädten – aufgetreten sind, die auch
veröffentlicht wurden. Hinzu kommt erstmals eine größere Zahl von Befragungen im Auftrag lokaler Parteiorganisationen, die aber in der Regel als
„Geheimwissen" für die eigene Wahlkampfstrategie genutzt und nur in Aus-
nahmefällen, zum Teil selektiv unter taktischen Gesichtspunkten, öffentlich
gemacht worden sind. Auch solche Befragungen im Parteiinteresse, über die

---

15   Vgl. dazu den Fragebogen zur Bürgerumfrage im Anhang dieses Bandes.

ein vollständiger Überblick nicht vorliegt, sind sehr selektiv in Großstädten durchgeführt worden. Insgesamt gilt, dass das öffentlich zugängliche Material auf einen sehr engen Interessenzuschnitt deutet und das methodische Vorgehen – vorsichtig formuliert – teilweise wenig transparent ist.

Demgegenüber konnten im Rahmen des eigenen Forschungsprojektes relativ umfangreiche Bürgerbefragungen mit Hilfe einer computerunterstützten Interviewführung (Computer Assisted Telephone Interviewing, CATI) in Zusammenarbeit mit dem Sozialwissenschaftlichen Umfragezentrum der Universität Duisburg (Leitung Prof. Dr. Faulbaum) durchgeführt werden. Dabei wurde eine repräsentative Auswahl von Befragungspersonen in den vier Fallstädten vorgenommen. Die Grundgesamtheit bildeten alle Wahlberechtigten, einschließlich der erstmals wahlberechtigten 16- bis 18-jährigen Bürger und der EU-Bürger. Die Größe der Stichproben wurde für die zwei kreisfreien Großstädte Duisburg und Essen auf je 2000 Befragte und für die zwei kleineren kreisangehörigen Kommunen Hünxe und Xanten auf je 1000 Befragte festgelegt.[16] Bei der Stichprobenauswahl wurden unter Inkaufnahme höheren Aufwandes besondere Anstrengungen unternommen, denn die für die Ziehung einer Zufallsstichprobe vielfach genutzten elektronischen Telefonbücher enthalten nicht immer aktuelle und vollständige Daten. Siegfried Gabler und Sabine Häder vom Zentrum für Umfragen, Methoden und Analysen haben vor kurzem ein modifiziertes Verfahren vorgestellt, das auch die nichteingetragenen Haushalte („Geheimnummern") einbezieht und zudem sicherstellt, dass alle Telefonnummern mit der gleichen Wahrscheinlichkeit in die Auswahl gelangen können.[17] Mit Hilfe dieses Verfahrens konnte ein möglichst hohes Maß an Repräsentativität der Umfrage sichergestellt werden. Der Zeitraum der Befragung – hauptsächlich August 1999 – war so gewählt, dass die Kommunalwahl auch über die Medienberichterstattung vermutlich bereits in den Aufmerksamkeits- bzw. Erwartungshorizont der meisten Bürger gelangt war, ohne dass der Druck der unmittelbar bevorstehenden Wahlentscheidung bereits durchschlug.

Richteten sich die Bürgerbefragungen auf die aktiv Wahlberechtigten, die Adressaten der Anstrengungen von Kandidaten und Parteien, so stand bei der vertiefenden Analyse als der zweiten fallbezogenen Komponente der Kreis der wahlbezogenen Akteure im engeren Sinn im Zentrum. Es wurden leitfadengestützte Intensivinterviews mit den Bürgermeisterkandidaten, den Partei- und/oder Fraktionsvorsitzenden und – als wichtigen lokalen Experten und Vermittlern – Vertretern der lokalen Medien geführt, und zwar im Umfang von etwa je 20 Interviews bei den beiden Großstädten und etwa je 15 bei den kreisangehörigen Gemeinden.[18] Die Leitfäden wurden speziell auf die

---

16   Die Anzahl der tatsächlich befragten Personen (Fallzahl: n) betrug in Duisburg 2.019, in Essen 2.056, in Hünxe 1.030 und in Xanten 1.016.
17   Vgl. Gabler/Häder 1998 und Häder/Gabler 1998.
18   Vgl. dazu die Liste der Interviewpartner im Anhang dieses Bandes.

unterschiedlichen Funktionsgruppen unter den Befragten ausgelegt.[19] Die Interviews fanden in zwei Wellen vor und nach der Kommunalwahl statt, um auch die Reaktionen auf das Wahlergebnis einbeziehen zu können. Als zusätzliches Instrument der vertiefenden Analyse wurde eine begrenzte Auswertung der lokalen Medien vorgenommen, die sowohl eine bessere Einschätzung relativ früh einsetzender Vorgänge, wie Weichenstellungen der parteiinternen Bürgermeisterkandidatenauswahl, als auch eine Fundierung der Interviews mit den lokalen Medienexperten bezweckte.

Die dritte Komponente bildete eine kleinräumige Analyse der Wahlergebnisse in den vier Fallstudienstädten auf der Basis von Aggregatdaten, die von den statistischen Ämtern bzw. mit Wahlen befassten Stellen der beteiligten Kommunen bereit gestellt wurden. Auf diese Weise konnte der internen Differenzierung innerhalb der untersuchten Kommunen, die sich auch bei den kreisangehörigen Gemeinden in beeindruckender Weise zeigte, nachgegangen werden. Auf die eigentlich wünschenswerte kleinräumige Differenzierung auch bei der Bürgerbefragung musste dagegen wegen der praktischen Schwierigkeiten und des unverhältnismäßig hohen Aufwandes verzichtet werden.

Die *landesweite Ergänzungskomponente* ist, wie schon die Wortwahl verrät, nicht als gleichgewichtig zu den Fallstudien zu betrachten und auch vom Aufwand her bescheidener ausgefallen. So musste auf einen parallelen ersten Schritt, eine landesweit, repräsentative Bürgerbefragung zu den Kommunalwahlen, schon aus Kostengründen verzichtet werden, obwohl sie als Kontrollinstrument zu den Bürgerbefragungen in den vier Fallstudienstädten sinnvoll gewesen wäre. Glücklicherweise ermöglichte die enge Zusammenarbeit mit dem Sozialwissenschaftlichen Umfragezentrum der Universität Duisburg, dass ein Teil des eigenen Fragesets im Rahmen einer von dritter Seite finanzierten landesweiten Umfrage eingesetzt wurde und die Daten als ergänzendes Kontrollelement genutzt werden konnten.

Als Parallelschritt zur vertiefenden Analyse im Rahmen der Fallstudien wurde – eingeengt auf die besonders interessante, da neue Gruppe der direkt zu wählenden Einheitsspitze – eine landesweite Totalerhebung vorgenommen. Das Datenerhebungsinstrument war hier eine schriftliche Befragung aller Bürgermeisterkandidaten,[20] die mit einer Rücklaufquote von 75% eine, gemessen an Erfahrungswerten bei schriftlichen Befragungen, erstaunlich und erfreulich hohe Resonanz zu verzeichnen hatte. Dies ist nicht zuletzt als Indikator anzusehen für das gerade bei den Kandidaten vorhandene Bewusstsein ihrer „Pionierrolle". Als zusätzliche, im Hinblick auf den angesprochenen Fragenkomplex breiter angelegte Informationsquelle wurden ausgewählte Experten mit besonderen kommunalen Kenntnissen in NRW befragt. Dabei kamen methodisch unterschiedliche Verfahren zum Einsatz: Eine

---

19 Vgl. als ein Beispiel den Interviewleitfaden für die Bürgermeisterkandidaten in kreisfreien Städten im Anhang dieses Bandes.
20 Vgl. dazu den Fragebogen zur Kandidatenbefragung im Anhang dieses Bandes.

schriftliche Umfrage mit der Bitte um Einschätzungen vor der Wahl, wenige
Interviews nach der Wahl und eine Expertentagung zur Diskussion ausgewählter wichtiger Hypothesen. Bei der Umfrage und der Tagung konnten
auch wenige ausgewählte Experten außerhalb von NRW mit besonderer
Kenntnis anderer kommunaler Verfassungssysteme und der mit ihnen ge-
machten Erfahrungen einbezogen werden. Dieses Vorgehen diente dazu, die
Ergebnisse des eigenen allein auf Nordrhein-Westfalen bezogenen Projektes
besser verorten zu können.

Während bei den Fallstudien als dritter Schritt eine kleinräumige Analyse
der Wahlergebnisse und damit eine Ausdifferenzierung nach „unten" vorgenommen wurde, erfolgte parallel dazu ebenfalls auf der Basis von veröffent-
lichten Aggregatdaten eine Erweiterung nach „oben" in Form einer landesweiten Gesamtwahlanalyse. Sie diente auch dazu, die Ergebnisse der Fallstu-
dienanalysen besser einordnen zu können.

Bei der systematischen Auswahl der Fallstudienstädte waren vor allem
zwei Kriterien ausschlaggebend: Die Erfahrung mit der Einheitsspitze und
die Gemeindegröße.

Tabelle 9: Fallstudienauswahl

	Einheitsspitze	Doppelspitze
über 100.000 Einwohner	Duisburg	Essen
10.000 bis 20.000 Einwohner	Hünxe	Xanten

Quelle: Eigene Darstellung.

Angesichts des besonderen Interesses für die erstmalige Direktwahl des Bürgermeisters als Einheitsspitze und der in NRW gegebenen Möglichkeit, bereits
in der Übergangsphase seit 1994 die Einheitsspitze einzuführen, wurden jeweils zwei der vier Fälle so gewählt, dass die Übergangslösung genutzt worden
war und dementsprechend die Bürgerschaft und die kommunalpolitischen Akteure bereits Erfahrungen mit der Einheitsspitze gemacht hatten, während in
den beiden übrigen Fällen zur ersten Direktwahl eines hauptamtlichen Bürgermeisters nur Erfahrungen mit der alten Doppelspitze vorlagen. Das zweite
Auswahlkriterium wurde einbezogen, weil die Gemeindegröße wegen der unterschiedlichen „Nähe" der Bürgerschaft zu ihrer Kommune in mehrfacher
Hinsicht eine erhebliche Rolle bei Kommunalwahlen spielt. Da Nordrhein-
Westfalen seit der im Ländervergleich einschneidendsten Gebietsreform kaum
mehr über Kleingemeinden verfügt, fiel die Wahl einerseits auf zwei kreisangehörige Gemeinden in der Größenordnung bis zu 20.000 Einwohner[21] und andererseits auf zwei Großstädte. Die Einbeziehung und systematische Kontrolle
weiterer sinnvoller Auswahlkriterien, insbesondere der Mehrheitsverhältnisse

---

21 Xanten hat zwar zwischenzeitlich die Grenze von 20.000 Einwohnern überschritten,
   fiel aber während der Nominierungsphase noch in die Kategorie 10.000 bis 20.000
   Einwohner.

in den Räten, hätte eine höhere Zahl von Fallstudien erforderlich gemacht, die aus Ressourcen- und Zeitgründen nicht in Frage kam.

Bei der konkreten Auswahl der Gemeinden anhand der genannten Kriterien spielten auch praktische Überlegungen ein Rolle. Für die beiden Großstädte Essen und Duisburg gilt gleichermaßen, dass sie über eine ausgebaute und bisher bereits stark profilierte Stadtforschung verfügen. Die Stadt Xanten und die Gemeinde Hünxe gehören demselben Kreis Wesel an.

Im Folgenden sollen die vier Untersuchungsgemeinden anhand ausgesuchter statistischer Kennziffern kurz vorgestellt werden.

Tabelle 10: Strukturdaten der Fallstädte

	Duisburg	Essen	Hünxe	Xanten
Bevölkerung am 31.12.1998	523.311	603.194	13.574	20.199
Wanderungsbilanz 1998 (je 1.000 Einwohner am 31.12.1998)	-9,3	-5,1	-2,6	+20,6
Bevölkerungsdichte (Einwohner je km² am 31.12.1998)	2247,7	2867,4	127,1	279,0
Nichtdeutsche (Anteil am 31.12.1998)	17,5%	11,3%	3,8%	6,0%
Konfession katholisch (Anteil an der Bevölkerung am 25.7.1987)	41,1%	43,3%	27,5%	68,4%
Konfession evangelisch (Anteil an der Bevölkerung am 25.7.1987)	38,5%	31,5%	55%	18,9%
Arbeitslosenquote am 31.10.1999	15,2%	13,0%	9,7%	10,3%
Sozialhilfequote am 31.12.1997	4,9%	5,8%	1,2%	2,5%
Erwerbstätige im Jahresdurchschnitt 1997 davon:	184.800	238.800	3.200	5.500
Land- und Forstwirtschaft, Fischerei	0,4%	0,8%	9,4%	3,6%
Produzierendes Gewerbe	34,2%	23,4%	31,3%	23,6%
Handel, Verkehr, Nachrichtenübermittlung, sonst. Dienstleistungen	44,4%	54,7%	43,8%	43,6%
Staat, private Haushalte, private Organisationen ohne Erwerbszweck	20,9%	21,2%	15,6%	29,1%

Anmerkungen:
Arbeitslosenquote: Hünxe: Wert für die Arbeitsamtsnebenstelle Dinslaken; Xanten: Wert für die Arbeitsamtsnebenstelle Wesel.
Sozialhilfequote: Empfänger von laufender Hilfe zum Lebensunterhalt außerhalb von Einrichtungen auf 100 Einwohner am 31.12.1997; Hünxe: einschließlich Hilfe in besonderen Lebenslagen.
Quelle: Eigene Darstellung auf der Grundlage der Daten des LDS NRW.

Im Hinblick auf die Analyse der Kommunalwahl 1999 sind zunächst die Unterschiede zwischen den Großstädten und den kleineren Kommunen von Interesse, die sich nicht nur in der Bevölkerungszahl und -dichte, sondern auch in anderen Merkmalen widerspiegeln. So fällt die Wanderungsbilanz in den Großstädten negativ und in Xanten aufgrund des starken Zuzugs aus dem Umland deutlich positiv aus. Indikator für die unterschiedlichen Problemlagen in großen und kleinen Kommunen ist zum Beispiel der Ausländeranteil, der in Duisburg den höchsten Wert erreicht und damit auf die Aufgabe der Integration der Nichtdeutschen hinweist. Die Arbeitslosen- und Sozialhilfequote in den beiden Ruhrgebietsgroßstädten ist ein weiterer Indikator für soziale Probleme, die sich auch auf das Wahlverhalten auswirken können. Ebenfalls wichtige wahlrelevante Merkmale sind die Konfessions- und Wirtschafts- bzw. Berufsstruktur. Sie spiegeln die beiden zentralen Konfliktlinien wieder, auch wenn die sozialen Gruppen mit einer festen Bindung an bestimmte Parteien (Katholiken und CDU, Arbeiter und SPD) immer kleiner werden und der Einfluss der Sozialstruktur auf das Wahlverhalten nachlässt. Von den vier Untersuchungsstädten ist Xanten katholisch dominiert und Essen mehrheitlich katholisch geprägt, während in Duisburg eine gemischte Konfessionsstruktur und in Hünxe eine protestantische Dominanz zu finden sind. Der ökonomische Strukturwandel im Ruhrgebiet ist in Städten wie Essen schon weit fortgeschritten, wie der relativ hohe Anteil der Erwerbstätigen im Dienstleistungsbereich zeigt. Duisburg ist dagegen noch stärker durch das produzierende Gewerbe geprägt. Auch in Hünxe ist rund ein Drittel der Erwerbstätigen in diesem Bereich tätig, wobei sich auch die räumliche Nähe zur Stadt Dinslaken als Bergbaustandort niederschlägt. In Xanten kommt zu dem Dienstleistungsbereich ein relativ starker Anteil Erwerbstätiger hinzu, der im Archäologischen Park Xanten (Landschaftsverband Rheinland) beschäftigt ist.

Die unterschiedlichen politischen Profile der Untersuchungsgemeinden kommen in den beiden folgenden Tabellen zum Ausdruck, die das Ergebnis der Kommunalwahl 1999 wiedergeben.[22]

Tabelle 11: Ergebnisse der Ratswahl 1999 in den vier Fallstädten
           (in % der gültigen Stimmen)

	Duisburg	Essen	Hünxe	Xanten
SPD	45,3	35,0	32,9	26,0
CDU	41,5	49,4	44,1	54,2
GRÜNE	6,0	8,1	7,8	5,6
FDP	2,6	2,9	9,3	2,3
WG			5,9	11,9
REP	0,1	2,1		
PDS	4,2	2,5		
Sonstige	0,2	0,1		

Quelle: Eigene Berechnungen auf der Grundlage der Wahldaten des LDS NRW.

---

22 Vgl. auch zur Wahlentwicklung in den Untersuchungsgemeinden den Beitrag von Neubauer in diesem Band.

Tabelle 12: Ergebnisse der Bürgermeisterwahl 1999 in den vier Fallstädten
(in % der gültigen Stimmen)

Kandidat der...	Duisburg	Essen	Hünxe	Xanten
SPD	53,3	36,4	25,6	44,5
CDU		51,7		53,1
GRÜNEN	5,2	6,4		
FDP		1,7		2,4
REP		1,6		
EB	35,0	2,0	74,4	
EB	3,9			
EB	2,6			

Anmerkung: WG: Wählergruppe; EB: Einzelbewerber.
Der erste Einzelbewerber in Duisburg wurde von der CDU und der FDP unterstützt. Der
Einzelbewerber in Hünxe trat „aus dem Amt heraus" an und wurde von der CDU, den
Grünen, der FDP und der Wählergruppe unterstützt.

Quelle: Eigene Berechnungen auf der Grundlage der Wahldaten des LDS NRW.

In Duisburg dominierte seit den 50er Jahren bis 1999 die SPD mit absoluter
Mehrheit und erreichte 1994 mit 58,5% das beste Ergebnis im Vergleich der
Ruhrgebietsgroßstädte. Mit der absoluten sozialdemokratischen Mehrheit
wählte der Rat in der Übergangsphase eine Sozialdemokratin zur hauptamtlichen Bürgermeisterin. 1999 konnte die Duisburger SPD zumindest eine relative Mehrheit im Rat halten. Zugleich wurde die hauptamtliche Bürgermeisterin der SPD im Amt bestätigt. Im Rat sind nach dem Einzug der FDP und
der PDS nun fünf Parteien vertreten.

Essen zählte bis 1999 ebenfalls zu den sozialdemokratisch dominierten
Ruhrgebietsgroßstädten. Allerdings erzielte hier die SPD erst verspätet in den
60er Jahren absolute Mehrheiten. In den 90er Jahren waren bereits Anzeichen
für eine Erosion der SPD-Vorherrschaft erkennbar. 1994 verfehlte die SPD
mit 49,3% knapp die 50-Prozent-Marke, verlor aber nicht die absolute Mehrheit der Mandate und stellte die ehrenamtliche Bürgermeisterin. Mit der
Kommunalwahl 1999 fand ein Machtwechsel statt. Nun war es die CDU, die
nur knapp die absolute Mehrheit der Stimmen verfehlte. Auch der direkt gewählte hauptamtliche Bürgermeister gehört der CDU an. Im Rat sind sechs
Parteien vertreten, darunter sind die FDP, die PDS und die Republikaner neu
eingezogen. Infolge der starken Zersplitterung nach Fortfall der Fünf-Prozent-Hürde verfügt die CDU auch mit der Stimme ihres Bürgermeisters über
keine eigene Mehrheit.

In Hünxe bestand bis zur Kommunalwahl 1999 lediglich eine relative
Mehrheit der SPD. Nach der Abspaltung der Wählergruppe „Unabhängige
Soziale Demokraten Hünxe" (USH) von der SPD war der Vorsprung mit
36,8% bei der Kommunalwahl 1994 gegenüber der CDU mit 36,6% nur noch
sehr knapp. Ohne eine formelle Koalition einzugehen, arbeiteten die CDU,
die FDP und die USH im Rat zusammen und wählten auch in der Über-

gangsphase einen parteiunabhängigen hauptamtlichen Bürgermeister. Die Ratswahl 1999 brachte für die CDU eine deutliche relative Mehrheit und eine Bestätigung des um die USH erweiterten Parteiensystems im Rat. Gleichzeitig wurde der hauptamtliche Bürgermeister mit einem herausragenden Ergebnis wiedergewählt.

Xanten war vor der Kommunalwahl 1999 die einzige Untersuchungsstadt mit einer relativen CDU-Mehrheit, wobei die CDU 1994 42,9% der gültigen Stimmen erzielte. Trotzdem bestimmte eine Koalition aus SPD, Grünen und der Wählergruppe „Freie Bürger-Initiative Xanten" (FBI) die Politik. Die SPD stellte auch den ehrenamtlichen Bürgermeister. Der Ausgang der Kommunalwahl 1999 führte in Xanten zu einem Machtwechsel, wobei die CDU die absolute Mehrheit im Rat erreichte und zugleich der CDU-Kandidat zum hauptamtlichen Bürgermeister gewählt wurde. Das Parteiensystem im Rat erweiterte sich durch den Einzug der FDP.

Der bislang vorgestellte Untersuchungsansatz lässt bereits erahnen, dass das Forschungsprojekt, dessen Ergebnisse mit diesem Band präsentiert werden, ein umfangreiches und komplexes Unterfangen darstellte. Um so wichtiger war für das Gelingen die engagierte Mitarbeit und das reibungslose Zusammenwirken der unterschiedlichen Beteiligten. Danken möchten die Herausgeber zunächst den 6.121 befragten Bürgern und den über 50 Interviewpartnern in den Untersuchungsstädten sowie den 1.111 Bürgermeisterkandidaten, die – trotz des beginnenden Wahlkampfes – bereit waren, telefonisch, im Gespräch oder per Fragebogen Rede und Antwort zu stehen und damit erst dieses Projekt ermöglicht haben. Bei der Erhebung und Aufbereitung der Daten konnten wir dankenswerterweise auf die Unterstützung durch das Sozialwissenschaftliche Umfragezentrum unter Leitung von Prof. Dr. Faulbaum sowie die statistischen Ämter und Stellen in den Untersuchungskommunen zurückgreifen. Schließlich gebührt der besondere Dank der Herausgeber allen Mitarbeitern der Arbeitsgruppe. David H. Gehne, Dr. Lars Holtkamp und Jennifer Neubauer haben Teilbereiche des Projektes selbständig bearbeitet und sind in diesem Sammelband mit eigenen Beiträgen vertreten. Darüber hinaus war Jens Oliver Pommeranz als wissenschaftlicher Mitarbeiter an der Durchführung von Interviews und deren Auswertung beteiligt. Die studentischen Mitarbeiter Jacqueline Jansen, Matthias Langrock und Stephanie Fehn haben mit großem Engagement in unterschiedlichen Phasen des Projektes Recherchen durchgeführt, Daten berechnet und Manuskripte Korrektur gelesen. Allen werden sicherlich die langen und bisweilen kontroversen Diskussionen über Deutungen der Kommunalwahl 1999 in – hoffentlich positiver – Erinnerung bleiben. Die Fertigstellung des Sammelbandes hat schließlich länger gedauert als zunächst gedacht, erfolgte aber doch noch, wie einer der Herausgeber zu sagen pflegt, „just in time" – jedenfalls vor dem Beginn der Nominierungsphase für die nächste Kommunalwahl in NRW im Jahr 2004.

6. Aufbau des Sammelbandes

Die Entscheidung der Arbeitsgruppe, für die Präsentation der Ergebnisse die Form des Sammelbandes zu wählen, hat für den Leser den Vorteil der besseren Handhabung des Bandes durch die Auswahl einzelner in sich geschlossener Beiträge. Damit dieses jedoch nicht zu Lasten der Übersichtlichkeit geht, soll abschließend eine kurze Einordnung der Beiträge vorgenommen und ein roter Faden zur besseren Orientierung geliefert werden.

Der erste Beitrag von *Uwe Andersen* setzt die in der Einleitung begonnene Darstellung der Rahmenbedingungen für die Kommunalwahl 1999 fort. Im Mittelpunkt steht die Wahrnehmung der neuen rechtlichen Regelungen der Kommunalverfassung durch die Bürger, deren Bewertungen und die damit verknüpften Erwartungen im Hinblick auf die Wahl. Grundlage sind die Bürgerbefragungen in den Fallstädten, wobei zum Vergleich auch auf Umfragen im Land und auf Bundesebene sowie Experteneinschätzungen eingegangen wird. Insbesondere die Erwartungen der Bürger hinsichtlich der Eigenschaften hauptamtlicher Bürgermeister werden in den Beiträgen von Rainer Bovermann und Lars Holtkamp wieder aufgegriffen.

Der Beitrag von *Lars Holtkamp* und *David H. Gehne* beschäftigt sich mit der Nominierungsphase der Bürgermeisterkandidaten sowohl auf der Ebene der Fallstädte als auch der Landesebene NRW. Die Hoffnungen und Befürchtungen bezüglich der Kandidateneigenschaften aufgreifend, wird auf der Basis von Interviews mit Akteuren vor Ort und der schriftlichen Befragung der Bewerber für das Amt des Bürgermeisters in NRW der Frage nachgegangen, wer (Akteure) wen (Kandidatentypen und -profile) wie (Auswahlprozess) für die Bürgermeisterwahl nominierte. Zugleich liefert der Beitrag wichtige Vorinformationen für die Wahlanalyse und den Vergleich mit den gewählten Bürgermeistern.

Der nächste Beitrag von *David H. Gehne* und *Lars Holtkamp* ist ähnlich konzipiert und greift auf dieselben Datenbestände zurück. Er bezieht sich jedoch auf die Phase des Wahlkampfes und thematisiert insbesondere die Verbindung von Rats- und Bürgermeisterwahlkampf sowie die Frage der zunehmenden Personalisierung durch die Direktwahl des Bürgermeisters. Im Hinblick auf die Analyse der Wahl sind vor allem die Chancen der Einzelbewerber im Wahlkampf von Interesse.

Die nachfolgenden drei Beiträge widmen sich alle dem Wahlverhalten bzw. der Wahlentscheidung im engeren Sinn, allerdings auf unterschiedlichen Untersuchungsebenen und mit verschiedenen methodischen Zugriffen.

Rainer Bovermann untersucht in seinem Aufsatz das kommunale Wahlverhalten sowohl bei der Rats- als auch der Bürgermeisterwahl in den Fallstädten mit Hilfe von Individualdaten, die in den telefonischen Bürgerbefragungen gewonnen wurden. Im Mittelpunkt der Analyse stehen zum einen die mögliche Differenzierung der Wähler zwischen Rats- und Bürgermeisterwahl und zum anderen die verschiedenen Einflussfaktoren auf das Wahlverhalten und deren Gewichtung. Dabei wird immer wieder auf die Ergebnisse zur Nominierungs- und Wahlkampfphase zurückgegriffen.

Dieser Zugang wird zunächst vertieft durch den Beitrag von *Jennifer Neubauer*, die ebenfalls die vier Untersuchungskommunen in den Blick nimmt, aber kleinräumig und auf der Grundlage von Aggregatdaten vorgeht. Damit rücken die Wahlentscheidungen in den einzelnen Stadt- und Gemeindeteilen und deren Zusammenhang mit der Sozialstruktur in den Vordergrund. Ein weiterer wichtiger Aspekt ist dabei der langfristige Vergleich zwischen den Ratswahlen 1989 und 1999 im Hinblick auf Wählermobilisierungen und -bewegungen.

Anschließend erfolgt eine Ausweitung der Analyse auf die Landesebene. In seinem Aufsatz stützt sich *David H. Gehne* auf die im Rahmen des Projektes erhobenen Ergebnisse der Bürgermeisterwahl in den 396 Kommunen. Er arbeitet das Profil der gewählten Bürgermeister heraus, ordnet die Wahlsieger in den Fallstädten ein und fragt nach den spezifischen Bedingungen für Wahlerfolge und -niederlagen.

Der Beitrag von *Lars Holtkamp* nimmt am Beispiel der Untersuchungskommunen zum einen Aspekte aus dem ersten Aufsatz von Uwe Andersen wieder auf. Untersucht werden die Wahrnehmung der Bürgermeinung durch die kommunalpolitischen Akteure, deren eigene Sichtweise und Gemeinsamkeiten bzw. Unterschiede zur Meinung der Bürger. Als Grundlage dienen Daten, die im Rahmen der Intensivinterviews mit den Akteuren vor Ort und der Bürgerbefragungen erhoben wurden. Zum anderen geht dieser Beitrag über den Wahltag hinaus und skizziert auf der Basis von Gesprächen nach der Wahl Rollenerwartungen der gewählten Bürgermeister.

Im Resümee greifen *Uwe Andersen* und *Rainer Bovermann* noch einmal die in der Einleitung aufgeworfenen Fragestellungen auf und zeigen Perspektiven für die politikwissenschaftliche Kommunalforschung, die für Kommunalverfassungsfragen zuständige Landespolitik und die kommunalpolitische Praxis auf.

Der Anhang enthält die Datenerhebungsinstrumente für die empirischen Untersuchungen. Da das Landesamt für Datenverarbeitung und Statistik NRW nur die Bürgermeisterwahlergebnisse in den Kreisfreien Städten veröffentlicht, haben wir uns entschlossen, die vollständigen Ergebnisse der Bürgermeisterwahl für alle 396 Kommunen bei den Städten und Gemeinden selbst zu erheben und im Anhang der Öffentlichkeit zugänglich zu machen.

Uwe Andersen

Kenntnisnahme, Bewertungen, Erwartungen

1. Einleitung

Zu der Ausgangssituation der Kommunalwahl 1999 gehört auch die Kenntnisnahme der Bürgerschaft über die neuen Rahmenbedingungen, ihre Bewertung und die damit verbundenen Erwartungen, da sie den individuellen Handlungsraum mit prägen. Alle drei Komponenten sollen im Folgenden anhand von Befragungsergebnissen aus den vier Fallstudienstädten analysiert werden. Darüber hinaus wird zur Gewinnung realistischer Maßstäbe auch auf Befragungen zur politischen Kenntnisnahme auf der Bundesebene zurückgegriffen, und beim gewünschten Bürgermeisterprofil können die Befragungsergebnisse aus den Fallstudienstädten mit den Antworten auf identische Fragen im Rahmen einer landesweiten Studie in NRW verglichen werden.

2. Kenntnisse

Welche politischen Kenntnisse zum kommunalen politischen System darf man in der Bürgerschaft erwarten? Um einen realistischen Bezugspunkt zu schaffen, seien zuvor beispielhaft einige eher zum Nachdenken anregende Umfrageergebnisse zum politischen System auf der Bundesebene angeführt. So erklärten 1995 nur 56% der Befragten in den westlichen und 35% in den östlichen Bundesländern, „schon einmal von Gewaltenteilung gehört" zu haben, und bei einer anschließenden Frage meinten nur 32% bzw. 21%, der Schutz der Menschenwürde habe etwas mit Gewaltenteilung zu tun. Zu einer treffenden, kurzen Erklärung waren nur noch 4% bzw. 2% in der Lage („vage, unvollständige, halbrichtige Antworten" zusätzlich 15% bzw. 9%) (Noelle-Neumann 1995: 17, 19). Nur 6% der Deutschen wussten 1994, was der Begriff Föderalismus bedeutet, wenngleich bei einer konkreten Frage ein zentralistischer Staat mit wachsender Mehrheit eindeutig als „schlecht" beurteilt wurde (z.B. 1992 72%) (Institut für Demoskopie 1994: 2, 6). Bezogen auf die

Kenntnis des Wahlsystems belegt eine im Oktober und November 1990 durchgeführte Panelstudie (gleicher Befragtenkreis), dass im Oktober (November) 55% (51%) der westdeutschen und 30% (57%) der ostdeutschen Befragten zutreffend angaben, über die Parteienstärke im Bundestag entscheide die Zweitstimme. Interessant dabei ist nicht nur der Einfluss des Zeitpunktes der Befragung – in Ostdeutschland hat die Wahlkampfphase zu deutlich besseren Kenntnissen geführt –, sondern auch die mangelnde Stabilität der individuellen Kenntnisse. „Lediglich 58% der westdeutschen und 76% der ostdeutschen Befragten, die im Oktober 1990 die Zweitstimme genannt hatten, blieben auch im November bei der richtigen Antwort." (Schmitt-Beck 1993: 397)[1]

Vor diesem Hintergrund ist zu berücksichtigen, dass die hier zugrunde liegende Erhebung im Wesentlichen im August 1999 erfolgte. Zu diesem Zeitpunkt war die erste Informationswelle zur Kommunalwahl von Seiten der Akteure und insbesondere der Medien bereits gelaufen, ohne dass der Wahltermin unmittelbar bevorstand. Einzubeziehen ist auch der Informationshintergrund. Die kommunale Verfassungsreform von 1994 lag bereits mehrere Jahre zurück und hatte außerhalb des engeren Expertenkreises auch nur wenige öffentliche Diskussionen ausgelöst, war zumindest kein Medienereignis mit potenzieller Prägekraft gewesen.

In der Bürgerbefragung ist zuerst in einem sehr „weichen" Zugriff gefragt worden: „Haben Sie schon davon gehört, dass in Nordrhein-Westfalen eine neue Kommunalverfassung bzw. Gemeindeordnung gilt?" Bei einer solchen Fragestellung ist ein „sozialer Erwünschtheitseffekt" nicht völlig auszuschließen, und es ist auch nicht sicher, dass die wichtigsten Reformelemente von allen Befragten mit den Begriffen „Kommunalverfassung bzw. Gemeindeordnung" in Verbindung gebracht werden. Wie Tabelle 1 zeigt, bekundete im Durchschnitt der vier Fallkommunen[2] mit 36% nur eine Minderheit, schon davon gehört zu haben. Dabei ist die bekundete Kenntnisnahme in den Großstädten geringer als in den kleineren Kommunen. Auch innerhalb dieser beiden Teilgruppen zeigen sich Unterschiede.

---

1   Eine im Rahmen des Forschungsprojektes „Politische Einstellungen, politische Partizipation und Wählerverhalten im vereinigten Deutschland" durchgeführte Umfrage brachte im Hinblick auf die Kenntnis der Bedeutung der Zweitstimme 1998 folgende Ergebnisse: richtige Antworten Vorwahlbefragung West (Deutschland) 47,9%, Ost 40,1% Nachwahlbefragung West 57,7%, Ost 44,8%, so dass wiederum ein positiver Effekt des Bundestagswahlkampfes zu konstatieren ist (Maier 2000: 153).

2   Dabei handelt es sich, wenn nicht ausdrücklich eine andere Relation eingeführt wird, immer um den ungewichteten Durchschnitt der vier einbezogenen Gemeinden, um die Einordnung der einzelnen Kommune zu erleichtern.

Tabelle 1:   Kenntnisnahme der Kommunalverfassungsreform nach
Geschlecht

	% aller Befragten	Schon davon gehört % aller Frauen	% aller Männer
Duisburg	27,8	19,5	36,0
Essen	35,3	27,5	43,9
Hünxe	38,6	27,0	50,2
Xanten	42,2	32,0	51,7
∅	36,0	26,5	45,5

Quelle: Bürgerumfrage, Frage Nr. 11 und Nr. 30.

Obwohl davon auszugehen ist, dass mit der Einführung der Einheitsspitze in
der Übergangzeit die Diskussion um die Ergebnisse der kommunalen Verfassungsreform aktiviert worden ist, zeigt sich bei der Frage zur Kenntnisnahme kein derartiger Effekt. Die Kommunen mit eingeführter Einheitsspitze
– Duisburg und Hünxe – weisen in ihrer jeweiligen Größenklasse die niedrigeren Werte auf. Insbesondere die Differenz zwischen Duisburg und Essen
(7,5 Prozentpunkte) ist auffällig.

Im Folgenden sind die Befragungsdaten nach sozialstrukturellen Merkmalen und bestimmten kommunalbezogenen Kriterien analysiert worden, um
ein differenzierteres Bild zu erhalten. Die Ergebnisse werden anhand der
Frage zur Kenntnisnahme beispielhaft dargestellt, während danach nur auf
besonders interessante Einzelergebnisse eingegangen wird. Bei den sozialstrukturellen Merkmalen zeigen sich in der Einflussrichtung generell die vor
dem Hintergrund der Wahlforschung zu erwartenden Effekte.

Wie Tabelle 1 zeigt, ist die *Geschlechtsdifferenzierung* stark ausgeprägt,
wobei in allen Fallstudienkommunen die Männer im Vergleich zu den Frauen
um mehr als 50% höhere Werte erreichen. Angemerkt sei hier, dass dieses
Ergebnis mit anderen Merkmalen stark zusammenhängt, zum Beispiel mit
dem noch zu behandelnden politischen Interesse.

Zudem handelt es sich bei der Kategorie Geschlecht um ein typisches
Beispiel für den möglichen Einfluss des sozialen Erwünschtheitseffektes –
z.B. könnten Männer eher davon ausgehen, dass von ihnen politische Kenntnisse erwartet werden und auch im Zweifel bekunden, „schon davon gehört
zu haben". Allerdings zeigen sich auch bei den noch zu diskutierenden tatsächlichen Kenntnissen entsprechende Geschlechtsunterschiede.

Die Ergebnisse im Hinblick auf die *Altersstruktur* zeigt die folgende Tabelle.

Tabelle 2: Kenntnisnahme der Kommunalverfassungsreform nach Alter
(in % der Altersgruppe)

| | Schon davon gehört | | | | |
	unter 25	25 - 35	35 - 45	45 - 60	60 und älter
Duisburg	18,8	20,2	30,9	31,3	30,2
Essen	24,2	27,4	31,4	42,6	40,3
Hünxe	26,4	29,6	40,4	45,5	41,5
Xanten	28,4	37,1	39,1	54,5	45,2
∅	24,5	28,6	35,5	43,5	39,3

Quelle: Bürgerumfrage, Frage Nr. 11 und Nr. 26.

Wie aus der Wahlforschung auch im Hinblick auf die Wahlbeteiligung bekannt, ergeben sich in allen vier Fällen bei der jüngsten Altersgruppe die
schlechtesten Werte. Die Kenntnisnahme zeigt dann bei den folgenden Al-
tersgruppen einen deutlichen Anstieg, um bei der letzten Altersgruppe ab 60
wieder abzufallen. Die Hierarchie zwischen den vier untersuchten Fällen
bleibt dabei – von einer kleinen Ausnahme abgesehen – durchgängig erhalten.

In Tabelle 3 sind nur die Ergebnisse für die beiden Extreme – Volks- be-
ziehungsweise Hauptschulabschluss als niedrigster und Hochschulabschluss
als höchster *Bildungsgrad* – wiedergegeben.

Tabelle 3: Kenntnisnahme der Kommunalverfassungsreform nach
Bildungsabschluss und Stellung im Beruf (in % der Bildungs-
bzw. Berufsgruppe)

| | | | Schon davon gehört | | | |
	Volks-, Hauptschul- abschluss	Hochschul- abschluss	Arbeiter	Angestellte	Beamte	Selbständige/ freie Berufe
Duisburg	19,7	58,1	20,6	28,2	58,2	40,4
Essen	25,3	55,9	22,7	35,0	68,0	49,6
Hünxe	26,8	63,9	24,3	40,8	72,3	56,9
Xanten	31,4	79,8	26,9	45,5	73,8	57,6
∅	25,8	64,4	23,6	37, 4	68,1	51,1

Quelle: Bürgerumfrage, Frage Nr. 11 und Nr. 28.

Wie zu erwarten, zeigen sich hier besonders starke Differenzen bei der
Kenntnisnahme, wobei aber die Hierarchie innerhalb der vier Fälle wiederum
unverändert bleibt.

Letztgenanntes Phänomen offenbart sich auch nach Auswertung der *beruflichen Position*, wie ebenfalls die Tabelle 3 zeigt. Bei den groben beruflichen Positionsgruppen ergibt sich die zu erwartende Hierarchie. Die herausragende Spitzenposition bei Beamten dürfte vor allem auf die berufsbedingte

thematische Nähe und das damit verbundene Interesse, wie auch auf das bei
Beamten allgemein relativ hohe politische Interesse zurückgehen. Die nicht
mit aufgenommene, in sich sehr heterogene Gruppe der „Nichtberufstätigen"
zeigt in allen vier Fallstudiengemeinden unterdurchschnittliche Werte der
Kenntnisnahme. Als Teilgruppe der Nichtberufstätigen zeigt die Gruppe der
„Hausfrauen/Hausmänner", in der die Frauen stark dominieren, außerordentlich niedrige Werte, die noch unter denen der Frauengruppe insgesamt liegen.
Demgegenüber zeigt die Teilgruppe der „Rentner" in allen vier Untersu-
chungsfällen leicht überdurchschnittliche Werte der Kenntnisnahme.

Die *Bindung an die Gemeinde* wurde anhand mehrerer Kriterien untersucht. Auf die subjektive Einschätzung zielt die Frage nach der Verbundenheit mit der Gemeinde. Hier ergeben sich interessanterweise bei der Kategorie „sehr starke/starke Verbundenheit" (70% bis 72%) wie auch beim Gegen-
pol „nicht sehr/überhaupt nicht verbunden" (11% bis 8%) nur geringe Unterschiede zwischen den vier Fallkommunen, die allerdings in der Tendenz für
eine geringfügig stärkere Verbundenheit mit den kreisangehörigen Gemeinden sprechen. Wie Tabelle 4 ausweist, sind die Auswirkungen auf die Kenntnisnahme bei den Großstädten gering und unsystematisch, während sich bei
den kreisangehörigen Gemeinden ein deutlicher und systematischer Effekt
zeigt. Bei letzteren tritt die stärkere Verbundenheit zusammen mit einer höheren Kenntnisnahme auf.

Tabelle 4:   Kenntnisnahme der Kommunalverfassungsreform nach Verbundenheit mit der Gemeinde und Vereinsmitgliedschaft (in % der
jeweiligen Gruppe)

	Sehr starke/ starke Ver- bundenheit	Mittelmäßi- ge Verbun- denheit	Schon davon gehört		Mitglied- schaft	3 und mehr Mitglied- schaften
			Nicht sehr/ überhaupt nicht ver- bunden	Keine Mit- gliedschaft		
Duisburg	28,8	23,6	29,9	26,1	32,1	44,6
Essen	35,1	37,0	34,2	33,2	40,2	54,0
Hünxe	41,5	33,3	27,0	31,1	45,3	59,4
Xanten	43,9	40,8	30,1	37,0	47,4	53,2
Ø	37,3	33,7	30,3	31,9	41,3	52,8

Quelle: Bürgerumfrage, Frage Nr. 11, Nr. 24 und Nr. 25.

Als mögliches objektives Kriterium der Verbundenheit ist die Wohndauer
überprüft worden, bei der sich allerdings keine systematischen Auswirkungen
ergaben. Bei einem objektiven Kriterium der Integration in die Kommune –
der Vereinsmitgliedschaft, vgl. ebenfalls Tabelle 4 – zeigt sich dagegen ein
klarer Effekt. Vereinsmitglieder haben deutlich höhere Werte der Kenntnisnahme, und bei Mehrfachmitgliedschaften nehmen die Werte nochmals stark

zu. Die Vereinsmitglieder sind in den kleineren Gemeinden im Vergleich zu den Großstädten sehr viel häufiger vertreten (52% zu 29%), so dass hier eine Ursache der höheren Kenntnisnahme in den kreisangehörigen Gemeinden zu sehen ist.

Tabelle 5 zeigt – wie zu erwarten –, dass die Hierarchie der Bekundung *politischen Interesses* auch mit einer entsprechend ausgeprägten Hierarchie der Kenntnisnahme in allen vier untersuchten Fällen einhergeht.

Tabelle 5: Kenntnisnahme der Kommunalverfassungsreform nach Interesse für kommunale Politik (in % in der jeweiligen Gruppe)

	Sehr starkes/starkes Interesse	Schon davon gehört Mittelmäßiges Interesse	Kaum/kein Interesse
Duisburg	39,2	25,8	17,9
Essen	48,9	29,6	24,6
Hünxe	52,6	33,8	22,9
Xanten	54,9	38,6	22,9
∅	48,9	32,0	22,1

Quelle: Bürgerumfrage, Frage Nr. 11 und Nr. 2.

Bezogen auf die *kommunale Parteipräferenz* zeigen SPD-Anhänger eine durchschnittlich geringere, die Anhänger der kleineren Parteien Grüne und FDP eine relativ bessere Kenntnisnahme, was vor allem auf den unterschiedlichen durchschnittlichen Bildungsgrad zurückzuführen sein dürfte.

Angemerkt sei noch, dass wegen der geringen Zahl der in die Befragung eingegangenen *EU-Ausländer* nur grobe Tendenzaussagen möglich sind. Diese gehen aber in die Richtung geringer Kenntnisnahme bei dieser erstmals wahlberechtigten Teilgruppe.

Um den sozialen Erwünschtheitseffekt auszuschließen, ist in einem zweiten Schritt die Teilgruppe, die von der kommunalen Verfassungsreform gehört haben will, gebeten worden, Änderungen zu benennen, ohne dass entsprechende Antwortvorgaben gemacht worden sind. Diese „harte" Frage nach der aktiven Erinnerung brachte die in Tabelle 6 wiedergegebenen Resultate für die wichtigsten Reformelemente, wobei sich die Prozentsätze auf die Gesamtheit der Befragten, nicht auf die Teilgruppe "schon gehört" beziehen.

Tabelle 6: Erinnerung an Reformelemente (in %)

	Schon gehört	Zusammen-legung zur Einheits-spitze	Direktwahl des Bürger-meisters	Bürgerbe-gehren/-ent-scheid	Wahlrechts-ände-rungen	Abschaffung der Fünf-Prozent-Hürde
Duisburg	27,8	4,0	6,2	0,2	5,2	4,0
Essen	35,3	5,3	8,8	0,8	7,0	4,3
Hünxe	38,6	8,0	15,2	1,2	10,4	3,3
Xanten	42,2	14,4	15,0	1,8	10,9	2,4
∅	36,0	7,9	11,3	1,0	8,4	3,5

Quelle: Bürgerumfrage, Frage Nr. 12.

Die Beseitigung der Fünf-Prozent-Hürde ist einbezogen worden, weil sie infolge des Urteils des Landesverfassungsgerichtshofes die jüngste gravierendste Wahlrechtsänderung darstellt und zum Befragungszeitpunkt gerade aktuell diskutiert wurde.

Die aktive Kenntnis der Bürgerschaft über die wichtigsten Reformelemente ist gering, bleibt in der Regel deutlich unter der Zehn-Prozent-Grenze. Spitzenreiter ist die Direktwahl, die im Durchschnitt der untersuchten vier Fälle immerhin von 11% der Befragten genannt wird. Mit deutlichem Abstand folgen Wahlrechtsänderungen sowie die Einheitsspitze und mit nochmaligem Abstand die Fünf-Prozent-Hürde und Bürgerbegehren/-entscheid. Das erstaunliche Ergebnis, dass das letztgenannte Reformelement im Durchschnitt nur von einem Prozent der Befragten genannt wurde, obwohl das Instrument Bürgerbegehren in Essen dreimal und in Hünxe einmal genutzt worden war, mag damit zusammenhängen, dass die Befragten Bürgerbegehren und -entscheid möglicherweise nicht mehr mit der angesprochenen kommunalen Verfassungsreform und den häufiger genannten Elementen verbinden. Ein systematischer Effekt, dass intensive Nutzung bzw. Diskussion auch zu höheren Erinnerungswerten führt, lässt sich nicht erkennen. Zwar liegt in Essen eine stärkere Nennung als in Duisburg vor, die Werte in den kleineren Gemeinden aber fallen höher aus, und in Xanten werden noch höhere Werte als in Hünxe erreicht.

Mit Ausnahme der abgeschafften Fünf-Prozent-Hürde liegen die kleineren Fallkommunen bei den Nennungen prozentual klar vor den Großstädten, und zwar noch deutlicher als bei der „weichen" Bekundung, von der Reform gehört zu haben. Auch innerhalb der gleichen Größenklasse bleibt die konstatierte Rangfolge in der Regel erhalten. Das gilt gerade auch für die neue Einheitsspitze, obwohl wegen der vorzeitigen Einführung in Duisburg und Hünxe hier höhere Nennungen erwartet werden konnten.

Im Hinblick auf die neue Einheitsspitze ist ein Ergebnis aus einer anderen Befragung in der nordrhein-westfälischen Stadt Hilden (55.000 Einwohner), die eine Woche vor der Kommunalwahl abgeschlossen wurde, interessant. Vier vorgegebene Funktionen wurden von den Befragten dem neuen hauptamtlichen Bürgermeister in folgender Rangfolge zugeordnet: Oberster Repräsentant (92%), Chef der Kommunalverwaltung (78%), Leiter der Stadtratsitzungen (68%), stimmberechtigtes Stadtratsmitglied (66%). Alle vier Fragen wurden noch von 39% richtig beantwortet. Ob dieses Ergebnis – ohne Kontrollfrage, aber mit Antwortvorgaben – die optimistische Einschätzung rechtfertigt, „dass das Wissen über dessen [Bürgermeister – U.A.] Funktion und Kompetenz entgegen der Erwartung vor der Wahl erstaunlich groß ist" (Marcinkowski 2001: 23), mag jeder Leser selbst entscheiden. Angemerkt sei, dass sich bei einer im Rahmen des eigenen Projektes durchgeführten Expertenumfrage (zehn in der Literatur ausgewiesene Experten) im Hinblick auf die vermuteten Kenntnisse der Bürgerschaft eine beachtliche Bandbreite zeigte. So lag die allerdings nicht auf einzelne Städte bezogene Einschätzung, wie viele Bürger „schon von der neuen Kommunalverfassung bzw. Gemeindeordnung gehört" hätten zwischen 30% und 80% mit einem Durchschnittswert von 55%.

3. Einschätzung der Reformelemente

In einem nächsten Schritt wurden allen Befragten die wichtigsten Reformelemente genannt und um eine Bewertung als „gut", „teils/teils" oder „schlecht" gebeten. Die Ergebnisse zeigen die beiden folgenden Tabellen.

Tabelle 7: Einschätzung der Reformelemente Zusammenlegung zur Einheitsspitze und Direktwahl (in %)

Einschätzung	Zusammenlegung			Direktwahl		
	Gut	teils/teils	schlecht	gut	teils/teils	schlecht
Duisburg	39,6	28,9	23,3	83,8	11,2	2,8
Essen	42,4	25,0	25,3	87,0	7,6	2,7
Hünxe	52,7	24,1	18,3	91,3	5,9	1,5
Xanten	51,7	25,0	18,2	87,4	9,1	2,4
∅	46,6	25,8	21,3	87,4	8,5	2,4

Quelle: Bürgerumfrage, Frage Nr. 13A und Nr. 13B.

Tabelle 8: Einschätzung der Reformelemente Bürgerbegehren/-entscheid
und Abschaffung der Fünf-Prozent-Hürde (in %)

Einschätzung	Bürgerbegehren/-entscheid			Fünf-Prozent-Hürde		
	gut	teils/teils	schlecht	gut	teils/teils	schlecht
Duisburg	80,8	12,8	3,6	20,3	24,5	45,2
Essen	82,6	12,0	3,3	26,5	22,3	43,1
Hünxe	78,5	15,8	4,5	23,9	28,1	40,9
Xanten	77,0	17,7	3,8	20,7	26,4	44,8
⌀	79,9	14,6	3,8	22,9	25,3	43,5

Quelle: Bürgerumfrage, Frage Nr. 13C und Nr. 13D.

Im Zustimmungsgrad gibt es über die untersuchten Fälle hinweg eine klare
Hierarchie. Eine überwältigende Zustimmung von durchschnittlich 80% bis
87% finden die Elemente, welche die Partizipationsrechte der Bürgerschaft
erweitern, wobei die Direktwahl des Bürgermeisters noch vor Bürgerbegehren und -entscheid rangiert.[3] Die Zusammenlegung zur Einheitsspitze folgt
mit einer „guten" Bewertung von durchschnittlich unter 50%, aber „gute"
und „schlechte" Bewertungen ergeben im Durchschnitt noch ein Verhältnis
von zwei zu eins.[4] Dieses Verhältnis dreht sich bei der Einschätzung der abgeschafften Fünf-Prozent-Hürde um, bei der also die Ablehnung der Abschaffung deutlich überwiegt.

Bezogen auf die vier untersuchten Fälle ergibt sich ein differenziertes
Bild. Bei der Direktwahl fällt die Zustimmung bei den kreisangehörigen
Kommunen noch stärker aus, während bei Bürgerbegehren/-entscheid die
Großstädte im Zustimmungsgrad vorne liegen. Eine Erklärungshypothese
könnte sein, dass in kleineren Gemeinden die Personenkenntnis besser (Direktwahl) und die Bodenhaftung der Parteien als stärker (geringere Notwendigkeit des Bürgerentscheides) eingeschätzt wird.

Bei der Zustimmung zur Zusammenlegung (Einheitsspitze) liegen wiederum die kreisangehörigen Gemeinden deutlich an der Spitze. Dies erscheint
besonders interessant, weil in der Reformdiskussion die Kritik an der Doppelspitze der norddeutschen Ratsverfassung eindeutig am stärksten aus den
Großstädten gekommen ist. Innerhalb der gleichen Größenklasse sind die
Unterschiede gering, und wie schon bei den Kenntnissen ist ein merklicher
Einfluss des Faktors Erfahrungen mit der Einheitsspitze nicht erkennbar.

Bei der Abschaffung der Fünf-Prozent-Hürde zeigt sich erstmals kein
Bewertungsmuster entlang der Größenklassen. Die mehrheitliche Ablehnung

---

3   Zur Einordnung der Ergebnisse sei auf eine vom WDR beim Institut für Angewandte
Sozialwissenschaft (Infas) in Auftrag gegebene repräsentative Befragung in NRW von
Mitte 1991 – also noch vor der Reform – verwiesen, bei der sich 74% für die Direktwahl der Bürgermeister und 14% dagegen aussprachen.
4   Bei der o.g. Infas-Umfrage sprachen sich 50% für und 35% gegen die Aufhebung der
Doppelspitze aus.

wird angeführt von Duisburg und Xanten, allerdings bleiben die Differenzen zwischen den vier Fallkommunen eng begrenzt.

Im *Geschlechtervergleich* zeigt sich die deutlichste Differenz hinsichtlich der Bewertung der Reformelemente bei der Einführung der Einheitsspitze. Hier sind die Männer bei der Bewertung mit „gut" erheblich stärker vertreten, über alle Untersuchungsgemeinden fast im Verhältnis zwei zu eins. Umgekehrt, wenn auch weniger ausgeprägt, gibt es ein Übergewicht der Frauen bei der „guten" Bewertung von Bürgerbegehren und -entscheid.

Analysiert man die Zustimmung anhand des Kriteriums *politisches Interesse*, so zeigt sich bei der Teilgruppe mit „sehr starkem/starkem kommunalpolitischem Interesse" durchgängig eine stärkere Neigung, die Reformelemente mit „gut" zu bewerten, als bei der Kontrastgruppe (geringes/überhaupt kein kommunalpolitisches Interesse). Dies gilt wiederum für alle vier Fallstudiengemeinden. Am stärksten überrepräsentiert bei der Beurteilung der vier Reformelemente mit „gut" sind die politisch Interessierten in dieser Rangfolge: 1. Einheitsspitze (Zusammenlegung), 2. Wegfall der Fünf-Prozent-Klausel, 3. Direktwahl der Bürgermeister, 4. Einführung des Bürgerbegehrens und -entscheides. Bei dem letztgenannten Element ist die Differenz allerdings nur noch gering. Im Hinblick auf die *Parteianhänger* – gemessen an der bekundeten kommunalen Parteipräferenz 1999 – zeigen sich bei der positiven Bewertung der Reformelemente Einheitsspitze, Direktwahl und Bürgerbegehren und -entscheid zwischen den auf CDU, SPD oder FDP orientierten Befragten nur geringe Unterschiede. Die Anhänger der Grünen dagegen beurteilen die Einheitsspitze skeptischer und Bürgerbegehren/entscheid positiver. Der Wegfall der Fünf-Prozent-Hürde wird dagegen am wenigsten von Anhängern der SPD, dann der CDU und schließlich der Grünen befürwortet. Hier liegt die Zustimmung bei den zur FDP Tendierenden deutlich höher, bleibt aber unter 50%. Die Unterschiede gehen tendenziell konform mit dem Interessenkalkül der genannten Parteien und können daher nicht überraschen. Auf Grund zu geringer Fallzahlen sind für die Anhänger der Kleinstparteien keine Aussagen mehr sinnvoll, und auch bei den kleineren Parteien handelt es sich für die einzelnen Untersuchungsgemeinden nur um Tendenzaussagen.

4. Erwartungsprofil für die neuen Bürgermeister

Die Erwartungen an die neuen Bürgermeister können sich auf Grund der Direktwahl nunmehr prinzipiell ungefiltert durchsetzen, auch wenn bei der praktischen Wahlentscheidung das reale Kandidatenangebot weiterhin einen Filter darstellt. Um ein abstraktes Erwartungsprofil aus Sicht der Bürgerschaft vor der ersten Direktwahl der Bürgermeister zu ermitteln, sind bei der Bürgerbefragung 13 im Rahmen der Literaturauswertung und von Expertengesprächen als potenziell wichtig eingeschätzte Eigenschaften vorgegeben und die Befragten gebeten worden, sie auf einer Fünferskala von „sehr wichtig" bis „unwichtig" zu bewerten. Tabelle 9 zeigt die Ergebnisse für die vier Fallstudiengemeinden geordnet in der Rangfolge der durchschnittlich als „sehr wichtig" plus „wichtig" eingeschätzten Eigenschaften.

Tabelle 9: Erwartungsprofil bzgl. der Bürgermeister (in %)

Eigenschaften des hauptamtlichen Bürgermeisters: Bewertung „sehr wichtig" und „wichtig"	∅	Duisburg	Essen	Hünxe	Xanten
1. Glaubwürdigkeit	96,1	96,1	94,3	96,4	97,6
2. Führungsqualitäten	92,2	91,0	92,6	92,3	92,8
3. Bürgernähe	89,8	89,8	88,4	89,0	92,0
4. Vertretung der Gemeinde nach außen	87,3	87,4	86,1	87,4	88,2
5. Konfliktbereitschaft mit eigener Partei	85,8	83,8	86,5	85,9	87,1
6. Neutralität gegenüber allen Parteien	80,6	80,0	77,1	83,2	82,1
7. Einsatz für Minderheiten	79,5	79,6	78,4	80,3	79,7
8. Verwaltungserfahrung	73,4	73,3	71,7	75,1	73,6
9. Erfahrung außerhalb von Politik und Verwaltung	70,2	70,7	73,4	66,7	69,8
10. Spezialkenntnisse in der Kommunalpolitik	65,2	65,0	62,5	66,4	66,8
11. Eigene politische Konzeption	65,0	64,0	67,9	60,8	67,2
12. Gemeindeverbundenheit	63,0	62,9	61,1	67,5	60,5
13. Sympathieträger	63,0	63,0	60,1	63,9	65,0
∅	77,8	77,4	76,9	78,1	78,6

Quelle: Bürgerumfrage, Frage Nr. 14.

Durch die Addition der Kategorien „sehr wichtig" und „wichtig" verschieben sich die Prozentwerte zwar allgemein nach oben, die Rangfolge bleibt aber auch im Verhältnis allein zur Kategorie „sehr wichtig" im Wesentlichen erhalten. So halten beinahe zwei Drittel der Befragten auch die Eigenschaft „Sympathieträger" auf dem letzten Rangplatz noch für mindestens wichtig, aber die Spannbreite zum Spitzenreiter „Glaubwürdigkeit" ist mit 33 Prozentpunkten doch beachtlich.

Analysiert man die Rangliste, so sind nach „Glaubwürdigkeit" – sicherlich im Kontext öffentlich diskutierter „Skandale" bereits im Vorfeld der Kommunalwahl und angeprangerter mangelhafter Glaubwürdigkeit der Politik zu sehen – auch „Führungsqualitäten" und „Bürgernähe" im Spitzentrio vertreten. Als sekundäre Spitzengruppe folgen „Vertretung nach außen" und „Konfliktbereitschaft mit eigener Partei", wobei letztere die gewünschte Unabhängigkeit des Bürgermeisters unterstreicht. Dies gilt auch für die Kategorie „Neutralität gegenüber allen Parteien", die zusammen mit „Einsatz für

Minderheiten" mit um die 80% die Mittelgruppe bildet. Mit der Einschätzung
von weniger als drei Viertel der Befragten als mindestens wichtig folgen
„Verwaltungserfahrung" und „Berufserfahrung außerhalb von Politik und
Verwaltung" auf den Rangplätzen acht und neun schon relativ abgeschlagen
als vierte Gruppe. Die letzte Gruppe erhält von weniger als zwei Drittel der
Befragten die Einschätzung als mindestens wichtig. Zu ihr gehören „Spezialkenntnisse in einzelnen Bereichen der Gemeindepolitik", „eigene politische
Konzeption", „Gemeindeverbundenheit" und „Sympathieträger". Der letzte
Rangplatz für „Sympathieträger" und der erste für „Glaubwürdigkeit" wie
auch das Spitzentrio insgesamt deuten darauf hin, dass die Bürgerschaft nicht
einfach allgemein-menschliche Qualitäten eines Bürgermeisters an die Spitze
setzt, sondern diese politisch-funktional interpretiert. Bemerkenswert erscheint weiterhin, dass aus Sicht der Bürgerschaft weder ein ausgeprägtes
Politik- noch ein Verwaltungsprofil als vorrangige Qualität eingeschätzt
wird.

Dabei sind zwei Einschränkungen in Erinnerung zu rufen. Erstens muss
die Bürgerschaft ein abstraktes Eigenschaftsprofil nicht ungebrochen in
Wahlhandlungen umsetzen und bleibt darüber hinaus auf das Kandidatenangebot und ihre Wahrnehmung der Kandidaten angewiesen. Zweitens können
die erst nach der Wahl möglichen konkreten Erfahrungen mit direkt gewählten Bürgermeistern vor dem Hintergrund der veränderten Kommunalverfassung dazu führen, dass sich auch das Erwartungsprofil verändert.

Die Abweichungen zwischen den untersuchten Gemeinden halten sich in
engen Grenzen. Für die 13 Kategorien liegen die Unterschiede der Wer-
tungspole zwischen den vier Fallbeispielen im Durchschnitt bei 4,3 Prozentpunkten. Die drei größten Differenzen treten auf bei „eigener politischer
Konzeption" (7,1 Prozentpunkte zwischen Essen und Hünxe), „Gemeindeverbundenheit" (7 Prozentpunkte zwischen Hünxe und Xanten) und „Berufserfahrung außerhalb von Politik und Verwaltung" (6,7 Prozentpunkte zwischen Essen und Hünxe).

Die stärkste Rangverschiebung ergibt sich bei Hünxe dadurch, dass die
„Gemeindeverbundenheit" auf den Rangplatz neun vorrückt. Ansonsten er-
geben sich nur bescheidene Rangveränderungen innerhalb der genannten
Ranggruppen, zahlenmäßig am stärksten in Essen.

Die Befragten in Xanten und in Hünxe haben im Durchschnitt eine größere Neigung, die vorgegebenen Eigenschaften für mindestens wichtig zu
halten als die Befragten in den beiden Großstädten. Die Rangfolge lautet hier
Xanten, Hünxe, Duisburg und Essen, und die Differenz zwischen den beiden
polaren Gemeinden Xanten und Essen beträgt im Durchschnitt pro Kategorie
1,7 Prozentpunkte. Die stärkere Einschätzung als mindestens wichtig bei den
kreisangehörigen Gemeinden zeigt sich auch darin, dass auf Xanten bei sieben und bei Hünxe auf vier Eigenschaften die höchste Wertung entfällt. Umgekehrt zeigen sich bei Essen bei acht Eigenschaften die niedrigsten Wertungen. Eine Durchbrechung dieses Musters gibt es bei „Berufserfahrung außer-

halb von Politik und Verwaltung", bei der die Wichtigkeit in beiden Großstädten (Essen vor Duisburg) höher eingeschätzt wird.

Im *Geschlechtervergleich* neigen Frauen zu einer stärkeren Beurteilung
der vorgegebenen Kriterien als „sehr wichtig". Im Hinblick auf das Erwartungsprofil ergeben sich interessante Unterschiede. Der Frauenvorsprung bei
der Einstufung als "sehr wichtig" ist am stärksten bei den folgenden Kriteri-
en: 1. Einsatz für Minderheiten, 2. spezielle Kenntnisse in einzelnen Bereichen der Gemeindepolitik und 3. Sympathieträger. Umgekehrt gibt es einen
Männervorsprung in dieser Rangfolge: 1. Eigenes politisches Konzept, 2.
Führungsqualitäten und 3. Erfahrung in der öffentlichen Verwaltung.

Auch hier schien die Frage besonders interessant, welche Auswirkungen
unterschiedliches *politisches Interesse* auf das Erwartungsprofil hat. Wiederum gilt, dass sehr starkes/starkes kommunalpolitisches Interesse dazu führt,
alle 13 Kriterien häufiger als „sehr wichtig" einzuschätzen als die Kontrastgruppe (geringes/kein Interesse). Am stärksten überrepräsentiert bei der
Bewertung „sehr wichtig" sind die politisch Interessierten in dieser Rangfolge: 1. Eigenes politisches Konzept, 2. Berufserfahrung außerhalb von Politik
und Verwaltung, 3. Erfahrungen in der öffentlichen Verwaltung und 4. Neutralität gegenüber allen Parteien und Gruppen. Umgekehrt ist die Gruppe mit
einem geringen kommunalpolitischen Interesse am stärksten bei der Einstufung „sehr wichtig" von 1. Konfliktbereitschaft auch mit der eigenen Partei,
2. Glaubwürdigkeit, 3. Bürgernähe und 4. Einsatz für Minderheiten.

Bei der Analyse der *Parteipräferenzen* zeigen sich keine signifikant abweichenden Profile. Selbst bei Eigenschaften wie „Konfliktbereitschaft mit
der eigenen Partei" oder „Bürgernähe" bleiben die Unterschiede sehr gering.

Da das identische Fragenset zum gewünschten Eigenschaftsprofil des
hauptamtlichen Bürgermeisters auch in einer repräsentativen landesweiten
Befragung (mit gut 2.000 Befragten) durch dasselbe Institut in kurzem zeitlichen Abstand zu unserer Befragung, aber noch vor der Kommunalwahl 1999
Verwendung gefunden hat, bietet sich eine besonders günstige Vergleichs-
möglichkeit. In Tabelle 10 sind die Mittelwerte der landesweiten Befragung
den Mittelwerten aus der eigenen Befragung in den vier Kommunen gegen-
übergestellt worden.

Dabei wurde nicht gewichtet, so dass die beiden Großstädte aufgrund der
höheren Zahl der Befragten etwa doppelt so stark vertreten sind, womit aber
gemessen an der Gemeindegrößenstruktur des Landes NRW die kleineren
Städte und Gemeinden immer noch deutlich überrepräsentiert sind.

Tabelle 10: Vergleich des Erwartungsprofils bezüglich der Bürgermeister (Mittelwerte)

Eigenschaften des hauptamtlichen Bürgermeisters	alle Befragten in den vier Fallstudiengemeinden		Landesbefragung	
	Mittelwert	Rangplatz	Mittelwert	Rangplatz
1. Glaubwürdigkeit	1,26	1	1,34	1
2. Führungsqualitäten	1,48	2	1,60	2
3. Bürgernähe	1,54	3	1,69	3
4. Vertretung der Gemeinde nach außen	1,63	4	1,75	4
5. Konfliktbereitschaft mit eigener Partei	1,70	5	1,79	5
6. Neutralität gegenüber anderen Parteien	1,79	6	1,99	7
7. Einsatz für Minderheiten	1,87	7	1,98	6
8. Verwaltungserfahrung	2,01	8	2,13	8
9. Erfahrung außerhalb von Politik und Verwaltung	2,07	9	2,25	11
10. Spezialkenntnisse in der Kommunalpolitik	2,19	10	2,24	10
11. Gemeindeverbundenheit	2,20	11	2,38	13
12. Sympathieträger	2,24	12	2,37	12
13. Eigene politische Konzeption	2,25	13	2,14	9
∅	1,85		1,95	

Quellen: Bürgerumfrage, Frage Nr. 14 und landesweite Befragung durch das Sozialwissenschaftliche Umfragezentrum (SUZ) der Universität Duisburg; eigene Berechnung.

Die Ergebnisse der beiden Untersuchungen zeigen eine beeindruckende Übereinstimmung, die dafür spricht, dass die Ergebnisse unserer vier Fallstudien zusammengenommen ein guter Indikator für die landesweite Einschätzung sind. Bei einem Mittelwert von drei auf der Fünfer-Skala (Kategorien „sehr wichtig" = 1 bis „überhaupt nicht wichtig" = 5) werden alle 13 Eigenschaften im Durchschnitt als relativ wichtig eingeschätzt, aber doch mit bemerkenswerten Differenzierungen. Insgesamt fällt der Mittelwert in der landesweiten Umfrage mit einer Ausnahme („eigene politische Konzeption") bei allen Kategorien etwas niedriger aus, was auf die schon angeführte relative Überrepräsentation der kleinen Städte und Gemeinden in unserer Fallstudienbefragung zurückzuführen sein dürfte (ihre Befragten setzten die Bedeutung durchschnittlich etwas höher an).

Im Vergleich der Rangplätze der Mittelwerte mit jenen der „positiven" Einschätzungen „sehr wichtig/wichtig" in Tabelle 9[5] ergibt sich nur eine Veränderung: „Eigene politische Konzeption" fällt von Rangplatz elf auf den

---

5   Zu berücksichtigen ist, dass in Tabelle 9 die für die Rangfolge maßgeblichen Durchschnittswerte mit gleichem Gewicht für jede Fallstudiengemeinde berechnet wurden, d.h. die doppelte Befragtenzahl in den Großstädten bei der Berechnung der Durchschnittswerte nicht berücksichtigt wurde.

letzten, 13. Platz zurück. Diese Kategorie bietet auch den wichtigsten Unterschied beim Vergleich innerhalb Tabelle 10, insofern sie bei der landesweiten Befragung immerhin Platz neun einnimmt. Ansonsten bleiben die Unterschiede sowohl bei den Mittelwerten als auch bei den Rangplätzen sehr gering, die ersten fünf Rangplätze sind sogar identisch.

Vergleicht man die Mittelwerte der landesweiten Umfrage mit den Ergebnissen der Expertenumfrage zu den vermuteten Einschätzungen, zeigt sich insbesondere auf den vorderen Rangplätzen eine hohe Übereinstimmung. Hier gab es für die Experten also kaum Überraschungen. Allgemein vermuteten die Experten um ein Fünftel höhere Mittelwerte, also eine geringere Wichtigkeitseinstufung durch den Bürger. Die stärkste Abweichung und damit der größte Überraschungseffekt ergab sich bei der Kategorie „Einsatz für benachteiligte Minderheiten", welche die Experten als aus Bürgersicht relativ unwichtig eingeschätzt und auf den letzten Platz gesetzt hatten (tatsächlich Rangplatz sechs). Die Experten hatten auch „Spezialkenntnisse in einzelnen Bereichen der Kommunalpolitik" und „Neutralität gegenüber allen Parteien" überwiegend auf den hintersten Plätzen vermutet, wie sie umgekehrt nach Rangplätzen „Sympathieträger" und „Gemeindeverbundenheit" weiter vorne erwartet hatten.[6]

5. Resümee

Die Kenntnisnahme der Bürgerschaft im Hinblick auf die grundlegend veränderte Kommunalverfassung als Hintergrund der Kommunalwahlen ist bescheiden. Bei der Bewertung sind allerdings die schwierige Frage eines angemessenen Erwartungsmaßstabes, in Verbindung damit der konkrete Informationshintergrund – geringe öffentliche Resonanz der Änderung der Kommunalverfassung und Zeitpunkt der Befragung – sowie methodische Probleme – Zuordnung von Reformelementen zur Kommunalverfassung bzw. Gemeindeordnung im Bewusstsein der Bürgerschaft – zu berücksichtigen. Gleichwohl stützen unsere Ergebnisse nicht die Hypothese, dass die besondere „Nähe" der kommunalen Ebene zur Bürgerschaft sich u.a. in allgemein besseren Kenntnissen dieser Ebene niederschlage.[7]

Schon bei der „weichen" Frage nach der Kenntnisnahme der veränderten Kommunalverfassung bekundete nur eine Minderheit – von gut einem Drittel im ungewichteten Durchschnitt der vier Fallstudienstädte –, davon gehört zu

---

6 Zur Einschätzung der Bürgermeisterkandidaten im Hinblick auf das Bürgervotum vgl. den Beitrag von Holtkamp in diesem Band.
7 Eine notwendige Differenzierung ist zumindest die nach der Gemeindegröße. Zur Bekanntheit von Rats- und Bürgermeisterkandidaten vgl. den Beitrag von Bovermann in diesem Band.

haben. Bei der „harten" offenen Frage nach Elementen der Kommunalverfassungsreform zeigen sich dürftige „aktive" Kenntnisse. Nur die Direktwahl
des Bürgermeisters wird im Durchschnitt unserer Fallstudienstädte von mehr
als 10% der Befragten genannt. Bürgerbegehren/-entscheid bildet dagegen
mit 1% Nennungen das Schlusslicht – vermutlich wegen fehlender gedanklicher Verknüpfung mit der Kommunalverfassungsreform in der Bürgerschaft.
Die sozialstrukturellen Effekte gehen in die vor dem Hintergrund der allgemeinen Wahlforschung zu erwartende Richtung. Besonders stark in Richtung
besserer Kenntnisnahme wirken die Kriterien politisches Interesse und die an
der Vereinsmitgliedschaft gemessene Integration in die Gemeinde. Das letztgenannte Kriterium ist bei den beiden kleineren Fallstudiengemeinden deutlich stärker ausgeprägt und erklärt zum Teil die bessere Kenntnisnahme in
den kleineren Gemeinden. Dagegen ist wider Erwarten ein Effekt der Übergangslösung der vom Rat gewählten Einheitsspitze (in Duisburg und Hünxe)
weder bei der Kenntnisnahme noch bei der Bewertung der Reformelemente
erkennbar.

Die Einschätzung der Reformelemente belegt eine überwältigende Zustimmung der Bürgerschaft zu den ihre Partizipationsrechte erweiternden
Elementen Direktwahl des Bürgermeisters und Bürgerbegehren/-entscheid,
und zwar in dieser Rangfolge. An der Bewertung der Einheitsspitze scheiden
sich bereits die Geister, auch wenn die „guten" die „schlechten" Bewertungen im Verhältnis zwei zu eins überwiegen. Genau umgekehrt fällt die Bewertung der vom Landesverfassungsgericht erzwungenen Abschaffung der
Fünf-Prozent-Hürde aus. Differenziert man die überwiegende Ablehnung anhand des Kriteriums Parteipräferenz, zeigt sich tendenziell das entsprechende
Interessenkalkül. Bei einem Vergleich der Fallstudienstädte zeigt sich interessanterweise, dass die Zustimmung zur Einheitsspitze in den kleineren Gemeinden größer war und die 50-Prozent-Grenze überschritt, obwohl die
Hauptkritik an der früheren Doppelspitze von politischen Akteuren aus den
Großstädten gekommen war.

Aus den in den Fallstudienbefragungen erhobenen Wichtigkeitseinschätzungen für 13 Eigenschaften lässt sich ein abstraktes Wunschprofil für die
neuen direkt gewählten Bürgermeister ableiten, das keineswegs durch eher
„unpolitische" Eigenschaften dominiert wird. „Glaubwürdigkeit" liegt eindeutig an erster Stelle und bildet zusammen mit „Führungsqualitäten" und
„Bürgernähe" das Spitzentrio. Während auf den vorderen Plätzen im Gemeindevergleich volle Übereinstimmung besteht, gibt es auf den hinteren
Rängen leichte Verschiebungen. Im Durchschnitt liegen „eigene politische
Konzeption", „Gemeindeverbundenheit" und „Sympathieträger" auf den
letzten Plätzen. Die Platzierung der beiden letztgenannten Eigenschaften war
auch für die Experten eine Überraschung, die in einer begleitenden Expertenumfrage beide aus Sicht der Bürger deutlich weiter vorne vermutet hatten. Da
die 13 Eigenschaften in einer identischen Frage auch im Rahmen einer landesweiten Umfrage genutzt wurden, bietet sich ein Vergleich an. Er zeigt ein

hohes Maß an Übereinstimmung insbesondere auf den vorderen Rangplätzen, das darauf hindeutet, dass die Gesamtheit unserer Befragten als guter Indikator für die landesweite Stimmungslage angesehen werden kann.

Zu berücksichtigen ist, dass ein abstraktes Kandidatenprofil nicht ungebrochen in eine Wahlentscheidung umgesetzt werden muss, die zudem vom Filter des Kandidatenangebots und dessen Wahrnehmung abhängt. Darüber hinaus kann sich auch das Kandidatenwunschprofil aufgrund konkreter Erfahrungen ändern, sicher eine der interessantesten Fragen für die Zukunft.

Lars Holtkamp/David H. Gehne

Bürgermeisterkandidaten zwischen Verwaltungsprofis, Parteisoldaten und Schützenkönigen

1. Einleitung

Die Einführung der Direktwahl des Bürgermeisters war mit hohen Erwartungen aber auch mit einigen Befürchtungen verbunden. So hoffte ein Teil der Befürworter der Gemeindeordnungsreform, dass insbesondere *parteiunabhängige* Fachleute – ähnlich wie in Baden-Württemberg (Wehling 1999 und 2000) – vom Bürger gewählt würden. Andererseits wurde befürchtet, dass gänzlich unqualifizierte Bewerber mit hoher Popularität (z.b. Schützenkönige) hoch in der Gunst der Wähler stehen würden. Damit der Bürger überhaupt die Auswahl zwischen diesen extremen Bürgermeistertypen hat, müssen sie natürlich erst einmal zur Wahl stehen. Insofern kann die Gesamtheit der Bürgermeisterkandidaten – gewissermaßen das Starterfeld – schon erste Auskünfte darüber geben, wer hinterher überhaupt das Rennen gewinnen kann.

Bevor diese inhaltlichen Fragen beantwortet werden können, müssen vorab einige methodische Hinweise erfolgen, damit die Ergebnisse auch richtig eingeordnet werden können. Der Aufsatz basiert wie der folgende zum Wahlkampf auf zwei unterschiedlichen methodischen Zugriffen: auf Interviews in vier Fallstudienstädten und auf einer landesweiten schriftlichen Kandidatenbefragung.

In den kreisnagehörigen Fallstudienstädten Xanten und Hünxe wurden vor der Kommunalwahl alle Bürgermeisterkandidaten, alle Fraktionsvorsitzenden, die Parteivorsitzenden von CDU und SPD und die Vertreter der Lokalpresse befragt. Nach der Kommunalwahl wurden aus forschungsökonomischen Gründen nur noch die beiden hauptamtlichen Bürgermeister, die beiden Bürgermeisterbewerber der SPD und von den kleineren Fraktionen die Fraktionsvorsitzende der Grünen in Hünxe und der ehemalige Fraktionsvorsitzende einer Wählergruppe in Xanten interviewt.

In den kreisfreien Fallstudienstädten Duisburg und Essen wurden vor der Kommunalwahl alle Bürgermeisterbewerber, die Fraktions- und Parteivorsitzenden der SPD, der CDU und von den Grünen sowie die Parteivorsitzenden der FDP und PDS und die wichtigsten Presseakteure interviewt. In Essen wurde zusätzlich noch der Parteivorsitzende der Republikaner befragt. Nach der Kommunalwahl wurde in Essen[1] die Oberbürgermeisterkandidatin der Grünen und die Parteivorsitzende der SPD interviewt. In Duisburg wurden nach der Kommunalwahl die Oberbürgermeisterin, ein Einzelbewerber, der Fraktionsvorsitzende der CDU und der ehemalige Fraktionsvorsitzende der Grünen als Gesprächspartner ausgesucht.

Im Rahmen der landesweiten Kandidatenbefragung wurden im August 1999 alle Kandidatinnen und Kandidaten für das Amt des Bürgermeisters schriftlich mit einem standardisierten Fragebogen befragt.[2] Neben einigen sozialstrukturellen Grunddaten wurden vor allem die Themenbereiche kommunalpolitischer Werdegang und Bindung an die Gemeinde, Initiative zur Kandidatur und Wahlkampf abgefragt. Aufgrund des erfreulich hohen Rücklaufs von 75% können die Ergebnisse als repräsentativ angesehen werden.

In diesem Aufsatz werden die Ergebnisse dieser unterschiedlichen Untersuchungsansätze zusammengeführt. Dennoch wird die Schilderung der Ergebnisse nicht nach einem einheitlichem Schema vorgenommen, um nicht durch eine zu starke Vereinheitlichung die jeweiligen Stärken der beiden unterschiedlichen methodischen Zugriffe aufs Spiel zu setzen. Die in den Fallstudien durchgeführten halbstandardisierten Interviews sind im besonderen Maße dazu geeignet, einige ausgewählte Fragen vertiefend zu behandeln und die Motive von Akteursstrategien zu analysieren, während die landesweite Befragung einen guten Überblick über sehr viele Variablen geben kann, wobei sich der Nominierungsprozess als solcher nur schwer in einer quantitativen Untersuchung abbilden lässt.

Im Folgenden werden nun als erstes die Ergebnisse in den vier Fallstudienstädten vorgestellt, die zweitens durch die Ergebnisse der landesweiten Befragung ergänzt werden, um in einem dritten Schritt vor dem Hintergrund der landesweiten Bestandsaufnahme die Kandidatenkonstellationen in den Fallstudienstädten einordnen zu können. Im abschließenden Resümee werden die skizzierten Erwartungen und Befürchtungen hinsichtlich der Kandidatenprofile wieder aufgenommen und mit den empirischen Daten dieser Untersuchung konfrontiert.

---

1   Nach der Kommunalwahl war es in Essen aus Zeitgründen leider nicht möglich, Interviewtermine mit dem SPD-Oberbürgermeisterkandidaten und dem CDU- Oberbürgermeisterkandidaten auszumachen. Der Oberbürgermeister hat sich aber im Rahmen einer Seminarveranstaltung an der Ruhr-Universität Bochum zu einer Vielzahl von Interviewfragen nach der Kommunalwahl geäußert.

2   Vgl. dazu den Kandidatenfragebogen im Anhang.

2. Kandidatenprofile und Kandidatennominierung in den Fallstädten

2.1 Kandidatenprofile

Vor der Darstellung der Nominierungsprozesse sollen kurz die einzelnen Kandidatenprofile in den vier Untersuchungsgemeinden skizziert werden.

Bei den Bürgermeisterkandidaten in den beiden *kreisangehörigen Gemeinden* ergeben sich die folgenden Kandidatenprofile. In Xanten stellten sich drei Bürgermeisterkandidaten zur Wahl. Der Bürgermeisterkandidat der SPD in Xanten war vorher Fraktionsvorsitzender der SPD und wurde in der Ratsperiode 1994 bis 1999 nach dem Tod des Amtsvorgängers zum ehrenamtlichen Bürgermeister gewählt. Gleichzeitig mit seiner Bürgermeisterkandidatur steht er 1999 auch auf Platz eins der Ratsliste der SPD-Xanten. Er ist 59 Jahre alt und seit 32 Jahren als Lehrer im Schuldienst tätig, u.a. an der Realschule in Xanten. Als Familienstand gibt er geschieden an. Er wohnt seit 30 Jahren in der Gemeinde Xanten im Ortsteil Vynen und ist in drei Vereinen in der Stadt Xanten Mitglied.

Der Bürgermeisterkandidat der CDU war vorher weder Ratsmitglied in Xanten noch Mitarbeiter in einer Kommunalverwaltung. Er kandidierte auch 1999 nicht auf der Ratsliste der CDU-Xanten, aber engagierte sich seit langem überregional in der Jungen Union. Der Kandidat ist 32 Jahre alt und verheiratet. Nach dem Studium der Rechtswissenschaft wurde er Leiter der Rechts- und Sanierungsabteilung einer Kreissparkasse in Sachsen. Er ist in Xanten aufgewachsen und nach berufsbedingtem Ortswechsel einige Monate vor der Kommunalwahl 1999 wieder nach Xanten zurückgezogen. Er ist in Xanten Mitglied in drei Vereinen.

Der Bürgermeisterkandidat der FDP war vorher weder Ratsmitglied in Xanten noch in einer Kommunalverwaltung tätig. Er trat gleichzeitig als Spitzenkandidat seiner Partei zu den Gemeinderatswahlen an. Der 49 Jahre alte und verheiratete Kandidat studierte Rechts- und Betriebswirtschaft und ist Inhaber einer Unternehmensberatungsfirma. Er lebt seit 1988 in Xanten und ist dort in keinem Verein Mitglied.

In Hünxe traten nur zwei Bürgermeisterkandidaten zur Wahl an. Der erste Bürgermeisterkandidat ist der hauptamtliche Bürgermeister von Hünxe. Er ist Mitglied keiner Partei, seine Bewerbung wird jedoch von den Parteien, die keinen eigene Kandidaten nominiert hatten, unterstützt. Trotzdem legt er Wert auf seine Distanz zu den einzelnen Parteien und tritt deswegen als unechter Einzelbewerber[3] an. Er ist 52 Jahre alt und gibt als Familienstand ver-

---

3   Als „unechte" Einzelbewerber gelten in dieser Untersuchung diejenigen Bewerber, die zwar formal parteiunabhängig kandidieren, aber trotzdem von Parteien im Wahlkampf unterstützt werden. Ihre Wettbewerbssituation im Wahlkampf unterschied sich damit

heiratet an. Er ist in Hünxe aufgewachsen und hat später an der Fachhoch-schule Verwaltungswissenschaft studiert. Seit 1962 ist er Mitarbeiter der Hünxer Gemeindeverwaltung und seit 1979 dort in leitender Position zu-nächst als Kämmerer und später als Stadtdirektor tätig. Er wurde in der Ratswahlperiode 1994-1999 vorzeitig mit Unterstützung aller Fraktionen zum hauptamtlichen Bürgermeister gewählt.

Der Bürgermeisterkandidat der SPD war in den Jahren von 1975 bis 1991 Ratsmitglied und Ausschussvorsitzender für die SPD-Fraktion in Hün-xe. Zu den Gemeinderatswahlen 1999 war er gleichzeitig Spitzenkandidat seiner Partei. Der 50 Jahre alte und verheiratete Kandidat ist ebenfalls in Hünxe aufgewachsen und wohnt dort im Stadtteil Drevenack. Er ist in acht Vereinen in Hünxe Mitglied und hat an der Fachhochschule Verwaltungswis-senschaft studiert. Derzeit ist er als Leiter der Wirtschaftsabteilung eines Kli-nikums in Krefeld beruflich tätig.

In *Duisburg und Essen* wurden im Rahmen von Parteinominierungsver-fahren und der formellen Verfahren für Einzelbewerber zusammen elf Partei-und Einzelbewerber für das Amt des Oberbürgermeisters bestimmt, sechs in Essen, davon fünf Parteibewerber und ein unechter Einzelbewerber, fünf in Duisburg, davon zwei Parteibewerber, ein unechter Einzelbewerber und zwei echte Einzelbewerber. Als Besonderheit ist hervorzuheben, dass die Duisbur-ger CDU und FDP zusammen einen nichtparteigebundenen Einzelbewerber unterstützt haben, der in dieser Untersuchung als unechter Einzelbewerber eingeordnet wird. Duisburg war die einzige kreisfreie Stadt in NRW, in der die CDU darauf verzichtet hatte, einen eigenen Parteibewerber aufzustellen. Die PDS hat in beiden Städten keinen eigenen Bewerber aufgestellt, während die Republikaner in Essen bei landesweit nur drei Kandidaturen einen eige-nen Oberbürgermeisterkandidaten nominierten.

Der Essener SPD-Oberbürgermeisterkandidat war bis 1999 zehn Jahre Europaabgeordneter. Der Kandidat ist studierter Raumplaner und war zeit-weise selbständig in der Projektentwicklung und Werbebranche tätig. Er kan-didierte 1999 für die Ratsliste der SPD auf Platz 1, hatte vorher aber keine Erfahrungen in kommunalpolitischen Mandaten gesammelt. Als Familien-stand gibt er ledig an, ist 46 Jahre alt, in Essen aufgewachsen und dort Mit-glied in fünf Vereinen.

Im Gegensatz zum Essener SPD-Kandidaten ist der CDU-Kandidat lang-jährig in der Essener Kommunalpolitik tätig und seit 1994 CDU-Fraktions-vorsitzender. Der für die CDU kandidierende 55-jährige Familienvater ist von Beruf Rechtsanwalt und Notar. Auch er ist in Essen aufgewachsen und Mitglied in neun Vereinen.

Für die Grünen kandidierte in Essen die seit 1991 amtierende Fraktions-vorsitzende der Grünen-Ratsfraktion für den Posten des Oberbürgermeisters.

---

grundlegend von „echten" Einzelbewerbern, die ohne Unterstützung von Parteien auskommen mussten. Vgl. dazu den Beitrag von Gehne/Holtkamp in diesem Band.

Die seit 1989 für die Grünen im Stadtrat engagierte und in der Organisations-
beratung tätige Psychologin trat für die Ratswahl auf einem hinteren Listenplatz an. Die Kandidatin ist 44 Jahre alt und verheiratet. Sie ist in Essen aufgewachsen und dort Mitglied in zwei Vereinen.

Die FDP in Essen stellte eine verheiratete, 57 Jahre alte Kandidatin für
das Amt des Oberbürgermeisters auf. Die Kandidatin war in der Ratsperiode
1989 bis 1994 Vorsitzende der FDP-Ratsfraktion. Auf der für die Ratswahl
aufgestellten Liste kandidierte die freiberuflich in der Veranstaltungsberatung
tätige Kandidatin auf einem hinteren Listenplatz. Sie wohnt seit 31 Jahren in
Essen und ist dort Mitglied in 8 Vereinen.

Der 51-jährige für die Republikaner zur Oberbürgermeisterwahl antretende, beruflich in Essen tätige Rechtsanwalt war zum Zeitpunkt der Kommunalwahl seit acht Jahren Mitglied der Republikaner und Vorsitzender des
Landesschiedsgerichts der Partei. Der Kandidat verfügt über keinerlei Erfahrungen in kommunalpolitischen Gremien. Er ist in Essen aufgewachsen und
Mitglied in keinem Verein.

Der einzige „unechte" Einzelbewerber in Essen ist 57 Jahre alt, verheiratet, hat einen Hauptschulabschluss und verfügt über keinerlei Erfahrungen
in kommunalpolitischen Gremien. Er hat seit 49 Jahren seinen Hauptwohnsitz in Essen und ist dort in fünf Vereinen Mitglied. Der Kandidat wurde von
einem Initiativenumfeld gestützt, das sich zuvor im Rahmen eines gescheiterten Bürgerbegehrens gegen die Privatisierung eines großen Essener Woh-
nungsbauunternehmens engagierte. Der gelernte Bergmann und Betriebsleiter
im Baufach, zur Zeit der Kandidatur aber arbeitslose Einzelbewerber, infor-
mierte sich bereits zwei Jahre vor der Kommunalwahl im Herbst 1997 über
das Nominierungsprocedere für eine Einzelkandidatur. Der Oberbürgermei-
ster-Kandidatur lagen nach Aussagen des politisch links von der SPD einzu-
ordnenden Einzelbewerbers zwei wesentliche Motive zugrunde: Zum einen
war es sein politisches Ziel, den freien Raum links von der SPD zu besetzen,
zum anderen wollte er dem als arrogant empfundenen Politikstil der lokalen
Sozialdemokratie einen transparenten und bürgernahen Politikstil entgegen-
setzen. Die für die Kandidatur notwendigen Unterstützungsunterschriften (425
in Essen) wurden von ihm als hohe Hürde empfunden und haben nach Aussage
des Einzelbewerbers zwei weitere Kandidaturen von potenziellen Einzelbewerbern scheitern lassen. Nach der Sammlung der Unterschriften wurde die Wahl
des Einzelbewerbers auch von der ortsansässigen PDS empfohlen.

Die von der SPD in Duisburg aufgestellte 50-jährige, geschiedene Kandidatin kann auf Erfahrungen in kommunalpolitischen Gremien verweisen.
Die ausgebildete Lehrerin war von 1995 bis 1998 Fraktionsvorsitzende der
Duisburger SPD und wurde 1998 vom Rat in zur hauptamtlichen Oberbürgermeisterin gewählt. Sie ist in Duisburg aufgewachsen und dort Mitglied in
fünf Vereinen.

Die Grünen stellte in Duisburg einen 47-jährigen mittelständischen Un-
ternehmer als Oberbürgermeisterkandidaten auf. Er war Gründungsmitglied

der Grünen in Duisburg und zwischen 1985 und 1990 Ratsmitglied. Er ist ledig und Mitglied in keinem Verein.

Von der Duisburger CDU und FDP wurde ein Oberbürgermeisterkandidat zur Wahl empfohlen, der aber als unechter Einzelbewerber antrat. Der 55-
jährige Professor der Physik und ehemalige Rektor der Universität Duisburg
gibt als Familienstand verheiratet an. Er wohnt nicht in Duisburg, hat aber
aufgrund seiner langjährigen beruflichen Tätigkeit an der Universität eine
Bindung an die Stadt. Er hat bisher keine Erfahrungen in kommunalpolitischen Gremien gesammelt und ist in 15 Vereinen Mitglied.

In Duisburg traten zwei echte Einzelbewerber zur Wahl des Oberbürgermeisters an. Für diese waren weniger politisch-inhaltliche denn persönliche Auseinandersetzungen mit der Stadt ausschlaggebend für die OB-
Kandidatur. Ein für die Einzelbewerber in unseren Fallstudienstädten gleichermaßen entscheidender Aspekt, der sie zu ihrer Kandidatur bewog, war
die Unzufriedenheit mit dem als arrogant und bürgerfern empfundenen Politikstil der seit Jahrzehnten in Essen und Duisburg regierenden SPD. Im Gegensatz zu dem Essener Einzelbewerber agierten die beiden Duisburger Einzelbewerber jedoch als „Einzelkämpfer", denn sie hatten kein sie unterstüt-
zendes Umfeld an Parteien und Bürgerinitiativen. Wohl konnten beide Duisburger Kandidaten auf Erfahrungen in der politischen (Initiativen-) Arbeit,
nicht aber in der kommunalpolitischen Gremienarbeit zurückblicken.

So engagierte sich der frühverrentete 51-jährige Einzelbewerber A seit
den 70er Jahren phasenweise in Bürgerinitiativen und konnte im Widerstand
gegen die kommunalen Entscheidungsträger auch auf politische Erfolge zurückblicken. Im Zuge seiner Arbeit in Bürgerinitiativen gelang es ihm u.a.,
erfolgreich Widerstand gegen eine kommunale Bier- bzw. Getränkesteuer zu
mobilisieren. Der aus dieser Arbeit resultierende lokale Bekanntheitsgrad be-
günstigte aus der Sicht des Einzelbewerbers A auch die Sammlung der für
seine Kandidatur geforderten Unterstützungsunterschriften (375 in Duisburg). Der ehemalige Stahlbauschlosser mit Hauptschulabschluss war bis
1992 zudem Mitglied der SPD, bevor er die Partei vor allem aus Unzufriedenheit über deren Politikstil vor Ort verließ. Der Einzelbewerber A ist in
Duisburg aufgewachsen und dort Mitglied in zwei Vereinen.

Ebenso wie der Essener Einzelbewerber war der nichtparteigebundene
48-jährige Duisburger Einzelbewerber B zum Zeitpunkt der OB-Kandidatur
arbeitslos. Der Entschluss von Einzelbewerber B, für ein Bürgermeisteramt
zu kandieren, gründet sich auf eine ausgeprägte Unzufriedenheit mit den führenden kommunalen Entscheidungsträgern.

Nachdem nun im Einzelnen die Kandidaten vorgestellt wurden, soll im
Folgenden skizziert werden, wie die Parteibewerber sich im Nominierungsprozess in den einzelnen Organisationen durchgesetzt haben.

2.2 Nominierung

Der Nominierungsprozess begann in den beiden *kreisangehörigen Gemeinden* zum Teil schon zu Anfang der Ratsperiode 1994 bis 1999. So gab der Bürgermeisterbewerber der SPD in Xanten an, dass mit seiner Wahl zum ehrenamtlichen Bürgermeister in dieser Ratsperiode bereits eine Vorentscheidung getroffen wurde, weil man den Bürgermeisterkandidaten bei den Wahlen 1999 mit einem Amtsbonus ausstatten wollte. Bei der damaligen Wahl gab es aus Sicht des Bewerbers der SPD durchaus einen geeigneten potenziellen Gegenkandidaten (den jetzigen Fraktionsvorsitzenden der SPD), der aber aufgrund der zu erwartenden hohen Zeitbelastungen als ehrenamtlicher Bürgermeister und der Freistellungsprobleme in der Privatwirtschaft für dieses Amt nicht zur Verfügung stand. Bei der anschließenden Nominierung zum Bürgermeisterkandidaten gab es keine Konkurrenz, und der ehrenamtliche Bürgermeister wurde vom Parteivorstand um eine Kandidatur gebeten. Die Grünen in Xanten unterstützten ebenfalls die Kandidatur des von ihrer Ratsfraktion mitgewählten ehrenamtlichen Bürgermeisters. Die Wählergruppe, die den ehrenamtlichen Bürgermeister im Rat ebenfalls gewählt hatte, unterstützte ihn dagegen nicht, nominierte jedoch auch keinen eigenen Kandidaten für die Bürgermeisterwahl. Der Fraktionsvorsitzende der Wählergruppe gab im Interview an, dass aufgrund der großen Heterogenität der Einstellungen in einer Wählergruppe die Empfehlung für einen Parteikandidaten nicht angebracht erschien.

Lediglich in der CDU in Xanten gab es einen ausgeprägten Wettstreit um die Nominierung des Bürgermeisterkandidaten. Drei Kandidaten stellten sich auf einer Mitgliederversammlung der CDU zur Wahl, ohne dass der Parteivorstand eine Empfehlung für einen der drei Kandidaten abgegeben hätte:

Kandidat A:
Dieser Kandidat wurde schließlich nominiert (siehe voranstehendes Profil der Bürgermeisterkandidaten).
Kandidat B:
Ehemaliger Fraktionsvorsitzender, sehr beliebt und bürgernah nach Einschätzung des Kandidaten A. Er führt den größten Sportverein in Xanten und ist von Beruf Lehrer. Er gab im Interview an, dass er aufgrund seines Alters von 62 Jahren seine Kandidatur nicht mit sehr starkem Engagement vorantrieb.
Kandidat C:
Dieser hat nach Einschätzungen des Kandidaten A als Rechtspfleger eine hohe Verwaltungskompetenz, ist beim Bürger aber nicht so beliebt und hat sich nach Aussagen einiger Akteure nicht viele Freunde in seiner Partei gemacht. Er war jahrelang Ratsmitglied und Stadtverbandsvorsitzender der CDU und ist Mitte fünfzig.

Während Kandidat C keine Chancen bei der Nominierung hatte, gewann Kandidat A vor Kandidat B nur mit sehr wenigen Stimmen (vier Stimmen, bei ca. 290 anwesenden Parteimitgliedern). Das Ergebnis des Nominierungsprozesses wurde von den Pressevertretern in den Interviews als „ein Husarenstreich der Jungen Union" bzw. als „Palastrevolution" bezeichnet. Diese Formulierungen weisen auch darauf hin, dass der Kandidat A sehr viele neue junge Mitglieder geworben hatte, die dann hinterher vermutlich für ihn stimmten.[4] Der Kandidat B wurde von der Fraktion und von großen Teilen der Parteifunktionäre unterstützt. Insbesondere der damalige Fraktionsvorsitzende der CDU setzte sich sehr vehement für den Kandidaten B ein und trat unter öffentlichem Protest von seinem Amt zurück, als Kandidat A nominiert wurde. Allerdings deutet einiges darauf hin, dass Kandidat A nicht nur von der Jungen Union und einfachen Parteimitgliedern unterstützt wurde. So gab er an, dass die CDU-Mittelstandsvereinigung hinter ihm stand. Wichtig war es ihm nach eigener Auskunft, vor seiner offiziellen Kandidatur mit der CDU-Bundestagsabgeordneten des Wahlbezirks und mit ehemaligen Bürgermeistern der CDU zu reden, die ihn alle zur Kandidatur ermutigten. In den Interviews deutete einiges darauf hin, dass der Parteivorsitzende der CDU, der vorher auch ehrenamtlicher Bürgermeister in Xanten war, dem Kandidaten A ebenfalls positiv gegenüberstand. Einige Akteure sprachen in den Interviews auch an, dass sich der Kandidat A deutlicher von dem Bürgermeisterkandidaten der SPD unterschied, als dies beim Kandidaten B der Fall gewesen wäre, da Kandidat B und der Bürgermeisterkandidat der SPD beide ungefähr das gleiche Alter hatten und von Beruf Lehrer waren. Nicht zuletzt mit dem Verweis auf die 1999 relativ große Gruppe der Erstwähler kann es somit für einige Parteimitglieder auch ein taktisches Kalkül gewesen sein, einen relativ jungen Kandidaten aufzustellen, der zumindest von der formalen Qualifikation auch geeignet erschien, eine Verwaltung zu führen. Nach Auskunft einiger Akteure ist in dieser reizvollen Konstellation auch der Grund zu suchen, dass die in Xanten dominante Tageszeitung schon während des Nominierungsprozesses den Kandidaten A durch positive Presseberichte unterstützte.

Bei der FDP in Xanten gab es nur einen Bewerber im innerparteilichen Nominierungsprozess. Dieser wurde laut eigener Aussage vom Parteivorstand zu einer Kandidatur gedrängt.

Wie das Beispiel Hünxe zeigt, wurde auch der Verzicht auf eine eigene Nominierung durch am Anfang der Ratswahlperiode getroffene Beschlüsse zum Teil vorbestimmt. So deutet viel darauf hin, dass bereits in Sondierungs-

---

4   Dabei ist die Besonderheit bei der Jungen Union zu berücksichtigen, dass diese nicht wie die Jungsozialisten durch Eintritt in die Mutterpartei Mitglieder gewinnt, sondern eine eigene Mitgliedschaft besitzt. Dementsprechend mussten viele Mitglieder der Jungen Union in Xanten erst einmal in die CDU eintreten, um auf der Mitgliederversammlung der Partei für den Kandidaten A stimmen zu können.

gesprächen im Jahre 1994 zwischen CDU, FDP und der Wählergruppe in Hünxe geklärt wurde, wer zum hauptamtlichen Bürgermeister durch den Rat gewählt werden und dementsprechend gute Startbedingungen für die Direktwahl 1999 bekommen sollte. Auch wenn der hauptamtliche Bürgermeister als Einzelbewerber antrat, wurde er von Anfang an von diesen Parteien und der Wählergruppe öffentlich unterstützt. Kurz vor der Kommunalwahl 1999 entschlossen sich auch noch die Grünen, sich für diesen unechten Einzelbewerber auszusprechen.

In der Hünxer SPD gab es im Nominierungsprozess keine Konkurrenz, weil der einzige Bewerber als Verwaltungsfachmann und ehemaliges langjähriges Ratsmitglied außerordentlich qualifiziert erschien. Er hatte sich laut eigener Aussage selbst als Kandidat vorgeschlagen und den parteiinternen Nominierungsprozess angestoßen. Des Weiteren hatte im Jahre 1994 ein Umbruch in der SPD stattgefunden, in dessen Folge einige erfahrene Ratsmitglieder die SPD verließen und für die Wählergruppe in den Rat gewählt wurden, so dass zum Zeitpunkt der Kandidatur in der SPD keine Konkurrenten mit ausgeprägter kommunalpolitischer Erfahrung vorhanden waren. Darüber hinaus mögen die auch aus Sicht der Presseakteure außerordentlich guten Ausgangsbedingungen des amtierenden hauptamtlichen Bürgermeisters ein weiterer Grund für den geringen innerparteilichen Wettbewerb in der SPD gewesen sein.

Vergleicht man die jeweiligen parteiinternen Nominierungsverfahren zur Aufstellung von Kandidaten für die Wahl des Oberbürgermeisters in *Essen und Duisburg*, so fällt auf, dass außer bei der Essener SPD alle Parteikandidaten klassisch über parteiinterne Nominierungsparteitage oder Mitgliederversammlungen ohne Gegenkandidaten nominiert wurden. Den Nominierungsversammlungen gingen in allen Fällen von der jeweiligen Partei- und Fraktionsspitze initiierte parteiinterne Sondierungen voraus. Dieser parteiinterne Prozess begann bei den einzelnen Parteien zeitlich sehr unterschiedlich. Er startete bei der Duisburger CDU beispielsweise schon Mitte 1996, also mehr als drei Jahre vor der Wahl, während ansonsten ein Vorlauf von ein bis zwei Jahren die Regel darstellte. Im Folgenden soll vor allem auf die Nominierungsverfahren in den beiden großen Volksparteien der beiden Großstädte eingegangen werden, weil hier aufgrund des größeren potenziellen Kandidatenangebots mit einer stärkeren Konkurrenzsituation zu rechnen war. Typisch für die kleineren Parteien war eher, dass aufgrund der geringen Erfolgschancen einer Kandidatur häufig die Konkurrenz im Vorfeld der Nominierung gering war und daher vom Fraktions- oder Parteivorsitzenden die Bürgermeisterkandidatur erwartet wurde.

Bei der im Rat dominierenden Essener SPD gab es einen ausgeprägten Wettstreit um die Kandidatur für das Amt des Oberbürgermeisters. Aus der anderthalb Jahre vor der Kommunalwahl durchgeführten konsultativen Mitgliederbefragung ging Kandidat A, der sich eher als Modernisierer profilierte, siegreich hervor. Er erhielt 71% der Stimmen bei der Mitgliederbefragung.

Unterlegen war Kandidatin B, die als „linke Ökologin" galt. Entscheidend für das Votum der Mitglieder war die Unterstützung der hinter den Kandidaten stehenden parteiinternen Einflussgruppen. So stand hinter dem Kandidat A die Partei- und Fraktionsspitze der Essener SPD, Kandidatin B dagegen wurde von der parteiinterne Opposition unterstützt. Bei der offiziellen Nominierung schließlich votierten 34 der 35 Ortsvereine für Kandidat A. Es ist jedoch nicht auszuschließen, dass der im Hintergrund weiterschwelende parteiinterne Konflikt Auswirkungen auf das Wahlergebnis bei der Bürgermeisterwahl hatte.

Der Oberbürgermeisterkandidat der in Essen oppositionellen CDU wurde klassisch über einen Delegiertenparteitag im Vorfeld der Kommunalwahl ohne Gegenkandidaten nominiert. Der Nominierung ging eine konsensuelle Einigung im Vorfeld voraus. Hierbei wurde unter Federführung des Parteivorsitzenden und Bundestagsabgeordneten unter drei möglichen Bewerbern der amtierende Fraktionsvorsitzende der CDU im Essener Stadtrat ausgewählt. Die anderen Bewerber waren ein CDU-Dezernent der Stadt Essen und ein Essener Landtagsabgeordneter der CDU.

Auch in der Duisburger SPD gab es im Vorfeld der Wahl keinen öffentlich ausgetragenen Wettbewerb um die Oberbürgermeisterkandidatur. Die amtierende hauptamtliche SPD-Oberbürgermeisterin wurde in einem klassischen Verfahren über Delegiertenwahlen ohne Gegenkandidaten auf einem Parteitag erneut nominiert. Sie hatte sich jedoch 1998 bei ihrer Wahl zur hauptamtlichen Oberbürgermeisterin durch den Rat gegen den Parteivorsitzenden der SPD durchgesetzt. In dieser Situation wurde von der Fraktions- und Parteiführung aber bewusst vermieden, diese beiden Kandidaten den Mitgliedern zur Abstimmung zu präsentieren. Es wurde befürchtet, dass dadurch ein tiefer Riss durch die Partei gehen könnte. Der Wettbewerb um das Amt des Oberbürgermeisters fand daher wie auch in anderen Fällen statt, als nach Ausscheiden des langjährigen ehrenamtlichen Oberbürgermeisters die Entscheidung getroffen wurde, durch Nutzung der Übergangsregelung[5] vorzeitig den neuen hauptamtlichen Bürgermeister durch den Rat zu wählen.

Die Duisburger CDU nominierte keinen eigenen Kandidaten, sondern unterstützte einen unechten Einzelbewerber, den in der lokalen Öffentlichkeit bekannten ehemaligen Rektor der Duisburger Universität. Diese Strategie wurde zwei Jahre im Vorfeld der Kommunalwahl durch den damals neu angetretenen Fraktionsvorsitzenden der CDU unter Einbezug des Parteivorstandes entwickelt und von einem Parteitag bestätigt. Die CDU befand sich in Duisburg seit Jahrzehnten in einer ausgesprochenen Diaspora-Situation mit einem äußerst geringem Stammwählerpotential. Man ging daher zum Zeitpunkt der Kandidatenaufstellung davon aus, dass ein „reiner" Parteikandidat nur sehr geringe Erfolgschancen hätte, zumal seine Gegnerin die mit einem

---

5   Vgl. zur Reform der Gemeindeordnung NRW und deren Umsetzung die Einführung von Andersen/Bovermann in diesem Band.

Amtsbonus ausgestattete Oberbürgermeisterin war. Die Unterstützung der parteiunabhängigen Kandidatur einer Person des öffentlichen Lebens erschien daher als eine geeignete Strategie, um zusätzlich zu den eigenen Anhänger wechselwillige und unzufriedene Wähler anderer Lager zu gewinnen und damit die festgefügte Dominanz der SPD zu durchbrechen.

Die Duisburger FDP unterstützte ebenfalls die Strategie der CDU per Votum auf ihrem Kreisparteitag im Frühjahr 1998 und empfahl ihren Anhänger die Wahl des unechten Einzelbewerbers.

Insgesamt lassen sich die Kandidatenprofile und die Nominierungsprozesse in den Untersuchungsgemeinden wie folgt resümieren.

Die Kandidatenprofile in den vier Untersuchungsgemeinden weisen einige Gemeinsamkeiten auf. Der durchschnittliche Kandidat ist um die 50 Jahre alt, berufstätig mit eher überdurchschnittlichem Verdienst, männlich, hat einen Hochschulabschluss und ist in der Gemeinde, in der er kandidiert, aufgewachsen. Bei den Berufen der Bewerber ist weiterhin auffällig, dass die Arbeitszeiten zum Teil relativ flexibel sind (Lehrer, Anwälte, Beratungstätigkeiten sowie bei Einzelbewerbern zum Teil große zeitliche Flexibilität, weil sie nicht berufstätig sind) und so relativ gut auf die Erfordernisse des Wahlkampfes und der zum Teil vorhergehenden kommunalpolitischen Tätigkeit abgestimmt werden können. Teilweise spiegelt sich in den Bewerberprofilen der bereits im Jahre 1989 bei der Befragung aller Ratsmitglieder in NRW seitens des Innenministeriums deutlich gewordene Zusammenhang zwischen den hohen Zeiterfordernissen der Ratsmitglieder und der Dominanz bestimmter Berufsgruppen (Innenministerium 1989) wider.

Auffällig ist eine weitere Gemeinsamkeit der Bewerber. Fast alle sind in mehreren Vereinen vor Ort engagiert. Dies liegt einerseits daran, dass Personen mit diesem Profil sich allgemein, unabhängig davon, ob sie nun Kommunalpolitiker sind oder nicht, in Vereinen gerade auch in führenden Positionen engagieren. Andererseits verweist dieser Zusammenhang aber auch darauf, dass Kommunalpolitik und Vereine häufig eine Art „Symbiose" eingehen (Gehne 1998). Die Vereine erhoffen sich durch die enge Kontaktpflege zur Kommunalpolitik einen privilegierten Zugang zu ihren fachpolitischen Arenen (z.B. bei der Vergabe von Zuschüssen), und die Kommunalpolitiker werben um die Stimmen der Vereinsmitglieder und können ihre vielfältigen Vereinsmitgliedschaften (insbesondere Vorstandspositionen) und die damit einhergehende häufige Erwähnung in der Lokalpresse auch als Argument im innerparteilichen Nominierungsprozess für sich nutzen.

Zum Teil schälen sich in den Untersuchungsgemeinden auch unterschiedliche Kandidatenprofile heraus, die aber aufgrund der geringen Fallzahlen äußerst vorsichtig zu interpretieren sind. Unterschiede werden z.B. bezüglich des Geschlechts der Bewerber vor allem zwischen den Klein- und Großstädten deutlich. Es scheint plausibel, dass in Großstädten einerseits das Potenzial an qualifizierten, zeitlich nicht so stark gebundenen und selbstbewussten Frauen größer ist als in den Kleinstädten und dass auch andererseits

die Akzeptanz von Frauen in Führungspositionen in den Parteien der Großstädte eher ausgeprägt ist als in teilweise ländlich geprägten Kleinstädten.
Weiterhin fällt auf, dass viele Parteikandidaten vorher die Position des Fraktionsvorsitzenden bekleidet haben und gerade in den Großstädten die Verwaltung nicht „von der Pike auf" gelernt haben. Auch dies deutet, neben bereits älteren Befunden aus der politikwissenschaftlichen Literatur (Voigt
1992), darauf hin, dass vor der Einführung des hauptamtlichen Bürgermeisters zum Teil die Fraktionsvorsitzenden in den Großstädten die höchste in-
formale Machtposition inne hatten und dass sie diesen Einfluss zum Teil erfolgreich wie in Duisburg und Essen in den beiden großen Parteien eingesetzt
haben, um sich auch nach der Gemeindeordnungsreform die beste Startposition als hauptamtlicher Bürgermeister zu sichern. Dadurch erklärt sich zum
Teil auch die bereits angesprochene Ähnlichkeit der Bürgermeisterbewerber-
profile und der durchschnittlichen Profile der Ratsmitglieder in NRW.

Bei den echten Einzelbewerbern sticht hervor, dass sie deutlich von den
aus Baden-Württemberg kolportierten Kandidatenprofilen von Einzelbewerbern abweichen. In Baden-Württemberg sind es häufig junge Absolventen
der Verwaltungsfachhochschulen, die sich in kleineren Gemeinden, zu der sie
vorher keine intensive Bindungen hatten, um das Amt des Bürgermeisters
bewerben (Wehling 2000). Die drei echten Einzelbewerber in Duisburg und
Essen sind hingegen um die 50 Jahre, haben durchschnittlich geringere formale Bildungsabschlüsse, sind arbeitslos oder frühverrentet und weichen damit auch deutlich von den Profilen der Parteibewerber in den Untersuchungsgemeinden ab. Ihr Motiv zur Kandidatur liegt weniger in der Erschließung
neuer beruflicher Perspektiven, sondern im Protest gegen als verkrustet emp-
fundene Parteistrukturen. Diese Kandidatenselektion wird zum Teil vor dem
Hintergrund der in NRW allgemein eher geringen Chancen der Direktwahl
von echten Einzelbewerbern plausibel. Sie dürfte aber ihrerseits wiederum
dazu führen, dass die Chancen von Einzelbewerbern weiter sinken, weil dem
Wähler bei diesen Kandidatenprofilen nicht unmittelbar ersichtlich wird, dass
die Einzelbewerber fachlich für das Amt des Bürgermeisters geeignet sind.
Auch die für Baden-Württemberg formulierte Hypothese, dass gerade die
parteilosen Einzelbewerber der allgemeinen Parteienverdrossenheit entge-
genwirken können, kann für die Untersuchungsgemeinden eher nicht bestätigt werden. Während die Einzelbewerber in Essen und Duisburg einerseits in
der Öffentlichkeit zum Teil sehr aggressiv gegen die etablierten Parteien
Stellung bezogen, boten sie für viele Wähler andererseits aufgrund ihres Profils keine Alternative zu den Kandidaten der Parteien.

Wenn man die Nominierungsprozesse in allen vier Untersuchungsgemeinden Revue passieren lässt, fällt auf, dass es kaum zu Kampfabstimmungen kam, den Mitgliedern oder Delegierten in der Regel nur ein Kandidat
präsentiert wurde, der durch wenig formalisierte Gremien (im Gegensatz beispielsweise zu Findungskommissionen) „auserkoren" wurde. Hierfür kann
man unterschiedliche Gründe anführen:

1. In vielen kleineren Parteien gibt es kein großes Potenzial an qualifizierten Kandidaten, die sich diese Aufgabe und den mit dem Wahlkampf verbundenen Aufwand zutrauen, so dass es aufgrund der Bewerberlage kaum zu Kampfabstimmungen kommen konnte. In den Kleinstädten ist hierin, neben der Unterstützung der Kandidaten des größeren Koalitionspartners, auch ein entscheidender Grund zu sehen, dass einige kleine Parteien überhaupt keinen Kandidaten aufgestellt haben.

2. Es ist davon auszugehen, dass Kampfabstimmungen in der Regel von der Öffentlichkeit und einem Teil der Wähler kritisch beurteilt werden. Wenn sich eine Partei im Vorfeld auf keinen Kandidaten einigen kann, wird dies in der Öffentlichkeit zum Teil den Bewerbern angekreidet, weil offensichtlich kein Kandidat im Vorfeld zu überzeugen wusste, oder die Partei wird als zerstritten und handlungsunfähig dargestellt. Offensichtlich sind die Erwartungen von Teilen der Öffentlichkeit nicht widerspruchsfrei. Zum einen erwartet man eine stärkere Mitbestimmung der einfachen Parteimitglieder, um Oligarchisierungsprozesse in den Parteien zu vermeiden. Andererseits wird die innerparteiliche Auseinandersetzung gerade in Personalfragen eher negativ beurteilt. Die Vorbehalte der Wähler gegen innerparteiliche Auseinandersetzungen werden von den Parteien wohl höher gewichtet, weil sie zu Problemen direkt nach dem Nominierungsprozess führen, während die Oligarchisierungsprozesse und mangelnde innerparteiliche Demokratie nur *möglicherweise langfristige* negative Folgen für das Wahlverhalten haben können.

3. Gerade in den großen Volksparteien profitieren von den informellen Aushandelungsprozessen in der Findungsphase und dem geschlossenen öffentlichen Auftreten der Partei bei der Nominierung in der Regel die Inhaber von wichtigen Machtpositionen in der Partei bzw. in der Fraktion, die maßgeblich auch die Spielregeln der Nominierung mitbestimmen. Durch die informellen Vorverhandlungen können sie entscheidend auf die Nominierung Einfluss nehmen, ohne dass das Risiko besonders groß wäre, dass die einfachen Parteimitglieder diese Einflussnahme öffentlich kritisieren werden. Wird auf Mitglieder- oder Delegiertenversammlungen nur ein Kandidat präsentiert, ist es eher unwahrscheinlich, dass viele Parteimitglieder dieses Verfahren oder gar den Kandidaten persönlich in der Öffentlichkeit kritisieren werden, weil sie aus ihrer Sicht damit in der Regel den einzigen Kandidaten ihrer Partei selbst demontieren würden, ohne durch ihr Votum einen aus ihrer Sicht besseren Kandidaten unterstützen zu können.

4. Hochqualifizierte Kandidaten zu rekrutieren wird zunehmend schwierig, wenn diese davon ausgehen müssen, dass sie sich in einem Abstimmungskampf mit ungewissem Ausgang in den Parteien durchsetzen müssen. Die mit diesem Abstimmungskampf einhergehende öffentliche Auseinandersetzung kann, wie z.B. in der CDU Xanten, schnell zur „Schlammschlacht" ausarten. Das wirkt sicherlich nicht imagefördernd, so dass sehr gut quali-

fizierte Kandidaten es sich schon im Vorfeld überlegen werden, ob sie bei
innerparteilicher Konkurrenz überhaupt antreten.

5. Kampfabstimmungen können dazu führen, dass die unterlegenen Mit-
    glieder einer Partei den Bürgermeisterbewerber im Wahlkampf weniger
    stark unterstützen.

3. Kandidatenkonstellationen, Kandidatenprofile und Umstände der Kandidatur auf Landesebene

3.1 Kandidatenkonstellationen

Im Folgenden werden die bisher gewonnenen Ergebnisse durch die Analyse
der landesweiten Untersuchungskomponenten ergänzt. Dazu werden zunächst die landesweiten Kandidatenkonstellationen beschrieben. Dies geschieht auf der Grundlage der vollständigen Erhebung des Kandidatenfeldes
in allen 396 Städten und Gemeinden in Nordrhein-Westfalen, die zur Vorbe-
reitung der Kandidatenbefragung durchgeführt wurde. Erhoben wurden die
Merkmale Form der Nominierung (Parteikandidatur oder Einzelbewerber)
und Geschlecht, aus den Gemeindeverzeichnissen wurde jeweils zusätzlich
die Informationen bezüglich kandidierender Amtsinhaber übernommen. Im
Abschnitt 3.2. werden schließlich die Ergebnisse der Kandidatenbefragung zu
den Themenbereichen Sozialprofil der Kandidatinnen und Kandidaten und
Umstände der Kandidatur vorgestellt.

Aufgrund der Erhebung des Kandidatenfeldes über die Städte und Gemeinden in NRW stellte sich die Kandidatenlage bei der Bürgermeisterwahl
in Nordrhein-Westfalen wie folgt dar: Bei der erstmals durchgeführten Direktwahl kandidierten insgesamt 1.265 Männer und 219 Frauen. Dies ergibt
einen Frauenanteil von 14,8%. Bei einer Gesamtanzahl von 1.484 Kandidaturen in den 396 Städten und Gemeinden traten also im Durchschnitt 3,7 Kandidaten pro Stadt/Gemeinde zur Wahl an. Berücksichtigt man die Gemeindegröße, so sinkt die durchschnittliche Anzahl der Kandidaten von 5,3 Kandidaten in Städten mit mehr als 100.000 Einwohnern bis auf 2,9 in Gemeinden
unter 10.000 Einwohner.

Tabelle 1: Kandidaten nach Nominierungsgruppen und Geschlecht

Nominierungs-gruppen	Männer	Frauen	Gesamt	Frauenanteil in %
SPD	331	32	363	8,8
CDU	349	23	372	6,2
GRÜNE	163	85	248	34,3
FDP	161	41	202	20,3
REP	2	1	3	33,3
DVU	1		1	0,0
PDS	4	3	7	42,9
WG	112	25	137	18,2
ÖDP	2		2	0,0
Zentrum	1		1	0,0
DMP	1	1	2	50,0
STATT	1		1	0,0
EB	137	8	145	5,5
Gesamt	1265	219	1484	14,8

Anmerkungen: WG: Wählergruppen; EB: Einzelbewerber.
Die Kandidaten der sonstigen Parteien (Republikaner, DVU, PDS, ÖDP, Zentrum, DMP und STATT Partei) werden in der weiteren Analyse nicht mehr berücksichtigt.
Quelle: Erhebung des Kandidatenfeldes.

Den höchsten Frauenanteil bei den Kandidaten erreichten – abgesehen von den Kleinstparteien bei sehr geringen Fallzahlen – die Grünen mit 34,3%. An zweiter Stelle lag die FDP mit 20,3% und an dritter Stelle die Wählergruppen mit 18,2%. SPD (8,8%) und CDU (6,2%) blieben mit einem Frauenanteil von deutlich unter 10% weit unter den üblichen parteiinternen Quoten. Bemerkenswert niedrig war ebenfalls der Frauenanteil bei den Einzelbewerbern mit 5,5%. Wie *Abbildung 1* zu entnehmen ist, hat keine Partei in allen 396 Städten und Gemeinden Bürgermeisterkandidaten nominiert. Jedoch erreichten SPD und CDU mit Kandidaturen in 92% bzw. 94% der Städte und Gemeinden in NRW einen weitaus höheren Deckungsgrad als die Grünen (63%) und FDP (51%). Kandidaten von Wählergruppen[6] traten in 33% und Einzelbewerber[7] in 30% aller Städte und Gemeinden zur Wahl an. Differenziert nach Gemeindegröße ergibt sich für die wichtigsten Kandidatengruppen nach Nominierung das folgende Bild.

6   Davon in sieben Städten und Gemeinden zwei Kandidaten von Wählergruppen.
7   Davon in 21 Städten und Gemeinden zwei und in vier sogar drei Einzelbewerber.

Abbildung 1:   Deckungsgrad der Kandidaturen nach
                  Gemeindegrößenklassen (in %)

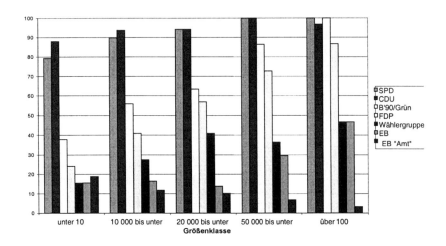

Anmerkung: Jeweils Anteil der Gemeinden pro Größenklasse, in denen Kandidaten einer
Nominierungsgruppe antraten.
Quelle: Eigene Darstellung auf der Grundlage der Erhebung des Kandidatenfeldes.

Der Anteil der Kommunen mit Kandidaten von SPD, CDU, Grünen und FDP
steigt mit der Gemeindegröße, wenn auch bei den kleineren Parteien auf
niedrigerem Niveau. SPD und CDU kandidieren in Städten über 50.000 Einwohner flächendeckend, mit Ausnahme der Großstadt Duisburg, in der kein
formal von der CDU nominierter Bürgermeisterkandidat zur Wahl antrat.
Von den kleineren Parteien erreichen die Grünen in Städten über 100.000
Einwohnern einen Deckungsgrad von 100%, die FDP bleibt auch in dieser
Größenklasse deutlich unter dieser Quote. Niedriger liegen insgesamt gesehen die Anteile der Kandidaten von Wählergruppen und der Einzelbewerber
über alle Größenklassen. Der Anteil der Kommunen mit Kandidaturen von
Einzelbewerbern „aus dem Amt" sinkt mit der Gemeindegröße. Jedoch bleibt
festzuhalten, dass Kandidaten von Wählergruppen und Einzelbewerber kein
Phänomen der kleineren Gemeinden sind. In knapp unter 50% der Großstädte
in NRW traten Einzelbewerber zur Wahl an, obwohl die formalen Hürden der
Kandidatur hinsichtlich der Anzahl der Unterstützungsunterschriften hier
deutlich höher lagen.
      Die kandidierenden Amtsinhaber bildeten eine weitere interessante Kan-
didatengruppe, da ihnen aufgrund ihres Amtsbonus besonders gute Chancen

zugeschrieben wurden, gewählt zu werden.[8] Zum Stichtag 31.12.1998 war in 163 Städten/Gemeinden bereits ein hauptamtlicher Bürgermeister gewählt worden. Vor dem Hintergrund der in vielen Fällen bei der Umstellung auf die neue Gemeindeordnung bedeutsamen strategischen Überlegung der Schaffung einer guten Ausgangsposition bei der ersten Direktwahl[9] konnte man davon ausgehen, dass alle Amtsinhaber kandidierten bzw. gute Chancen hatten, nominiert zu werden. In Städten und Gemeinden, welche die Doppelspitze bis zur Kommunalwahl beibehalten hatten, galt es zu klären, ob einer der Amtsinhaber der alten Doppelspitze zur Wahl antreten würde. Theoretisch hätten also bis zu 163 hauptamtliche Bürgermeister und 233 ehrenamtliche Bürgermeister oder Stadtdirektoren zur Wahl antreten können. Tatsächlich kandidierten jedoch nur 143 hauptamtliche, 54 ehrenamtliche Bürgermeister sowie 126 Stadtdirektoren.

Tabelle 2:   Kandidierende Amtsinhaber nach Nominierungsgruppen

Nominierungs-gruppen	hauptamtliche Bürgermeister	ehrenamtliche Bürgermeister	Stadtdirektoren	Gesamt
SPD	75	21	26	122
CDU	55	30	68	153
FDP			1	1
WG		2		2
EB	13	1	31	45
Gesamt	143	54	126	323

Anmerkungen: WG: Wählergruppen; EB: Einzelbewerber.
Quelle: Erhebung des Kandidatenfeldes.

Die meisten Amtsinhaber kandidierten für eine der beiden großen Parteien. Jedoch traten für die SPD mehr hauptamtliche Bürgermeister (75) an als für die CDU (55), für die dagegen mehr Amtsinhaber der alten Doppelspitze kandidierten (98 Amtsinhaber, davon 30 ehrenamtliche Bürgermeister und 68 Stadtdirektoren). 13 hauptamtliche Bürgermeister sowie 31 Stadtdirektoren traten als Einzelbewerber „aus dem Amt" zur Wahl an. Von den in der Übergangszeit gewählten hauptamtlichen Bürgermeister traten also 20 nicht zur Wahl an. Die Gründe dafür sind nur in Einzelfällen bekannt, z.B. wurde der Oberbürgermeister von Gelsenkirchen aufgrund persönlicher Verfehlungen nicht wieder von seiner Partei nominiert. Bei den kandidierenden Amtsinhabern der alten Doppelspitze bildeten die Stadtdirektoren die weitaus größere Gruppe. Dies kann zum einen auf persönliche Gründe (z.B. Verzicht auf die Kandidatur aus Altersgründen beim ehrenamtlichen Bürgermeister) oder zum anderen auf eine bewusste Entscheidung für den Verwaltungsfachmann bei

---

8   Vgl. dazu den Beitrag von Gehne in diesem Band.
9   Vgl. Schulenburg 1999: 133. Siehe auch die Darstellung hinsichtlich der Fallstudienstädte Hünxe und Duisburg in diesem Beitrag.

der Kandidatenauswahl zurückgeführt werden. Übertragen auf die 396 Städte und Gemeinden ergaben sich die folgenden Konstellationen:

Tabelle 3:   Kandidierende Amtsinhaber nach Städten/Gemeinden

Kandidierende Amtsinhaber	Anzahl der Städte/Gemeinden	in %
Hauptamtliche Bürgermeister	143	36,1
Ehrenamtliche Bürgermeister	36	9,1
Stadtdirektoren	108	27,3
Ehrenamtlicher Bürgermeister und Stadtdirektor	18	4,5
Keiner der genannten Amtsinhaber	91	23,0
Gesamt	396	

Quelle: Erhebung des Kandidatenfeldes.

In 68% aller Städte und Gemeinden kandidierten hauptamtliche Bürgermeister oder Stadtdirektoren, davon in 18 Städten/Gemeinden Stadtdirektoren in Konkurrenz zum ebenfalls kandierenden ehrenamtlichen Bürgermeister. In 9,1% der Städte/Gemeinden kandidierten ehrenamtliche Bürgermeister und in 23% der Städte/Gemeinden trat kein Amtsinhaber zur Wahl an.

3.2 Kandidatenprofile

Um einen Eindruck davon zu erlangen, welche Personen für die Wahl zum hauptamtlichen Bürgermeister kandidierten, soll im folgenden Teil das Profil der Kandidatinnen und Kandidaten dargestellt werden. Die Analyse der Sozialstruktur beruht auf den Auswertungen der im Rahmen des Projektes als Vollerhebung durchgeführten landesweiten Kandidatenbefragung. Von 1484 Kandidaten hatten 1111 an der Befragung teilgenommen.

Das Kandidatenfeld wird zunächst zur Analyse in Kandidatengruppen nach Erfahrungen bzw. Vorpositionen in Kommunalpolitik und -verwaltung aufgeteilt[10], ausgehend von der Hypothese, dass sich das Sozialprofil der Kandidaten entsprechend ihrer Herkunft aus einem der beiden Bereiche unterscheidet. Der Gruppe „Erfahrung/Vorpositionen Kommunal*politik*"[11] wur-

---

10   Dies geschah mit Hilfe einer jeweils für die Fragen 11 und 40 des Kandidatenfragebogens gebildeten dichotomen Variable mit den Ausprägungen „Ja" (Nennung Tätigkeit in Kommunalpolitik und -verwaltung) und „Nein" (Nein angegeben). Vgl. dazu den Kandidatenfragebogen im Anhang (Fragen 11 und 40). Aufgrund von Problemen bei der Frageformulierung sowie der Validität der Ergebnisse kann nicht detaillierter auf Vorpositionen in Kommunalpolitik und -verwaltung eingegangen werden.

11   Der Bereich „Kommunalpolitik" umfasst hier im engeren Sinne das politische Engagement im Rat als Ratsmitglied und/oder Funktionsträger (z.B. Fraktionsvorsitzender) sowie die Tätigkeit als sachkundiger Bürger. Nicht erfasst ist „außerparlamentarisches" politisches Engagement auf Gemeindeebene.

den entsprechend den Befragungsergebnissen die Kandidaten zugeordnet, die zur Zeit der Befragung oder in der Vergangenheit Erfahrungen im Rat gesammelt haben. Zur Gruppe „Erfahrungen/Vorposition Kommunal*verwaltung*" zählen dagegen die Kandidaten, die jetzt oder in der Vergangenheit in der Verwaltung einer Gemeinde oder eines Kreises beschäftigt waren. Die Gruppe „keine Erfahrungen" umfasst die Kandidaten, die weder in Kommunalpolitik noch in der -verwaltung tätig waren oder sind. Die hauptamtlichen Bürgermeister stehen zunächst zwischen den beiden Gruppen, da bei ihnen nicht erhoben wurde, in welchem der beiden Bereiche sie vor ihrer Wahl tätig waren.[12] Die Amtsinhaber werden aufgrund ihrer herausgehobenen Position im Kandidatenfeld jeweils gesondert ausgewiesen. Darüber hinaus wird der Einfluss der Gemeindegröße berücksichtigt. Die folgende Tabelle weist die Verteilung der Kandidaten auf die verschiedenen Gruppen nach Form der Nominierung aus.

Tabelle 4: Kandidaten nach Nominierungsgruppen und Erfahrung/ Vorposition (in %)

Erfahrung/ Vorposition	Nominierungsgruppen								Gesamt
	SPD	CDU	GRÜNE	FDP	Sonstige	WG	EB	EB „Amt"	
Erfahrungen in der Kommunalpolitik	43,3	31,6	81,3	57,0	33,3	76,8	20,5		48,3
Ehrenamtlicher Bürgermeister	6,9	8,5				1,0	1,3		4,0
Hauptamtlicher Bürgermeister	19,3	13,2						32,4	9,1
Stadtdirektor	5,8	19,5		0,6				67,6	8,6
Erfahrungen in der Kommunalverwaltung	18,5	19,9	11,4	9,7	22,2	11,1	29,5		15,9
Keine Erfahrung	6,2	7,4	7,4	32,7	44,4	11,1	48,7		14,1

Anmerkungen: WG: Wählergruppen; EB: Einzelbewerber mit Unterstützungsunterschriften; EB „Amt": Einzelbewerber aus dem Amt.
Sonstige Parteien umfassen drei Kandidaten der Republikaner, einen der PDS, jeweils zwei von ÖDP und „Die Mittelstandspartei" (DMP) und einen Kandidaten der STATT Partei. Die sonstigen Parteien werden zwar weiterhin ausgewiesen, jedoch aufgrund der niedrigen Fallzahl in der Analyse nicht berücksichtigt.
Quelle: Kandidatenbefragung.

Nahezu alle Amtsinhaber kandidierten entweder für SPD oder CDU sowie als Einzelbewerber aus dem Amt. Die unterschiedliche Zusammensetzung der

12 Entsprechend den Ergebnissen bei Schulenburg (1999) ist jedoch zu erwarten, dass sie jeweils zur Hälfte aus beiden Bereichen stammen.

Gruppe der kandidierenden Amtsinhabern bei SPD und CDU lässt sich auf
die unterschiedliche Nutzung der Übergangsregelung in von SPD oder CDU
dominierten Städten/Gemeinden zurückführen.

Bei allen Gruppen – mit Ausnahme der Einzelbewerber – hatten die Kandidaten mit Erfahrung in der Kommunalpolitik ein Übergewicht. Besonders
hoch lagen die Anteile bei den Grünen mit 81,3%, den Wählergruppen mit
76,8% und der FDP mit 57%. Die höchsten Anteile an Kandidaten ohne Erfahrung in Kommunalpolitik und -verwaltung wiesen die Einzelbewerber
(48,7%) und die Kandidaten der FDP (32,7%) auf.

Der Anteil der Kandidaten mit Erfahrung und Vorposition[13] in der Kommunalverwaltung sinkt mit der Gemeindegröße, während der Anteil der Kandidaten mit Erfahrung und Vorposition[14] in der Kommunalpolitik mit steigender Gemeindegröße wächst. Darüber hinaus steigt ebenfalls der Anteil der
Kandidaten ohne Erfahrung mit der Gemeindegröße.

Für das Kandidatenprofil wurden in der Befragung insbesondere die folgenden soziodemographischen Merkmale erhoben: Alter, Konfession und
Familienstand, Wohnsitz und Wohndauer, Bildung und Beruf sowie Mitgliedschaft in lokalen Vereinen. Darüber hinaus wurde mit den Variablen
Parteimitgliedschaft, Ämter und Mandate ein „politisches" Profil erhoben.
Diese Angaben werden im folgenden zu vier thematischen Blöcken zusammengefasst:

–   Altersstruktur, Staatsangehörigkeit, Konfession und Familienstand;
–   Wohnsitz, Wohndauer und Mitgliedschaft in lokalen Vereinen;
–   Bildung und Beruf;
–   Parteimitgliedschaft, Ämter und Mandate.

Zur Beschreibung des Kandidatenprofils werden jeweils die unterschiedlichen Nominierungsformen berücksichtigt.

Das *Alter* aller Kandidaten lag im Durchschnitt bei 49,5 Jahren. Der
jüngste Kandidat war 24 und der älteste 66 Jahre alt. Die für das passive
Wahlrecht definierten Altersgrenzen (§65, Absatz 3 GO NRW in Verbindung
mit §195, Absatz 4 LBG) wurden also beinahe ganz ausgeschöpft, wobei gerade die Kandidaten über 63 im Falle einer Wahl keine ganze Amtszeit absolvieren könnten. Das Durchschnittsalter der verschiedenen Kandidatengruppen unterscheidet sich nur gering, die „jüngsten" Kandidaten fanden sich
bei den Grünen mit 47 Jahren. Die Amtsinhaber sind im Schnitt etwas älter
als die Kandidaten ohne Vorposition. Das höchste Durchschnittsalter hatten
die ehrenamtlichen Bürgermeister mit 55 Jahren. Hauptamtliche Bürgermeister (52 Jahre) und Stadtdirektoren (52 Jahre) waren dagegen etwa im gleichen
Alter. Unterschieden nach Erfahrung in Kommunalpolitik und -verwaltung

---

13   Die Stadtdirektoren werden dem Bereich Kommunalverwaltung zugeordnet.
14   Die ehrenamtlichen Bürgermeister werden dem Bereich Kommunalpolitik zugewie-
     sen.

waren jeweils die ehrenamtlichen Bürgermeister am ältesten und die Kandidaten ohne Erfahrung mit durchschnittlich 45 Jahren am jüngsten. Insgesamt waren sowohl Parteikandidaten als auch Kandidaten von Wählergruppen und Einzelbewerber mit einem Altersdurchschnitt um 50 Jahre „in den besten Jahren", also in einer Lebensphase, in der die meisten Menschen beruflich etabliert und sozial integriert sind.

Obwohl bei dieser Wahl zum ersten Mal auch für Bürger anderer EU-Mitgliedsstaaten die Möglichkeit geschaffen wurde, für die Kommunalwahl zu kandidieren, gab es nur drei Kandidaten mit einer anderen EU-*Staatsbürgerschaft* als der deutschen.[15] Die Ausweitung des passiven Wahlrechts auf die EU-Bürger hat sich also bei dieser Wahl noch nicht spürbar auf die Struktur des Kandidatenfeldes bei der Bürgermeisterwahl ausgewirkt.

83,2% der Kandidaten gehörten einer der großen *Konfessionen* an, davon waren 50,5% Mitglied in der katholischen und 32,7% in der evangelischen Kirche.[16] Der Anteil der Mitglieder der beiden großen Konfessionen zusammen lag damit etwas niedriger als in der Gesamtbevölkerung Nordrhein-Westfalens (84,6%).[17] Deutlich höher als in der Bevölkerung war der Anteil der konfessionsgebundenen Kandidaten der CDU. Nahezu alle gehörten einer der beiden großen Konfessionen an, wobei jedoch die katholischen Kandidaten mit 74,2% deutlich dominierten. Nur bei den FDP-Kandidaten lag der Anteil der evangelischen mit 46,3% über dem Anteil der katholischen Kandidaten mit 35,4%. Den höchsten Anteil an konfessionslosen Kandidaten erreichten die Grünen mit 39,4%.

Was den *Familienstand* angeht, dominierten bei den Kandidaten die Verheirateten mit 87%, nur 7,3% sind ledig, 4,8% geschieden und knapp ein Prozent verwitwet.[18] Die Ehe war damit also die am häufigsten vorkommende Form der Lebensgemeinschaft von Kandidaten für das Amt des Bürgermeisters.

Entsprechend den Regelungen des passiven Wahlrechts müssen Bürgermeisterbewerber nicht in der Stadt/Gemeinde ihren *Hauptwohnsitz* haben, in der sie kandidieren (§65, Absatz 3 GO NRW). Daher wurde in der Befragung zu Vergleichszwecken auch nach dem Hauptwohnsitz und der Wohndauer gefragt, um den Anteil der externen Kandidaturen in Nordrhein-Westfalen zu ermitteln. Er erwies sich als äußerst gering, da 93,3% der Kandidaten ihren Hauptwohnsitz in der Stadt/Gemeinde ihrer Kandidatur hatten. Gleiches gilt

---

15 Ein Kandidat bei der SPD und zwei der Grünen. Welche Staatsbürgerschaft diese Kandidaten haben, wurde jedoch nicht erhoben.
16 Differenziertere Angaben etwa zur Kirchgangshäufigkeit oder bzgl. der Verbundenheit mit der Kirche, die das Merkmal Konfession aussagekräftiger hätten werden lassen, konnten nicht erhoben werden.
17 Vgl. Datenreport 1997: 176 (Tabelle 8; Ergebnisse der Volkszählung 1987).
18 Die höchsten Anteile an verheirateten Kandidaten erreichten die Kandidaten der CDU mit 94,2%.

für die kandidierenden Amtsinhaber.[19] Die höchsten Anteile an Kandidaten
ohne Hauptwohnsitz in der Stadt/Gemeinde ihrer Kandidatur wiesen die
Gruppen „Erfahrungen in der Kommunalverwaltung" (20,5%) und „keine Erfahrung" (11,5%) auf.

In einem eigenen Frageblock wurde darüber hinaus nach den Bindungen
an die Stadt/Gemeinde der Kandidatur gefragt.[20] Die Auswertung der Antworten der Kandidaten ohne Hauptwohnsitz in der Gemeinde ihrer Kandidatur ergab jedoch, dass externe Kandidaten ohne jegliche Bindung in Nordrhein-Westfalen fast gar nicht anzutreffen waren. Rund ein Drittel der Kandidaten gaben an, in einer Nachbargemeinde zu leben, und ebenso viele haben
berufliche Bindungen zur Stadt/Gemeinde. Darüber hinaus sind auch soziale
und familiäre Bindungen von Bedeutung. Nur knapp unter zehn Prozent der
Kandidaten ohne Hauptwohnsitz gaben an, keine Bindungen zur Stadt/Ge-
meinde ihrer Kandidatur zu haben.

Um die *Wohndauer* der ansässigen Kandidaten vergleichen zu können,
wurde die relative Wohndauer im Verhältnis zum Lebensalter in Jahren berechnet, um so den Anteil der am Hauptwohnsitz verbrachten Lebenszeit ermitteln zu können.

Tabelle 5:   Kandidaten nach Nominierungsgruppen und relativer
Wohndauer (in %)

Relative Wohndauer	Nominierungsgruppen								Ge- samt
	SPD	CDU	GRÜ- NE	FDP	Son- stige	WG	EB	EB „Amt"	
Weniger als 1/4	13,8	18,1	15,5	17,6	12,5	9,9	16,7	54,5	16,8
1/4 bis unter 1/2	28,3	22,2	45,8	34,0	12,5	26,4	22,2	21,2	29,6
1/2 bis unter 3/4	14,2	11,9	8,9	15,0	25,0	15,4	16,7	6,1	13,0
3/4 bis unter 4/4	17,7	18,5	13,7	7,8	25,0	12,1	15,3	3,0	14,7
Gesamtes Leben	26,0	29,2	16,1	25,5	25,0	36,3	29,2	15,2	25,8

Anmerkungen: WG: Wählergruppen; EB: Einzelbewerber mit Unterstützungsunterschriften; EB „Amt": Einzelbewerber aus dem Amt.

Quelle: Kandidatenbefragung.

53,5% aller Kandidaten wohnten über die Hälfte ihres Lebens am Ort ihrer
Kandidatur. Als besonders sesshaft erwiesen sich dabei die Kandidaten von
Wählergruppen: Von ihnen wohnten 63,8% länger als die Hälfte ihres Lebens
in der Stadt/Gemeinde ihrer Kandidatur. Mobiler waren dagegen die Kandidaten der Grünen, von denen nur 38,7% mehr als die Hälfte ihrer Lebenszeit in
der Stadt/Gemeinde ihrer Kandidatur verbrachten. Die Einzelbewerber aus dem
Amt unterscheiden sich deutlich von den anderen Gruppen. Dies lässt sich auf

---

19   92,6% der hauptamtlichen Bürgermeister, 95,7% der Stadtdirektoren und sämtliche
     ehrenamtlichen Bürgermeister (aufgrund ihres Ratsmandats) hatten ihren Hauptwohn-
     sitz in der Gemeinde ihrer Kandidatur.
20   Vgl. dazu den Kandidatenfragebogen im Anhang (Frage 48).

die berufliche Zusammensetzung der Gruppe zurückführen. Auch in den anderen Kandidatengruppen lässt sich feststellen, dass Angehörige der Verwaltung aufgrund ihrer beruflichen Laufbahn häufiger den Wohnort wechselten. Die Unterschiede der Gruppen untereinander blieben auch in den verschiedenen Gemeindegrößenklassen gleich, so dass nicht davon ausgegangen werden kann, dass in kleineren Gemeinden Kandidaten „sesshafter" waren als in Großstädten.

Als ein Indikator für die Einbindung in das gesellschaftliche Leben vor Ort wurde die *Mitgliedschaft in lokalen Vereinen* erhoben.[21] 84% der Kandidaten waren in der Stadt/Gemeinde ihrer Kandidatur Mitglied von durchschnittlich 5 Vereinen. Dabei weisen die Amtsinhaber höhere durchschnittliche Mitgliedszahlen auf als die anderen Kandidaten,[22] was wenig überrascht, da neben der finanziellen Vereinsförderung auch die Anerkennung der Vereinsarbeit durch oftmals nur formale Mitgliedschaft von kommunalen Mandats- und Funktionsträgern durchaus üblich ist. Die höhere Durchschnittszahl an Vereinsmitgliedschaften der ehrenamtlichen Bürgermeister gegenüber den Stadtdirektoren lässt sich auf die früher geltende Arbeitsteilung der beiden gemeindlichen Spitzenpositionen zurückführen, wobei die Mitgliedschaft in Vereinen stärker den Repräsentationsaufgaben des ehrenamtlichen Bürgermeisters alter Prägung zuzuordnen war. Ob Vereinsengagement den Kandidaten im Wahlkampf nützlich ist, kann aufgrund der Befragungsergebnisse nicht ermittelt werden. Aktive Mitgliedschaft kann jedoch zur Steigerung des Bekanntheitsgrades beitragen.[23]

Weder im Kommunalwahlgesetz noch in der Gemeindeordnung sind für die Kandidatur zum Amt des Bürgermeisters berufliche oder fachliche Voraussetzungen vorgeschrieben. Deshalb war es von besonderem Interesse, das Bildungs- und Berufsprofil der Kandidaten zu erheben. Die Ergebnisse zeigen, dass hinsichtlich der *Schul- und Bildungsabschlüsse* im Kandidatenfeld eindeutig die höheren Bildungsabschlüsse dominierten: Rund ein Viertel hatten einen Fachhochschul- und beinahe die Hälfte einen Universitätsabschluss. Fasst man die höheren Schul- und Bildungsabschlüsse zu einer Kategorie[24] zusammen, so hatten 76,9% der Kandidaten einen höheren Schul- und Bildungsabschluss. Der Anteil der höheren Schul- und Bildungsabschlüsse schwankte leicht im Vergleich der Gemeindegrößenklassen. Mit zunehmen-

---

21 Angaben über die Intensität der Beteiligung am Vereinsleben und die Ausübung von Vereinsämtern wurden nicht erhoben.

22 Mittelwerte: Erfahrung/Vorposition in der Kommunalpolitik: fünf, ehrenamtliche Bürgermeister: zwölf, hauptamtliche Bürgermeister: neun, Stadtdirektoren: fünf, Erfahrungen in der Kommunalverwaltung: vier und keine Erfahrungen: vier Mitgliedschaften.

23 Zu Funktion und Einflussmöglichkeiten von Vereinen in der Kommunalpolitik vgl. Gehne 1998: 206ff.

24 Addierte Anteile der Ausprägungen Fachabitur, allgemeine Hochschulreife, Fachhochschulabschluss und Hochschulabschluss.

der Größe stieg jedoch der Anteil der Kandidaten mit Hochschulabschluss
von 22,5% in Gemeinden unter 10.000 Einwohnern auf 59,6% in Städten mit
mehr als 100.000 Einwohnern, gleichzeitig sank der Anteil der Fachhoch-
schulabsolventen von 38% in Gemeinden unter 10.000 Einwohnern bis auf
9,6% in Städten mit mehr als 100.000 Einwohnern.

Tabelle 6: Kandidaten nach Nominierungsgruppen und Schul-
/Bildungsabschlüssen (in %)

Schul-/Bildungsabschlüsse	Nominierungsgruppen								Ge-samt
	SPD	CDU	GRÜ-NE	FDP	Son-stige	WG	EB	EB „Amt"	
Volks-/Hauptschule	6,2	4,4	4,0	6,1		11,2	12,8		6,1
Mittlere Reife	10,6	14,8	5,7	10,9	33,3	11,2	20,5	11,4	11,9
Fachschule	3,7	3,3	4,5	7,3		10,2	10,3	2,9	5,2
Fachabitur	4,0	2,2	2,3	2,4		5,1			2,7
allgemeine Hochschulreife	5,9	2,6	8,5	7,3	11,1	6,1	5,1	5,7	5,7
Fachhochschule	20,1	30,6	19,9	19,4		13,3	24,4	57,1	23,3
Hochschule/Universität	49,5	42,1	55,1	46,7	55,6	42,9	26,9	22,9	45,2

Anmerkungen: WG: Wählergruppen; EB: Einzelbewerber mit Unterstützungsunterschriften; EB „Amt": Einzelbewerber aus dem Amt.

Quelle: Kandidatenbefragung.

Die Anteile der höheren Schul- und Bildungsabschlüsse bewegten sich auch
innerhalb der Kandidatengruppen nach Nominierungsform auf einem hohen
Niveau. Den höchsten Anteil an Kandidaten mit höheren Schul- und Bildungsabschlüssen wiesen die Kandidaten der Grünen mit 85,8% auf, nur knapp gefolgt von den Einzelbewerbern „aus dem Amt" 85,7%. Zudem lag der Anteil
der Hochschulabsolventen bei „grünen" Kandidaten mit 55,1% deutlich höher
als bei allen anderen Kandidatengruppen, den höchsten Anteil der Fachhoch-
schulabsolventen wies dagegen die Gruppe der Einzelbewerber „aus dem Amt"
mit 57,1% auf. Den niedrigsten Anteil an Kandidaten mit höheren Schul- und
Bildungsabschlüssen wies die Gruppe der Einzelbewerber mit 56,4% auf.
      Bei den Amtsinhabern lag der Anteil der höheren Bildungsabschlüsse bei
den hauptamtlichen Bürgermeistern (79,8%) und Stadtdirektoren (77,4%)
etwas über dem Gesamtanteil, bei den ehrenamtlichen Bürgermeistern mit
65,9% deutlich unter dem Anteil aller Kandidaten. Überdurchschnittlich hoch
war der Anteil der höheren Schul- und Bildungsabschlüsse bei Kandidaten
ohne Erfahrung in Kommunalpolitik und -verwaltung, die von SPD (94,1%),
CDU (90%), den Grünen (84,6%) sowie von der FDP (79,7%) nominiert
wurden, unterdurchschnittlich dagegen bei Kandidaten von Wählergruppen
(63,7%) und Einzelbewerbern (47,4%) dieser Gruppe.
      Die meisten Kandidaten (89,9%) gingen einer *beruflichen Tätigkeit* nach.
Der Anteil der nicht berufstätigen Kandidaten stieg dabei mit der Gemeinde-

größe; in kleinen kreisangehörigen Gemeinden waren 4,9%, in kreisfreien Städten dagegen 17,1% der Kandidaten nicht berufstätig. Von den Kandidaten, die nicht berufstätig waren, waren 35,1% Rentner, 27% Hausfrauen oder Hausmänner, 12,6% Arbeitslose und 9% Schüler oder Studenten.[25] Der Anteil der nicht berufstätigen Kandidaten war bei den kleineren Parteien, Wählergruppen und Einzelbewerbern jeweils deutlich höher als bei den Kandidaten von SPD und CDU.[26] Die berufstätigen Kandidaten wurden in einer offenen Frage nach ihrer aktuell ausgeübten beruflichen Tätigkeit gefragt. Die Antworten wurden Berufsgruppen zugeordnet und in drei Sektoren zusammengefasst. 65,7% der Kandidaten waren im öffentlichen Sektor tätig, 8,2% im produzierenden Gewerbe, Landwirtschaft und Handwerk und 26,1% im Handel oder in Dienstleistungsberufen. Wie die folgende Tabelle zeigt, unterschied sich die sektorale Verteilung der ausgeübten Berufe deutlich zwischen den Nominierungsgruppen.

Tabelle 7: Kandidaten nach Nominierungsgruppen und Berufssektoren (in %)

Berufssektoren	Nominierungsgruppen								Gesamt
	SPD	CDU	GRÜNE	FDP	Sonstige	WG	EB	EB „Amt"	
Öffentlicher Sektor	82,0	77,8	52,5	39,5	42,9	40,7	49,2	100,0	65,7
Produzierendes Gewerbe, Landwirtschaft, Handwerk	7,0	5,4	7,8	14,0		17,4	6,3		8,2
Handel und Dienstleistung	10,9	16,9	39,7	46,5	57,1	41,9	44,4		26,1

Anmerkungen: WG: Wählergruppen; EB: Einzelbewerber mit Unterstützungsunterschriften; EB „Amt": Einzelbewerber aus dem Amt.
Quelle: Kandidatenbefragung.

Bei den Kandidaten der beiden größeren Parteien lag der Anteil der Beschäftigten im öffentlichen Sektor deutlich über den jeweiligen Anteilen der anderen Kandidatengruppen mit Ausnahme der Einzelbewerber „aus dem Amt", die aufgrund ihrer Ämter (Stadtdirektoren oder hauptamtliche Bürgermeister) vollständig dieser Kategorie zugeordnet wurden. Dagegen lag bei den kleinen Parteien, Wählergruppen und Einzelbewerbern jeweils der Anteil der Beschäftigten im Sektor „Handel und Dienstleistung" deutlich über dem entsprechenden Anteil bei den großen Parteien. Diese Unterschiede lassen sich zum Teil auf die

25 16,2% gaben die Kategorie „Sonstiges" an.
26 Anteile der nicht berufstätigen Kandidaten nach Nominierung: SPD: 5,1%, CDU: 3,7%, Grüne: 16,6%, FDP: 18,3%, Wählergruppen: 12,1% und Einzelbewerber: 19,2%.

deutlich höheren Anteile an Kandidaten von SPD und CDU, die vor der Wahl Positionen in der Gemeindeverwaltung einnahmen, zurückführen.

In der folgenden Tabelle sind für die Gruppe der Kandidaten mit Erfahrung in der Kommunalverwaltung die aktuellen Tätigkeiten in der Kreis- und Gemeindeverwaltung ausgewiesen.

Tabelle 8:   Kandidaten mit Erfahrung in der Kommunalverwaltung nach beruflichen Tätigkeiten in der Kreis- und Gemeindeverwaltung und Nominierung (in %)in %)

Nominierungsgruppen	Berufliche Tätigkeiten			Gesamt
	Beigeordneter	Amtsleiter	Sonstiges	
SPD	20,8	39,6	30,4	30,3
CDU	56,3	33,3	13,0	34,5
GRÜNE	2,1	4,2	17,4	7,7
FDP	6,3	4,2	10,9	7,0
Sonstige			4,3	1,4
WG	2,1	4,2	10,9	5,6
EB	12,5	14,6	13,0	13,4

Anmerkungen: WG: Wählergruppe; EB: Einzelbewerber mit Unterstützungsunterschriften. Die Einordnung in die genannten Gruppen richtet sich nach der von den Kandidaten angegebenen Dienstbezeichnung, die konkrete Tätigkeit beispielsweise als Hauptamtsleiter oder Kämmerer konnte hier nicht berücksichtigt werden.

Quelle: Kandidatenbefragung.

Der überwiegende Anteil der kandidierenden Beigeordneten und Amtsleiter traten für die SPD oder die CDU zur Wahl an. Jedoch kandidierten auch 12,5% der Beigeordneten und 14,6% der Amtsleiter als Einzelbewerber. Die geringen Anteile dieser Positionsgruppen bei den kleinen Parteien und Wählergruppen lässt sich vermutlich darauf zurückführen, dass Mitglieder kleinerer Gruppierungen im Rat schlechtere Chancen haben, an der Ämterverteilung teilzunehmen.

Beinahe alle Kandidaten waren *Mitglied in einer Partei oder Wählergruppe*. Dabei waren die Kandidaten in der Regel auch Mitglied der Partei oder Wählergruppe, die sie nominiert hat. Es fanden sich allerdings auch bei den Parteikandidaten vereinzelt Kandidaten ohne Mitgliedschaft.[27] Den höchsten Anteil an Nichtmitgliedern verzeichneten die Wählergruppen mit 12,1%, was sich darauf zurückführen lässt, dass Wählergruppen im Vergleich zu Parteien eher lose Bündnisse sind und eine Mitgliedschaft nicht als unbedingte Voraussetzung zur Mitarbeit erwartet wird. Darüber hinaus kandidierten für die Wählergruppen ein Mitglied der FDP und zwei Mitglieder der Grünen. Im Fall der „grünen" Kandidaten ist dieser Umstand wahrscheinlich darin begründet,

---

27 Bei der SPD sieben, CDU elf, Grüne 14 und FDP fünf Kandidaten, die nicht Mitglied der nominierenden Partei sind. Grüne und FDP hatten darüber hinaus jeweils ein Mitglied der SPD nominiert.

dass die Grünen in manchen Gemeinden traditionell nicht unter der Flagge der Bundespartei, sondern als Wählergruppe an Kommunalwahlen teilnehmen. Vereinzelt fanden sich auch bei den kleinen Parteien Kandidaten mit anderer Parteimitgliedschaft. Von den Einzelbewerbern waren jedoch nur knapp ein Viertel Parteimitglieder, die zum Teil in Konkurrenz zu Kandidaten „ihrer" Partei zur Wahl antraten.[28] Die Hauptmotive dürften dabei entweder die Unzufriedenheit mit dem Kandidaten der Partei oder die eigene Nicht-Berücksichtigung durch die Partei sein. In jedem Fall war bei diesen Kandidaten zu erwarten, dass sie nach der Wahl entweder aus der Partei austreten oder gar von ihr ausgeschlossen werden würden. Die Amtsinhaber kandidierten ebenfalls hauptsächlich für „ihre" Partei, mit Ausnahme von einem hauptamtlichen Bürgermeister, der FDP-Mitglied ist, fünf Stadtdirektoren aus der CDU und zwei Stadtdirektoren der SPD, die alle als Einzelbewerber kandidierten.

Über die Frage nach der Parteizugehörigkeit hinaus wurden die Kandidaten gefragt, ob sie jetzt oder in der Vergangenheit *Vorsitzende einer Parteigliederung* oder *Mandatsträger* ihrer Partei gewesen sind.[29] Demnach waren bzw. sind ein Drittel der Kandidaten auf Ortsebene und 3,4% auf regionaler Ebene Vorsitzende ihrer Partei.[30] Von den Amtsinhabern waren bzw. sind 15,6% der hauptamtlichen Bürgermeister, 3,9% der Stadtdirektoren, jedoch 41,9% der ehrenamtlichen Bürgermeister Vorsitzende auf Ortsebene. Auf regionaler Ebene waren bzw. sind dagegen nur ein hauptamtlicher und ein ehrenamtlicher Bürgermeister[31] und drei Stadtdirektoren Vorsitzende einer Parteigliederung.

9,8% der Kandidaten waren bzw. sind Mitglieder des Kreistags, 12 Kandidaten Mitglieder des Landtags, drei Kandidaten Mitglieder des Bundestags und ein SPD-Kandidat Mitglied des Europäischen Parlaments.[32] Bei den Hauptverwaltungsbeamten ist davon auszugehen, dass sie aufgrund der Unvereinbarkeit von Amt und Mandat vor ihrem Amtsantritt Mitglied des Kreistags bzw. Landtags waren.[33]

Diese relativ niedrigen Werte sowohl bei den Vorsitzenden als auch bei den Mandatsträgern deuten darauf hin, dass die Kandidaten eher aufgrund ih-

---

28 Davon neun Kandidaten, die aus dem Amt kandidierten und 18, die Unterstützungsunterschriften gesammelt hatten.
29 Da es bei diesen Fragen in erster Linie darum ging, die Erfahrungen der Kandidaten mit diesen Ämtern sowie den Rückhalt in ihrer Partei einzuschätzen, wurde in der Fragestellung nicht zwischen Gegenwart und Vergangenheit differenziert. Außerdem bezog sich die Fragestellung nur auf den Vorsitz, andere Ämter wurden nicht berücksichtigt.
30 32 Kandidaten waren bzw. sind zudem auf Orts- und regionaler Ebene Vorsitzende.
31 Beide waren zudem Vorsitzende auf Ortsebene.
32 Mandatsträger nach Parteien: Landtagsmitglieder zwei SPD, fünf CDU, vier Grüne und ein FDP; Mitglieder des Bundestags: ein SPD, ein CDU und ein FDP. Auch bei den Mandatsträgern gab es vereinzelt Mehrfachmandate: So waren bzw. sind drei Kreistagsmitglieder Landtagsabgeordnete und ein weiteres Kreistagsmitglied auch Bundestagsabgeordneter.
33 Vgl. §13, Absatz 1 des KWG und §31 des Abgeordnetengesetzes (vgl. Krell/Wesseler 1994: 40).

rer Erfahrungen und Vorpositionen in Kommunalpolitik und -verwaltung
nominiert worden sind. Von einer Ämterkumulation konnte bei Bürgermeisterkandidaten keine Rede sein. Unter Berücksichtigung der niedrigen Anzahl
von Landtags- und Bundestagsabgeordneten liegt die Vermutung nahe, dass
bei der Auswahl von Bürgermeisterkandidaten vor allem Personen aus dem
lokalpolitischen Umfeld einer Partei in Frage kamen und es dabei wenig
Austausch zwischen den verschiedenen Ebenen des politischen Systems gegeben hat. Bürgermeisterkandidaten sind somit im wesentlichen einer lokalen
politischen Elite zuzurechnen.

3.3 Umstände der Kandidatur

Im Vergleich zu den Untersuchungen in den Fallstudienstädten ist der Nominierungsprozess in der Kandidatenbefragung nur am Rande behandelt worden,
da eine intensivere Behandlung dieser Phase den restriktiven Rahmen des Fra-
gebogens gesprengt hätte. Im Folgenden werden nun die Ergebnisse der Befragung zum Themenbereich Umstände der Kandidatur wiedergegeben, systematisch getrennt nach Einzelbewerbern und Kandidaten von Parteien und Wählergruppen, da Einzelbewerber aufgrund eines eigenen Entschlusses kandidierten,
Kandidaten von Parteien und Wählergruppen dagegen in einem internen Verfahren ausgewählt wurden und sich einer formalen Nominierung durch ein
Gremium (Delegierten- oder Mitgliederversammlung) stellen mussten.

Wie schon in den vorangegangenen Kapiteln sollen die Einzelbewerber
nach der Form ihrer Kandidatur unterschieden werden. Einzelbewerber, die
„aus dem Amt" kandidierten, mussten lediglich ihre Absicht zur Kandidatur
erklären und ihre Unterlagen fristgerecht und vollständig beim Wahlleiter der
Gemeinde einreichen. Bei den Einzelbewerbern, die Unterstützungsunterschriften sammeln mussten, war es im Rahmen der Befragung von Interesse,
ob dabei Probleme aufgetaucht sind.[34]

Tabelle 9:   Gravierende Probleme bei der Kandidatur von
                 Einzelbewerbern (in %)

Art der Probleme	
Keine Probleme	71,8
Hemmschwelle beim Bürger, mit Unterschrift und Adresse eine Kandidatur zu unterstützen	15,4
Behinderung durch die Verwaltung	9,0
Fehlende Beachtung durch die Medien	2,6
Sonstiges	1,3

Anmerkung: Nur Antworten der Einzelbewerber mit Unterstützungsunterschriften.
Quelle: Kandidatenbefragung.

---

34   Vgl. dazu den Kandidatenfragebogen im Anhang, Frage 3.

Der überwiegende Teil der Einzelbewerber hatte keine Probleme bei der Erfüllung der formalen Voraussetzungen. Nur 15,4% gaben an, Probleme bei der Sammlung von Unterschriften gehabt zu haben, 9% fühlten sich von der Verwaltung behindert und zwar tendenziell eher in größeren Gemeinden. Man kann aber davon ausgehen, dass Einzelbewerber landesweit weitestgehend keine Schwierigkeiten bei ihrer Kandidatur hatten.[35]

Den Parteikandidaten wurden zum Thema Nominierungsprozess im Kandidatenfragebogen zwei Fragen gestellt, zum einen als Konfliktindikator die Frage nach dem Auftreten ernsthafter parteiinterner Gegenkandidaten im Nominierungsprozess und zum anderen eine Frage, die darauf zielt herauszufinden, von wem die Initiative zur Kandidatur ausging und welches Verfahren gewählt wurde.[36]

Wie die folgende Tabelle zeigt, gab es in den meisten Fällen keine Gegenkandidaten bei der parteiinternen Kandidatenauswahl. Nur der Anteil der CDU-Kandidaten mit einem oder mehreren Gegenkandidaten lag mit 31,9% weit über dem Gesamtanteil.

Tabelle 10: Kandidaten nach Nominierungsgruppen und Anzahl der internen Gegenkandidaten (in %)

Gegenkandidaten	Nominierungsgruppen						Gesamt
	SPD	CDU	GRÜNE	FDP	Sonstige	WG	
Kein Gegenkandidat	82,1	68,1	84,5	88,3	88,9	88,5	80,4
Ein Gegenkandidat	13,2	20,4	10,3	10,4	11,1	9,4	13,8
Mehr als ein Gegenkandidat	4,8	11,5	5,2	1,2		2,1	5,8

Anmerkung: WG: Wählergruppen.
Quelle: Kandidatenbefragung.

Eine differenzierte Auswertung dieser Variable nach Erfahrung/Vorposition ergab, dass knapp über die Hälfte der CDU-Kandidaten mit Erfahrung in der Kommunalverwaltung, ein Drittel mit Erfahrung in der Kommunalpolitik und ein Viertel der für die CDU kandidierenden Gemeindedirektoren einen oder mehrere parteiinterne Gegenkandidaten hatten. Diese im Vergleich zu den anderen Nominierungsgruppen hohen Anteile weisen auf einen konflikthafteren Verlauf der Kandidatenauswahl in der CDU hin. Die genauen Ursachen sind allerdings nicht bekannt.

Die folgende Tabelle weist die Antworten der Kandidaten zum Bereich „Initiative zur Kandidatur und Verlauf der Kandidatenauswahl" aus.

---

35 Es ist allerdings zu bedenken, dass in der Kandidatenbefragung ohnehin nur die Einzelbewerber erfasst sein können, welche die Hürden zur Kandidatur erfolgreich gemeistert haben. Über die daran gescheiterten liegen keine Informationen vor.

36 Vgl. den Kandidatenfragebogen im Anhang, Fragen 4 und 5.

Tabelle 11: Kandidaten nach Nominierungsgruppen und Initiative sowie Verlauf der Kandidatur (in %)

Initiative und Verlauf der Kandidatur	Nominierungsgruppen						Ge-samt
	SPD	CDU	GRÜNE	FDP	Son-stige	WG	
Vom Vorstand zur Kandidatur gedrängt	27,1	20,6	26,4	37,2	22,2	31,3	27,2
Kandidatur war logische Folge der Vorposition	70,7	69,9	64,9	51,2	55,6	60,4	65,1
Im Laufe der internen Diskussion wurde eine Liste aufgestellt, ich konnte mich gegen die anderen durchsetzen	10,6	11,4	7,5	6,1		7,3	9,1
Von einer einflussreichen Gruppierung vorgeschlagen	16,1	21,7	12,6	20,7	44,4	18,8	18,3
Als Außenstehender zur Kandidatur aufgefordert worden.	4,8	11,8	5,7	3,7	22,2	9,4	7,3
Es wurde eine Mitgliederbefragung durchgeführt	11,0	8,1	13,8	7,9		14,6	10,4
Anderes	5,9	6,3	10,3	9,8	22,2	13,5	8,3

Anmerkung: WG: Wählergruppen.
Anteile an den 988 Befragten, Mehrfachnennungen waren möglich.

Quelle: Kandidatenbefragung.

Die Antwortvorgabe „Kandidatur war logische Folge der Vorposition" war bei allen Gruppen die am häufigsten genannte, was darauf schließen lässt, dass dort, wo Inhaber von Parteiämtern, Mandatsträger oder Inhaber anderer gemeindlicher Spitzenpositionen zur Verfügung standen, kein formales Auswahlverfahren für nötig gehalten wurde.[37] Insgesamt sind die Antwortvorgaben, die auf die Initiative von Personen und Personengruppen in der Partei hindeuten („Vorstand gedrängt" und „einflussreiche Gruppe") häufiger genannt worden als die Antwortvorgaben, die auf ein besonderes parteiinternes Auswahlverfahren zielten. Dies lässt auf einen starken Einfluss der Vorentscheider in den Parteien bei der Kandidatenauswahl schließen.

---

37 Deutlicher wird dieser Befund, wenn man die Antworten der Amtsinhaber gesondert analysiert. Jeweils über 90% der ehrenamtlichen Bürgermeister, Stadtdirektoren und hauptamtlichen Bürgermeister gaben an, dass ihre Kandidatur logische Folge ihrer Vorposition war.

4. Einordnung der Kandidatenkonstellationen der Fallstudienstädte

Nach der Vorstellung der Kandidatenprofile in den Fallstudienstädte soll im folgenden Abschnitt die Kandidatenkonstellation in den Fallstudienstädten vor dem Hintergrund der beschriebenen landesweiten Ergebnissen eingeordnet werden.

Xanten war einer der seltenen Fälle (insgesamt 14, ohne die Städte und Gemeinden, in denen zwei Amtsinhaber der alten Doppelspitze antraten), in denen ein ehrenamtlicher Bürgermeister für die SPD kandidierte. Mit drei Kandidaten liegt Xanten leicht unter dem Durchschnitt der Gemeindegrößenklasse mit 3,4 Kandidaturen. Hinsichtlich der beiden großen Parteien lag ein vollständiges Kandidatenbild vor, jedoch kandidierte neben diesen nur noch ein FDP-Kandidat. In dieser Größenklasse ist es jedoch nicht ungewöhnlich, dass eine der beiden kleinen Parteien keinen Kandidat nominiert hatte; in 30% der Städte/Gemeinden hatten entweder FDP oder Grüne keinen eigenen Bürgermeisterkandidaten nominiert. Im Fall Xanten unterstützten die Grünen den für die SPD kandidierenden ehrenamtlichen Bürgermeister. Daraus lässt sich die These ableiten, dass für kleinere Parteien mit geringeren personellen und materiellen Ressourcen in kleineren Städten/Gemeinden die Unterstützung eines anderen Kandidaten eine oft genutzte Option war.

In Hünxe kandidierte der hauptamtliche Bürgermeister als unechter Einzelbewerber aus dem Amt, wie außerdem noch in zwölf weiteren Städten und Gemeinden in NRW. Er hatte nur einen von der SPD nominierten Gegenkandidaten. Damit liegt die Gemeinde Hünxe mit zwei Kandidaten unter der durchschnittlichen Kandidatenanzahl in ihrer Gemeindegrößenklasse von 3,4 Kandidaten. Ebenso wie in Duisburg trat kein CDU-Kandidat zur Wahl an, da die CDU wie auch die FDP, die Wählergruppe und Die Grünen in Hünxe den aus dem Amt kandidierenden Einzelbewerber unterstützte. In den 13 Gemeinden, in denen hauptamtliche Bürgermeister als Einzelbewerber kandidierten, gab es keinen SPD- oder CDU-Gegenkandidaten. In sechs Fällen trat entweder nur ein SPD- oder CDU-Gegenkandidat an, in sieben Fällen trat weder ein SPD noch CDU-Kandidat gegen einen als hauptamtlicher Bürgermeister kandidierenden Einzelbewerber an. Ein ähnlicher Befund gilt auch für die 20 Gemeinden, in denen Stadtdirektoren als Einzelbewerber aus dem Amt kandidierten. In neun Fällen trat entweder nur ein Kandidat der beiden großen Parteien an, in drei Fällen weder ein SPD- oder CDU-Kandidat. Somit steht der Fall Hünxe für eine kleine, aber dennoch interessante Gruppe von Fällen, in denen Hauptverwaltungsbeamte als Einzelbewerber kandidierten. In den meisten dieser Fälle liegt ein unvollständiges Kandidatenfeld hinsichtlich von Kandidaten der beiden großen Parteien vor. Wie das Beispiel Hünxe zeigt, ist es nicht unwahrscheinlich, dass eine der großen Parteien diese Einzelbewerber unterstützt.

Essen war eine von vier Großstädten in NRW, die die Doppelspitze beibehalten hatten und in der keiner der Amtsinhaber zur Wahl antrat. Insgesamt traten sechs Kandidaten zur Bürgermeisterwahl an, darunter ein Einzelbewerber und Kandidaten der im Rat vertretenen Parteien SPD, CDU und der Grünen sowie die nicht im Rat vertretenen Parteien FDP und Republikaner. Gemessen am gebildeten Raster liegt in Essen ein vollständiges Kandidatenbild vor, wie auch in insgesamt 14 von 30 Großstädten in NRW. Die Kandidatenzahl in Essen liegt mit sechs Kandidaten leicht über der durchschnittlichen Kandidatenzahl in Großstädten mit 5,3. Die Kandidatenkonstellation in Essen war also einerseits hinsichtlich der Vollständigkeit des Kandidatenbildes typisch für Großstädte in NRW, hinsichtlich der Kandidatur von Amtsinhabern jedoch eher untypisch.

Die Stadt Duisburg ist eine von 15 Großstädten in NRW, in der eine von der SPD nominierte hauptamtliche Bürgermeisterin zur Wahl antrat. Entspricht die durchschnittliche Kandidatenanzahl mit fünf noch in etwa der durchschnittlichen Kandidatenanzahl aller Großstädte, so unterscheidet sich die Kandidatenkonstellation in Duisburg hinsichtlich zweier Merkmale von denen der restlichen Großstädte in NRW: Zum einen liegt ein unvollständiges Kandidatenbild vor, da kein von der CDU nominierter Kandidat antrat, und zum anderen war Duisburg die einzige Großstadt, in der drei Einzelbewerber zur Wahl antraten. Da einer der Einzelbewerber von CDU und FDP im Wahlkampf unterstützt wurde, erklärt dies teilweise auch die höhere Zahl an Einzelbewerbern. Diese Wahlkampfstrategie einer großen Partei ist jedoch in Großstädten bisher die Ausnahme.

Die Ergebnisse lassen sich in den drei zentralen Themenbereichen Kandidatenkonstellation, Kandidatenprofile und Kandidatennominierung wie folgt zusammenfassen:

Die durchschnittliche Anzahl der Kandidaten steigt mit der Gemeindegröße, jedoch hat keine Partei in allen Gemeinden einen Kandidaten nominiert. Selbst die großen Parteien haben in einer wenn auch geringen Anzahl meist kleinerer Gemeinden keine eigenen Kandidaten nominiert, wie auch das Beispiel Hünxe zeigt. Die Nutzung der Übergangsreglung wirkte sich sichtbar vor allem durch die Kandidatur von Amtsinhabern aus: In 36% der Gemeinden kandidierten hauptamtliche Bürgermeister, in 14% ehrenamtliche Bürgermeister und in 32% Stadtdirektoren. Diesen wurden vor der Wahl gute Wahlchancen zugeschrieben.

Die Kandidatenprofile sowohl in der landesweiten Kandidatenbefragung als auch in den vier Untersuchungsgemeinden weisen einige Gemeinsamkeiten auf. Der durchschnittliche Kandidat ist um die 50 Jahre alt, Parteimitglied, berufstätig im öffentlichen Sektor, männlich und hat einen Hochschulabschluss. Bei den Berufen der Bewerber ist weiterhin auffällig, dass die Arbeitszeiten zum Teil relativ flexibel sind (Lehrer, Anwälte, Beratungstätigkeiten) und so relativ gut auf die Erfordernisse des Wahlkampfes und der zum Teil vorhergehenden kommunalpolitischen Tätigkeit abgestimmt werden können. Die Kandidaten weisen eine sehr hohe Gemeindebindung auf: Sie sind in der Regel in der Gemeinde ihrer Kandidatur aufgewachsen und Mitglied in mehreren Vereinen. Nur die Kandidatengruppe der echten Einzelbewerber weicht von diesem Profil ab.

Insgesamt war jedoch bei einigen Merkmalen eine Varianz in Abhängigkeit von der Gemeindegröße festzustellen: Mit steigender Gemeindegröße kandidierten mehr Frauen, der Anteil der Kandidaten mit höheren Schul- und Bildungsabschlüssen sowie der Anteil der Beschäftigten im Bereich Handel/Dienstleistung stiegen an.

Der Nominierungsprozess wurde in der Regel von wenigen Vorentscheidern innerhalb der Parteien dominiert. Den Mitgliedern wurde häufig nur ein Kandidat zur Bestätigung präsentiert. Falls es überhaupt zu Konkurrenz im Nominierungsprozess kam, war dies eher bei den großen Parteien der Fall.

5. Resümee

Die Bürgermeisterkandidaten erfüllen überwiegend nicht die in der Einleitung skizzierten Erwartungen und Befürchtungen (parteiunabhängiger Fachmann versus Schützenkönig). Der größte Teil der Bürgermeisterkandidaten ist nicht parteiunabhängig. Die meisten Bürgermeisterkandidaten sind von Parteien nominiert oder zumindest unterstützt worden und sind auch Mitglied in dieser Partei. Die starke Parteibindung der Kandidaten ist im Wesentlichen das Ergebnis eines parteiinternen Nominierungsprozesses, der häufig nach dem gleichen Verfahren abläuft:

– Wenige Parteimitglieder in herausgehobenen Positionen in Partei, Fraktion oder Verwaltung treffen eine Vorauswahl des Bürgermeisterkandidaten ihrer jeweiligen Partei.
– Sie sind in der Regel nicht für eine Findungskommission gewählt worden, sondern es sind eher informelle Netzwerke in denen diese Absprachen getroffen werden.
– Eine Sondierung findet fast ausschließlich im lokalen Umfeld der Partei statt.
– Man sucht nach Kandidaten, die man aufgrund langer Beziehungen schon gut kennt und denen man das Amt zutraut („Wer kauft schon gerne die Katze im Sack, insbesondere wenn man hinterher eng zusammenarbeiten muss?").
– Nicht selten nutzen die wenigen beteiligten Vorentscheider (z.B. Fraktions- oder Parteivorsitzende, Amtsinhaber) auch die Vorauswahl, um sich selbst als Kandidaten erfolgreich ins Spiel zu bringen.
– Schließlich wird den einfachen Parteimitgliedern nur *ein* Kandidat präsentiert (sofern eine Einigung in den informellen Netzwerken gelang), der dann zum Bürgermeisterkandidaten gekürt wird.

Die Parteien sind also in NRW anders als in Baden-Württemberg kaum daran interessiert, Kandidaten ohne Parteibindung „ins Rennen zu schicken".

Dieses Verfahren führt dazu,[38] dass die geäußerten Befürchtungen der Wahl gänzlich unqualifizierter „Schützenkönige" im Kern unbegründet sind. Die Parteien haben durchweg Kandidaten mit erheblicher Vorerfahrung in Politik oder Verwaltung nominiert und ermöglichen den Bürgern eine Auswahl unter recht qualifizierten Kandidaten zu treffen, die aber in der Regel eindeutige Parteibindungen aufweisen. Einerseits haben gerade die Fraktionsspitzen, die stark in die Vorentscheidungen zur Nominierung involviert waren, ein Eigeninteresse daran, einen qualifizierten Bewerber aufzustellen, um mit ihm gemeinsam im Rat und in der Verwaltung auch etwas „bewegen" zu können. Andererseits kann das relativ hohe Qualifikationsniveau der Parteikandidaten auch darauf zurückgeführt werden, dass die – in Politik und Verwaltung erfahrenen – Vorentscheider sich selbst im Nominierungsprozess durchgesetzt haben.

Die wenigen echten Einzelbewerber haben demgegenüber eine ausgesprochene Parteidistanz – die durchaus eher den Präferenzen der Wähler entspricht[39] – und verfügen über ein eher geringes Qualifikationsniveau. Aber sie gehören – wenn man den Berufsstand zu Grunde legt – sicherlich nicht zu den sozial integrierten lokalen Honoratioren (wie beispielsweise auch häufig die Schützenkönige). Diese Zugehörigkeit zu den lokalen Honoratioren hätte ihre Popularität beim Wähler sicherlich entscheidend erhöhen können.[40]

Abschließend könnte man also etwas pointierter formulieren, dass die an die Gemeindeordnungsreform geknüpften Hoffnungen und Befürchtungen (unabhängig vom Wählerwillen) nicht eintreffen konnten, weil weder *parteiunabhängige* Fachleute noch sonderlich *populäre* Kandidaten ohne Verwaltungserfahrung im größeren Ausmaß zur Wahl antraten.

---

38   Aus dem Verfahren erklärt sich zum Teil auch, warum so wenig Bürgermeisterkandidaten von außerhalb kommen und wieso sie auch ein viel höheres Durchschnittsalter als die Bürgermeister in Baden-Württemberg haben (langjährige intensive Kontakte als Vorbedingung für die Kandidatennominierung).

39   Vgl. dazu den Beitrag von Holtkamp in diesem Band.

40   Ergebnisse anderer Formen der eher personenbezogenen Wahlen – wie zum Beispiel das Kumulieren und Panaschieren in Baden-Württemberg – zeigen, dass Berufsgruppen mit hohem sozialen Prestige (Ärzte etc.) sehr große Wahlchancen haben (Wehling 1999).

David H. Gehne/Lars Holtkamp

Wahlkampf: Nicht ohne meine Partei?

1. Einleitung

Mit der Einführung der Direktwahl der Bürgermeister in einer verbundenen Wahl ergab sich auch für den Wahlkampf eine neue Situation. Neben den bereits schon zur Routine gewordenen Ratswahlkampf trat der Bürgermeisterwahlkampf und daraus folgend neue Erfordernisse der Koordinierung und Profilierung für Partei und Bürgermeisterkandidat. Die Planung des „neuen" Wahlkampfs stellte eine besondere Herausforderung für die Akteure vor Ort dar. Dabei ergaben sich theoretisch zwei Möglichkeiten der strategischen Ausrichtung des Bürgermeisterwahlkampfs: die Präsentation des Bürgermeisterkandidaten als Spitzenkandidat seiner Partei in einem gemeinsamen Rats- und Bürgermeisterwahlkampf, oder eine deutliche Abgrenzung des Kandidaten von seiner Partei einhergehend mit einer starken persönlichen Profilierung in einem unabhängig von der Partei geführten Wahlkampf. Auf Erfahrungen aus anderen Bundesländern[1], in denen schon länger die Direktwahl der Bürgermeister praktiziert wird, konnte nur begrenzt zurückgegriffen werden, da die Auswirkungen der Unterschiede im kommunalen Wahlrecht, z.B. die Entkoppelung der Wahlgänge für Rat und Bürgermeister, auf den Erfolg einer Wahlkampfstrategie bisher nicht systematisch erforscht wurden.

Der Schwerpunkt der Analyse in diesem Beitrag liegt neben der Bestandsaufnahme der Wahlkampfthemen und -mittel auf dem Verhältnis der Bürgermeisterkandidaten zu ihrer jeweiligen Partei oder Wählergruppe. Neben Kandidaten von Parteien und Wählergruppen gab es zwei Typen von Einzelbewerbern: Zum einen Einzelbewerber, die gestaffelt nach der Gemeindegröße eine bestimmte Anzahl an Unterstützungsunterschriften sammeln mussten, zum anderen Einzelbewerber, die als Hauptverwaltungsbeamte (Stadtdirektoren oder hauptamtliche Bürgermeister) ohne Unterstützungsunterschriften ihre Kandidatur erklären konnten. Letztere werden als Einzelbewerber „aus dem Amt" bezeichnet. Der Wahlkampf der bei dieser

---

1   Vgl. zu Baden-Württemberg Roth, N. 1998 sowie zu einer Großstadt in Sachsen Prase 1996.

Wahl erstmals auftretenden Einzelbewerber wird ebenfalls vor dem Hintergrund dieser (formal) parteiunabhängigen Form der Kandidatur analysiert
und der Frage nachgegangen, ob es ihnen bei im Vergleich zu Parteibewerbern begrenzten Ressourcen gelingt, im Wahlkampf konkurrenzfähig zu
sein.

Dazu werden zunächst die Ergebnisse der Fallstudien präsentiert, die in
je zwei kreisangehörigen und kreisfreien Kommunen durchgeführt wurden.
Diese basieren auf halbstandardisierten Interviews mit allen wichtigen Akteuren, die vor der Wahl durchgeführt wurden.[2] Die ausführliche Darstellung
dieser vier Fälle ermöglicht es, die Themenbereiche „Verhältnis Kandidatenprofil und Wahlkampfstrategie" und „Wechselwirkung zwischen den Wahlkampfstrategien" mit der nötigen Tiefenschärfe darzustellen. Im zweiten Teil
des Beitrags werden die Ergebnisse der Fallstudienstädte durch die Auswertung der landesweiten Kandidatenbefragung ergänzt.[3] Aufgrund des erfreulich hohen Rücklaufs von knapp 75% können die Ergebnisse als repräsentativ
angesehen werden. Im abschließenden Resümee werden die Ergebnisse zusammengefasst und vor diesem Hintergrund die Frage diskutiert, wie weit die
Akteure hinsichtlich der Wahlkampfstrategien auf das neue Element Direktwahl der Bürgermeister reagiert haben.

2. Wahlkampf in den Fallstudienstädten

2.1 Kandidatenprofile und Wahlkampfstrategien

In Hünxe stellten die Akteure tendenziell eher keine gravierenden Veränderungen im Wahlkampf im Vergleich zu 1994 und 1989 fest, während in Xanten von einer deutlichen Personalisierung im Zuge der Direktwahl des Bürgermeisters die Rede war, was vor allem auf den intensiven Persönlichkeits-
wahlkampf des CDU-Bürgermeisterkandidaten zurückzuführen ist. So gab
der CDU-Kandidat beispielsweise an, dass seine Familie auf seinen Prospek-
ten wie auf den Plakaten teilweise abgebildet wurde und seine Frau zu vielen
Repräsentationsveranstaltungen mitkam. Dies könnte man als eine Abgrenzungsstrategie zu dem SPD-Bürgermeisterbewerber einordnen, der in Scheidung lebte. Gerade in Xanten wurden auch die unterschiedlichen Profile der
beiden Kandidaten in ihren jeweiligen Wahlkampfmaterialien hervorgehoben. Während beim SPD-Kandidaten vor allem seine Bürgernähe und Verbundenheit mit seiner Gemeinde sowie seine Erfahrung als Ratsmitglied und
ehrenamtlicher Bürgermeister hervorgehoben wird, steht beim CDU-Kandidaten seine Fach- und Führungskompetenz im Vordergrund. Des Weiteren

---

2   Vgl. dazu den Beitrag von Holtkamp/Gehne in diesem Band.
3   Vgl. dazu den Beitrag von Holtkamp/Gehne in diesem Band.

wird sein „jugendliches" Alter immer wieder in Zusammenhang mit seinem Wahlslogan „frischer Wind für Xanten" gebracht, was dem Wähler vor allem suggerieren soll, dass im Gegensatz zum SPD-Bürgermeisterkandidaten die CDU einen jungen, unverbrauchten Kandidaten aufgestellt hat, der Visionen hat, die er auch über mehrere Wahlperioden umsetzen kann.

In Hünxe fand diese gegenseitige Abgrenzung der Kandidaten nicht so deutlich statt, was zum Teil darauf zurückgeführt werden kann, dass der amtierende hauptamtliche Bürgermeister von jeder Fraktion schon einmal entweder zum Stadtdirektor oder zum hauptamtlichen Bürgermeister gewählt worden war, so dass keine Fraktion ihn glaubhaft als gänzlich ungeeignet darstellen konnte. Dadurch, dass er keiner Partei angehörte, aber fast von allen Fraktionen zur Wahl empfohlen wurde, war er eindeutiger Favorit und hatte es deswegen vielleicht auch nicht nötig, sich stark von seinem Herausforderer von der SPD abzugrenzen. Der Herausforderer hatte wiederum Schwierigkeiten, sich deutlich von dem amtierenden Bürgermeister abzugrenzen, weil er ein ähnliches Kandidatenprofil aufwies (ca. gleiches Alter, beide stark verwurzelt in der Gemeinde und mit ausgeprägten Verwaltungserfahrungen). Weiterhin kannten sich beide Bewerber lange Zeit vorher schon persönlich, schätzten sich gegenseitig, so dass man in einer kleinen Gemeinde wie Hünxe eine zu starke Abgrenzung nicht glaubhaft hätte vermitteln können. In beiden Gemeinden versuchte sich ein Teil der Bewerber von den Gegenkandidaten abzugrenzen, indem sie deutlich hervorhoben, aus welchem Ortsteil der Gemeinde sie kamen. Dies reflektiert einerseits die „Narben", welche die Mitte der siebziger Jahre durchgeführte Gebietsreform in diesen Gemeinden hinterließ, und andererseits den hohen Rang, den die befragten Akteure den Ortsteilen für die Erklärung des Wahlverhaltens einräumen. So bezeichnete sich der SPD-Bürgermeisterkandidat in Hünxe in seiner Wahlkampfbroschüre beispielsweise als „Drevenacker Jung".

Mit der erstmaligen Möglichkeit einer Direktwahl des Oberbürgermeisters 1999 ging aus Sicht vieler befragter Akteure in den Großstädten Essen und Duisburg eine steigende Personalisierung, eine „Eventisierung" und eine abnehmende Bedeutung von Sachthemen im Wahlkampf einher – beispielhaft deutlich werdend in dem trompetespielenden unechten Einzelbewerber in Duisburg. Mit diesen Entwicklungen ging bei allen Parteien – forciert durch die Medienberichterstattung – eine Fokussierung des Wahlkampfes auf die Oberbürgermeisterkandidaten einher, wohingegen die einstmals im Blickpunkt der Wahlkampfauseinandersetzungen stehenden Fraktionsvorsitzenden und exponierten Sachpolitiker einen erheblichen Einflussverlust und eine Rollenabwertung beklagten. Die Personalisierung des Wahlkampfes hat allgemein eine größere Tradition in Duisburg, da dort die Politik und der Wahlkampf jahrzehntelang entscheidend durch den charismatischen ehemaligen Oberbürgermeister der SPD geprägt wurde, was wiederum darauf verweist, dass zum Teil auch vor der Reform der Gemeindeordnung eine Personalisierung des Wahlkampfes insbesondere bei den ehrenamtlichen Bürgermeistern zu verzeichnen war.

In beiden Großstädten grenzten sich die Oberbürgermeisterkandidaten der großen Parteien im Wahlkampf sehr deutlich voneinander ab. Während die SPD-Kandidatin in Duisburg und der CDU-Kandidat in Essen vor allem ihre kommunalpolitischen Erfahrungen in den Vordergrund stellten und damit insbesondere Kompetenz und Sachlichkeit betonten, versuchten der unechte Einzelbewerber, der von der CDU und FDP in Duisburg unterstützt wurde, sowie der SPD-Kandidat in Essen eher ihre Bereitschaft für Innovationen und unkonventionelle Wege in den Vordergrund zu stellen. Diese Abgrenzung fand in Essen ihren Höhepunkt in einer ganzseitigen Anzeige des SPD-Kandidaten, in der er den CDU-Kandidaten als langweilig abstempelte.

2.2 Verhältnis Bürgermeisterkandidat und Partei

Als eine gängige Wahlkampfstrategie im Allgemeinen kann nicht nur die Abgrenzung des Bürgermeisterkandidaten von den Gegenkandidaten angesehen werden, sondern auch die Abgrenzung von seiner jeweiligen Partei. Von vier Parteibewerbern um das Amt des Bürgermeisters in den beiden kreisangehörigen Gemeinden gaben drei jedoch an, dass sie sich nicht oder nicht stark von ihrer Partei abgegrenzt hätten. Allerdings besteht häufig eine Art Arbeitsteilung zwischen Bürgermeisterbewerber, Partei und Fraktion, vor allem in Bezug auf öffentliche Äußerungen. So führt ein Bürgermeisterkandidat beispielsweise Folgendes aus: „Wir haben eine klare Absprache mit meinem Fraktionsvorsitzenden. Ich bin der Gute, und er ist der Böse". Diese Rollen sind vermutlich nicht beliebig austauschbar, weil der Bürgermeister sich eher als unparteiischer, versöhnlicher Mensch darstellen muss, um für viele Bürger wählbar zu sein und so für die Fraktion oder die Partei zwangsläufig die Rolle übrig bleibt, den politischen Gegner schärfer anzugreifen.

Warum so wenige Parteibewerber von der Abgrenzungsstrategie gegenüber ihrer jeweiligen Partei Gebrauch machten, hat vielfältige Gründe:

–   Der FDP-Bewerber in Xanten gab an, dass seine Partei zu klein für solche Abgrenzungsstrategien sei. Wenn man nur wenige Wahlkämpfer hat, was sicherlich für viele kleine Parteien in kreisangehörigen Gemeinden gilt, kann man sich vermutlich häufig den „Luxus" eines getrennten Wahlkampfs nicht leisten.
–   Des Weiteren haben kleinere Parteien Kandidaten aufgestellt, um bei der Personalisierung des Wahlkampfes als Partei überhaupt wahrgenommen zu werden. Dementsprechend hatten sie ein erhebliches Interesse daran, dass ihre Kandidaten vom Wähler sofort in einen direkten Bezug zur Partei gesetzt werden konnten. Sie dienten damit den kleineren Parteien als „Werbetafeln".

- Die Bürgermeisterbewerber von den Oppositionsparteien und deren Vorsitzende gaben einen weiteren Grund für den Verzicht auf Abgrenzungsstrategien an: Ihre Bürgermeisterkandidaten brauchen schlichtweg die Hilfe der Partei, um den Amtsbonus der anderen Bewerber ein wenig ausgleichen zu können. Vielfach kann man nur über die Partei die nötigen öffentlichen Auftritte bekommen oder das Fachwissen, um ernsthaft gegen Bewerber mit Amtsbonus kandidieren zu können. Eine Abgrenzungsstrategie wäre hier nach Auffassung einiger Akteure allzu durchsichtig.
- Bei dem SPD-Bewerber in Xanten mit Amtsbonus wurde deutlich, dass seine Partei ein erhebliches Interesse an einem gemeinsamen Wahlkampf hatte, weil man hoffte, von seinem erwarteten guten Wahlergebnis profitieren zu können.
- Weiterhin gibt es in den Parteien soziale Normen, die diesen Abgrenzungsstrategien zuwiderlaufen. Abgrenzung kann als Verrat an Idealen gelten und zu einer Demoralisierung der Parteimitglieder im Wahlkampf führen.

Der einzige Parteibewerber, der sich in den beiden kreisangehörigen Gemeinden deutlich von seiner Partei abgrenzte, war der CDU-Bewerber aus Xanten. In den Interviews stellte sich allerdings heraus, dass dies keineswegs eine absichtsvolle Strategie war, sondern dass viele führende Parteifunktionäre nach dem stark umkämpften Nominierungsprozess auf Distanz zu ihm gingen und er mit Teilen der Jungen Union den Wahlkampf eine Zeit lang alleine führen musste. Er bemühte sich aber, sich mit diesen Funktionären auszusöhnen, um in der letzten Phase doch einen gemeinsamen Wahlkampf führen zu können. Für ihn war es wichtig, dass die Wähler den Eindruck gewannen, dass die CDU nach harten Auseinandersetzungen im Nominierungsprozess geschlossen hinter ihm stehe. Das deutet unter Umständen darauf hin, dass sich paradoxerweise nur die Kandidaten von ihrer Partei abgrenzen können, die aus Sicht der Wähler ohnehin einen starken Rückhalt in ihrer Partei haben.

Der unechte Einzelbewerber in Hünxe grenzte sich demgegenüber recht deutlich von den ihn unterstützenden Parteien ab, wobei auf seinen Wahlplakaten jedoch immer eines der Parteienlogos auftauchte.

Wahlstrategisch exponierten sich in Essen und Duisburg alle von Parteien aufgestellten Oberbürgermeisterkandidaten im Wahlkampf eindeutig als Parteikandidaten. Lediglich der von CDU und FDP in Duisburg unterstützte unechte Einzelbewerber sowie der Essener SPD-Kandidat für das Amt des Oberbürgermeisters haben sich teilweise von der sie unterstützenden Partei abgegrenzt. Beide Kandidaten waren von ihrer (politischen) Biographie und ihrem Habitus her wenig in die örtlichen Parteimilieus eingebunden. Vor diesem Hintergrund haben sie die Parteidistanzierung qua persönlicher Profilierung als Strategie verstanden, um zusätzliche Wählermilieus anzusprechen, oder wie im Falle der Essener SPD, um nicht mit den typischen Problemen

einer jahrzehntelang allein regierenden Mehrheitsfraktion in Verbindung gebracht zu werden. Im Falle der CDU in Duisburg war die Abgrenzung Teil
der Strategie der Unterstützung eines Einzelbewerbers. So gab es bis zwei
Wochen vor der Wahl nur Kandidatenplakate ohne CDU-Logo.

2.3 Wahlkampfthemen

Neben der Bedeutung der Rolle des Kandidatenprofils und der Abgrenzung
von der Partei stellt sich die Frage, welche Themen den Wahlkampf bestimmten. Dabei kann davon ausgegangen werden, dass bei den Bürgermeisterkandidaten das persönliche Profil teilweise mit Themen verbunden wurde, weil diese
Verbindung es für den Wähler nachvollziehbarer erscheinen lässt, warum sich
ein Kandidat gerade für ein bestimmtes Thema einsetzt. Die Akteure wurden
im Rahmen der Interviews gebeten, zu fünf Themen eine Einschätzung vorzu-
nehmen, für wie wichtig sie wohl der Bürger hält. Auf einer Skala zwischen 1
und 5 hatten sie die Wichtigkeit der Themen zu bewerten.

Wenn man den in den beiden kreisangehörigen Gemeinden für jedes
Thema sich ergebenden Mittelwert analysiert, ergibt sich die folgende Rangfolge: In Xanten gingen die Akteure davon aus, dass der Bürger die Haushaltspolitik für das wichtigste Thema hält, gefolgt von den Themen Arbeitsplätze, Kriminalität, Umweltschutz und Ausländer. In Hünxe vergaben die
Akteure für das Thema Arbeitsplätze den ersten Platz, darauf folgten die
Themenfelder Umweltschutz, Kriminalität und Ausländer.

In den beiden kreisfreien Städten ergab sich aus Sicht der Akteure die folgende Reihenfolge bei der Wichtigkeit der Themen aus Bürgersicht: In Essen
und Duisburg belegt das Thema Arbeitslosigkeit den ersten Rang. In Essen folgen darauf die Themen Kriminalität, Haushalt, Ausländer und Umwelt. In
Duisburg werden nach der Arbeitslosigkeit die anderen Themen in der folgenden Reihenfolge genannt: Ausländer, Kriminalität, Umwelt und Haushalt. Auffällig bei einem Vergleich der Wertungen in den kreisangehörigen und in den
kreisfreien Städten ist insbesondere, dass die Akteure in den kreisfreien Gemeinden davon ausgehen, dass die Bürger die Haushaltspolitik nicht als wichtiges kommunales Thema ansehen. In den kreisfreien Städten ergab sich ein
Mittelwert von 3,0 auf einer Skala von 1 bis 5, wobei die 1 für sehr wichtig
steht; in kreisangehörigen Gemeinden dagegen ein Mittelwert von 1,75.

Weiterhin wurden die Akteure danach befragt, ob sie bei einer persönlichen Bewertung der Wichtigkeit der einzelnen Themen von der von ihnen
erwarteten Bürgermeinung abweichen würden. Bei den wenigen Abweichungen der Akteure in den kreisangehörigen Gemeinden lässt sich vor allem erkennen, dass von den „grünen" Akteuren der Umweltschutz als wichtiger
eingeschätzt wird.

In den kreisfreien Städten wichen die Befragten in ihrer persönlichen
Meinung häufiger von der vermuteten Bürgermeinung ab, was zum Teil da-

ran liegen kann, dass es als weniger stark bindende Norm bei den Akteuren der Großstädte angesehen wird, bei jedem Thema mit den Bürgern einer Meinung zu sein.

Die größten Abweichungen ergaben sich in beiden kreisfreien Städten bei der Haushaltspolitik. Die befragten Akteure hielten die Haushaltspolitik für viel wichtiger, als es ihrer Meinung nach die Bürger tun (in Essen wahrgenommene Bürgersicht 2,4 - Akteurssicht 1,4; in Duisburg wahrgenommene Bürgermeinung 3,4 - Akteurssicht 2,0). Damit halten die Akteure in allen vier Untersuchungsgemeinden die Haushaltspolitik für sehr wichtig, aber die Akteure in den Großstädten sehen sehr große Probleme, die Wichtigkeit dieses Themas den Bürgern zu vermitteln.

Des Weiteren wurden die Bürgermeisterkandidaten in den Untersuchungsgemeinden in der schriftlichen Befragung, die an alle Bürgermeisterkandidaten in NRW gerichtet war, gebeten, *das* wichtigste Thema anzugeben, das sich ihrer Meinung nach in ihrer Gemeinde stellt. Von den fünf befragten Bürgermeisterkandidaten in den beiden kreisangehörigen Städten gaben vier an, dass die Haushaltspolitik das wichtigste Thema in ihrer Gemeinde sei.

In den schriftlichen Befragungsbögen gaben die Bürgermeisterkandidaten auch an, welche thematischen Aussagen sie im Wahlkampf vermitteln wollten. Dominant war auch hier in den kreisangehörigen Gemeinden das Thema Haushaltskonsolidierung, schlanke Verwaltung, aber auch die bürgernahe, kundenorientierte Verwaltung. In Hünxe wurde vor allem noch die Schaffung von Arbeitsplätzen und die Schulpolitik als wichtiges Wahlkampfthema angesehen, was bei letzterem Thema auf die sehr starke Auseinandersetzung in der Gemeinde über den Bau einer Gesamtschule zurückgeführt werden kann. In Xanten wurde auch noch relativ häufig eine stärkere Unterstützung der einzelnen Dörfer und mehr Kompetenzen für die Bezirksausschüsse gefordert, was u.a. darauf hindeutet, dass auch in Xanten die „Narben" der Gebietsreform noch spürbar sind.

In den kreisfreien Städten wurde auf die schriftliche Frage nach dem wichtigsten Thema insbesondere die Arbeitslosigkeit, die Haushaltspolitik und die Bürgerbeteiligung von den Bürgermeisterbewerbern genannt, während auf die Frage nach dem wichtigsten Wahlkampfthema vorrangig die Arbeitslosigkeit, aber auch die Bürgerbeteiligung angegeben wurde. Gerade in Essen ergibt sich eine Kluft zwischen der empfundenen Wichtigkeit der Haushaltspolitik und der geringen Präsentation im Wahlkampf, die auf das erwartete mangelnde Interesse der Bürger an diesem Thema zurückzuführen ist.

2.4 Professionalisierung der Wahlkampfführung und Wahlkampfmittel

Nachdem die Inhalte kurz skizziert wurden, welche die Bürgermeisterkandidaten im Wahlkampf vermitteln wollten, stellt sich nun die Frage, ob die neuen Anforderungen zu einer Professionalisierung der Wahlkampfführung geführt haben. Darüber hinaus wird analysiert, mit welchen Wahlkampfmitteln und Medien die Kandidaten ihre Inhalte präsentiert haben.

Insgesamt ist in beiden kreisangehörigen Gemeinden teilweise von einem deutlich professionelleren Wahlkampf die Rede. Dies liegt zum Teil an der Entwicklung der Computer- und Satztechnik, die eine „schönere" aber auch deutlich flexiblere Präsentation ermöglicht. Damit wird der Wahlkampf auch nicht mehr so stark von den Parteizentralen in Düsseldorf gesteuert, sondern man kann verstärkt auf die lokalen Gegebenheiten eingehen. So können sich einzelne Ratskandidaten in ihren Wahlbezirken viel besser (weil kostengünstiger) präsentieren, wie es ein Akteur explizit ansprach.

In den beiden kreisangehörigen Gemeinden beruht die professionellere Präsentation nicht auf dem Einsatz hauptamtlicher Kräfte. Zum Teil wurden für den Verzicht auf professionelle Kräfte nicht nur die geringen Finanzmittel der Parteien angegeben, sondern es wurde in Hünxe auch von den beiden Bürgermeisterbewerbern auf die Wichtigkeit der persönlichen Beziehungen hingewiesen. Nach dem Motto „Die Kandidaten kennen ihre Gemeinde und die Gemeinde kennt ihre Kandidaten" wird darauf hingewiesen, dass professionelle Werbefachleute nicht die notwendigen Informationen über eine kleine Gemeinde haben, um eine effektive Wahlkampagne zu entwickeln. Darüber hinaus sei es so, dass den Kandidaten von den Werbefachleuten nicht beliebig irgendwelche Eigenschaften zugeschrieben werden können, weil sie viele Bürger persönlich kennen und es von daher auffallen würde, wenn sie sich ein künstliches Image zulegen würden. Die Ressourcen für symbolische Politik und persönliche Inszenierung sind also in kleinen Gemeinden äußerst eingeschränkt.

Die CDU in Xanten setzte demgegenüber teilweise auf professionelle Werbefachleute, die aber ehrenamtlich tätig waren und einen Bezug zur Gemeinde hatten. Dementsprechend wurde der Wahlkampf des Bürgermeisterkandidaten der CDU von den anderen Akteuren als sehr professionell eingeschätzt und bei den im Rahmen des Forschungsprojektes gesichteten Wahlkampfmaterialien wurde eine konsistente Strategie ersichtlich.

Die Personalisierung und „Eventisierung" des Wahlkampfes korrespondierte in beiden Großstädten mit einer Professionalisierung der Wahlkampfvorbereitungen und -strategien. So wurden insbesondere bei beiden Volksparteien die spezifisch lokalen Wählerbedürfnisse und die jeweilige Wählerklientel im Vorfeld des Wahlkampfes professionell erforscht und darauf abgestimmt gezielte lokale Strategien zum Teil mit Hilfe von Werbeagenturen entworfen. Dieses Vorgehen zeigte sich auch darin, dass von den Parteien in geringerem Maße als früher auf Wahlkampfmaterialien der Landesparteien zurückgegriffen wurde. Die Essener Grünen beispielsweise warben mit Plakaten, die eigens für den Essener Wahlkampf von einer der Partei nahestehenden Designerin im Rahmen einer Hochschulabschlussarbeit entworfen wurden. Die Wahlplakate der echten Einzelbewerber – beide Duisburger Kandidaten griffen im Gegensatz zum Essener Einzelbewerber darauf zurück – warben ausschließlich mit dem Kandidatenbild, wobei Kandidat A Kopien und Kandidat B professionelle Drucke verwendete. Die zunehmende Professionalisierung des Wahlkampfes konnte in beiden Großstädten auch daran festgemacht werden, dass hauptamtlichen Unterstützungskräften bei der Wahlkampforganisation insbesondere des Oberbürgermeisterwahlkampfes eine große Rolle zukam. Während die großen Volksparteien diese Kräfte dauerhaft finanzierten, arbeiteten für die Grünen bezahlte Stunden- und Honorarkräfte. Lediglich die FDP, PDS, Republikaner und die echten Einzelbewerber waren ausschließlich auf das Engagement der Parteimitglieder, Sympathisanten bzw. von Verwandten und Freunden angewiesen. Der Einsatz der hauptamtlichen Kräfte diente in erster Linie der Unterstützung der Oberbürgermeisterkandidaten, d.h. der Bildung ihres eigenen Wahlkampfteams, wohingegen die ehrenamtlich tätigen Parteimitglieder weiterhin die Hauptlast des Wahlkampfes auf der Straße für die Bezirksvertretungen und den Rat trugen.

Die Wahl der Wahlkampfmittel und Medien hängt eng mit der Frage zusammen, welche Informationsquellen für den Wähler aus Sicht der befragten Akteure wichtig sind.

Am häufigsten informieren sich die Bürger nach Ansicht der befragten Akteure in beiden kreisangehörigen Gemeinden über die Bürgermeisterkandidaten durch die Lokalpresse. Nur mit wenig Abstand wird aber in beiden Gemeinden das persönliche Gespräch bzw. der persönliche Kontakt genannt, was im Übrigen nicht nur auf die Bürgermeisterbewerber, sondern auch auf die Ratskandidaten bezogen wurde. Die beiden großen Volksparteien haben ihre Gemeinderatskandidaten in beiden Gemeinden dazu veranlasst, allen Wählern ihres Wahlbezirkes einen Hausbesuch abzustatten.

Während die Wahlplakatierung laut Aussage der befragten Akteure in den kreisfreien Städten eher die Hintergrundfolie für den Wahlkampf abgab, wurden als wichtigste Wahlkampfmedien, derer sich nach Auffassung der Befragten auch die Bürger bedienen, der Reihenfolge nach die Lokalzeitungen, die Lokalradios, die Podiumsdiskussionen und Informationsstände genannt. Da die Bürger zu nicht unerheblichen Teilen auch nach bundespolitischen Einflüssen wählen, wurde von den Akteuren zum Teil auch überregionalen Tageszeitungen und dem Fernsehen Einfluss zugeschrieben. Die direkten persönlichen Kontakte zwischen Bürgermeisterkandidaten und Bürgern spielten in den kreisfreien Städten im Gegensatz zu den kreisangehörigen Gemeinden eher eine untergeordnete Rolle. Dies liegt vor allem daran, dass es den Oberbürgermeisterkandidaten in den kreisfreien Städten kaum möglich ist, in direkten Kontakt zu einem hohen Prozentsatz der Wähler-

schaft zu treten, so dass die Wähler höchstens auf größeren Veranstaltungen
(Podiumsdiskussionen etc.) die Möglichkeit haben, sich ein persönliches Bild
von den Kandidaten zu machen.

2.5 Wahlkampffinanzierung

In den vier Untersuchungsgemeinden wurden die Akteure auch danach gefragt, wie die jeweiligen Parteien ihre Kandidaten unterstützt haben und wie
insbesondere der Bürgermeisterwahlkampf finanziert wurde. Die Unterstützung der Parteien bezieht sich vor allem auf organisatorische und finanzielle
Mittel. Interessant war hier die Frage, ob die Parteibewerber einen Eigenanteil in den Wahlkampf einbringen *mussten*. Nur für die CDU in Xanten liegt
eine einheitliche Aussage aller Akteure vor, dass der CDU-Bewerber ein
Drittel der Kosten des Wahlkampfes selber tragen sollte (mindestens ca.
10.000 DM). Obwohl die Ausgangsposition des CDU-Bewerbers zumindest
nicht sehr günstig war (Kandidatur gegen den ehrenamtlichen Bürgermeister), wird ein Eigenanteil verlangt, der zumindest bestimmte soziale Gruppen
definitiv für die Kandidatur zum Bürgermeisteramt ausschließen dürfte. Es ist
davon auszugehen, dass dieser relativ hohe Eigenanteil für eine Kleinstadt
auch darin begründet liegt, dass es eine starke Konkurrenz im Nominierungsprozess gegeben hat. Einige Akteure gaben darüber hinaus an, dass der CDU-
Kandidat aufgrund persönlicher Kontakte seines Onkels und seines Vaters zu
einer großen Unternehmerfamilie finanziell in hohem Maße von dieser unterstützt werde. Ein Akteur der SPD in Xanten sah darin eine Gefährdung der
kommunalen Demokratie, weil so im Gegensatz zur Bundesebene der Kandidat schnell abhängig werden könne von *einem* großen Sponsor, der aus der
Gemeindepolitik einen viel direkteren Nutzen ziehen könne als auf „höheren"
Ebenen (z.B. durch Ausweisung von landwirtschaftlichen Flächen als Bebau-
ungsland). Die SPD versuchte in der Endphase des Wahlkampfes, die Abhängigkeit des CDU-Kandidaten von diesem möglichen Sponsor zu themati-
sieren, weil sie offensichtlich davon ausging, dass auch der Wähler ein sol-
ches Sponsoring problematisch finden würde.
    In den Interviews nach der Kommunalwahl gab der Bürgermeisterbe-
werber der SPD in Xanten an, dass er einen Eigenanteil von ca. 1.000-2.000
DM tragen musste. Der Bürgermeisterbewerber der FDP gab vor der Wahl
an, dass die Partei die Wahlkampfkosten vollständig übernehmen würde. Der
alte und neue Bürgermeister von Hünxe resümierte, dass ihm Wahlkampfkosten in Höhe von ca. 6.000 DM entstanden seien, während die Parteien, die
ihn empfohlen hatten, durch Werbeschriften und Plakate für ihn umsonst geworben hätten. Sein Gegenkandidat von der SPD nannte keine konkrete
Summe, gab aber an, dass er ca. ein Viertel der Kosten seines Bürgermeisterwahlkampfes getragen hätte.

Trotz einer allgemeinen Professionalisierung des Wahlkampfes bildeten in Essen und Duisburg die Parteien, deren Strukturen im Wesentlichen durch ehrenamtliche Tätigkeit aufrechterhalten und durch die Beiträge ihrer Mitglieder finanziert werden, das organisatorische und finanzielle Rückrat für den Oberbürgermeisterwahlkampf. Lediglich der von der CDU und FDP in Duisburg unterstützte unechte Einzelbewerber und der Kandidat der Republikaner in Essen haben im Verhältnis zu den Parteigeldern auch in größerem Ausmaß selber zur Finanzierung ihres Wahlkampfes beigetragen. Die Kandidaten der Grünen haben keine Eigenmittel in den Wahlkampf einbringen müssen. Die drei in Essen und Duisburg kandidierenden echten Einzelbewerber, die nicht auf einen Parteiapparat zurückgreifen konnten, haben ihren Wahlkampf fast ausschließlich selbst finanziert, zum Teil auf Sponsorengelder zurückgegriffen und das fehlende hauptamtliche Wahlkampfteam durch einen enormen persönlichen Arbeitseinsatz zu kompensieren versucht.

Im Einzelnen gab der Essener Einzelbewerber an, (zum Stichtag drei Wochen vor der Wahl) für seinen Wahlkampf 1.500 DM, davon 500 DM Eigenmittel investiert zu haben, 90% der Arbeit alleine zu erledigen und auf einen Unterstützerkreis aus einer Bürgerinitiative zurückzugreifen, der anfangs rund 40 und vor der Wahl nur noch 8 bis 10 Personen umfassen würde. Er habe aus finanziellen Erwägungen darauf verzichtet, eigene Plakate zu erstellen und zu kleben. Der Duisburger Einzelbewerber A verwies darauf, seinen Wahlkampf ausschließlich aus Eigenmitteln finanziert zu haben. Er habe mit Hilfe von Freunden selbst erstellte DIN-A4 und DIN-A1 Schwarz-Weiß-Plakate angefertigt und mit einem Unterstützerteam von drei ehrenamtlichen Helfern und zeitintensivem Arbeitseinsatz geklebt. Der Duisburger Einzelbewerber B berichtete, für seinen Wahlkampf neben Eigenmitteln auch bei lokalen Unternehmen und Geschäftsleuten gezielt Spenden akquiriert zu haben, insbesondere zur Finanzierung von Druckkosten. Neben klassischer Wahlwerbung, Flugblättern und farbigen DIN-A2-Plakaten, die er um Laternenpfähle klebte, weswegen es zu einem Streit mit Einzelbewerber B kam, dem diese Art der Plakatierung von der Stadt untersagt wurde, ließ er ferner – nur sporadisch von Freunden im Wahlkampf unterstützt – eine eigene Homepage erstellen, seinen PKW mit handgemalter Eigenwerbung versehen sowie T-Shirts mit seinem Konterfei und Namen drucken. Auf seinen Visitenkarten warb er umseitig für ein Kopiergeschäft, um die Druckkosten zu minimieren. Der Einzelbewerber gab ferner an, trotz seiner Sponsoring-Bemühungen immer noch ca. 80% der Wahlkampfkosten selbst zu tragen.

Nicht nur an der Finanzierung und an den organisatorischen Hilfen wird deutlich, welche herausragende Rolle die Parteien im Bürgermeisterwahlkampf spielen, sondern auch daran, dass fast alle Akteure in den vier Untersuchungsgemeinden es für nahezu aussichtslos halten, als Einzelbewerber ohne zumindest die Wahlempfehlung von Parteien die Kommunalwahl gewinnen zu können. Gerade in Hünxe sehen die Akteure die Chancen einer erfolgreichen Kandidatur ohne Parteiunterstützung noch pessimistischer als in

Xanten, obwohl der parteilose Bürgermeister, wenn es überhaupt möglich sein sollte, prädestiniert dazu erschien, auch ohne Parteienunterstützung wieder ins Rathaus einzuziehen. Die Parteien, die ihn unterstützen, betonen nicht nur die Wahlkampfarbeit, die durch einen einzelnen Bewerber kaum zu leisten wäre, sondern vor allem, dass die Parteien für große Stimmenpotenziale stehen, die nur sie mobilisieren können. Dies kann man nicht nur mit milieuspezifischen Parteibindungen erklären, sondern die Unterstützung von Parteien kann auch als eine sehr komprimierte Information über die Programmatik des Kandidaten angesehen werden, wie die grüne Fraktionsvorsitzende in Hünxe angab. Angesichts der hohen Informationskosten beim Lesen aller Berichte und Programme von Bürgermeisterbewerbern ist in der Tat davon auszugehen, dass viele Wähler eher auf solche komprimierten Informationen zurückgreifen.

Insgesamt kann man für die Wahlkampfphase in den vier Untersuchungsgemeinden feststellen, dass zum Teil eine deutliche Personalisierung des Wahlkampfes zu verzeichnen war, in der Parteien ohne eigenen Bürgermeisterkandidaten Gefahr liefen, kaum wahrgenommen zu werden. Während in den kleinen Gemeinden der direkte Dialog zwischen den Kandidaten und den Bürgern im Vordergrund stand, war in den Großstädten teilweise eine „Eventisierung" des Wahlkampfes zu verzeichnen.

Abschließend sollen noch einmal die Probleme zusammengefasst werden, die sich insbesondere im Zusammenhang mit der Wahlkampffinanzierung und der Wahlkampfsituation der echten Einzelbewerber ergaben. Auffällig ist, dass der prozentuale Eigenanteil, den die Parteikandidaten an den Wahlkampfkosten tragen müssen, sehr stark variiert. Tendenziell kann man davon ausgehen, dass da, wo die Konkurrenz in der Partei am ausgeprägtesten ist, der Kandidat den prozentual höchsten Eigenanteil bezahlen muss, während in kleinen Parteien, die zum Teil ihre Fraktionsvorsitzenden zur Kandidatur gedrängt haben, die Partei die Wahlkampfkosten ganz abdeckt. Somit ist damit zu rechnen, dass in den Großstädten und dort vor allem in den beiden großen Volksparteien, in denen es zumindest im Vorfeld der Nominierung meist zu Konkurrenz kommt, häufig ein Eigenanteil verlangt wird, der viele Bevölkerungsgruppen definitiv von der Kandidatur ausschließt. Selbst wenn man hier „nur" von 20.000 DM Eigenanteil ausgeht, stellt sich die Frage, ob der durchschnittliche Bundesbürger bereit und in der Lage sein würde, diese Summe „ins Blaue hinein" zu investieren. Bei einer möglichen Entkoppelung der Bürgermeisterwahl von der Ratswahl ist davon auszugehen, dass die Kosten für den Bürgermeisterwahlkampf von Parteibewerbern durchschnittlich weiter steigen würden, weil damit viele Synergieeffekte zwischen Rats- und Bürgermeisterwahl wegfallen würden. Dementsprechend könnte man für die großen Volksparteien erwarten, dass die Kandidaten einen noch höheren Eigenanteil einbringen müssten und sich zum Teil auch in eine stärkere Abhängigkeit zu Sponsoren begeben könnten. Bei den kleinen Parteien wäre bei einer Entkopplung der Wahltermine zu erwarten, dass sie deutlich weniger Kandidaten aufstellen würden, nicht nur, weil sie sich zum Teil einen eigenständigen Bürgermeisterwahlkampf aufgrund ihrer begrenzten finanziellen und zeitlichen Ressourcen nicht leisten könnten, sondern auch, weil sie sich auch nicht mehr gezwungen sähen, einen eigenen Kandidaten, in der Regel mit sehr geringen Wahlchancen, nur deswegen aufzustellen, um im Ratswahlkampf überhaupt wahrgenommen zu werden (Kandidaten als „Werbetafeln"). Weniger Kandidaturen von Bewerbern kleiner Parteien dürften aber insgesamt positiv zu beurteilen sein, weil dies die Informationskosten für den Wähler senkt, eine intensivere Auseinandersetzung mit den Kandidaten ermöglicht und die Wahrscheinlichkeit von Stichwahlen reduziert, ohne dass dem Wähler im Regelfall ernsthafte Alternativen verloren gehen.

Von den echten Einzelbewerbern wurde nachdrücklich darauf hingewiesen, dass sie im Wahlkampf gegenüber den Parteibewerbern benachteiligt werden. Insbesondere die Forderung nach finanzieller Wahlkampfunterstützung der Einzelbewerber seitens der öffentlichen Hand sollte nicht mit der unrealistischen Erwartung verknüpft werden, man könnte dadurch nachhaltig die Anreizstrukturen auch für hochqualifizierte Bürger erhöhen, sich für das Amt des Bürgermeisters auch ohne Parteiunterstützung zu bewerben. Eine Verbesserung der Anreizstrukturen für diese Bürger ist nur zu erwarten, wenn die Wahlchancen von echten Einzelbewerbern ohne Amtsbonus aufgrund von institutionellen Reformen spürbar steigen.

3. Wahlkampf landesweit

3.1 Verhältnis der Bürgermeisterkandidaten zu ihrer Partei

Der Wahlkampf nahm einen nicht unbedeutenden Teil der landesweiten Kandidatenbefragung ein.[4] Die insgesamt 15 Fragen dienten der Bestandsaufnahme dieser Wahlkampfaufführung hinsichtlich der Mittel, Themen, Finanzierung und der Strategie im verbundenen Wahlkampf. Ein besonderer Schwerpunkt wird in der Auswertung auf das Verhältnis Kandidat – Partei gelegt, da dies vor dem Hintergrund der verbundenen Wahl von Rat und Bürgermeister besonders bedeutend erscheint.

Eine wichtige strategische Entscheidung für die Planung und Durchführung des Wahlkampfes bei der verbundenen Rats- und Bürgermeisterwahl war für alle Kandidaten von Parteien und Wählergruppen, inwieweit sie die Bindung an ihre Partei verdeutlichen oder ob sie im Wahlkampf eher ihre eigene Person in den Vordergrund rücken sollten. Da dies in einer standardi-

---

4   Vgl. dazu den Kandidatenfragebogen im Anhang (Fragen 20-35).

sierten Befragung schwierig zu messen ist, wurde das Verhältnis Kandidat –
Partei in die folgenden Einzelaspekte zerlegt:[5]

– gleichzeitige Bewerbung von Bürgermeisterkandidaten um ein Ratsmandat (Spitzenkandidat),[6]
– organisatorische Zusammenarbeit im Wahlkampf und strategische Planung der verbundenen Wahlgänge,
– Verwendung des Parteilogos auf Wahlkampfmaterialien des Bürgermeisterkandidaten.

Die Ausprägungen der erhobenen Variablen zu den genannten Aspekten
wurden dann zu einer gemeinsamen Parteibindungsvariable zusammengefasst. In der Frage der Parteibindung ließ sich kein Einfluss der Gemeindegröße feststellen. Die Fragen wurden nur Kandidaten von Parteien und
Wählergruppen gestellt, die formal parteiunabhängig antretenden Einzelbewerber wurden systematisch ausgeschlossen. Es soll jedoch am Ende des Ab-
schnitts der Frage nachgegangen werden, wie parteiunabhängig Einzelbewerber im Lichte der Befragung wirklich waren. Doch zunächst zu den Ergebnissen der Parteikandidaten.

Tabelle 1:   Kandidaten nach Nominierungsgruppen und Art
              der Ratskandidatur (in %)

Art der Ratskandidatur	Nominierungsgruppen						Gesamt
	SPD	CDU	GRÜNE	FDP	Sonsti-ge	WG	
Keine Ratskandidatur	28,9	49,3	8,0	9,7	11,1	11,2	25,6
Platz 1 der Ratswahl-Liste	68,9	45,2	61,9	67,3	55,6	68,4	60,7
Anderer Platz der Ratswahl-Liste	1,1	2,2	28,4	21,8	33,3	19,4	11,8
Direktkandidatur in einem Wahlkreis	1,1	3,3	1,7	1,2		1,0	1,8

Anmerkung: WG: Wählergruppen.

Quelle: Kandidatenbefragung.

Jeweils etwa zwei Drittel aller Kandidaten mit Ausnahme der CDU-Kandidaten traten für ihre Partei auf Platz 1 der Ratswahlliste an. Da sie dadurch
auf jedem Stimmzettel für die Ratswahl namentlich erschienen, wurde so die
Verbindung zu ihrer Partei jedem Wähler deutlich. Wenn man jedoch die
Unterscheidung nach Erfahrung bzw. Vorposition in die Analyse einbezieht,
so zeigt sich, dass die Anteile der Kandidaten, die nicht für den Rat kandi-

---

5   Vgl. dazu den Kandidatenfragebogen im Anhang (Fragen 10, 23, 26 und 27).
6   Aufgrund der Unvereinbarkeit von Ratsmandat und Bürgermeisteramt könnte im Fall
    einer Wahl ein Kandidat das Ratsmandat nicht antreten. Die Kandidatur für den Rat
    hatte daher entweder ausschließlich den Zweck als Spitzenkandidat aufzutreten oder –
    wie in den meisten Fällen – in den Rat gewählt zu werden.

dierten, in den Gruppen der Hauptverwaltungsbeamten[7] der großen Parteien, der Kandidaten mit Erfahrung in der Kommunalverwaltung sowie ohne Erfahrung jeweils weit über den Anteilen der Ratskandidaten in ihrer Nominierungsgruppe lagen. Dies erklärt auch den vergleichsweise niedrigen Gesamtanteil der CDU-Kandidaten, die für den Rat kandidierten, da diese Nominierungsgruppe deutlich mehr Kandidaten aus den genannten Bereichen aufwies, die nicht für den Rat antraten.

Organisation und Führung des eigenen Wahlkampfes wurde von den meisten Kandidaten einer gemischten Arbeitsgruppe aus selbst ausgewählten Personen und Personen aus der Partei anvertraut. So konnten einerseits eigene Akzente gesetzt werden und andererseits auf die Erfahrung der Partei in der Wahlkampfführung sowie auf den Parteiapparat zurückgegriffen werden.

Tabelle 2: Kandidaten nach Nominierungsgruppen und organisatorischer Zusammenarbeit im Wahlkampf (in %)

Art der organisatorischen Zusammenarbeit	Nominierungsgruppen						Gesamt
	SPD	CDU	GRÜNE	FDP	Sonstige	WG	
Mein Wahlkampf wird unabhängig von der Partei organisiert und geführt.	10,0	5,6	8,8	11,8	11,1	6,3	8,5
Eine gemeinsame Arbeitsgruppe mit Personen aus der Partei und Personen, die ich selbst ausgewählt habe, organisiert und führt den Wahlkampf.	72,3	74,9	69,4	76,4	66,7	67,7	72,7
Meine Partei organisiert und führt den Wahlkampf für mich.	17,7	19,5	21,8	11,8	22,2	26,0	18,8

Anmerkung: WG: Wählergruppen.
Quelle: Kandidatenbefragung.

Knapp ein Fünftel aller Kandidaten überließ die Wahlkampfführung ganz der Partei und nur ein geringer Anteil der Kandidaten organisierte und führte den Wahlkampf unabhängig von ihrer Partei. Dabei lag jeweils der Anteil der Amtsinhaber, der Kandidaten mit Erfahrung in der Kommunalverwaltung sowie der Kandidaten ohne Erfahrung, welche die Organisation ihres Wahlkampfes weitgehend der Partei überließen, über dem Gesamtanteil aller Kandidaten.

Mit Blick auf die verbundene Wahl bevorzugte die Hälfte aller Kandidaten eine Strategie der gegenseitigen Unterstützung im Wahlkampf, jedoch mit

---

7 Anteile der Hauptverwaltungsbeamten, die nicht für den Rat kandidierten: 45,3% (SPD) bzw. 65,7% (CDU) der hauptamtlichen Bürgermeister und 56,3% (SPD) bzw. 78,8 % (CDU) der Stadtdirektoren.

deutlicher Betonung eigener Akzente. Nur wenige Kandidaten setzten auf eine Abgrenzung von „ihrer" Partei im Wahlkampf und damit allein auf ihre Person.

Tabelle 3:   Kandidaten nach Nominierungsgruppen und Art der Strategie bei verbundener Wahl (in %)

Art der Strategie	Nominierungsgruppen						Gesamt
	SPD	CDU	GRÜ-NE	FDP	Son-stige	WG	
Da es bei der Bürgermeisterwahl auf meine Person ankommt und ich die Wähler überzeugen muss, ist mein Wahlkampf eigenständig und auf mich ausgerichtet.	12,3	13,2	3,5	10,9		11,7	10,6
Wir unterstützen uns gegenseitig im Wahlkampf, trotzdem muss ich auch eigene Themen und Inhalte vertreten, damit ich als eigenständiger Kandidat wahrnehmbar bleibe	61,3	50,0	50,3	39,7	44,4	46,8	51,2
Ich bin Kandidat meiner Partei, deshalb ist es selbstverständlich, dass wir einen gemeinsamen Wahlkampf führen.	26,4	36,8	46,2	49,4	55,6	41,5	38,2

Anmerkung: WG: Wählergruppen.
Quelle: Kandidatenbefragung.

Bei den kleinen Parteien und Wählergruppen lag jeweils der Anteil der Kandidaten, die einen gemeinsamen Wahlkampf führten, deutlich über den Anteilen der Kandidaten der großen Parteien. Aufgrund der geringeren Ressourcen für den Wahlkampf, die kleinen Parteien zur Verfügung standen, konnten diese sich einen eigenen Wahlkampf buchstäblich nicht leisten. Ein systematischer Effekt nach Zusammensetzung der Gruppen nach Erfahrung/Vorposition war nicht erkennbar.

Ein im Wahlkampf deutlich sichtbares Zeichen der Parteibindung eines Kandidaten ist die Verwendung des Parteilogos auf Plakaten und anderen Werbematerialien.

Tabelle 4:   Kandidaten nach Nominierungsgruppen und Verwendung des Parteilogos (in %)

Verwendung des Parteilogos	Nominierungsgruppen						Gesamt
	SPD	CDU	GRÜNE	FDP	Sonstige	WG	
Nein	8,5	5,6	3,5	6,1		7,3	6,2
Ja	75,3	77,4	87,9	81,2	100,0	80,2	79,8
Teils/teils	16,2	17,0	8,7	12,7		12,5	14,0

Anmerkung: WG: Wählergruppen.
Quelle: Kandidatenbefragung.

Knapp unter 80% aller Kandidaten verwendeten das Parteilogo auf ihren Werbematerialien. Den höchsten Anteil wiesen die Kandidaten der Grünen mit 87,9%, den niedrigsten die SPD-Kandidaten mit 75,3% auf. Den höchsten Anteil an Kandidaten, die ohne bzw. nur teilweise mit Parteilogo warben, wiesen analog die SPD-Kandidaten mit 24,7% auf, an zweiter Stelle lagen die CDU-Kandidaten mit 22,6%. Die Anteile der Kandidaten in dieser Kategorie bewegten sich bei den kleinen Parteien und den Wählergruppen unter 20%, am niedrigsten war der Anteil der Kandidaten der Grünen mit 12,2%. In den Kandidatengruppen nach Erfahrung/Vorposition lagen die Anteile der Kandidaten, die ohne bzw. nur teilweise mit Parteilogo warben, in den Gruppen „Erfahrung in der Kommunalpolitik" und „keine Erfahrung" sowie den ehrenamtlichen Bürgermeistern unter 20%, bei den hauptamtlichen Bürgermeistern (22,4%), den Stadtdirektoren (28,6%) sowie den Kandidaten mit Erfahrung in der Kommunalverwaltung (28,6%) über 20%.

Um einen Gesamteindruck der Parteibindung im Wahlkampf zu erlangen, wurden die bisher vorgestellten Einzelvariablen zu einer integrierten Variable „Parteibindung im Wahlkampf" zusammengefasst, die für alle Fälle die Variablenwerte addiert. Entstanden ist eine ordinalskalierte Variable mit dem Wertebereich 1 (keine Parteibindung) bis 9 (hohe Parteibindung), deren Ausprägungen zu drei Kategorien zusammengefasst wurden: „geringe Parteibindung" (1-3), „mittlere Parteibindung" (4-6) und „starke Parteibindung" (7-9). Für die einzelnen Nominierungsgruppen ergab sich die folgende Verteilung:

Tabelle 5: Kandidaten nach Nominierungsgruppen und Parteibindung im Wahlkampf (in %)

Stärke der Parteibindung	Nominierungsgruppen						Gesamt
	SPD	CDU	GRÜNE	FDP	Sonstige	WG	
Gering	4,6	6,2	2,5	5,9		1,1	4,5
Mittel	44,4	54,7	25,8	27,5	22,2	34,4	40,0
Stark	51,0	39,1	71,8	66,7	77,8	64,4	55,5

Anmerkung: WG: Wählergruppen.
Quelle: Kandidatenbefragung.

Der Anteil der Kandidaten mit geringer Parteibindung war bei allen Gruppen niedrig. Die kleineren Parteien und Wählergruppen wiesen die höchsten Anteile an Kandidaten mit starker Parteibindung auf, den niedrigsten Anteil die CDU-Kandidaten, die dagegen den höchsten Anteil an Kandidaten mit mittlerer Parteibindung aufwiesen. Der Anteil der SPD-Kandidaten mit hoher Parteibindung überstieg zwar den Anteil der Kandidaten mit mittlerer Parteibindung, der Unterschied war aber längst nicht so ausgeprägt wie bei den kleinen Parteien.

Analysiert man die Parteibindung nach Erfahrung/Vorposition in der Kommunalpolitik und -verwaltung, ergibt sich, dass die Parteibindung bei Kandidaten mit Erfahrung in der Kommunalverwaltung und Stadtdirektoren geringer, bei Kandidaten ohne Erfahrung, Erfahrung in der Kommunalpolitik und den ehrenamtlichen Bürgermeistern jedoch stärker ausgeprägt war.

Da Einzelbewerber von den Parteibindungsfragen durch Filterfragen im Fragebogen systematisch ausgeschlossen wurden, es jedoch aus den Fallstudienstädten bekannt war, dass Kandidaten zwar formal als Einzelbewerber parteiunabhängig antraten, aber von Parteien im Wahlkampf unterstützt wurden (unechte Einzelbewerber), wurde dieser Aspekt gesondert erhoben.[8] Wie diese Unterstützung im Einzelfall jedoch aussah, konnte nicht erhoben werden.

Tabelle 6:   Einzelbewerber nach Nominierungsgruppen und Unterstützung durch Parteien/Wählergruppen (in %)

Unterstützung durch Parteien/Wählergruppen	Nominierungsgruppen		Gesamt
	EB	EB „Amt"	
Nein	80,3	8,3	57,1
Ja	19,7	91,7	42,9

Anmerkungen: EB: Einzelbewerber mit Unterstützungsunterschriften, EB „Amt": Einzelbewerber aus dem Amt.
Quelle: Kandidatenbefragung.

Hier wird ein Unterschied zwischen den beiden Gruppen von Einzelbewerbern deutlich, der sich auch schon in den Fallstudien andeutete: Hauptverwaltungsbeamte, die als Einzelbewerber antraten, wurden häufig von Parteien unterstützt, Einzelbewerber, die aufgrund von Unterstützungsunterschriften kandidierten, waren eher „Einzelkämpfer". Es gibt aber durchaus auch in der Kandidatenbefragung Hinweise auf die Unterstützung von Einzelbewerbern durch SPD und/oder CDU, allerdings in ähnlichen Kandidatenkonstellationen wie im Fall Hünxe oder im Fall Duisburg, wo die jeweilige Partei auf eine eigene Kandidatur verzichtete.

3.2 Wahlkampfthemen und Wahlkampfmittel

Die Themen des Bürgermeisterwahlkampfes wurden in der Kandidatenbefragung mit Hilfe einer offenen Frage ermittelt.[9] Aus den Antworten einer Teilmenge von eingegangenen Fragebögen wurden dann Themengruppen entwickelt und danach die Antworten aller Befragten mit Hilfe des gebildeten Rasters kodiert. Entsprechend der vorstellbaren Vielfalt der möglichen Themen ergibt sich eine breite Streuung der Anteile der Nennungen sowie ein relativ hoher Anteil an „sonstigen" Nennungen, so dass die Auswertung dieser Frage nur eingeschränkt möglich ist. Vergleicht man jedoch jeweils die

---

8   Vgl. dazu den Kandidatenfragebogen im Anhang (Frage 30).
9   Vgl. dazu den Kandidatenfragebogen im Anhang (Frage 20).

drei häufigsten Nennungen, ergeben sich interessante Abweichungen zwischen den Kandidatengruppen.

Tabelle 7: Die drei wichtigsten Wahlkampfthemen von SPD und CDU (in %)

SPD		CDU	
Arbeitsmarktpolitik	35,3	Wirtschaftspolitik	40,1
Wirtschaftspolitik	31,6	Kommunale Finanzen	31,8
Kommunale Finanzen	30,5	Arbeitsmarktpolitik	27,3

Anmerkung: Ausgewiesen sind die drei häufigsten Nennungen in Anteilen der Antwortenden. Mehrfachnennungen waren möglich. Anteile der „Sonstigen" SPD (38,7%), CDU (38,2%).
Quelle: Kandidatenbefragung.

Die Kandidaten der beiden großen Parteien nennen die gleichen Themen unter den drei häufigsten Nennungen, jedoch mit einer unterschiedlichen Schwerpunktsetzung. Es ist jedoch anzumerken, dass es sich gerade bei den Themen Arbeitsmarktpolitik und Wirtschaftspolitik aus der Sicht mancher Kandidaten um zwei Seiten derselben Medaille handelt: Wer Wirtschaft fördert, schafft meistens Arbeitsplätze; wer Arbeitsplätze schaffen möchte, muss auch Wirtschaftsförderung in seiner Gemeinde betreiben.

Tabelle 8: Die drei wichtigsten Wahlkampfthemen von Grünen, FDP und Wählergruppen (in %)

GRÜNE		FDP		Wählergruppen	
Kinder- und Jugendpolitik	34,3	Wirtschaftspolitik	37,0	Kommunale Finanzen	36,1
Umweltpolitik	33,1	Stadtentwicklung	30,2	Verkehrspolitik	26,8
Stadtentwicklung	32,6	Kommunale Finanzen	27,2	Verwaltungsreform	25,8

Anmerkung: Ausgewiesen sind die drei häufigsten Nennungen in Anteilen der Antwortenden. Mehrfachnennungen waren möglich. Anteile der „Sonstigen" GRÜNE (49,7%), FDP (40,7%) und Wählergruppen (56,7%).
Quelle: Kandidatenbefragung.

Unter den Kandidaten der kleineren Parteien nennen nur die der Grünen eine besondere Zielgruppenpolitik unter den wichtigsten Wahlkampfthemen. Die explizite Erwähnung von Kindern und Jugendlichen hängt vermutlich mit dem neu eingeführten aktiven Wahlrecht ab 16 zusammen. Direkt dahinter folgen dann mit Umweltpolitik und Stadtentwicklung typisch grüne Themen. Das Themenprofil der FDP-Kandidaten ähnelt dagegen dem der CDU-Kandidaten, die ebenfalls die Wirtschaftspolitik auf Platz 1 setzten. Hinzu tritt die Stadtentwicklung und die kommunalen Finanzen. Bei Kandidaten von Wählergruppen tritt die Verkehrspolitik und das Thema Verwaltungsreform hinzu, wenn auch auf einem relativ niedrigen Niveau.

Tabelle 9: Die drei wichtigsten Wahlkampfthemen der Einzelbewerber
(in %)

Einzelbewerber mit Unterstützungsunterschriften		Einzelbewerber „aus dem Amt"	
Verwaltungsreform	28,6	Kommunale Finanzen	45,7
Kommunale Finanzen	23,4	Arbeitsmarktpolitik	31,4
Arbeitsmarktpolitik	22,1	Verwaltungsreform	28,6

Anmerkungen: Ausgewiesen sind die drei häufigsten Nennungen in Anteilen der Anwortenden. Mehrfachnennungen waren möglich. Anteile der „Sonstigen" EB mit Unterstützungsunterschriften (81,8%), EB „aus dem Amt" (62,9%).

Quelle: Kandidatenbefragung.

Die Einzelbewerber „aus dem Amt" akzentuieren am deutlichsten das Thema kommunale Finanzen gefolgt von der Arbeitsmarktpolitik und der Verwaltungsreform. Die anderen Einzelbewerber nennen die gleichen Themen wie die Einzelbewerber „aus dem Amt", wenn auch auf deutlich niedrigerem Niveau. Bei ihnen ist auch vor dem Hintergrund der überaus häufigen Nennung sonstiger Themen von einer ausgeprägten Heterogenität der Inhalte sowie einer größeren Bedeutung von Spezialthemen auszugehen.

Zusammengefasst kann man feststellen, dass sich neben den Themen der „großen" Politik wie Arbeitsmarkt- und Wirtschaftspolitik auch in nicht unerheblichem Ausmaß kommunalspezifische Themen (Stadtentwicklung, kommunale Finanzen) wiederfinden, mit steigender Bedeutung bei den kleineren Parteien, Wählergruppen und Einzelbewerbern. Es gibt daneben aber auch einen gewissen Größeneffekt: Zum Beispiel steigen die Anteile der Nennung Arbeitslosigkeit und Stadtentwicklung mit der Gemeindegröße, während die Anteile der Nennungen kommunale Finanzen und Bau- und Wohnungspolitik sinken, ein Effekt, der sich zumindest für die Themen Arbeitslosigkeit und kommunale Finanzen auch in den Fallstudien nachweisen lässt.

Die im Bürgermeisterwahlkampf eingesetzten Mittel und Instrumente wurden wie bei den Wahlkampfthemen wiederum mit einer offenen Frage erhoben.[10] Die sich aus der Vorgehensweise ergebende Problematik der Ausdifferenzierung des Antwortspektrums stellt sich hier wieder, so dass auch die Ergebnisse hinsichtlich der Wahlkampfmittel in ihrer Antworttendenz zu interpretieren sind.

Vergleicht man die drei häufigsten Nennungen der Nominierungsgruppen, so stellt man fest, dass alle – wenn auch mit unterschiedlicher Gewich-

---

10   Vgl. dazu den Kandidatenfragebogen im Anhang (Frage 22).

tung – die gleichen Wahlkampfmittel für wichtig halten: Medienberichterstattung, persönliche Gespräche und den „Klassiker" Wahlplakate.

Tabelle 10: Die drei wichtigsten Wahlkampfmittel nach Nominierungsgruppen

SPD	CDU	GRÜNE	FDP	WG	EB	EB „Amt"
Persönliches Gespräch (48,7%)	Persönliches Gespräch (50,9%)	Medienberichterstattung (59,0%)	Medienberichterstattung (51,9%)	Medienberichterstattung (42,7%)	Medienberichterstattung (67,5%)	Persönliches Gespräch (57,1%)
Medienberichterstattung (35,6%)	Medienberichterstattung (36,0%)	Wahlplakate (42,8%)	Persönliches Gespräch (41,4%)	Persönliches Gespräch (39,6%)	Persönliches Gespräch (42,9%)	Medienberichterstattung (45,7%)
Wahlplakate (34,8%)	Wahlplakate (29,6%)	Persönliches Gespräch (39,9%)	Wahlplakate (40,1%)	Wahlplakate (33,3%)	Wahlplakate (31,2%)	Wahlplakate (22,9%)

Anmerkungen: WG: Wählergruppen; EB: Einzelbewerber mit Unterstützungsunterschriften, EB „Amt": Einzelbewerber aus dem Amt.
Ausgewiesen sind die drei häufigsten Nennungen in Anteilen der Antwortenden. Mehrfachnennungen waren möglich. Anteile der „Sonstigen" SPD (39,3%), CDU (48,7%), Grüne (34,7%), FDP (40,7%), WG (61,4%), EB (72,7%), EB „Amt" (45,7%).
Quelle: Kandidatenbefragung.

Auffallend ist, dass die Kandidaten der beiden großen Parteien und die als Einzelbewerber antretenden Amtsinhaber jeweils das persönliche Gespräch für wichtiger halten als die Medienberichterstattung, ganz im Gegensatz zu den Kandidaten der kleinen Parteien/Wählergruppen und der echten Einzelbewerber. Die Berichterstattung der lokalen Medien birgt sicher den einfachsten und kostengünstigsten Weg, den Bekanntheitsgrad eines Kandidaten zu steigern, vor allem wenn diese dazu noch positiv ist. Es ist jedoch davon auszugehen, dass Kandidaten kleinerer Parteien/Wählergruppen sowie Einzelbewerber es schwerer hatten, die Aufmerksamkeit der Medien zu erhalten als Amtsinhaber und Kandidaten großer Parteien, auf die sich die Aufmerksamkeit der Medien ohnehin schon konzentriert. Daher ist die Bedeutungszuweisung für die Medien durch die Kandidaten der kleinen Parteien/Wählergruppen und Einzelbewerber vermutlich auch eine Folge mangelnder Aufmerksamkeit der lokalen Medien.

3.3 Professionelle Unterstützung und Wahlkampffinanzierung

Eine vermutete Folge der Einführung der Direktwahl des hauptamtlichen Bürgermeisters war neben einer Steigerung des Aufwands der Wahlkampfführung in materieller Hinsicht auch ein steigender Bedarf an professioneller Beratung von Kandidaten, sei es hinsichtlich der Planung einer Kampagne oder auch nur bei der ansprechenden grafischen Gestaltung von Wahlkampfmaterialien. Es überrascht allerdings, dass nur 46,7% aller Kandidaten angaben, professionelle Hilfe in Anspruch zu nehmen.[11] Dabei lag der Anteil der Kandidaten mit professioneller Unterstützung der großen Parteien über dem der anderen Kandidatengruppen. Dies ist sicher auch eine Folge der besseren finanziellen Ausstattung der Volksparteien. Trotzdem war der Anteil der Kandidaten ohne professionelle Unterstützung bei der SPD insgesamt mit 46,2% recht hoch.

Tabelle 11: Kandidaten nach Nominierungsgruppen und professioneller Unterstützung (in %)

Professionelle Unterstützung	Nominierungsgruppe								Gesamt
	SPD	CDU	GRÜNE	FDP	Sonstige	WG	EB	EB „Amt"	
Nein	46,2	34,6	64,8	58,2	88,9	70,4	77,9	63,9	53,3
Ja	53,8	65,4	35,2	41,8	11,1	29,6	22,1	36,1	46,7

Anmerkung: WG: Wählergruppen; EB: Einzelbewerber mit Unterstützungsunterschriften, EB „Amt": Einzelbewerber aus dem Amt.
Quelle: Kandidatenbefragung.

Allerdings schwanken die Anteile abhängig von der Gemeindegröße. Bei den großen Parteien stieg der Anteil der Kandidaten mit professioneller Unterstützung, z.B. bei der CDU von 55,0% in Gemeinden unter 10.000 Einwohnern und auf 87,5% in Städten mit mehr als 100.000 Einwohnern. Dieser Effekt trat allerdings nicht bei den grünen Kandidaten auf. In dieser Gruppe lag der Anteil der Kandidaten mit professioneller Unterstützung in Gemeinden zwischen 20.000 und 50.000 Einwohnern mit 39,4% höher als in Städten über 100.000 Einwohnern mit 33,3%. Vermutlich beeinflussen situative Faktoren, wie z.B. das Verhalten der Konkurrenten sowie vorhandene Geldmittel für den Wahlkampf, stark den Trend zur Professionalisierung.

---

11   Vgl. dazu den Kandidatenfragebogen im Anhang (Frage 24).

Tabelle 12: Kandidaten nach Nominierungsgruppen und Art
der professionellen Unterstützung (in %)

Art der professionellen Unterstützung	Nominierungsgruppen								Gesamt
	SPD	CDU	GRÜNE	FDP	Sonstige	WG	EB	EB „Amt"	
Werbeagentur	76,7	67,8	43,5	49,3	100,0	72,4	64,7	76,9	65,4
Umfrageinstitut	4,8	7,3		4,3					4,5
Schulung durch Partei	37,0	51,4	56,5	62,3	100,0	20,7		15,4	45,1
Schulung privat	3,4	4,0	8,1	5,8		6,9	17,6	7,1	5,3
Sonstiges	6,8	8,5	17,7	13,0		13,8	15,4	15,4	10,9

Anmerkungen: WG: Wählergruppen; EB: Einzelbewerber mit Unterstützungsunterschriften, EB „Amt": Einzelbewerber aus dem Amt.
Ausgewiesen sind die Anteile an den Kandidaten mit professioneller Unterstützung. Mehrfachnennungen waren möglich.
Quelle: Kandidatenbefragung.

Am meisten wurden immer noch die professionellen Dienste von Werbeagenturen in Anspruch genommen. 65,4% aller Kandidaten nutzten die unterschiedlichsten Dienstleistungen von Werbeagenturen, wobei es sich in den meisten Fällen vermutlich in erster Linie um die Gestaltung der Werbemittel (Plakate, Flugblätter etc.) handelte. Danach folgten die Schulungsangebote der Parteien und Parteistiftungen, die von einem hohen Anteil der Parteikandidaten in Anspruch genommen wurden. Überaus kostenintensive Dienstleistungen wie Meinungsumfragen ließen nur wenige Kandidaten vornehmlich in Großstädten durchführen. Private Schulungen, beispielsweise von Kommunikationsberatern, sind bei dieser Wahl noch kaum nachgefragt worden. Dies liegt sicher auch in einem bei Kommunalpolitikern verbreiteten Misstrauen gegenüber Beratern von außen begründet, da diese die Verhältnisse vor Ort gar nicht so gut kennen können wie der Kandidat selbst und es darüber hinaus sowieso nicht möglich erscheint, ein „künstliches" Image zu Wahlkampfzeiten zu produzieren, ohne dabei an Glaubwürdigkeit zu verlieren.

Die Bedeutung der Finanzausstattung für die Ausgestaltung eines Wahlkampfes ist auch auf kommunaler Ebene unbestritten. Da es auf kommunaler Ebene keine Wahlkampfkostenerstattung gibt, sind bei der Finanzierung von vornherein bedeutende Ungleichheiten gegeben, die vor allem für Kandidaten kleinerer Parteien und echte Einzelbewerber einen Wettbewerbsnachteil darstellen. Kandidaten der großen Parteien stehen über ihre Ortsgliederungen verschiedene Finanzierungsquellen der Partei (z.B. Mitgliedsbeiträge, Mandatsträgerabgaben etc.) zur Verfügung. In der Kandidatenbefragung wurde es vermieden, Fragen zur absoluten Höhe des finanziellen Aufwands zu stellen, da das Risiko von Antwortverweigerungen zu groß erschien. Die Fragestellung zielte vielmehr darauf, die Zusammensetzung der Wahlkampffinanzie-

rung aus verschiedenen Quellen abzuschätzen.[12] Die Ergebnisse erlauben keine Aussage über die absolute oder relative Höhe z.b. eines Eigenanteils, sondern besagen lediglich, dass ein Eigenanteil geleistet wurde.

Tabelle 13: Kandidaten nach Nominierungsgruppen und Quellen
der Wahlkampffinanzierung (in %)

Finanzierungs-quellen	Nominierungsgruppen								Gesamt
	SPD	CDU	GRÜNE	FDP	Sonsti-ge	WG	EB	EB „Amt"	
Eigenanteil	94,5	90,4	79,5	88,2	100,0	88,3	100,0	100,0	90,2
Parteibeitrag	96,8	91,3	98,2	95,4	100,0	92,6	9,9	9,1	86,3
Spenden	43,1	67,9	36,7	62,7	66,7	54,3	23,9	30,3	50,3
Sponsoren	24,1	14,5	14,5	33,3	33,3	21,3	33,8	15,2	28,4
Sonstiges	7,1	12,5	9,6	14,4	22,2	11,7	12,7	6,1	10,8

Anmerkungen: WG: Wählergruppen; EB: Einzelbewerber mit Unterstützungsunterschriften, EB „Amt": Einzelbewerber aus dem Amt.
Ausgewiesen sind die Anteile der Antwortenden. Mehrfachnennungen waren möglich.

Quelle: Kandidatenbefragung.

Die meisten Kandidaten mussten einen Eigenanteil leisten, dieser wird ver-
mutlich aber im Einzelnen recht unterschiedlich ausgefallen sein, wie auch
die Ergebnisse aus den Fallstudienstädten zeigen. So wird der Eigenanteil bei
Einzelbewerbern sicher die wichtigste Finanzierungsquelle gewesen sein, bei
Kandidaten von Parteien und Wählergruppen dagegen der Beitrag der Partei,
den der überwiegende Teil der Parteikandidaten bekommen hat. Spenden und
Sponsoren zusammen haben bei CDU, FDP eine größere Bedeutung als bei
SPD und den Grünen, ein Effekt, der auch aus der Diskussion um Parteispen-
den auf der Bundesebene bekannt ist.

4. Resümee

Sowohl die Auswertung der Fallstudien als auch die Ergebnisse der landesweiten Kandidatenbefragung ergaben, dass sich die meisten Parteikandidaten
im Wahlkampf nicht deutlich von ihrer Partei abgrenzten. Die Kandidaten
sahen zwar einerseits die Notwendigkeit, sich als Persönlichkeit zu profilieren und die Gestaltung des Wahlkampfes nicht allein ihrer Partei zu überlas-
sen, andererseits waren sie auf die verschiedenen Unterstützungsleistungen
der Parteien angewiesen. Es wurde von einigen Kandidaten der Fallstudienstädte darauf hingewiesen, dass eine Abgrenzung unglaubwürdig wäre, da die

---

12   Vgl. dazu den Kandidatenfragebogen im Anhang (Frage 31).

Parteizugehörigkeit des Kandidaten in der Gemeinde bekannt sei. Zudem waren die Kandidaten der kleinen Parteien auch „Werbetafeln" für ihre Parteien im Ratswahlkampf, deren öffentliche Präsenz im Rahmen des Bürgermeisterwahlkampfs helfen sollte, das Ratswahlergebnis ihrer Partei zu sichern oder zu verbessern. Darüber hinaus wurde deutlich, dass Parteien mit zunehmender Gemeindegröße eine wichtige Orientierungsfunktion für die Wählerschaft erfüllen und somit ein deutliches parteipolitisches Profil in größeren Städten eher nützlich als schädlich sein kann. Die Wahlkampfstrategien der Einzelbewerber unterschieden sich deutlich je nach Typ der Kandidatur. Die echten Einzelbewerber wurden nicht von Parteien unterstützt. Sie bestritten ihren Wahlkampf alleine oder mit Hilfe eines Umfeldes von Freunden, Bekannten und Sympathisanten. Gerade in Großstädten war es so kaum möglich, einen konkurrenzfähigen Wahlkampf in der Fläche durchzuführen. Anders stellte sich die Situation der Einzelbewerber „aus dem Amt" dar. Sie wurden häufig im Wahlkampf von Parteien unterstützt, die dann auch selbst keine Kandidaten aufgestellt hatten. Der Fall Hünxe steht hier exemplarisch für eine Reihe eher kleinerer Städte und Gemeinden in NRW, in denen Hauptverwaltungsbeamte als unechte Einzelbewerber kandidierten und dies auch durchaus mit Erfolg.[13]

Zusammenfassend kann man feststellen, dass sich im Wahlkampf deutlich die in der Gemeindeordnung verankerte Verbindung der beiden Wahlgänge widerspiegelt. Zwar wurde von den Akteuren eine stärkere Personalisierung des Wahlkampfes bei gleichzeitiger Abwertung des Ratswahlkampfes festgestellt, dies schlug sich jedoch nur in Grenzen in der Wahlkampfstrategie der Parteibewerber nieder.

---

13 Vgl. dazu den Beitrag von Gehne in diesem Band.

Rainer Bovermann

Kommunales Wahlverhalten zwischen Partei-, Themen- und Kandidatenorientierung

1. Einleitung

„Macht die Einführung der Direktwahl der hauptamtlichen Bürgermeister in Nordrhein-Westfalen einen Unterschied?" So könnte eine klassische politikwissenschaftliche Frage[1] bezogen auf das Thema lauten. Dahinter steht die Annahme, dass Wahlsysteme mit ihren unterschiedlichen institutionellen Ausgestaltungen das Verhalten der Wähler beeinflussen. Beispielsweise kann das nordrhein-westfälische Ratswahlsystem, bei der die Wählerschaft eine Stimme an einen Direktkandidaten im Wahlkreis und gleichzeitig zugunsten einer starren Parteiliste vergeben kann, die Wähler zu einer Entscheidung zwischen Person und Partei zwingen.[2] Davon unterscheidet sich das Wahlsystem in Baden-Württemberg, bei dem die Wählerschaft über mehrere Stimmen verfügt und diese auf einzelne Kandidaten anhäufen (kumulieren) und zwischen Parteilisten mischen (panaschieren) kann.[3] Die Direktwahl hauptamtlicher Bürgermeister, wie sie in Baden-Württemberg geregelt ist (unverbundene Wahl, nur Einzel-, keine Parteibewerber) gilt als klassischer Fall einer Personenwahl. In Nordrhein-Westfalen können demgegenüber die Parteien Kandidaten nominieren und findet die Bürgermeisterwahl zeitgleich mit der Ratswahl statt. Mit der folgenden empirischen Analyse soll untersucht werden, wie sich die institutionellen Rahmenbedingungen in NRW auf das Wahlverhalten bei der Rats- und Bürgermeisterwahl 1999 in vier Fallstädten auswirken. Selbstverständlich bildet das Wahlsystem dabei nur eine Rahmenbedingung neben anderen unmittelbar wahlbeeinflussenden Faktoren. Zudem haben die Antworten einen vorläufigen Charakter, da es sich bei der Direktwahl der Bürgermeister 1999 um eine Uraufführung handelte und sich das Verhalten der Wähler nur langsam verändert.

---

1 Diese klassische Frage lautet: Machen Institutionen einen Unterschied (Do institutions matter)? Wahlsysteme gehören zur institutionellen (formalen) Dimension von Politik.
2 Zum nordrhein-westfälischen Kommunalwahlsystem vgl. Bovermann 1998.
3 Zum Kommunalwahlsystem in Baden-Württemberg vgl. Löffler/Rogg 2000.

Um zu klären, welche Unterschiede von dem reformierten Kommunalwahlsystem in NRW ausgehen können, muss die Ausgangsfrage differenziert
werden:

1. Sind die Rats- und Bürgermeisterwahl in NRW 1999 durch ein spezifisches kommunales Wahlverhalten oder durch ein für alle Wahlebenen
   geltendes Verhaltensmuster geprägt worden?
2. Weisen die Wählerbewegungen zwischen der Rats- und Bürgermeisterwahl auf differenzierte oder gleichgerichtete Wahlentscheidungen hin?
3. Ist das Wahlverhalten durch die Orientierung an Personen oder an Partei-
   en gekennzeichnet?

Die erste Frage nach der Eigenständigkeit des Wahlverhaltens auf kommunaler Ebene wird von Politikwissenschaftlern, die sich mit kommunaler
Wahlforschung befassen,[4] seit den 70er Jahren erörtert. Dabei wird kein spe-
zieller Forschungsansatz für Kommunalwahlen zugrunde gelegt. Vielmehr
werden die bewährten Erklärungsmodelle der allgemeinen Wahlforschung
auf die kommunale Ebene übertragen bzw. angepasst.[5] Die wichtigste Modi-
fikation besteht in der begrifflichen Trennung zwischen *generellen* bzw. *ge-*
samtsystemaren Aspekten des Wahlverhaltens einerseits und *ebenenspezifi-*
schen bzw. *kommunalen* andererseits.[6] Die generellen Faktoren beeinflussen
„das Verhalten des Elektorats in einem bestimmten Staatsgebiet gleichmäßig
und ohne lokale Brechungen oder systemspezifische Abweichungen", d.h. sie
treffen gleichermaßen auf alle Wahlebenen und alle Kommunen zu. Die
kommunalen Faktoren wirken sich „auf kommunalpolitisches Verhalten,
nicht jedoch auf politisches Verhalten in übergeordneten Systemen" aus, d.h.
sie wirken nur bei Kommunalwahlen und fallen nach Kommunen verschieden aus.[7] Beide Kategorien sind auch für die folgenden Fragestellungen kon-
stitutiv.

Die zweite Frage zielt auf die grundlegenden Entscheidungsoptionen der
Wählerschaft im Hinblick auf zwei aufeinanderfolgende oder auch miteinander verbundene Wahlen. Die Ergebnisse dieser Entscheidungen kommen in
den Wählerbewegungen zwischen zwei Wahlen zum Ausdruck. Die Wahlforschung unterscheidet zunächst zwischen Stamm- und Wechselwählern.
Stammwähler sind nach allgemeinem Verständnis Personen, die bei mindestens zwei aufeinanderfolgenden Wahlen für dieselbe Partei votieren. Diese

---

4   Zum Stand der kommunalen Wahlforschung vgl. Eith 1997; Gabriel 1997.
5   Zu den Ansätzen in der Wahlforschung vgl. zum Beispiel Roth, N. 1998; Bür-
     klin/Klein 1998.
6   Zu den begrifflichen Unterscheidungen vgl. Kevenhörster 1976: 260f.; Pappi 1976:
     1f.
7   Neben den generellen und kommunalen Faktoren sind noch bundesspezifische (nur
     bei Bundestagswahlen, in allen Kommunen gleich) und lokale bzw. kontextuelle Ef-
     fekte (auf allen Wahlebenen, nach Kommunen unterschiedlich) zu unterscheiden, was
     allerdings immer wieder zu Verwechslungen führt.

Definition soll hier nicht nur für Wahlen auf der gleichen politischen Ebene, sondern auch für Bundestags- und Kommunalwahlen sowie für zeitgleiche Rats- und Bürgermeisterwahlen gelten. Stammwähler sind dem gesamtsystemaren Wahlverhalten zuzuordnen. Demgegenüber entscheiden sich *Wechselwähler* nicht nur für unterschiedliche Parteien auf einer Wahlebene, sondern differenzieren z.B. auch zwischen Bundestags- und Ratswahlen. Hierzu gehört auch das Votum für Protestparteien oder Wählergruppen, die nur bei Kommunalwahlen antreten. Die Direktwahl der Bürgermeister bietet eine zusätzliche Möglichkeit zur differenzierten Wahl. Aus Gründen der Unterscheidbarkeit wird in diesem Fall von „interner" Wechselwahl gesprochen, da es sich um eigenständige, aber miteinander verbundene Wahlen handelt. Insgesamt weisen die verschiedenen Formen der Wechselwahl auf ein ebenenspezifisches Wahlverhalten hin. Eine dritte Kategorie von Wahlberechtigten bilden die *Nichtwähler*. Auch wenn sie vielfach als „Partei der Nichtwähler" bezeichnet werden, stellen sie keineswegs eine homogene Gruppe dar. Zu ihnen gehören die generellen Nichtwähler, die sich unabhängig von der politischen Ebene an keiner Wahl beteiligen. Davon zu unterscheiden sind die kommunalen Nichtwähler, die nur ein geringes Interesse an Kommunalpolitik haben oder Kommunalwahlen als unwichtig einschätzen und ihnen deshalb fernbleiben. Schließlich kann neben diesem ebenenspezifischen Partizipationseffekt ein besonderer Mobilisierungseffekt bei Kommunalwahlen auftreten, der mit der Rollenverteilung von Regierungs- und Oppositionsparteien auf der Bundesebene zusammenhängt. In der Regel können die jeweiligen Oppositionsparteien im Bund ihr Wählerpotenzial bei Kommunalwahlen zu einem hohen Grad ausschöpfen oder sogar zusätzlich Wahlberechtigte mobilisieren, da ihre Anhänger ihre Ablehnung gegenüber der Regierung artikulieren. Demgegenüber besteht für die Berliner Regierungsparteien die Gefahr, dass – abhängig von der zeitlichen Nähe zu den Bundestagswahlen und den Inhalten der Regierungspolitik – ihre Anhänger die Unzufriedenheit mit der eigenen Partei bzw. Regierung bei Kommunalwahlen durch Nichtwahl zum Ausdruck bringen („Denkzettel"). In diesem Fall handelt es sich zwar auch um ebenenspezifisches, aber eher durch die Bundespolitik motiviertes Verhalten.

Die dritte Frage dient der Erklärung des Wahlverhaltens im engeren Sinne. Im Mittelpunkt stehen die Motive der Wählerschaft und die damit zusammenhängenden Einflussfaktoren. Als Grundlage für die Untersuchung wird im Folgenden der sozialpsychologische Ansatz der Wahlforschung gewählt.[8] Zu den drei zentralen Bestimmungsgründen des Wahlverhaltens gehört – erstens – die *Parteiorientierung* bzw. *Parteiidentifikation* oder *-bindung*. Darunter wird die durch politische Sozialisation erworbene dauerhafte

---

8 Zum hier verwendeten Ansatz vgl. Bovermann 1998: 174ff. Vgl. auch den Untersuchungsansatz der Studien zur Ratswahl in Stuttgart: Gabriel 1997 und zur Rats- und Bürgermeisterwahl in Hilden (NRW): Marcinkowski 2001.

und ausgeprägte affektive Bindung einer Person an eine Partei verstanden. Der Kreis der Parteigebundenen reicht damit über die relativ kleine Gruppe der formalen Parteimitglieder hinaus. Die Parteiorientierung wird den langfristig wirksamen und gesamtsystemaren Einflussfaktoren zugeordnet. Als zweiter Bestimmungsfaktor des Wahlverhaltens ist die *Themenorientierung* zu nennen. Sie umfasst die Wahrnehmung von politischen Streitfragen durch die Wahlberechtigten und die Bewertung der Problemlösungskompetenz von Parteien. Die Themenorientierung als kurzfristiger Einfluss kann bei Kommunalwahlen ebenenspezifisch wirksam sein. Allerdings ist zu klären, ob die Themen bundespolitische oder kommunale Bezüge aufweisen und sich die Problemlösungskompetenzen auf ein generelles oder spezifisch kommunales Parteiimage beziehen. Den dritten Faktor bildet die *Kandidatenorientierung*. Auch hierbei ist die Kenntnis der Kandidaten eine wichtige Voraussetzung für die Beurteilung der politischen Kompetenzen und persönlichen Eigenschaften der Bewerber. Die Kandidatenorientierung wird den kurzfristigen ebenenspezifischen Faktoren zugerechnet und kann Kommunalwahlen vorrangig zu Persönlichkeitswahlen machen. Entscheidend ist das Zusammenspiel der drei Bestimmungsgründe und die Auswirkung auf die Wahlentscheidung. Die Parteiorientierung als den anderen Faktoren vorgelagerter Einfluss kann im Sinne eines Filters die kurzfristigen Faktoren beeinflussen. Umgekehrt können die kurzfristigen Einflüsse zur Herausbildung einer stabilen Parteiorientierung beitragen. Wenn die parteipolitische Richtung aller Faktoren übereinstimmt, ist ein konstantes Wahlverhalten zu erwarten (Stammwähler). In den Fällen, in denen die Bindung an eine Partei im Gegensatz zu ihrer Problemlösungskompetenz oder zur Sympathie mit einem ihrer Kandidaten steht, kann das Wahlverhalten von der Parteibindung abweichen (potenzielle Wechselwähler). Besteht gar keine dauerhafte Bindung an eine Partei, so sind die kurzfristigen Faktoren ausschlaggebend (Wechselwähler). Für ein spezifisch kommunales Wahlverhalten sind also nicht grundsätzlich andere Bestimmungsgründe wirksam als bei Bundestagswahlen. Ebenenspezifische Divergenzen sind vielmehr auf die unterschiedliche Gewichtung der Einflussfaktoren zurückzuführen.[9]

Abschließend lassen sich aus den Untersuchungsfragen und dem Analyseraster zwei Hypothesen für die Analyse der Rats- und Bürgermeisterwahl in NRW gewinnen, die auch in der kommunalen Wahlforschung diskutiert werden.[10]

1. Nach der *Konvergenzhypothese* ist das Wahlverhalten bei Bundestags- und Kommunalwahlen sehr ähnlich. Für Paul Kevenhörster stellt das Wahlverhalten auf der kommunalen Ebene daher nur „einen Reflex gesamtsystemaren Wahlverhaltens" dar. Unterschiede in den Wahlergeb-

---

9   Vgl. dazu Gabriel 1997: 151.
10   Zu den folgenden Hypothesen vgl. Gabriel 1997: 154.

nissen der Parteien zwischen den Ebenen seien „eine Folge unterschiedlicher Grade politischer Mobilisierung und Partizipation" (Kevenhörster 1976: 280).

2. Die *Differenzhypothese* geht dagegen von erheblichen Unterschieden zwischen dem Wahlverhalten bei Bundestags- und Kommunalwahlen aus. So kommen Berthold Löffler und Walter Rogg in ihren Untersuchungen, die allerdings auf ein bestimmtes Bundesland bezogen sind, zu folgendem Schluss: „Es gibt in Baden-Württemberg ein spezifisches Kommunalwahlverhalten" (Löffler/Rogg 1991: 116). Aus dieser Sicht spielt die Parteiorientierung als genereller Einflussfaktor bei Kommunalwahlen eine geringere Rolle als bei Bundestagswahlen. Zugleich wird der Themen- und insbesondere der Kandidatenorientierung eine höhere Bedeutung zugemessen. Kommunalwahlen seien vor allem Personen- und nicht Parteienwahlen.

Die Überprüfung dieser Hypothesen stößt auf eine Reihe von Schwierigkeiten. Zunächst beziehen sie sich auf unterschiedliche Untersuchungsaspekte und schließen sich nicht unbedingt aus. Darüber hinaus fehlen quantifizierbare Kriterien für ihre Bestätigung bzw. Ablehnung. Bei der Konvergenzhypothese bleibt offen, wie hoch der Prozentanteil der Wechselwähler zwischen den Ebenen und der nicht mobilisierbaren Wähler bei Kommunalwahlen sein darf, um noch von einem gesamtsystemaren Wahlverhalten zu sprechen. Ebenso ist bei der Differenzhypothese bislang ungeklärt, wie viel stärker der Einfluss der Kandidatenorientierung gegenüber der Parteiorientierung bei Kommunalwahlen sein muss, um als kommunalspezifisch bezeichnet werden zu können. Für eine Einschätzung kann lediglich auf Vergleiche zwischen den Wahlebenen und zwischen der Rats- und Bürgermeisterwahl sowie auf die Ergebnisse der wenigen Studien mit ähnlicher Fragestellung zurückgegriffen werden.[11]

Als Datengrundlage für die nachfolgende Analyse dienen repräsentative Bürgerbefragungen in den vier Kommunen Duisburg, Essen, Hünxe und Xanten. Da die Umfragen ungefähr vier Wochen vor dem Wahltermin stattfanden, konnten dabei nur die Wahlabsichten (Sonntagsfrage) für die Rats- und Bürgermeisterwahl erhoben werden. Gleichwohl wird aus Gründen der sprachlichen Vereinfachung von den Befragten als „Wähler" gesprochen. Bei der Interpretation der Daten ist jedoch zu berücksichtigen, dass die Wahlab-

---

11 Der Forschungsstand zu Kommunalwahlen ist nach wie vor sehr begrenzt. Beispiele für Studien zu Ratswahlen auf Individualdatenbasis: Hennig/Homburg/Lohde-Reiff 1998; Gabriel/Brettschneider/Vetter 1997; Löffler/Rogg 1985; zu Ratswahlen auf Aggregatdatenbasis: Eith 1997; Mielke/Eith 1994; Czarnecki 1992; Schacht 1986; Hermann/Werle 1983; zu Bürgermeisterwahlen auf Individualdatenbasis: Biege u.a. 1978; zu Rats- und Bürgermeisterwahlen auf Individualdatenbasis: Marcinkowski 2001.

sichten (Anteile an den Befragten)[12] mehr oder weniger stark von den tatsächlichen Wahlergebnissen (Anteile an den Wahlberechtigten)[13] abweichen.
So fällt zunächst der niedrige Anteil unter den Befragten auf, die sich zu ihrer
Wahlenthaltung auch bekennen. Aus anderen Umfragen ist bekannt, dass,
obwohl das Verständnis vom Wählen als Bürgerpflicht rückläufig ist, die
Nichtwahl noch immer als nicht erwünschtes Verhalten betrachtet und daher
verschwiegen wird. Daneben sind die Antwortverweigerer und die Gruppe
der Unentschlossenen zu nennen, die auf die Frage nach der Wahlabsicht mit
„weiß nicht" oder „Ich habe mich noch nicht entschieden" antworten. Der
Vergleich mit der tatsächlichen Wahlbeteiligung lässt es plausibel erscheinen, dass es sich bei den Unentschlossenen und Antwortverweigerern überwiegend um spätere Nichtwähler handelt.[14] Werden diese Gruppen mit den
bekennenden Nichtwählern zusammengefasst, so ergibt sich in den hier untersuchten Fällen bei der Ratswahl eine Unterschätzung und bei der Bürgermeisterwahl teilweise eine Überschätzung der tatsächlichen Nichtwähler.
Umgekehrt liegen die Anteile von SPD und CDU in der Befragung zum Teil
über den entsprechenden Ratswahlergebnissen vom 12. September, während
die Befragungsergebnisse für die einzelnen Bürgermeisterkandidaten unterschiedlich nah am Wahlausgang liegen. Offensichtlich ist der Ausgang der
Kommunalwahl 1999 durch einen erheblichen Anteil von unentschlossenen,
flexiblen und sich erst kurzfristig entscheidenden Wahlberechtigten bestimmt
worden.

2. Wählerbewegungen

2.1 Bundestags- und Ratswahlen

Im ersten Schritt wird der Frage nach einem kommunalspezifischen Wahlverhalten anhand des Verhältnisses von Stamm-, Wechsel- und Nichtwählern
sowie einzelner Wählerbewegungen nachgegangen. Im Unterschied zu den
aufwändigen, aber methodisch nicht unumstrittenen Wählerwanderungsbi-
lanzen, die von Meinungsforschungsinstituten bei Bundestagswahlen vorge-
legt werden, kann hier nur eine vereinfachte Version angewandt werden. Die
Veränderungen des Elektorats durch die Sterbequote, die Erstwähler und den
Zuzug bzw. Fortzug aus dem Wahlgebiet können mangels Daten keine Be-

---

12 Auf eine Gewichtung der Befragungsergebnisse in Bezug auf frühere oder aktuelle
     Wahlergebnisse wurde verzichtet.
13 Durch die Anteilsberechnung an den Wahlberechtigten werden die Nichtwähler ein-
     bezogen. Zu den Anteilen an den gültigen Stimmen vgl. die Wahlergebnisse in der
     Einführung zu diesem Band.
14 Vgl. das Vorgehen bei Gabriel 1997: 156 und Marcinkowski 2001: 12.

rücksichtigung finden. Auf eine Anpassung der Rohdaten, wie sie von Meinungsforschungsinstituten mittels eigener wohl gehüteter „Rezepte" vorgenommen werden, wurde verzichtet. Die Wählerbewegungen zwischen zwei Wahlen werden mit Hilfe von Kreuztabellen dargestellt, wobei die Wahlabsichten bzw. erinnerten Wahlentscheidungen für die erste Wahl spaltenweise und für die zweite Wahl zeilenweise eingetragen werden. Die Prozentangaben in den Zellen beziehen sich auf die Gesamtheit der Befragten! Sie können mit den Gesamtergebnissen der Parteien in der Randspalte bzw. -zeile in Beziehung gesetzt werden. Zudem sind für jede Partei die Wählerzuströme und -fortströme erkennbar, aus denen sich das Wanderungssaldo errechnet. Bei den kleineren Parteien sind die Fallzahlen allerdings sehr gering, so dass eine Interpretation der Daten nur eingeschränkt möglich ist.

Tabelle 1: Bundestagswahl 1998 und Ratswahl 1999 (in %)

a) Duisburg

| RW 1999 | BW 1998 | | | | | | | RW |
	SPD	CDU	GRÜNE	FDP	Sonstige	NW	w.n./ k.A.	Gesamt
SPD	28,5	0,7	0,6	0,2	0,3	1,1	0,9	32,3
CDU	3,7	17,3	0,1	0,4	0,0	1,2	1,5	24,3
GRÜNE	1,5	0,1	1,7	0,0	0,0	0,2	0,1	3,6
FDP	0,2	0,2	0,0	0,3	0,0	0,1	0,1	0,7
WG	0,2	0,0	0,1	0,0	0,0	0,0	0,0	0,3
Sonstige	0,2	0,0	0,3	0,0	0,8	0,2	0,0	1,4
NW	3,5	0,7	0,3	0,1	0,2	2,8	0,9	8,4
w.n./k.A.	10,3	1,8	1,0	0,2	0,8	2,2	12,6	28,9
BW Gesamt	48,1	20,8	4,1	1,2	1,9	7,7	16,1	n=1872

b) Essen

| RW 1999 | BW 1998 | | | | | | | RW |
	SPD	CDU	GRÜNE	FDP	Sonstige	NW	w.n./ k.A.	Gesamt
SPD	21,3	0,7	0,7	0,1	0,2	1,2	1,6	25,7
CDU	5,8	20,8	0,6	1,0	0,1	0,8	2,5	31,5
GRÜNE	2,5	0,3	3,7	0,0	0,0	0,1	0,2	6,8
FDP	0,3	0,2	0,0	0,6	0,0	0,1	0,2	1,3
WG	0,2	0,0	0,1	0,0	0,1	0,1	0,0	0,3
Sonstige	0,2	0,1	0,1	0,0	0,5	0,1	0,0	0,9
NW	3,5	0,6	0,2	0,2	0,3	2,1	0,9	7,7
w.n./k.A.	8,7	2,1	1,0	0,2	0,8	1,7	11,4	25,8
BW Gesamt	42,6	24,8	6,3	2,1	1,6	6,0	16,6	n=1933

c) Hünxe

RW 1999	SPD	CDU	GRÜNE	BW 1998 FDP	Sonstige	NW	w.n./ k.A.	RW Gesamt
SPD	23,3	0,9	0,8	0,1	0,3	0,6	0,5	26,7
CDU	4,6	16,7	0,2	0,8	0,0	0,9	1,8	25,1
GRÜNE	3,3	0,3	2,2	0,0	0,0	0,1	0,0	6,0
FDP	0,7	0,5	0,0	1,2	0,0	0,0	0,1	2,5
WG	1,5	0,0	0,2	0,0	0,1	0,1	0,1	1,9
Sonstige	0,1	0,0	0,0	0,0	0,2	0,1	0,0	0,4
NW	2,9	0,6	0,2	0,1	0,2	1,7	0,5	6,3
w.n./k.A.	9,1	3,5	0,9	0,7	0,3	2,0	14,7	31,2
BW Gesamt	45,6	22,6	4,6	2,9	1,0	5,5	17,7	n=956

d) Xanten

RW 1999	BW 1998 SPD	CDU	GRÜNE	FDP	Sonstige	NW	w.n./ k.A.	RW Gesamt
SPD	18,3	2,7	1,0	0,1	0,1	0,8	1,5	24,5
CDU	3,8	27,4	0,5	0,5	0,2	1,2	1,5	35,3
GRÜNE	0,3	0,1	2,0	0,1	0,0	0,1	0,3	2,9
FDP	0,2	0,0	0,0	0,4	0,0	0,1	0,0	0,8
WG	2,8	1,7	1,0	0,0	0,4	0,1	0,3	6,4
Sonstige	0,0	0,0	0,0	0,0	0,2	0,0	0,0	0,2
NW	1,8	0,7	0,1	0,0	0,1	2,0	0,7	5,3
w.n./k.A.	5,4	3,9	0,7	0,5	0,1	1,3	12,6	24,6
BW Gesamt	32,8	36,6	5,2	1,7	1,2	5,5	17,0	n=919

e) Übersicht Wählertypen (in %)

	Duisburg	Essen	Hünxe	Xanten
Stammwähler	48,6	46,9	43,6	48,3
Wechselwähler	8,5	12,9	14,4	15,5
generelle Nichtwähler	18,5	16,1	18,9	16,6
kommunale Nichtwähler	18,9	17,6	18,5	13,3
kommunale Wähler	5,4	6,9	4,3	5,9

Anmerkungen: BW: Rückerinnerung Bundestagswahl, RW: Wahlabsicht Ratswahl, WG: Wählergruppen; NW: Nichtwähler, w.n.: weiß nicht, k.A.: keine Angabe.
Quelle: Bürgerumfrage, Frage Nr. 16 und Nr. 19.

Die erste Tabelle zeigt den Zusammenhang zwischen den Wahlebenen am Beispiel der Bundestagswahl 1998 und der Ratswahl 1999 in den vier Fallstädten. Der Anteil der Stammwähler aller Parteien zusammen beträgt zwischen 43,6% (Hünxe) und 48,3% (Duisburg). Damit stellen die Wähler, die bei der Bundestags- und Ratswahl dieselbe Wahlentscheidung treffen, den stärksten Wählertyp. Dieses kann als ein erster Hinweis auf ein gesamtsystemares Wahlverhalten bei der Ratswahl gedeutet werden. Demgegenüber liegt der Gesamtanteil der Wechselwähler, die bei der Ratswahl eine andere Partei als bei der Bundestagswahl wählen, nur zwischen 8,5% (Duisburg) und 15,5% (Xanten). Im Vergleich zu den Stammwählern ist dieser Anteil relativ klein, d.h. das kommunalspezifische Wahlverhalten nur schwach ausgeprägt. Auf der Seite der Nichtwähler sind die generellen Nichtwähler, die weder an der Bundestags- noch der Kommunalwahl teilnehmen, mit einem Anteil von ca. 17,5% zu nennen. Hierbei sind die Unentschlossenen und Antwortverweigerer eingeschlossen. Hinzu kommen die kommunalen Nichtwähler, die bei der Bundestagswahl noch für eine Partei votiert haben, mit ca. 18% (Ausnahme Xanten mit 13,3%) und die kleine Gruppe der kommunalen Wähler (ca. 5,5%), die bei der Bundestagswahl keine Stimme abgegeben haben.

Weitere Aufschlüsse bringt die Betrachtung der einzelnen Parteien im Hinblick auf Wählertypen und Wählerbewegungen. Um das Gewicht der Stammwähler innerhalb der einzelnen Parteien zu ermitteln müssen die Anteile mit den Gesamtanteilen der Parteien bei der Bundestagswahl in Beziehung gesetzt werden. Die kleineren Parteien können sich im Vergleich zu den Großparteien nur auf geringe Stammwähleranteile stützen. Dagegen ist der höchste Anteil an Stammwählern bei der CDU zu finden, während der entsprechende Anteil für die SPD niedriger ausfällt. Dieses hängt unmittelbar mit der umfangreichsten einzelnen Wählerströmung zusammen: SPD-Bundestagswähler, die bei der Kommunalwahl in das Lager der Nichtwähler wechseln. Dieser Anteil beträgt für Duisburg 13,8%, für Essen 12,2%, für Hünxe 12,0% und für Xanten 7,2%. Gemessen an den Anteilen bei der Bundestagswahl kann die SPD mehr als ein Viertel ihrer Wählerschaft bei der Kommunalwahl nicht mobilisieren, während die CDU nur in geringem Umfang Abwanderungen zu den Nichtwählern hinnehmen muss. In Übereinstimmung mit anderen Analysen der Kommunalwahl 1999 in NRW ist es plausibel, diese Entwicklung auf die Unzufriedenheit der SPD-Anhänger mit der Politik der rot-grünen Bundesregierung in Berlin zurückzuführen, die sich bei der Kommunalwahl zwar nicht in einem Wechsel zu anderen Parteien, aber in Wahlenthaltung äußerte. Auch wenn zu berücksichtigen ist, dass auch andere Motive wie kommunalpolitisches Interesse und Wichtigkeit von Kommunalwahlen eine Rolle spielen, ist das bundespolitisch motivierte Wahlverhalten in seinem Umfang mindestens so hoch einzuschätzen wie die gesamte kommunalspezifische Wechselwahl. Zur letzteren gehören der geringe Wechsel von der SPD zur CDU und die noch geringeren Abwanderungen von der SPD zu den Grünen. Eine weitere Form der Wechselwahl liegt in dem Auftreten von Wählergruppen bei der Ratswahl begründet. Im Unterschied zum Parteiensystem auf der Bundesebene stellen die Wählergruppen ein besonderes kommunalspezifisches Angebot für die Wähler dar. In Hünxe profitiert die Wählergruppe von den SPD-Bundestagswählern, während die Wählergruppe in Xanten Wähler der SPD, CDU und Grünen gewinnen kann.

Der Vergleich der Wählertypen und -bewegungen zwischen den Kommunen zeigt mehr Gemeinsamkeiten als Unterschiede. Zu den Differenzen gehört, dass der Anteil der Wechselwähler in Duisburg niedriger und in den kleineren Kommunen höher ausfällt. In den beiden kleineren Kommunen könnte dieses mit den dort angetretenen Wählergruppen zusammenhängen. Gleichzeitig ist in Hünxe ein relativ geringer Stammwähleranteil und in Xanten ein relativ niedriger Anteil kommunaler Nichtwähler festzustellen. Insgesamt überwiegen jedoch die Gemeinsamkeiten. Vor allem die Höhe der Stammwähleranteile und die sozialdemokratischen Mobilisierungsdefizite weisen auf gesamtsystemare Aspekte des Wahlverhaltens und die Durchschlagskraft des Bundestrends zu Lasten der SPD hin.

Zur Kontrolle und Einordnung der bisherigen Ergebnisse wurden nicht nur die Bundestagswahl 1998 und die Ratswahl 1999, sondern auch die Ratswahlen 1994 und 1999 miteinander in Beziehung gesetzt. Obwohl es sich dabei um zeitlich weiter auseinander liegende Wahlen auf derselben politischen Ebene handelt, ergibt sich ein sehr ähnliches Bild wie bei den zeitgleichen Wahlen auf unterschiedlichen Ebenen, so dass auf die ausführliche Darstellung verzichtet werden kann. Das Verhältnis der Wählertypen untereinander wird von dem Übergewicht der Stammwähler bestimmt. Bei den einzelnen Wählerbewegungen dominiert der Wechsel von SPD-Ratswählern in das Lager der Nichtwähler. Die Übereinstimmung mit den Untersuchungsergebnissen für die Bundestagswahl 1998 und die Ratswahl 1999 ist offensichtlich auch darauf zurückzuführen, dass die Ratswahl 1994 zeitgleich mit der Bundestagswahl durchgeführt wurde, durch eine hohe Wahlbeteiligung gekennzeichnet war und das Wahlverhalten eher dem bei einer Bundestagswahl glich.

Abschließend sollen die bisherigen Ergebnisse im Hinblick auf die beiden Ausgangshypothesen zusammengefasst werden.[15] Für die *Konvergenzhypothese* spricht zunächst der hohe Anteil an Stammwählern, die bei der Bundestagswahl 1998 und der Ratswahl 1999 gleichgerichtet abstimmen und damit ein gesamtsystemares Wahlverhalten im Sinne der Definition Kevenhörsters zum Ausdruck bringen. Neben den dauerhaften Nichtwählern bilden die kommunalen Nichtwähler die zweitstärkste Gruppe, deren Einordnung allerdings ambivalent ist. Ein Teil beteiligt sich aus kommunalspezifischen Motiven nicht an der Wahl, doch bei dem größeren Teil spielen eher andere Gründe eine Rolle für die Wahlenthaltung, wie die Abwanderung von SPD-Bundestagswählern zu

---

15   Vgl. zum Folgenden auch die Ergebnisse zu den Wählerbewegungen zwischen Bundestags- und Ratswahlen bei Gabriel 1997: 156ff. und Marcinkowski 2001: 11ff. Beide stellen trotz hoher „Haltequoten" der Großparteien „beachtliche" Wählerwanderungen fest. Allerdings sind diese nach ebenenspezifischen Einflüssen zu differenzieren. Nur ein Teil ist auf Austauschprozesse zwischen den politischen Lagern zurückzuführen bzw. steht in Verbindung mit dem Auftreten von Wählergruppen. Große Bedeutung haben dagegen die Mobilisierungsprobleme der Großparteien, wie auch die Untersuchung von Marcinkowski für die Ratswahl 1999 in Hilden zeigt.

den Nichtwählern als stärkste Einzelbewegung zeigt. Diese Mobilisierungsdefizite können als ein Reflex auf die Bundespolitik im Sinne Kevenhörsters gedeutet werden.[16] Schließlich stützen auch die festgestellten Gemeinsamkeiten in den Wählerbewegungen zwischen den Kommunen die These von einem einheitlichen Bundestrend bei der Kommunalwahl 1999.

Für die Gültigkeit der *Differenzhypothese* finden sich nur ansatzweise Belege. Der Anteil der Wechselwähler, die mit ihrer Wahlentscheidung zwischen den Wahlebenen differenzieren, entspricht zwar vom Umfang her etwa dem beschriebenen bundesspezifischem Mobilisierungsdefizit, ist aber wesentlich niedriger als der Stammwähleranteil. Kommunalspezifische Wechselwahl tritt vor allem bei ebenenspezifischen Unterschieden im Parteienangebot bzw. im Zusammenhang mit Wählergruppen auf. Die festgestellten Unterschiede zwischen den Fallstädten deuten an, dass kommunalspezifische Einflüsse eher in kleineren Gemeinden auftreten.

Insgesamt spiegelt die Ratswahl 1999 sowohl im Vergleich zur Ratswahl 1994 als auch zur Bundestagswahl 1998 in den untersuchten Kommunen eher gesamtsystemares Wahlverhalten wider.

2.2. Rats- und Bürgermeisterwahl

Ähnlich wie für Wahlen auf unterschiedlichen Politikebenen können die verschiedenen Wählertypen und -bewegungen auch für die in NRW miteinander verkoppelten Rats- und Bürgermeisterwahlen untersucht werden.

Tabelle 2:   Ratswahl 1999 und Bürgermeisterwahl 1999 (in %)

a)   Duisburg

BM 1999				RW 1999					BM
	SPD	CDU	GRÜNE	FDP	WG	Sonstige	NW	w.n./k.A.	Gesamt
SPD-Kandidatin	14,9	1,6	0,6	0,1	0,0	0,1	1,2	2,5	21,1
GRÜNEN-Kandidat	0,0	0,0	0,6	0,0	0,0	0,0	0,0	0,0	0,7
EB	0,9	8,6	0,3	0,1	0,1	0,0	0,1	1,4	11,8
EB	0,1	0,0	0,0	0,0	0,0	0,0	0,0	0,0	0,1
EB	0,0	0,0	0,0	0,0	0,0	0,0	0,0	0,0	0,1
Sonstige	0,1	0,5	0,0	0,0	0,0	0,1	0,1	0,1	0,9
NW	0,8	0,4	0,2	0,0	0,0	0,1	1,7	1,0	4,3
w.n./k.A.	15,4	12,4	1,8	0,6	0,1	0,8	6,0	23,6	60,9
RW Gesamt	32,4	23,6	3,6	0,9	0,3	1,4	9,2	28,7	n=2019

Anmerkung: Der erste Einzelbewerber wurde von der CDU und der FDP unterstützt.

---

16   Vgl. Kevenhörster 1976: 258ff. und 275 ff.

b) Essen

| BM 1999 | | | | RW 1999 | | | | | BM |
	SPD	CDU	GRÜNE	FDP	WG	Sonsti-ge	NW	w.n./k.A.	Gesamt
SPD-Kandidat	11,1	1,2	1,1	0,3	0,0	0,0	0,5	1,9	16,1
CDU-Kandidat	0,2	17,5	0,2	0,3	0,0	0,0	0,2	1,1	19,6
GRÜNEN-Kandidatin	0,3	0,0	2,0	0,0	0,0	0,0	0,0	0,2	2,5
FDP-Kandidatin	0,1	0,1	0,0	0,3	0,0	0,0	0,0	0,1	0,7
EB	0,1	0,0	0,0	0,0	0,0	0,0	0,0	0,2	0,4
Sonstige	0,3	0,3	0,0	0,0	0,1	0,0	0,2	0,2	1,4
NW	0,3	0,5	0,1	0,0	0,0	0,0	2,3	1,0	4,2
w.n./k.A.	12,9	11,3	3,2	0,4	0,1	0,5	4,9	21,5	55,0
RW Gesamt	25,4	30,9	6,7	1,4	0,3	0,9	8,2	26,3	n=2056

Anmerkung: Die Kategorie „Sonstige" umfasst auch den Kandidaten der Republikaner.

c) Hünxe

| BM 1999 | | | | RW 1999 | | | | | BM |
	SPD	CDU	GRÜNE	FDP	WG	Sonsti-ge	NW	w.n./k.A.	Gesamt
SPD-Kandidat	6,0	1,1	0,7	0,1	0,1	0,1	0,1	1,3	9,4
EB	9,8	13,4	2,3	1,7	1,5	0,1	1,2	8,4	38,4
Sonstige	0,3	1,1	0,3	0,0	0,0	0,0	0,2	0,1	1,9
NW	0,2	0,6	0,2	0,0	0,0	0,0	1,8	0,8	3,6
w.n./k.A.	9,8	8,2	2,3	0,7	0,3	0,2	4,0	21,2	46,6
RW Gesamt	26,1	24,3	5,8	2,5	1,8	0,4	7,3	31,7	n=1030

Anmerkung: Der Einzelbewerber trat „aus dem Amt" an und wurde von der CDU, der FDP und der Wählergruppe unterstützt sowie von den Grünen empfohlen.

d) Xanten

| BM 1999 | | | | RW 1999 | | | | | BM |
	SPD	CDU	GRÜNE	FDP	WG	Sonsti-ge	NW	w.n./k.A.	Gesamt
SPD-Kandidat	18,0	2,9	1,6	0,3	3,1	0,0	1,5	3,2	30,6
CDU-Kandidat	1,8	22,4	0,5	0,1	1,1	0,0	0,5	3,1	29,5
FDP-Kandidat	0,0	0,0	0,0	0,1	0,0	0,0	0,0	0,1	0,2
Sonstige	0,4	0,1	0,0	0,0	0,2	0,0	0,0	0,1	0,8
NW	0,3	0,9	0,1	0,0	0,2	0,1	2,1	0,6	4,2
w.n./k.A.	4,1	8,4	1,2	0,3	1,4	0,1	2,4	16,7	34,6
RW Gesamt	24,6	34,6	3,3	0,8	6,0	0,2	6,4	24,0	n=1016

e) Übersicht Wählertypen (in %)

	Duisburg	Essen	Hünxe	Xanten
Stammwähler	15,5 / 24,2	30,9	6,0 / 24,9	40,5
interne Wechselwähler	13,3 / 4,6	4,3	32,6 / 13,7	12,1
dauerhafte Nichtwähler	32,3	29,7	27,8	21,8
interne Nichtwähler	32,6	29,3	22,5	17,1
mobilisierte Nichtwähler	5,4	4,6	11,3	8,5

Anmerkungen: RW: Wahlabsicht Ratswahl, BM: Wahlabsicht Bürgermeisterwahl, WG: Wählergruppen, EB: Einzelbewerber, NW: Nichtwähler, w.n.: weiß nicht, k.A. keine Angabe.

Quelle: Bürgerumfrage, Frage Nr. 19 und Nr. 15B.

In der zweiten Tabelle fällt im Vergleich zur vorhergehenden Untersuchung der geringere Gesamtanteil der Stammwähler auf. Der Anteil der Wähler, die bei der Rats- und Bürgermeisterwahl „durchwählen", also sich für einen Bürgermeister derselben Partei entscheiden, die sie auch bei der Ratswahl unterstützen, liegt in Duisburg bei 15,5%, in Essen bei 30,9%, in Hünxe bei 6,0% und in Xanten bei 40,5%. Hierbei stellt sich allerdings das Problem, wie die Einzelbewerber unter den Bürgermeisterkandidaten einzuordnen sind. Während ein Teil der Einzelbewerber unabhängig von Parteien oder Wählergruppen kandidiert (echte Einzelbewerber), werden die beiden aussichtsreichen Einzelbewerber in Duisburg und Hünxe mehr oder weniger deutlich und stark von größeren Parteien unterstützt (unechte Einzelbewerber).[17] Der Einzelbewerber in Duisburg wurde zwar nicht offiziell, aber faktisch von der CDU aufgestellt, von der FDP mitgetragen und konnte auch im Wahlkampf auf entsprechende Ressourcen der Parteien zurückgreifen. Der Einzelbewerber in Hünxe war als hauptamtlicher Bürgermeister „aus dem Amt" heraus angetreten. Die CDU, die FDP, die Grünen und die Wählergruppe hatten auf eigene Kandidaten verzichtet und zur Wahl des Einzelbewerbers aufgerufen. Allerdings legte der Einzelbewerber im Wahlkampf auf den Status als parteiunabhängiger Bewerber besonderen Wert. Werden den Einzelbewerbern keine Wähler aus den sie unterstützenden Parteien und Wählergruppen als Stammwähler zugerechnet, so ergeben sich in Duisburg und Hünxe die oben angeführten sehr niedrigen Anteile. Bei einer alternativen Berechnung, d.h. unter Einbeziehung der entsprechenden Wähler, beträgt der Stammwähleranteil für Duisburg 24,2% und für Hünxe 24,9%. Trotzdem bleibt der Anteil der Stammwähler als Indikator für gesamtsystemares Wahlverhalten relativ niedrig.

Wird diese alternative Berechnungsweise auch auf die internen Wechselwähler angewandt, die zwischen der Wahl einer Partei bzw. Wählergruppe für den Rat und der Wahl eines Bürgermeisterkandidaten differenzieren, so ergeben sich die folgenden Anteile: Duisburg 4,6%, Essen 4,3%, Hünxe

---

17 Vgl. dazu den Beitrag von Holtkamp/Gehne in diesem Band.

13,7% und Xanten 12,1%. Der Anteil der internen Wechselwähler ist zwar gemessen an den Stammwählern gering, aber ähnlich hoch wie bei der Ratswahl. In der Gesamtbilanz der Wahlebenen führt die Bürgermeisterwahl damit zu einer Erweiterung des kommunalspezifischen Wahlverhaltens.

Dem geringeren Gewicht der Stammwähler stehen relativ starke Gruppen der Nichtwähler gegenüber, wobei wiederum die bekennenden Nichtwähler, die Unentschlossenen und die Antwortverweigerer zusammengefasst werden. Die generellen Nichtwähler gehen weder bei der Rats- noch bei der Bürgermeisterwahl wählen. Dieser Typ umfasst mit Ausnahme von Xanten, wo eine stärkere Mobilisierung festzustellen ist, ca. 30% der Befragten. Hiervon zu unterscheiden sind die internen Nichtwähler, die zwar für die Ratswahl eine Wahlentscheidung treffen, aber keine Angabe für die Bürgermeisterwahl machen. Ihr Anteil schwankt zwischen 17,1% (Xanten) und 32,6% (Duisburg). Demgegenüber kommt den internen Wählern, die für die Bürgermeisterwahl zusätzlich mobilisiert werden können, mit einem Anteil zwischen 4,6% (Essen) und 11,3% (Hünxe) geringere Bedeutung zu. Im Hinblick auf kommunalspezifische Effekte sind die internen Nichtwähler von besonderem Interesse. Hierbei handelt es sich zum größten Teil um Personen, die zum Zeitpunkt der Umfrage noch unentschlossen waren. Wie aus der tatsächlichen Höhe der Wahlbeteiligung geschlossen werden kann, sind darunter auch spätere Wähler zu vermuten. Ob sie sich unter den Bedingungen der verbundenen Wahl für ein gleichgerichtetes Wahlverhalten entschieden oder differenziert abgestimmt haben, bleibt Spekulation. Zumindest ist mit der neuen Möglichkeit der Bürgermeisterwahl eine Flexibilisierung des Wahlverhaltens verbunden, da ein Teil der Wähler, die für die Ratswahl über eine bestimmte Parteipräferenz verfügen, nicht von vornherein auf den Bürgermeisterkandidaten „ihrer" Partei festgelegt sind.

Dass die Bürgermeisterwahl gegenüber der Ratswahl durch ein größeres Potenzial für ein kommunalspezifisches Wahlverhalten gekennzeichnet ist, spiegelt sich auch in der Streuung der Anteile der Wählertypen sowie in der Stärke und Richtung der Wählerbewegungen wider. Dabei sind kaum einheitliche Trends für die Parteien zu erkennen. Vielmehr lassen sich Effekte positiver oder negativer Art für einzelne Bürgermeisterkandidaten erkennen, wobei sich die folgende Betrachtung auf die Bewerber der beiden Großparteien und die aussichtsreichen Einzelbewerber beschränkt.

In Duisburg kann die SPD-Oberbürgermeisterkandidatin ca. 50% der Stammwähler binden. Zugleich existiert ein hoher Anteil von SPD-Ratswählern, die noch unentschlossen hinsichtlich ihrer Bürgermeisterpräferenz sind. Beide Werte liegen im Mittelfeld aller hier untersuchten Kandidaten der beiden Großparteien. Darüber hinaus kann die SPD-Kandidatin in begrenztem Umfang von einem Zustrom der CDU-Ratswähler und von Ratswählern der Grünen profitieren. Letzteres ist deshalb interessant, weil die Grünen in Duisburg einen eigenen Oberbürgermeisterkandidaten stellen. Auch wenn die geringen Fallzahlen vorsichtig zu interpretieren sind, entscheiden sich offensichtlich ebenso viele Wähler der Grünen für die SPD-Bewerberin wie für den eigenen Kandidaten. Dieses kann als taktisches Wahlverhalten angesichts der geringen Erfolgsaussichten eines grünen Oberbürgermeisterkandidaten oder auch als strategische Entscheidung im Sinne einer rot-grünen Koalitionspräferenz gesehen werden. Die interne Wechselwahl von CDU-Wählern zugunsten der SPD-Bewerberin dürfte dagegen mit dem Profil ihres Gegenkandidaten zusammenhängen. Der von der CDU und der FDP unterstützte, aber nicht parteigebundene Einzelbewerber kann nur einen relativ niedrigen Anteil der CDU-Ratswähler binden. Zusammen mit der Abwanderung von CDU-Ratswählern zur SPD-Kandidatin ergibt sich für seine Person ein negativer Gesamteffekt. Insofern erweist sich die Strategie der CDU, in einer Minderheitssituation einen parteiunabhängigen Bewerber aufzustellen, der breite Wählerschichten anspricht, in der Großstadt Duisburg als nicht erfolgreich. Aus dieser Schwäche resultiert umgekehrt ein Vorteil für die SPD-Kandidatin, der neben der strukturellen Mehrheit der SPD in Duisburg zu ihrer Wahl als Oberbürgermeisterin beitrug.[18]

In Essen sind weniger starke Einzeleffekte für die Oberbürgermeisterkandidaten der beiden Großparteien feststellbar. Diese Großstadt mit einem vollständigen Bewerberfeld der Parteien und ohne aussichtsreiche Einzelbewerber für das Oberbürgermeisteramt stellt den „Normalfall" dar, wenn als „normal" eine starke Koppelung von Rats- und Bürgermeisterwahl angenommen wird. Der SPD-Bewerber kann einen durchschnittlichen Anteil der Stammwähler hinter sich bringen und im Saldo Ratswähler der CDU und der Grünen hinzugewinnen. Bei den Essener Grünen ist allerdings im Unterschied zu Duisburg der Anteil der Stammwähler, welche die grüne Kandidatin unterstützen, höher als der Anteil der Wechselwähler. Bei dem erfolgreichen CDU-Oberbürgermeisterkandidaten fällt einerseits die relativ hohe Bindungskraft bezüglich der CDU-Ratswähler auf, die vermutlich mit seiner Funktion als Fraktionsvorsitzender zusammenhängt. Andererseits weist der Kandidat bei der Wechselwahl eine negative Bilanz auf und kann offenbar keine zusätzlichen Wählerschichten gewinnen. Insgesamt ergibt sich daraus ein Kopf-an-Kopf-Rennen der beiden Bewerber, das der CDU-Kandidat am Wahltag vor dem Hintergrund des Bundestrends zulasten der SPD für sich entscheiden konnte.[19]

Verglichen mit Essen bildet Hünxe schon aufgrund der Kandidatenkonstellation mit nur zwei Bewerbern für das Amt des Bürgermeisters, darunter einem aus dem Amt heraus angetretenen Einzelbewerber, einen Ausnahmefall. Die Kandidatur des Einzelbewerbers wurde von der CDU, der FDP und der Wählergruppe unterstützt. Schließlich sprachen sich kurz vor der Wahl

---

18 Wahlergebnis der Oberbürgermeisterwahl gegenüber der Ratswahl in Prozentpunkten der Wahlberechtigten: SPD-Kandidatin +2,9; unechter Einzelbewerber -4,4.

19 Wahlergebnis der Oberbürgermeisterwahl gegenüber der Ratswahl in Prozentpunkten der Wahlberechtigten: SPD-Kandidat +0,7; CDU-Kandidat +1,2.

auch noch die Grünen für den Bewerber aus. Dieses schlägt sich auch in den Wählerbewegungen von der Rats- zur Bürgermeisterwahl nieder. Der Einzelbewerber kann Wähler aus allen politischen Lagern einschließlich eines Teils der SPD-Ratswähler gewinnen und sich im ersten Wahlgang mit deutlichem Vorsprung durchsetzen. Entsprechend negativ fällt die Bilanz seines SPD-Gegenkandidaten aus, der den niedrigsten Stammwähleranteil und eine negative Wechselwählerbilanz zu verzeichnen hat.[20] Festzuhalten bleibt, dass in Hünxe der höchste Anteil interner Wechselwähler anzutreffen ist. Auch wenn ein erheblicher Anteil dieser Wählerbewegungen auf das eingeschränkte Kandidatenangebot zurückgeht und damit zwangsläufig erscheint, bleibt darüber hinaus ein beachtlicher Strom von SPD-Ratswählern zugunsten des Einzelbewerbers, der mit großem Vorsprung zum Bürgermeister gewählt wurde.

Eine ähnlich hohe Flexibilität im Wahlverhalten ist in Xanten zu beobachten, auch wenn die Ausgangskonstellation wiederum eine andere ist. Zwar trat hier kein aussichtsreicher Einzelbewerber an, doch von den kleineren Parteien stellte nur die FDP einen eigenen Kandidaten auf, während die Grünen den SPD-Bewerber unterstützten und die Wählergruppe auf eine Empfehlung zugunsten eines Kandidaten verzichtete. Die beiden Bewerber der Großparteien konnten in Xanten relativ hohe Anteile ihrer jeweiligen Stammwähler hinter sich bringen. Darüber hinaus war infolge der mobilisierenden Wirkung des Wahlkampfes die Abwanderung von Ratswählern zu den Nichtwählern im Unterschied zu den anderen Fallstudienstädten begrenzt. Die hohen Wechselwähleranteile sind zum einen auf den Austausch zwischen den beiden Großparteien zurückzuführen, von dem im Saldo der SPD-Bewerber profitierte. Zum anderen folgten die Ratswähler der Grünen mehrheitlich der Empfehlung der Partei, den SPD-Kandidaten zu wählen. Auch die Anhänger der Wählergruppe entschieden sich mehrheitlich für den SPD-Bewerber. Insgesamt fiel die Bilanz der Wählerströme für den CDU-Kandidaten ausgeglichen aus, während sein sozialdemokratischer Gegenspieler gemessen an dem SPD-Wählerpotenzial bei der Ratswahl über einen Vorteil verfügte. Trotzdem siegte der CDU-Bewerber in der Bürgermeisterwahl.[21] Dieses Beispiel verdeutlicht, dass persönliche Effekte zugunsten oder zulasten einzelner Kandidaten nur einen Einflussfaktor darstellen, der nicht immer ausschlaggebend ist. Ebenso wichtig sind die strukturellen Mehrheitsverhältnisse, welche die Grundlage bilden, auf der erst positive oder negative Effekte aufbauen.

Ein abschließender Vergleich zwischen den Kommunen zeigt erneut die Unterschiede zwischen den Großstädten und den kleineren Kommunen auf. In den beiden kleineren Gemeinden ist die Flexibilität des Wählerverhaltens höher. Dies ist sicherlich zum Teil auf die Besonderheiten der Rahmenbedin-

---

20 Wahlergebnis der Bürgermeisterwahl gegenüber der Ratswahl in Prozentpunkten der Wahlberechtigten: SPD-Kandidat -4,8.

21 Wahlergebnis der Bürgermeisterwahl gegenüber der Ratswahl in Prozentpunkten der Wahlberechtigten: SPD-Kandidat +11,6; CDU-Kandidat -0,6.

gungen zurückzuführen. So traten bei der Ratswahl Wählergruppen an, war das Bewerberfeld für die Bürgermeisterwahl kleiner, verzichteten die Grünen und die Wählergruppen auf eigene Kandidaten und ging in Hünxe ein aussichtsreicher Einzelbewerber ins Rennen.

Bezogen auf die Ausgangshypothesen und im Unterschied zur Ratswahl ist das folgende Resümee zu ziehen.[22] Die *Konvergenzhypothese* wird lediglich dadurch gestützt, dass der Anteil interner Wechselwähler insbesondere in den Großstädten im Vergleich zu den anderen Wählertypen relativ gering ist. Die Ergebnisse einer genaueren Betrachtung der Wählertypen und -bewegungen sprechen jedoch für die *Differenzhypothese*. Erstens fällt der Anteil der Stammwähler niedriger aus als bei der Ratswahl. Zweitens besteht ein gegenüber der Bundestags- und Ratswahl zusätzliches Wechselwählersegment. Drittens liegt der Anteil der zum Zeitpunkt der Befragung noch Unentschlossenen relativ hoch. Daraus ergibt sich insgesamt ein höheres Potenzial für ein flexibles Wahlverhalten. Im Vergleich der Bürgermeisterkandidaten zeigen sich vielfältige positive und negative Effekte. Hierbei spielt die Kandidatenkonstellation insbesondere in den kleineren Gemeinden eine wichtige Rolle. Das Auftreten von aussichtsreichen Einzelbewerbern, der Verzicht von kleineren Parteien und Wählergruppen auf eigene Kandidaturen, das weitgehende Befolgen der Wahlempfehlungen für andere Bewerber sowie das taktische bzw. strategische Verhalten eines Teils der Wähler kleinerer Parteien im Hinblick auf die Erfolgsaussichten der Kandidaten und mögliche Koalitionen tragen zu einem differenzierten Wahlverhalten zwischen Rats- und Bürgermeisterwahl bei. Insgesamt ist die Bürgermeisterwahl im Vergleich zur Ratswahl offener für kommunalspezifische Einflüsse.

---

22 Die folgende Einschätzung kommunalspezifischer Einflüsse bei der Bürgermeisterwahl stützt sich u.a. auf das Kriterium der internen Wechselwahl, d.h. ein Wähler unterstützt bei der Ratswahl die Partei A und bei der Bürgermeisterwahl den Kandidaten der Partei B. Marcinkowski (2001: 22) zeigt in seiner Studie noch eine andere Variante für einen Personalisierungseffekt auf. Dabei geht er von einer „Sogwirkung" der Bürgermeisterwahl in Richtung Ratswahl aus, d.h. für das o.a. Beispiel, in den beiden Wahlgängen wird der Kandidat B und die Partei B gewählt. Allerdings vermischt Marcinkowski (2001: 25ff.) bei der Analyse des Zusammenhangs von Kandidatenpräferenz (Wahlabsicht Bürgermeisterwahl) und Ratswahl beide Ansätze (ebenda, Tabelle 8 und 9). Wie auch Marcinkowski feststellt, ist jedoch eine Überprüfung der beiden Hypothesen nur im Rahmen eines multivariaten Modells möglich. Dazu muss auch die Parteibindung einbezogen werden: Im Fall der Wechselwahlhypothese *deckt* sich die Parteiidentifikation *entweder* mit der Ratswahlentscheidung *oder* der Bürgermeisterwahl; im Fall der Sogwirkungshypothese steht die Parteibindung im *Gegensatz sowohl* zur Rats- *als auch* der Bürgermeisterwahlentscheidung.

3. Einflussfaktoren

3.1 Parteiorientierung

Nach der Untersuchung der Wählerbewegungen unter dem Aspekt differen-
zierender oder gleichgerichteter Wahlentscheidungen rückt nun die Analyse
möglicher ebenenspezifischer Einflussfaktoren auf das Wahlverhalten in den
Mittelpunkt. Dabei wird das in der Einleitung vorgestellte Raster von Partei-,
Themen- und Kandidatenorientierung jeweils auf die Rats- und Bürgermeisterwahl angewendet. Zunächst sollen die drei zentralen Einflussfaktoren einzeln betrachtet und schließlich ihr Wechselverhältnis und ihre Gewichtung
im Rahmen eines Gesamtmodells festgestellt werden.

Die langfristig wirkende Parteiidentifikation gilt in der kommunalen
Wahlforschung als gesamtsystemarer Bestimmungsgrund für das Wahlverhalten.[23] Ob diese Annahme zutrifft oder ob die Parteibindung auch kommunalspezifische Merkmale aufweist, kann u.a. überprüft werden, indem getrennt nach der Identifikation der Wahlberechtigten mit den Bundesparteien
einerseits und den auf der kommunalen Ebene vorhandenen Parteien sowie
den Wählergruppen andererseits gefragt wird.

Tabelle 3:   Parteiorientierung auf Bundesebene und kommunaler Ebene
(in %)

	Duisburg		Essen		Hünxe		Xanten	
	Bund	Kom-mune	Bund	Kom-mune	Bund	Kom-mune	Bund	Kom-mune
SPD	41,3	41,2	35,6	31,6	36,8	30,6	28,2	24,9
CDU	23,0	21,0	26,8	27,1	24,8	22,4	38,9	34,5
GRÜNE	4,4	4,8	5,7	7,3	4,5	6,3	4,5	3,7
FDP	0,8	0,6	1,7	0,9	2,5	2,4	1,4	1,1
WG		0,0		0,1		1,5		7,1
Sonstige	1,4	1,2	1,0	0,5	0,8	0,2	0,8	0,1
Keine	14,0	14,0	13,4	14,7	16,5	21,3	12,6	14,8
w.n./k.A.	15,1	17,2	15,9	17,6	14,2	15,3	13,6	13,8
n	2019	2019	2056	2056	1030	1030	1016	1016

Anmerkungen: WG: Wählergruppen; w.n.: weiß nicht, k.A.: keine Angabe.
Quelle: Bürgerumfrage, Frage Nr. 3 und Nr. 4.

Das Ausmaß der bundespolitischen Parteiorientierung fällt insgesamt sehr
hoch aus. Der Anteil der Befragten mit einer Bindung an SPD, CDU, Grüne
oder FDP beträgt in Duisburg zusammen 69,5%, in Essen 69,8%, in Hünxe
68,6% und in Xanten 73,0%. Der Anteil der Befragten ohne Parteibindung

---

23   Zur Parteiorientierung vgl. Gabriel 1997: 151 und Kevenhörster 1976: 253ff.

liegt in Duisburg bei 14,0%, in Essen bei 13,4%, in Hünxe bei 16,5% und in Xanten bei 12,6%. Diese Werte sind vor dem Hintergrund der in der Wahlforschung allgemein verbreiteten These zu sehen, dass die Bindungskraft insbesondere der beiden Großparteien SPD und CDU schwindet und sich immer weniger Wähler dauerhaft und ausgeprägt mit einer bestimmten Partei identifizieren. Zur Überprüfung dieser Annahme im Zeitverlauf liegen jedoch für die untersuchten Fallstädte keine Daten vor. Ebenso wurde im Rahmen der Befragung nicht untersucht, ob auch die Stärke der Parteibindung nachlässt.

Der Anteil der Befragten mit einer kommunalen Parteibindung an SPD, CDU, Grüne und FDP, d.h. den lokalen Gliederungen der Bundesparteien, erreicht in Duisburg 67,6%, in Essen 66,9%, in Hünxe 61,7% und in Xanten 64,2%. Dem stehen folgende Anteile der Befragten ohne Parteibindung gegenüber: Duisburg 14,0%, Essen 14,7%, Hünxe 21,3% und Xanten 14,8%. Auch bezogen auf die kommunale Ebene kann somit auf den ersten Blick von einer relativ hohen Parteiidentifikation gesprochen werden, wobei allerdings die Anteile geringer ausfallen als für die Bundesebene. Die Parteiidentifikation differiert nach der Gemeindegröße. In den beiden Großstädten gibt es kaum Unterschiede zwischen der Höhe der Parteibindung nach Wahlebenen (Duisburg: -1,9 Prozentpunkte, Essen: -2,9 Prozentpunkte). In den beiden kreisangehörigen Kommunen fällt dagegen die Parteibindung auf kommunaler Ebene geringer aus (Hünxe: -6,9 Prozentpunkte, Xanten: -8,8 Prozentpunkte). Eine Erklärung könnte in Besonderheiten der kommunalen politischen Kultur in kleineren Gemeinden liegen.[24] Aufgrund der besonderen Nähe von Wahlberechtigten und zu wählenden Repräsentanten erscheinen die Orientierungs- und Bindungsfunktion von Parteien für die Wähler weniger ausgeprägt. Mit dem geringeren Stellenwert von Parteien hängen auch die Unterschiede im kommunalen Parteiensystem zusammen. In kleineren Gemeinden treten häufiger neben den Parteien noch Wählergruppen bei Kommunalwahlen an, die sich als Alternative zur Parteipolitik verstehen und die Nähe zu den Bürgern hervorheben. In Xanten neigen 7,1% der Befragten der Wählergruppe zu. Sehr viel geringer ist der Anteil der Wählergruppe in Hünxe (1,5%), doch haben deren Anhänger wahrscheinlich die aus ihrer Sicht zutreffende Kategorie „neige keiner Partei zu" angegeben, die in Hünxe auffallend stark vertreten ist (21,3%).

Bisher wurden nur die Gesamtanteile der Parteigebundenen auf den verschiedenen politischen Ebenen miteinander verglichen.[25] Mit Hilfe der Befragungsdaten kann aber auch untersucht werden, wie viele der einzelnen Befragten auf der kommunalen Ebene einer anderen Partei oder Wählergruppe zuneigten als auf der Bundesebene. Ohne an dieser Stelle die entsprechenden

---

24 Zur kommunalen politischen Kultur und insbesondere zur Rolle der Parteien vgl. Bovermann 1998: 180ff. und Gabriel 1994: 224.
25 Zu den Unterschieden zwischen der Parteibindung auf Bundesebene und kommunaler Ebene vgl. auch: Marcinkowski 2001: 14 und Biege u.a. 1978: 145.

Kreuztabellen zu präsentieren, kann festgehalten werden, dass ein hoher Zusammenhang zwischen den beiden Formen der Parteibindung besteht. Allerdings zeigen sich neben den schon genannten Differenzen nach Gemeindegröße und Parteiensystem bzw. Wählergruppen weitere Unterschiede zwischen Groß- und Kleinparteien. Die Übereinstimmungen der Parteibindungen fallen bei den Anhängern von SPD und CDU höher aus als bei den Grünen und deutlich höher als bei der FDP. Nur ein sehr kleiner Teil der Befragten wechselt ebenenspezifisch zwischen einer Bindung an die SPD und CDU. Ebenfalls relativ klein ist die Gruppe, die auf der Bundesebene der SPD und auf der kommunalen Ebene den Grünen zuneigt. Schließlich identifiziert sich ein Teil der Anhänger der Bundes-FDP mit der kommunalen CDU. Offensichtlich spielen die ideologische Nähe von Parteien bzw. die auf Bundesebene bestehenden Koalitionen eine Rolle für Divergenzen in der Parteiorientierung.

Insgesamt kann die dauerhafte und ausgeprägte Bindung an eine bestimmte Partei als gesamtsystemarer Einflussfaktor betrachtet werden. Zwar kommt der Parteiorientierung auf der kommunalen Ebene infolge einer spezifischen politischen Kultur eine geringere Bedeutung zu, doch fallen die Unterschiede – zumindest in den untersuchten Fallstädten – nicht so gravierend aus, wie es Forschungsergebnisse zu anderen Bundesländern erwarten lassen. Ebenenspezifische Divergenzen in der Parteiidentifikation zeigen sich vor allem in den kleineren Gemeinden, im Zusammenhang mit dem Auftreten von Wählergruppen und bei den kleineren Parteien. Um jedoch auch diese begrenzten Unterschiede zu berücksichtigen, wird im Folgenden die in der Befragung ermittelte kommunale Parteiorientierung zugrunde gelegt.

Wie stark die kommunale Parteibindung das beabsichtigte Wahlverhalten der befragten Personen beeinflusst, soll nun zunächst am Beispiel der Ratswahl 1999 geklärt werden. Dabei kann zwischen drei Wählertypen unterschieden werden: Erstens den „treuen" Anhängern einer Partei, die parteiorientiert wählen, zweitens den „untreuen" Anhängern, die entweder eine andere Partei wählen oder nicht zur Wahl gehen, sowie den Nichtparteigebundenen. Die Zusammenhänge sind wiederum für jede Stadt getrennt in Kreuztabellen dargestellt. Die Prozentanteile beziehen sich auf die verschiedenen Gruppen mit einer bestimmten bzw. keiner Parteiorientierung (Spaltenprozente). Im zeilenweisen Vergleich kann der Einfluss der Parteiorientierungen auf die Wahlabsicht für die einzelnen Parteien und Wählergruppen bzw. die Nichtwahlabsicht analysiert werden.

Tabelle 4:   Zusammenhang zwischen Parteiorientierung und Ratswahl 1999
(in %)

a)   Duisburg

RW 1999				Parteiorientierung				
	SPD	CDU	GRÜNE	FDP	WG	Sonstige	Keine	w.n./k.A.
SPD	65,7	3,8	16,5	7,7	0,0	16,7	11,3	11,0
CDU	3,8	82,3	5,2	30,8	0,0	0,0	18,4	10,1
GRÜNE	2,0	0,0	44,3	0,0	0,0	0,0	2,5	1,4
FDP	0,8	0,2	1,0	38,5	0,0	0,0	0,7	0,6
WG	0,2	0,5	1,0	0,0	100,0	0,0	0,0	0,0
Sonstige	0,1	0,0	3,1	0,0	0,0	41,7	2,8	1,4
NW	7,3	2,6	8,2	0,0	0,0	8,3	20,9	12,7
w.n./k.A	19,6	10,6	20,6	23,1	0,0	33,3	43,3	62,8
n	832	423	97	13	1	24	282	347

b)   Essen

RW 1999				Parteiorientierung				
	SPD	CDU	GRÜNE	FDP	WG	Sonstige	Keine	w.n./k.A.
SPD	65,2	1,3	9,3	0,0	33,3	7,7	9,9	12,7
CDU	5,4	86,2	4,0	11,1	0,0	0,0	20,5	13,5
GRÜNE	3,1	0,4	66,7	0,0	0,0	7,7	3,3	1,4
FDP	0,5	0,9	1,3	72,2	0,0	0,0	1,0	0,6
WG	0,3	0,0	0,7	0,0	66,7	0,0	0,0	0,3
Sonstige	0,8	0,2	2,0	0,0	0,0	38,5	1,3	0,0
NW	5,5	2,7	4,0	11,1	0,0	7,7	23,8	9,9
w.n./k.A	19,3	8,4	12,0	5,6	0,0	38,5	40,3	61,6
n	649	558	150	18	3	13	303	362

c)   Hünxe

RW 1999				Parteiorientierung				
	SPD	CDU	GRÜNE	FDP	WG	Sonstige	Keine	w.n./k.A.
SPD	70,5	0,9	6,2	8,0	0,0	0,0	11,4	8,9
CDU	3,2	82,7	3,1	8,0	6,7	0,0	13,2	9,5
GRÜNE	2,9	0,0	69,2	0,0	0,0	0,0	1,8	1,3
FDP	0,3	0,9	0,0	72,0	6,7	0,0	0,9	1,3
WG	0,3	0,4	0,0	0,0	73,3	0,0	2,7	0,0
Sonstige	0,0	0,0	0,0	0,0	0,0	100,0	0,9	0,0
NW	7,0	3,0	6,2	0,0	6,7	0,0	13,7	7,0
w.n./k.A	15,9	12,1	15,4	12,0	6,7	0,0	55,3	72,2
n	315	231	65	25	15	2	219	158

d) Xanten

RW 1999				Parteiorientierung				
	SPD	CDU	GRÜNE	FDP	WG	Sonstige	Keine	w.n./k.A.
SPD	73,5	2,8	21,1	0,0	12,5	0,0	16,0	9,3
CDU	3,6	80,6	7,9	18,2	8,3	100,0	19,3	13,6
GRÜNE	1,2	0,0	60,5	0,0	2,8	0,0	2,0	2,1
FDP	0,8	0,0	0,0	54,5	0,0	0,0	0,0	0,0
WG	1,2	2,0	0,0	9,1	61,1	0,0	3,3	0,7
Sonstige	0,0	0,0	0,0	0,0	0,0	0,0	1,3	0,0
NW	5,5	1,1	2,6	0,0	2,8	0,0	21,3	8,6
w.n./k.A	14,2	13,4	7,9	18,2	12,5	0,0	36,7	65,7
n	253	351	38	11	72	1	150	140

Anmerkungen: RW: Wahlabsicht Ratswahl, WG: Wählergruppen, NW: Nichtwähler, w.n.: weiß nicht, k.A.: keine Angabe.

Quelle: Bürgerumfrage, Frage Nr. 4 und Nr. 19.

Die Mehrheit der Parteigebundenen unterstützt bei der Ratswahl die eigene Partei. Die zweitgrößte Gruppe bilden die Parteianhänger, die zum Zeitpunkt der Befragung noch unentschlossen sind bzw. angeben, nicht wählen gehen zu wollen. Der Anteil derjenigen, die abweichend von ihrer langfristigen Parteiidentifikation ihre Stimme einer anderen Partei oder Wählergruppe geben wollen, ist dagegen sehr gering. Schließlich ist ein deutlicher Zusammenhang zwischen einer fehlenden Parteibindung und der Unentschlossenheit bzw. der beabsichtigten Nichtwahl festzustellen, auch wenn ein Teil der Nichtgebundenen durch eine der Parteien mobilisiert werden kann. Im Vergleich der Parteien fällt der Zusammenhang zwischen der SPD-Parteibindung und der Wahlabsicht niedriger aus als bei der CDU. In den vier Fallstädten lag der Anteil der im Sinne ihrer Parteibindung abstimmenden Wähler bei 65% bis 70% gegenüber 80% bis 86% bei der CDU. Noch schwächer ausgeprägt sind die Zusammenhänge bei den kleineren Parteien, wobei allerdings die teilweise geringen Fallzahlen der Interpretation Grenzen setzen. Im Vergleich der Kommunen zeigen sich nur geringe Unterschiede, die in den Großstädten zu Lasten der Mobilisierung der SPD-Anhänger gehen.

Die Parteiorientierung ist ein zentraler Einflussfaktor für das Wahlverhalten.[26] Allerdings ist die Stärke des Einflusses je nach Partei unterschiedlich. Zudem ist das lokale Kräfteverhältnis zwischen den Anhängern der Parteien als Ausgangsbasis zu berücksichtigen. In Duisburg, Essen und Hün-

---

26 Zum Einfluss der Parteiorientierung vgl. im Hinblick auf Ratswahlen Marcinkowski 2001: 14ff und Gabriel 1997: 159ff. sowie für Bürgermeisterwahlen Biege u.a. 1978: 144ff. Übereinstimmend wird ein niedrigerer Einfluss der Parteibindung bei Kommunalwahlen festgestellt. Dabei bleibt allerdings die Frage offen, ob damit Raum für kommunale Themen- und Kandidateneffekte oder für bundespolitische Einflüsse auf die Wählermobilisierung verbunden sind.

xe verfügt die SPD über eine Mehrheit unter den Parteigebundenen, wobei diese in Essen nur knapp ausfällt, während in Xanten die CDU-Anhänger dominieren. In allen Fallstudienstädten konnte die SPD ihre Anhänger relativ schlecht mobilisieren. Es ist davon auszugehen, dass diese mangelnde Ausschöpfung des Wählerpotenzials auf einen einheitlichen Trend zu Lasten der SPD als Regierungspartei im Bund zurückzuführen ist. Die Handlungsweise eines Teils der SPD-Parteigebundenen, zwar nicht eine andere Partei zu wählen, aber der Wahl fern zu bleiben, hat den Wahlausgang in Abhängigkeit vom lokalen Kräfteverhältnis der Parteien wesentlich bestimmt. Bezogen auf die Wahlabsicht konnte die SPD in Duisburg und Hünxe ihre Mehrheit behaupten. Vor dem Hintergrund der knappen Ausgangslage in Essen führte das Mobilisierungsdefizit der SPD zu einem Vorsprung der CDU bei der Ratswahlabsicht. In Xanten schließlich war die Vorherrschaft der CDU bereits aufgrund ihrer strukturellen Mehrheit unter den Parteianhängern sicher.

Im Vergleich zur Ratswahl ist der Einfluss der Parteibindung auf die beabsichtigte Wahlentscheidung bei der Bürgermeisterwahl deutlich geringer. Für die einzelnen Bewerber wirkte sich vor allem der hohe Anteil von zwar parteigebundenen, aber noch unentschlossenen Personen aus. Soweit die Anhänger der beiden Großparteien sich bereits entschlossen hatten, unterstützten sie in der Regel den Kandidaten der eigenen Partei. Die Anhänger der kleineren Parteien – soweit diese überhaupt Bürgermeisterkandidaten aufgestellt hatten – entschieden sich häufig nicht für den eigenen Bewerber, sondern für einen der aussichtsreichen Kandidaten der Großparteien. Insgesamt zeigte sich, dass die Parteibindung keineswegs den Ausgang der Bürgermeisterwahl determinierte, sondern offensichtlich weitere Einflussfaktoren eine Rolle spielten.

Die Ergebnisse der Untersuchung des Faktors Parteiorientierung sprechen für die *Konvergenzhypothese*, nach der zumindest die Ratswahl 1999 in den vier untersuchten Fallstädten stark von gesamtsystemaren Einflüssen geprägt worden ist. Zum einen kann die Parteibindung insgesamt zu Recht als gesamtsystemarer Erklärungsgrund bezeichnet werden. Zum anderen zeigt sich ein starker Zusammenhang zwischen der Parteiidentifikation und der Wahlabsicht für die Ratswahl, der nur durch Mobilisierungsunterschiede im Sinne der Regierungs-Oppositionsthese abgeschwächt wird.

Demgegenüber fallen die Unterschiede zwischen der bundespolitischen und kommunalen Parteiorientierung, die für die *Differenzhypothese* sprechen, eher gering aus. Sie sind vor allem auf Unterschiede in der Gemeindegröße und im Parteiensystem zurückzuführen. Zudem determiniert die Parteibindung die Wahlabsicht bei der Ratswahl keineswegs vollständig. Insbesondere für das Wahlverhalten der noch Unentschlossenen und der Nichtparteigebundenen bleibt die Rolle von anderen Faktoren zu klären. Ebenso offen ist die Frage, durch welche Einflüsse die Bürgermeisterwahl bestimmt wurde.

3.2 Themenorientierung

Die Themenorientierung als kurzfristiger und möglicher kommunalspezifischer Einflussfaktor auf das Wahlverhalten kann unter mehreren Aspekten betrachtet werden.[27] Zum einen ist danach zu fragen, welche politischen Streitfragen (issues) von den Bürgern überhaupt wahrgenommen und als besonders wichtig angesehen werden. Zum anderen ist zu untersuchen, welcher Partei die Bürger jeweils die Kompetenz zur Lösung dieser wichtigen Probleme zuschreiben. Schließlich ist der Einfluss der Problemlösungskompetenz auf das beabsichtigte Wahlverhalten zu prüfen.

Zunächst wurde in den einzelnen Fallstädten mit Hilfe einer offenen Frage das wichtigste kommunale Problem aus der Sicht der Befragten ermittelt.

Tabelle 5: Wichtigstes kommunales Problem (in %)

Duisburg		Essen		Hünxe		Xanten	
Arbeitsmarkt- politik	37,8	Arbeitsmarkt- politik	17,2	Umweltpolitik	20,3	Stadtent- wicklung	13,4
Ausländerpolitik	9,2	Verkehrspolitik	12,0	Schulpolitik	14,3	Verkehrspolitik	9,7
Stadtent- wicklung	5,8	Stadtent- wicklung	11,4	Stadtent- wicklung	6,6	Finanzen/ Haushalt	9,5
Umweltpolitik	5,1	Finanzen/ Haushalt	4,2	Verkehrspolitik	5,6	Kinder-, Jugend- politik	8,7
Kinder-, Jugend- politik	3,9	Kinder-, Jugend- politik	4,2	Finanzen/ Haushalt	4,4	Umweltpolitik	8,3
Ordnungs-, Si- cherheitspolitik	3,2	Ordnungs-, Sicherheitspolitik	3,6	Kinder-, Jugend- politik	4,2	Arbeitsmarkt- politik	5,7
Verkehrspolitik	2,8	Sozialpolitik	3,2	Arbeitsmarkt- politik	3,3	Wirtschafts- politik	2,7
Finanzen/ Haushalt	2,6	Umweltpolitik	3,0	Seniorenpolitik	1,8	Schulpolitik	2,2
Schulpolitik	1,6	Ausländerpolitik	2,6	Wirtschafts- politik	1,7	Kulturpolitik	2,1
Wirtschafts- politik	1,4	Schulpolitik	1,9	Ordnungs-, Si- cherheitspolitik	1,2	Ordnungs-, Si- cherheitspolitik	1,7
Sonstiges	4,6	Sonstiges	7,8	Sonstiges	4,7	Sonstiges	6,2
w.n./k.A.	21,7	w.n./k.A.	29,0	w.n./k.A.	32,2	w.n./k.A.	30,0
n	2019		2056		1030		1016

Anmerkungen: w.n.: weiß nicht, k.A.: keine Angabe.
Quelle: Bürgerumfrage, Frage Nr. 7.

In Duisburg und Essen entfielen die meisten Antworten auf den Bereich der Arbeitsmarktpolitik. Obwohl hier nach dem wichtigsten kommunalen Problem gefragt worden war, entsprach dieses Ergebnis dem allgemeinen politi-

---

27 Zur Themenorientierung vgl. Gabriel 1997: 153; Kevenhörster 1976: 256f., 263ff; Klingemann 1976.

schen Trend. Nach der für das Bundesgebiet repräsentativen Erhebung der
Forschungsgruppe Wahlen für August 1999 bezeichneten sogar 70% der Befragten die Arbeitslosigkeit als das wichtigste Thema.[28] In den beiden unter-
suchten Ruhrgebietsgroßstädten überlagerten sich also der kommunale Pro-
blemdruck auf dem Arbeitsmarkt und die bundespolitische Relevanz des
Themas, das zu den parteipolitischen Streitfragen (position issues) auf der
Ebene der „großen" Politik zählt. In Hünxe und Xanten nahm dagegen die
Arbeitsmarkpolitik nur einen nachgeordneten Rang ein. Hier standen Themen
des Umweltschutzes und der Stadtentwicklung an der Spitze, die in beiden
Kommunen keine bundespolitischen, sondern konkrete kommunale bzw. lokale Bezüge hatten. In allen Untersuchungsstädten finden sich auf den Rängen zwei und drei weitere kommunale Politikfelder wie die Verkehrs-, die
Schul-, die Stadtentwicklungs- und die Haushaltspolitik. Lediglich die Aus-
länderpolitik, die in Duisburg Rang zwei einnimmt, spielte im August 1999
auch bundespolitisch eine Rolle (Rang vier mit 9% der Nennungen). Damit
stehen insbesondere in den kleineren Untersuchungsstädten eher allgemein
wünschenswerte Ziele (valence issues) auf der politischen Tagesordnung, die
auf der kommunalen Ebene nur in Einzelfällen wie beispielsweise im Fall der
Schulpolitik in Hünxe (Gesamtschule) zu parteipolitischen Konflikten führen,
in der Regel aber als sogenannte „Sachfragen" im Konsens gelöst werden.

Tabelle 6: Problemlösungskompetenz für das wichtigste kommunale
Problem (in %)

	Duisburg	Essen	Hünxe	Xanten
SPD	17,5	14,9	15,7	13,4
CDU	13,9	21,0	14,3	22,4
GRÜNE	3,2	5,0	7,2	2,5
FDP	0,3	0,5	0,9	0,4
WG	0,3	0,5	1,0	7,5
Sonstige	3,1	1,7	7,4	6,8
Mehrere Parteien	7,1	5,1	7,3	5,3
Keine Partei	26,2	23,3	15,2	16,6
w.n./k.A.	28,4	27,8	31,1	25,2
n	1580	1461	699	711

Anmerkungen: WG: Wählergruppen, w.n.: weiß nicht, k.A.: keine Angabe.
Quelle: Bürgerumfrage, Frage Nr. 7.

Die Befragten, die eine Angabe zum wichtigsten kommunalen Problem gemacht hatten, wurden anschließend um eine Einschätzung gebeten, welche
Partei, Wählergruppe oder Person ihrer Meinung nach dieses Problem am besten lösen könnte. In Essen und Xanten wird die höchste Problemlösungskom-

---

28 Vgl. Forschungsgruppe Wahlen: Politbarometer August 1999. Die 1288 Befragten
konnten ohne Vorgaben bis zu zwei Themen nennen.

petenz der CDU, in Duisburg der SPD zugesprochen. In Hünxe bestehen kaum Unterschiede zwischen den beiden Großparteien. Auffallend ist der hohe Anteil der Befragten, der keiner Partei die Lösung des wichtigsten kommunalen Problems zutraut. Dieser Vertrauensverlust ist in den beiden Großstädten am deutlichsten ausgeprägt. In den anderen beiden Untersuchungsstädten wird dagegen auch einzelnen Personen, insbesondere dem hauptamtlichen Bürgermeister in Hünxe und dem ehrenamtlichen Bürgermeister sowie dem Stadtdirektor in Xanten Kompetenz zur Lösung von Problemen zugesprochen – ein Zeichen für den stärkeren Personenbezug der Kommunalpolitik in kleineren Gemeinden. Schließlich ist bemerkenswert, dass ein Viertel bis ein Drittel der Befragten entweder keine Antwort weiß oder gibt, obwohl ein Problem als das wichtigste benannt worden ist. Inwieweit hier Schwierigkeiten bei der eindeutigen Zuordnung von Kompetenzen aufgrund gering ausgeprägter politischer Profile der Kommunalparteien oder der Sach- und Konsensorientierung in der Kommunalpolitik durchschlagen, muss offen bleiben.

Die Bestimmung der Problemlösungskompetenz für das wichtigste kommunale Problem hat den Nachteil, dass sie sich inhaltlich auf sehr unterschiedliche Themenfelder bezieht. Eine Differenzierung nach den verschiedenen als wichtig angesehenen Problemen führt jedoch zu sehr geringen Fallzahlen und kaum noch relevanten Aussagen zur Problemlösungskompetenz. Im Unterschied zu dieser „allgemeinen" Problemlösungskompetenz wurde daher noch ein zweiter Weg zur Bestimmung einer „speziellen" Problemlösungskompetenz beschritten.[29] Dazu wurden in der Befragung vier kommunale Politikbereiche vorgegeben. Die Personen, die das jeweilige Politikfeld als „sehr wichtig" oder „wichtig" einstuften, wurden wiederum gefragt, welche Partei, Wählergruppe oder Person ihrer Meinung nach die entsprechende Aufgabe am besten lösen könnte.

Tabelle 7: Problemlösungskompetenz für ausgewählte Politikfelder (in %)

a)   Sicherung und Schaffung von Arbeitsplätzen vor Ort

	Duisburg	Essen	Hünxe	Xanten
SPD	25,5	21,5	23,6	17,9
CDU	15,9	22,0	17,0	29,7
GRÜNE	0,9	0,9	0,3	0,9
FDP	0,2	0,8	0,8	0,2
WG	0,1	0,1	0,6	1,9
Sonstige	1,8	1,0	4,1	1,7
Mehrere Parteien	6,3	6,6	9,4	7,8
Keine Partei	19,8	20,8	14,0	13,2
w.n./k.A.	29,4	26,4	30,3	26,7
n	1946	1950	907	933

---

29   Vgl. zum Vorgehen Marcinkowski 2001: 16ff.

b) Umweltschutz vor Ort

	Duisburg	Essen	Hünxe	Xanten
SPD	16,7	11,7	12,6	10,5
CDU	9,4	9,8	9,3	16,4
GRÜNE	32,2	39,2	29,2	29,1
FDP	0,3	0,1	0,9	0,3
WG	0,1	0,0	0,6	5,8
Sonstige	1,2	0,9	3,0	1,1
Mehrere Parteien	7,4	7,2	10,1	6,4
Keine Partei	9,9	9,3	7,9	5,8
w.n./k.A.	22,8	21,8	26,3	24,6
n	1740	1662	870	755

c) Bekämpfung von Kriminalität und Gewalt in der Kommune

	Duisburg	Essen	Hünxe	Xanten
SPD	24,3	19,1	17,3	14,1
CDU	20,0	27,4	19,5	28,4
GRÜNE	0,8	1,4	0,3	0,9
FDP	0,2	0,5	0,6	0,3
WG	0,2	0,3	0,1	0,4
Sonstige	2,9	2,5	4,0	3,6
Mehrere Parteien	8,4	8,2	14,8	10,5
Keine Partei	12,9	12,9	9,7	10,5
w.n./k.A.	30,4	27,7	33,7	31,4
n	1814	1768	722	697

d) Zusammenleben von Deutschen und Ausländern in der Kommune

	Duisburg	Essen	Hünxe	Xanten
SPD	30,3	26,3	24,2	21,1
CDU	12,3	12,9	9,1	20,3
GRÜNE	5,8	11,2	7,9	5,0
FDP	0,4	0,5	0,8	0,2
WG	0,0	0,1	0,6	4,1
Sonstige	1,5	1,0	3,5	1,5
Mehrere Parteien	9,4	11,1	16,8	11,4
Keine Partei	13,0	12,7	6,5	9,6
w.n./k.A.	27,3	24,1	30,6	26,8
n	1498	1495	648	615

Anmerkungen: WG: Wählergruppen, w.n.: weiß nicht, k.A.: keine Angabe.
Quelle: Bürgerumfrage, Frage Nr. 8A, 8B, 8C und 8D.

Alle vier Themen werden von einer Mehrheit der Befragten als sehr wichtig oder wichtig angesehen. Dabei wird der Sicherung und Schaffung von Arbeitsplätzen in allen vier untersuchten Kommunen die höchste und dem Zusammenleben von Deutschen und Ausländern die niedrigste Bedeutung zugemessen. Auch bei der Zuordnung der Problemlösungskompetenz zeigen sich Unterschiede zwischen den Politikfeldern, die auf bestimmte Kompetenzprofile der Parteien schließen lassen. Zugleich treten aber auch Differenzen zwischen den Kommunen auf, wobei die unterschiedlichen lokalen Kräfteverhältnisse der Parteien zu berücksichtigen sind, wie sie bereits im Zusammenhang mit der Parteiorientierung erläutert wurden. Die Mehrheit der Befragten sprach in Duisburg und Hünxe der SPD, in Xanten aber der CDU die Kompetenz zur Schaffung und Sicherung von Arbeitsplätzen zu, während in Essen die SPD und die CDU fast gleichauf lagen. Diese Verteilung entspricht zum einen der allgemeinen Kompetenzvermutung zugunsten der SPD auf diesem Politikfeld, spiegelt zum anderen aber die Pattsituation unter den Anhängern der Großparteien in Essen und die strukturelle Mehrheitssituation der CDU-Parteigebundenen in Xanten wider. Einheitlich fiel demgegenüber die Kompetenzzuordnung bezüglich des Umweltschutzes aus. In allen Fallstädten nehmen die Grünen entsprechend ihrem allgemeinen Image als ökologisch ausgerichtete Partei den ersten Rang ein. Das Politikfeld Bekämpfung von Kriminalität und Gewalt bildet das Gegenstück zum Thema Arbeitsplätze. Aus der Sicht der Befragten in Essen und Xanten kann die CDU dieses Problem am besten lösen, während in Duisburg und Hünxe keine deutlichen Unterschiede zwischen den beiden Großparteien festzustellen sind, wobei in Duisburg die SPD und in Hünxe die CDU über einen knappen Vorsprung verfügen. Wie im Fall der Arbeitsmarktpolitik wirkt sich offensichtlich ein allgemeines Kompetenzprofil diesmal jedoch zugunsten der CDU aus, das durch die strukturelle Mehrheitssituation der SPD-Anhänger in Duisburg und Hünxe gefiltert wird. Bemerkenswert ist vor diesem Hintergrund der deutliche Kompetenzvorsprung der CDU in Essen. Ein fast einheitliches Bild zeigt sich schließlich bei der Gestaltung des Zusammenlebens von Deutschen und Ausländern. Die Mehrheit der Befragten traut der SPD eine Lösung dieses Problems zu, wobei die SPD in Xanten allerdings nur über einen sehr knappen Kompetenzvorsprung verfügt.

Insgesamt betrachtet entspricht die den einzelnen Parteien zugerechnete Problemlösungskompetenz in den hier ausgewählten Politikfeldern der Richtung nach den allgemeinen programmatischen Profilen. Offensichtlich werden zwischen den beiden Politikebenen keine grundsätzlichen Differenzierungen vorgenommen, sondern Vorstellungen von der Problemlösungskompetenz der Bundesparteien weitgehend auf die kommunale Ebene übertragen. Unterschiede in der Stärke der Problemlösungskompetenz einer Partei zwischen den Fallstädten spiegeln die verschieden hohen Anteile der Parteianhänger und damit die lokale Kräftekonstellation wider. Einschränkend ist anzumerken, dass eher „position" als „valence issues" untersucht wurden. Bei den weniger parteipolitisch umstrittenen Politikfeldern spielen im Unterschied zu programmatischen Profilen wahrscheinlich Kompetenzen zu pragmatischen Problemlösungen eine Rolle, die stärker kommunalspezifisch ausgerichtet sind.

Für die einzelnen Politikfelder wurde abschließend der Einfluss der Problemlösungskompetenz auf das beabsichtigte Wahlverhalten bei der Ratswahl überprüft, wobei auf die Dokumentation der einzelnen Kreuztabellen verzichtet wird. Am Beispiel des Themenbereichs Arbeitsmarktpolitik zeigt sich ein enger Zusammenhang: Wer von den Befragten die Schaffung von Arbeitsplätzen der SPD zutraut, beabsichtigt auch überwiegend die Wahl der SPD und wer die Lösungskompetenz der CDU zuschreibt, gibt zumeist an, bei der Ratswahl der CDU die Stimme geben zu wollen. Der Einfluss der Problemlösungskompetenz auf die SPD-Wahlabsicht ist dabei etwas schwächer ausgeprägt als bei der CDU, was auf den höheren Anteil an Nichtwählern und Unentschlossenen zurückzuführen ist. Unter den Nichtwählern finden sich darüber hinaus relativ viele Personen, die keiner Partei eine Lösung der Arbeitsplatzfrage zutrauen. Auch bei den anderen Politikfeldern (Umweltschutz, Kriminalitätsbekämpfung sowie Zusammenleben von Deutschen und Ausländern) lassen sich, wenn auch in schwächerer Ausprägung, Zusammenhänge zwischen der Problemlösungskompetenz und der Wahlabsicht feststellen.

Das Gesamtbild, das sich zur Themenorientierung des Wahlverhaltens bei der Ratswahl ergibt, fällt im Hinblick auf die beiden Ausgangshypothesen ambivalent aus.[30] Zum einen gibt es im Sinne der *Konvergenzhypothese* parteipolitisch strittige Themen wie die Bekämpfung der Arbeitslosigkeit, die insbesondere in den beiden untersuchten Großstädten als sehr wichtig angesehen werden und bei denen die Zuordnung der Problemlösungskompetenz weitgehend bundespolitischen Mustern folgt. Zwischen der Themenorientierung und dem Wahlverhalten besteht zwar ein deutlicher Zusammenhang, doch muss noch überprüft werden, inwieweit die Problemlösungskompetenz selbst von den Parteibindungen beeinflusst wird. Zum anderen stützt die Bedeutung einer Reihe von kommunalspezifischen Themen vor allem in den beiden kleineren Kommunen die *Differenzhypothese*. Allerdings stößt die Untersuchung der Problemlösungskompetenz auf methodische Schwierigkeiten, da sie sich gerade nicht an parteipolitischen Konfliktlagen, sondern eher an sachgerechten Lösungen und Konsensbeschaffung orientiert. In diesen Unterschieden zwischen der bundespolitischen und der kommunalen Ebene könnte ein Ansatzpunkt für eine ebenenbezogene Themenorientierung liegen.

3.3 Kandidatenorientierung

Bei der Untersuchung der Kandidatenorientierung als kurzfristig und kommunalspezifisch wirkender Einflussfaktor auf das Wahlverhalten wird ähn-

---

30 Zum Einfluss der Themenorientierung vgl. im Hinblick auf Ratswahlen Marcinkowski 2001: 16ff. und Busch 1997 sowie für Bürgermeisterwahlen Biege u.a. 1978: 131ff. und 142ff.

lich vorgegangen wie bei der Themenorientierung.[31] Im ersten Schritt ist zu klären, inwieweit Kandidaten für kommunale Mandate von den Bürgern überhaupt wahrgenommen werden. Als ein Kriterium kann dabei die namentliche Bekanntheit des Kandidaten gelten. Die darüber hinausgehende persönliche Bekanntschaft dürfte zwar in der Regel die Informationsbasis hinsichtlich eines Kandidaten verbreitern, ist aber wahrscheinlich nur für kleinere Gemeinden gegeben und wurde daher nicht weiterverfolgt. Unter der Voraussetzung der Bekanntheit eines Kandidaten wurde im nächsten Schritt die Beurteilung dieses Bewerbers erhoben. Dabei handelt es sich um eine allgemeine Einschätzung der Kandidaten aus der Sicht der Befragten. Eine differenzierte Erhebung unter Einbeziehung persönlicher und politischer Eigenschaften aller Kandidaten in den vier Fallstädten war im Rahmen dieser Untersuchung nicht möglich. Im letzten Schritt soll überprüft werden, inwieweit die Beurteilung der Kandidaten das beabsichtigte Wahlverhalten beeinflusst.

Um den Bekanntheitsgrad von Kommunalwahlkandidaten zu ermitteln, wurde zunächst ohne Antwortvorgaben nach den Namen von Kommunalpolitikern gefragt. Diese Frage war bewusst weit gefasst, wobei in Kauf genommen wurde, dass so auch nicht kandidierende Kommunalpolitiker genannt werden konnten. Bei der Einordnung der Ergebnisse ist sicherlich auch zu berücksichtigen, dass die Umfrage ungefähr vier Wochen vor der Wahl erfolgte und daher Auswirkungen des Wahlkampfes auf den Bekanntheitsgrad noch nicht voll erfasst wurden.

Die häufigsten Nennungen entfielen in allen vier Untersuchungsstädten auf die Bürgermeisterkandidaten der beiden Großparteien und die beiden von Parteien unterstützten Einzelbewerber in Duisburg und Hünxe. Darin spiegelt sich die Personalisierung des Kommunalwahlkampfes und die Konzentration auf die jeweils beiden aussichtsreichsten Bewerber um das Amt des Bürgermeisters wider. Ein Teil der Bürgermeisterkandidaten der kleineren Parteien und weitere Einzelbewerber für das Bürgermeisteramt zählten ebenfalls noch zu diesem Kreis der bekannten Kommunalpolitiker. Darüber hinaus waren einzelne Fraktionsvorsitzende und in Xanten der Stadtdirektor zumindest einem kleinen Teil der Befragten namentlich bekannt. Der Bekanntheitsgrad der überwiegenden Mehrheit der Kommunalpolitiker einschließlich von für den Rat kandidierenden Direkt- und Listenbewerbern lag jedoch unter 5%. Ob eine kleinräumige Befragung bezogen auf die einzelnen Direktwahlkreise innerhalb einer Kommune zu anderen Ergebnissen geführt hätte, muss offen bleiben. Die in der kommunalen Wahlforschung vielfach angenommene hohe Bekanntheit von Bewerbern für kommunale Mandate – als Voraussetzung für eine Personenorientierung des Wahlverhaltens – war jedenfalls selbst in den beiden kleinen Gemeinden nicht festzustellen.[32]

---

31 Zur Kandidatenorientierung vgl. Gabriel 1997: 152.
32 Zum geringen Bekanntheitsgrad von Kommunalpolitikern vgl. auch die ähnlichen Ergebnisse bei Vetter 1997: 25 und Gabriel 1997: 152.

Aufgrund der geringen Fallzahlen bekannter und damit auch bewerteter Ratskandidaten musste darauf verzichtet werden, den Einfluss der Kandidatenorientierung auf das beabsichtige Verhalten bei der Ratswahl weiter zu überprüfen. Statt dessen konzentriert sich die weitere Untersuchung auf die Bürgermeisterkandidaten und die Bürgermeisterwahl. Dazu wurde an anderer Stelle der Umfrage noch einmal gezielt, aber wiederum in offener Form danach gefragt, welche Bürgermeisterbewerber bekannt sind.

Tabelle 8: Bekanntheitsgrad der Bürgermeisterkandidaten (in %)

	Duisburg	Essen	Hünxe	Xanten
SPD-Kandidaten	37,5	45,4	39,9	67,4
CDU-Kandidaten		30,3		65,8
GRÜNEN-Kandidaten	2,3	8,0		
FDP-Kandidaten		13,8		8,9
EB	25,6	0,7	51,2	
EB	2,3			
EB	1,4			
n	2019	2056	1030	1016

Anmerkungen: EB: Einzelbewerber; w.n.: weiß nicht; k.A.: keine Angabe.
Der erste Einzelbewerber in Duisburg wurde von der CDU und der FDP unterstützt.
Der Einzelbewerber in Hünxe trat „aus dem Amt" an und wurde von der CDU, der FDP und der Wählergruppe unterstützt sowie von den Grünen empfohlen.
Quelle: Bürgerumfrage, Frage Nr. 15.

Auch hier ergeben sich differenzierte Bekanntheitswerte in Abhängigkeit von der Größe der nominierenden Partei, der Gemeindegröße und den Funktionen, welche die Kandidaten in der Kommunalpolitik wahrnehmen. Die höchsten Bekanntheitsgrade entfallen wiederum auf die Kandidaten der Großparteien und die beiden aussichtsreichen Einzelbewerber. Die Bekanntheit der SPD- und CDU-Kandidaten in Xanten ist besonders ausgeprägt. Zum einen handelt es sich um eine kleine Gemeinde mit entsprechender „Nähe" von Bürgern und Repräsentanten. Zum anderen wirkte sich offensichtlich der in Xanten besonders aufwändig und polarisierend geführte Wahlkampf aus. Ebenfalls hohe Werte sind in der zweiten kleinen Gemeinde Hünxe zu finden. Die Spitzenposition aller Kandidaten nimmt der aus dem Amt antretende hauptamtliche Bürgermeister ein. In den Großstädten liegt dagegen der Bekanntheitsgrad der Bewerber niedriger. Einen relativ hohen Wert kann jedoch der SPD-Kandidat in Essen als Europaabgeordneter aufweisen, während sein CDU-Konkurrent als Fraktionsvorsitzender weniger bekannt ist. Auch in Duisburg besteht ein Gefälle zwischen der SPD-Kandidatin und hauptamtlichen Bürgermeisterin sowie dem von der CDU und FDP unterstützten Bewerber, der zwar Funktionen als Hochschullehrer, aber keine kommunalpolitischen Erfahrungen aufweisen kann. Bei den Kandidaten der kleinen Parteien schwanken die Bekanntheitsgrade um 10%, liegen also nur wenig über den Anteilen der eigenen Parteianhängerschaft. Einzelbewerber, die nicht von einer Partei unterstützt werden, sind in der Bevölkerung namentlich weitgehend unbekannt.

Die Befragten, die den Namen eines Bürgermeisterkandidaten genannt hatten, wurden anschließend um eine Einschätzung des Bewerbers auf einer Dreier-Skala gebeten.

Tabelle 9:   Bewertung der Bürgermeisterkandidaten (in %)

a)   Duisburg

| | „Von diesem Kandidaten halte ich..." | | | | |
	viel	teils/teils	wenig	w.n./k.A.	n
SPD-Kandidatin	32,8	37,7	21,2	8,2	758
GRÜNEN-Kandidat	8,7	41,3	23,9	26,1	46
EB	32,0	30,8	14,7	22,5	516
EB	6,4	12,8	51,1	29,8	47
EB	10,7	21,4	50,0	17,9	28

Anmerkung: Der erste Einzelbewerber wurde von der CDU und der FDP unterstützt.

b)   Essen

| | „Von diesem Kandidaten halte ich..." | | | | |
	viel	teils/teils	wenig	w.n./k.A.	n
SPD-Kandidat	24,0	36,5	23,4	16	917
CDU-Kandidat	35,0	32,2	12,3	20,5	611
GRÜNEN-Kandidatin	26,5	32,7	19,1	21,6	162
FDP-Kandidatin	13,3	29,7	33,7	23,3	279
EB	33,3	13,3	40,0	13,3	15

c)   Hünxe

| | „Von diesem Kandidaten halte ich..." | | | | |
	viel	teils/teils	wenig	w.n./k.A.	n
SPD-Kandidat	27,7	33,3	11,7	27,3	411
EB	72,5	19,7	3,6	4,2	527

Anmerkung: Der Einzelbewerber trat „aus dem Amt" an und wurde von der CDU, der FDP und der Wählergruppe unterstützt sowie von den Grünen empfohlen.

d) Xanten

| | „Von diesem Kandidaten halte ich..." | | | | |
	viel	teils/teils	wenig	w.n./k.A.	n
SPD-Kandidat	53,3	32,4	9,1	5,2	685
CDU-Kandidat	36,5	30,3	14,2	19,0	669
FDP-Kandidat	4,4	11,1	63,3	21,1	90

Anmerkungen: EB: Einzelbewerber; w.n.: weiß nicht; k.A.: keine Angabe.

Quelle: Bürgerumfrage, Frage Nr. 15.

Auch die Bewertung der Bürgermeisterkandidaten fiel sehr unterschiedlich
aus, wobei sich zum einen die bereits genannten drei Einflussfaktoren bestätigen, zum anderen aber auch deutlich wird, dass Bekanntheit und Beliebtheit
selbstverständlich nicht deckungsgleich sind. Die SPD-Kandidaten schneiden
mit einer Ausnahme schlechter ab als die CDU-Konkurrenten. Die Befragten
halten mehrheitlich nur „teils/teils" etwas von den SPD-Bewerbern unabhängig vom Amtsbonus der SPD-Kandidatin als hauptamtliche Bürgermeisterin
in Duisburg oder der Funktion des SPD-Bewerbers in Essen als Europaabgeordneter. Eine Ausnahme bildet lediglich der mit einem Amtsbonus als ehrenamtlicher Bürgermeister antretende SPD-Kandidat in Xanten. Die absolute Mehrheit der Befragten hält von diesem Kandidaten „viel". Ob diese
Unterschiede auf persönliche Eigenschaften oder die Amtsführung der SPD-
Bewerber zurückzuführen sind oder ob der Bundestrend zu Lasten der SPD
auch auf die Bürgermeisterkandidaten durchschlägt, ist nicht endgültig zu
klären. Diese Frage gilt mit umgekehrten Vorzeichen für die überwiegend
positive Bewertung der beiden CDU-Kandidaten, zumal weder der in Essen
kandidierende Fraktionsvorsitzende noch der kommunalpolitisch unerfahrene
Bewerber in Xanten über den Amtsbonus der alten Doppel- oder der neuen
Einheitsspitze verfügen. Ebenfalls positiv ist das Bild der Befragten von den
beiden unechten Einzelbewerbern. Den Spitzenwert erzielt dabei der aus dem
Amt kandidierende hauptamtliche Bürgermeister in Hünxe. 72,5% der Befragten gaben an, von diesem Kandidaten „viel" zu halten. Von solchen Anteilen sind die Bewerber der kleineren Parteien weit entfernt. Sie erreichen
mehrheitlich mittlere (Grüne) bzw. geringe (FDP) Sympathiewerte. Eine Erklärung könnte im konkreten Kandidatenangebot oder in der allgemeinen
Aussichtslosigkeit der Kandidatur liegen. Auch die echten Einzelbewerber
werden von zum Teil absoluten Mehrheiten der Befragten als Bürgermeisterkandidaten wenig geschätzt.

Die Bewertungen der Bürgermeisterkandidaten müssen in doppelter Hinsicht relativiert werden. Einerseits ergeben sich Vor- oder Nachteile eines
Kandidaten erst im Vergleich zu dem jeweiligen Hauptkonkurrenten. Zum
anderen ist nicht nur der Anteil der Befragten mit positiver Beurteilung ausschlaggebend, sondern auch deren Relation zur Gesamtheit aller Befragten.
Eine entsprechende Berechnung ergibt für Duisburg beispielsweise, dass
12,3% aller Befragten (n = 2019) von der SPD-Bewerberin „viel" halten gegenüber einem Anteil von 8,2% für den CDU-Kandidaten. In Essen besteht
demgegenüber ein Patt zwischen den Bewerbern der Großparteien (10,7%
SPD zu 10,4% CDU). In beiden Fällen spiegeln sich die Kräfteverhältnisse
unter den Parteianhängern wider (Duisburg: SPD-Dominanz; Essen: Patt),
was auf einen Einfluss der Parteibindung schließen lässt. In Hünxe beträgt
der Vorsprung des Einzelbewerbers 37,1% gegenüber 11,1% für den SPD-
Kandidaten, während in Xanten der SPD-Bewerber mit 35,9% gegenüber
24,0% für den CDU-Kandidaten in Front liegt. In beiden kleinen Gemeinden
wirken sich offensichtlich neben dem Amtsbonus der in Führung liegenden

Bewerber die Besonderheiten der Kandidatenkonstellation aus. Der Verzicht der CDU, der Grünen, der FDP und der Wählergruppe in Hünxe sowie der Grünen und der Wählergruppe in Xanten auf eigene Kandidaturen hat zur Folge, dass die Anhänger dieser Parteien und Gruppen ihre Sympathie zu Gunsten anderer Bewerber bekunden und damit deren Anhängerschaft vergrößern. Dieses führt letztlich dazu, dass die Kräftekonstellation bei der Unterstützung der Bürgermeisterkandidaten (Hünxe: Einzelbewerber, Xanten: SPD) von der unter den Parteianhängern (Hünxe: SPD, Xanten: CDU) abweicht.

Abschließend soll der Einfluss der Bewertung der Bürgermeisterkandidaten auf die beabsichtigte Bürgermeisterwahl untersucht werden,[33] wobei nur die Ergebnisse für die beiden Hauptkonkurrenten jeder Untersuchungsgemeinde präsentiert werden.

Tabelle 10: Zusammenhang zwischen der Bewertung ausgewählter Bürgermeisterkandidaten und der Bürgermeisterwahl 1999 (in %)

a)   Duisburg

BM 1999	Bewertung der SPD-Kandidatin				Bewertung des Einzelbewerbers			
	viel	teils/teils	wenig	w.n./k.A.	viel	teils/teils	wenig	w.n./k.A.
SPD-Kandidatin	73,5	32,9	4,3	14,5	6,1	35,8	68,4	33,6
GRÜNEN-Kandidat	0,8	1,7	3,1	0,0	0,0	1,3	9,2	0,0
EB	7,6	23,1	49,7	14,5	80,6	37,1	1,3	14,7
EB	0,0	0,0	0,0	1,6	0,0	0,0	0,0	0,0
EB	0,0	0,0	0,6	0,0	0,0	0,0	0,0	0,0
Sonstige	0,0	1,7	1,2	0,0	0,0	0,6	0,0	0,9
NW	1,6	1,7	3,7	3,2	0,0	1,3	2,6	3,4
w.n./k.A.	16,5	38,8	37,3	66,1	13,3	23,9	18,4	47,4
n	249	286	161	62	165	159	76	116

Anmerkung: Der Einzelbewerber wurde von der CDU und der FDP unterstützt.

---

33   Vergleichbare empirische Studien zu den Kandidateneffekten bei Kommunalwahlen liegen bisher kaum vor. Marcinkowski (2001: 24) und Biege u.a. (1978: 149ff.) analysieren den Zusammenhang zwischen allgemein erwünschten Bürgermeisterprofilen und Wahlabsichten, nicht aber den Einfluss der spezifischen Beurteilung der Bürgermeisterkandidaten und ihrer persönlichen Eigenschaften. Zu den Kandidateneffekten bei Ratswahlsystemen mit Kumulieren und Panaschieren vgl. Henke 1997, Mielke/Eith 1994 und Löffler/Rogg 1985.

b) Essen

BM 1999	Bewertung des SPD-Kandidaten				Bewertung des CDU-Kandidaten			
	viel	teils/teils	wenig	w.n./k.A.	viel	teils/teils	wenig	w.n./k.A.
SPD-Kandidat	71,4	25,4	2,8	14,3	7,9	24,9	45,3	22,4
CDU-Kandidat	8,2	32,8	60,0	23,8	80,4	43,1	4,0	30,4
GRÜNEN-Kandidatin	1,8	6,0	6,0	2,0	0,0	5,6	14,7	4,0
FDP-Kandidatin	0,5	1,2	1,4	0,0	0,9	1,5	0,0	0,8
EB	0,0	0,9	0,9	1,4	0,5	0,5	1,3	0,0
Sonstige	0,0	0,9	2,8	0,0	0,5	0,5	0,0	1,6
NW	2,7	0,6	6,5	6,8	0,0	2,0	9,3	4,0
w.n./k.A.	15,4	32,3	19,6	51,7	9,8	21,9	25,3	36,8
n	220	335	215	147	214	197	75	125

c) Hünxe

BM 1999	Bewertung des SPD-Kandidaten				Bewertung des Einzelbewerbers			
	viel	teils/teils	wenig	w.n./k.A.	viel	teils/teils	wenig	w.n./k.A.
SPD-Kandidat	47,4	13,9	0,0	5,4	7,6	20,2	52,6	0,0
EB	22,8	73,0	89,6	64,3	80,4	36,5	0,0	36,4
Sonstige	3,5	0,0	2,1	0,9	0,5	2,9	0,0	0,0
NW	1,8	0,7	0,0	1,8	0,3	3,8	10,5	4,5
w.n./k.A.	24,5	12,4	8,4	27,7	11,2	36,5	36,8	59,1
n	114	137	48	112	382	104	19	22

Anmerkung: Der Einzelbewerber trat „aus dem Amt" an und wurde von der CDU, der FDP und der Wählergruppe unterstützt sowie von den Grünen empfohlen.

d) Xanten

BM 1999	Bewertung des SPD-Kandidaten				Bewertung des CDU-Kandidaten			
	viel	teils/teils	wenig	w.n./k.A.	viel	teils/teils	wenig	w.n./k.A.
SPD-Kandidat	61,9	22,1	1,6	13,9	9,0	39,9	78,9	44,9
CDU-Kandidat	17,3	53,2	69,4	27,8	77,0	29,6	3,2	15,7
FDP-andidat	0,3	0,0	0,0	0,0	0,3	0,0	0,0	0,0
Sonstige	0,3	0,9	0,0	0,0	0,3	1,0	1,1	0,0
NW	0,8	2,3	9,7	2,8	0,4	2,0	5,3	3,1
w.n./k.A.	19,5	21,7	19,3	55,6	13,1	27,6	11,6	36,2
n	365	222	62	36	244	203	95	127

Anmerkungen: BM: Wahlabsicht Bürgermeisterwahl, NW: Nichtwähler, w.n.: weiß nicht, k.A.: keine Angabe.
Quelle: Bürgerumfrage, Frage Nr. 15 und Nr. 15B.

Wie die Tabellen für alle Fallstädte verdeutlichen, beeinflusst die Bewertung der Kandidaten für das Bürgermeisteramt relativ stark die Wahlabsicht bei der Bürgermeisterwahl, d.h. wer „viel" von einem Kandidaten hält, beabsichtigt in der Regel auch, ihn zu wählen. Graduelle Unterschiede bestehen jedoch zwischen den beiden Großparteien. Befragte, welche die CDU-Kandidaten und die von der CDU unterstützten Einzelbewerber in Duisburg und Hünxe positiv bewerten, sind in hohem Maße bereit, diese Kandidaten auch zu wählen. Demgegenüber fällt die Bereitschaft zur Wahl der positiv bewerteten SPD-Kandidaten, insbesondere der Kandidaten in Hünxe und Xanten, geringer aus. Zur Erklärung können der allgemeine Trend und die Gemeindegröße herangezogen werden. In den beiden Großstädten scheint die SPD besonders stark von der Unentschlossenheit bzw. der Wahlenthaltung ihrer Anhängerschaft aus bundespolitischen Gründen betroffen zu sein. In den beiden kleineren Gemeinden ist über diesen Bundestrend hinaus auch eine größere Flexibilität der Wähler zu erkennen, trotz der Sympathie für einen SPD-Kandidaten auch seinen jeweiligen Gegenspieler, also den als hauptamtlichen Bürgermeister kandidierenden Einzelbewerber in Hünxe und den CDU-Kandidaten in Xanten, zu wählen. Diese Beispiele zeigen noch einmal, dass auch die positive Bewertung eines Kandidaten noch keine Garantie für seine Wahl darstellt.

Insgesamt erweist sich die Erklärung des Wahlverhaltens bei der Bürgermeisterwahl als sehr komplex. Nicht nur wirken mehrere Faktoren auf die Kandidatenorientierung ein, sondern diese Einflüsse sind auch nach Fallstädten, Parteien und Kandidaten unterschiedlich wirksam. Die *Konvergenzhypothese* wird daher nur bedingt gestützt. Zum einen wirkt sich der negative allgemeine Trend gegen die SPD auch auf die Beurteilung der SPD-Bürgermeisterkandidaten und die Stärke des Einflusses der Kandidatenorientierung auf das Wahlverhalten aus. Zum anderen konnte für die beiden untersuchten Großstädte ein Zusammenhang zwischen dem Kräfteverhältnis der Parteianhänger und der Verteilung der Sympathie auf die Kandidaten von SPD und CDU festgestellt werden.

Doch abgesehen von diesen Einwänden gegen eine kommunalspezifische Kandidatenorientierung des Wahlverhaltens wurde weitgehend die *Differenzhypothese* bestätigt. Allerdings muss die These von der Personenorientierung der Bürgermeisterwahl modifiziert und mit einer Reihe von Bedingungsfaktoren verknüpft werden. So ist die Bekanntheit eines Kandidaten davon abhängig, ob er für eine Großpartei antritt, in einer kleinen Gemeinde kandidiert und über einen Amtsbonus oder andere kommunalpolitische und öffentlichkeitswirksame Funktionen verfügt. Die Beurteilung eines Bewerbers kann ebenfalls durch einen Amtsbonus positiv beeinflusst werden. Der Anteil der Sympathisanten hängt auch von der Kandidatenkonstellation ab und wird insbesondere durch den Verzicht anderer Parteien oder Wählergruppen auf eigene Bewerber vergrößert. Schließlich treten alle diese Einflüsse in kleineren Kommunen mit ihrer besonderen Nähe von Wählerschaft und Repräsentanten eher in Erscheinung als in Großstädten.

Der unechte Einzelbewerber in Hünxe bringt fast alle Voraussetzungen für eine Personenorientierung mit. Er tritt als hauptamtlicher Bürgermeister mit einem Amtsbonus in einer kleinen Gemeinde an, ist parteilos, wird aber von einer Großpartei unterstützt, die wie auch alle kleineren Parteien auf eine eigene Kandidatur verzichtet. Der unechte Einzelbewerber in Duisburg wurde zwar auch von einer Großpartei getragen, verfügte jedoch über keine kommunalpolitische Erfahrung und Bekanntheit und konnte unter Großstadtbedingungen den Kreis der Sympathisanten nicht entscheidend ausweiten. Bei den Parteibewerbern in den Großstädten gleichen sich Vor- und Nachteile im Bekanntheitsgrad, der Beurteilung und des Einflusses der Kandidatenorientierung aus. Demgegenüber sind bei dem SPD-Kandidaten in Hünxe eher negative Personeneffekte festzustellen, während der SPD-Bewerber in Xanten zwar über einen hohen Bekanntheitsgrad und relativ viel Sympathien verfügt, diese Vorteile aber von dem CDU-Konkurrenten in anderen Bereichen wettgemacht werden. Keine Ansatzpunkte für eine ausgeprägte Kandidatenorientierung im Hinblick auf Bekanntheitsgrad und Beurteilung konnte bei den Bewerbern der kleineren Parteien und den echten Einzelbewerbern festgestellt werden.

3.4 Gesamtmodell für die Rats- und Bürgermeisterwahl

Bisher wurden lediglich einzelne Einflussfaktoren auf das Wahlverhalten betrachtet. Dabei konnte bereits festgestellt werden, dass sowohl die Themenorientierung als auch die Kandidatenorientierung zumindest teilweise von der Kräftekonstellation der Parteianhänger und damit von der Parteibindung beeinflusst wurden. Offen geblieben ist auch die Frage nach der relativen Stärke des Einflusses der untersuchten Faktoren. Wie mehrere Effekte getrennt und ihre Größe bestimmt werden kann, wird in der Wahlforschung nach wie vor diskutiert.[34]

Hier soll für die Analyse der Rats- und Bürgermeisterwahl in NRW 1999 einer der möglichen Wege zur Schätzung der relativen Effekte von Partei-, Themen- und Kandidatenorientierung gegangen werden.[35] Dabei wird ein lineares Regressionsverfahren mit mehreren Variablen angewendet. Als Maßstab für die Stärke des Einflusses einzelner Faktoren dient die Höhe bzw. der Zuwachs des Determinationskoeffizienten (r^2) bei Aufnahme in das Regressionsmodell. Als Besonderheit wird eine zweifache Schätzung der Einflussgröße einzelner Variablen vorgenommen. Die optimistische Schätzung bezieht sich auf den Effekt, den eine Variable ohne Wechseleinflüsse anderer

---

34 Zur aktuellen Diskussion zum Einfluss der Kandidatenorientierung bei der Bundestagswahl 1998 vgl. z.B. Brettschneider 2001; Klein/Ohr 2000; Brettschneider 1998; Gabriel/Brettschneider 1998.
35 Zum folgenden Verfahren vgl. Jagodzinski/Kühnel 1990.

Faktoren hervorruft. Durch die Isolierung der Variablen wird der tatsächliche
Effekt eher überschätzt. Die pessimistische Schätzung bezieht alle relevanten
Faktoren in das Modell ein und schätzt erst dann den Effekt der zu untersu-
chenden Variablen. Dabei wird der tatsächliche Effekt aufgrund der oft vorhandenen Beziehungen der Variablen untereinander eher unterschätzt. Eine
realistische Effektgröße dürfte also zwischen den beiden geschätzten Werten
liegen.

In das Gesamtmodell gehen als unabhängige Variablen die Parteiorientierung[36] (kommunale Parteibindung), die allgemeine Themenorientierung[37]
(Problemlösungskompetenz für das wichtigste Problem), die spezielle Themenorientierung[38] (Problemlösungskompetenz für vier ausgewählte Politikfelder) und die Kandidatenorientierung[39] (Beurteilung ausgewählter Bürgermeisterkandidaten) ein. Die abhängigen Variablen bilden zum einen die beabsichtigte Ratswahl und zum anderen die Bürgermeisterwahl.[40] In die Analyse konnten aus methodischen und praktischen Gründen nur die SPD und
die CDU einbezogen werden. Im Folgenden werden jeweils unterschiedliche
multivariate lineare Regressionsmodelle vorgestellt, bei denen die schrittwei-
se Einbeziehung von bis zu drei Variablen erfolgt.

---

36 Parteiorientierung: CDU: -1, sonstige Parteien, keine Parteibindung, w.n./k.A.: 0,
    SPD: +1. Die Vorzeichen sind ohne inhaltliche oder wertende Bedeutung.
37 Allgemeine Themenorientierung: CDU: -1, sonstige Parteien, w.n./k.A.: 0, SPD: +1.
38 Spezielle Themenorientierung: Summe der Beträge für vier Politikfelder: CDU: -4 bis
    SPD: +4. Der Wert 4 bedeutet, dass die Problemlösungskompetenz für alle vier Pro-
    bleme einer Partei zugeordnet wurde.
39 Kandidatenorientierung: zunächst Beurteilung der Kandidaten auf einer Dreier-Skala,
    SPD: „viel": +1 bis „wenig": -1, CDU: „viel": -1 bis „wenig: +1, dann Zusammenfas-
    sung zu einer Skala: CDU -2 bis SPD +2. Der Wert 2 bedeutet, dass von einem Kan-
    didaten „viel" und zugleich von dem Konkurrenten „wenig" gehalten wird.
40 Die Rats- und Bürgermeisterwahlabsicht wurde getrennt für die SPD und die CDU di-
    chotomisiert: SPD: 1, alle anderen Parteien, w.n./k.A.: 0; CDU: 1, alle anderen Partei-
    en, w.n./k.A.: 0. Für die Bürgermeisterwahl wurden die unechten Einzelbewerber in
    Duisburg und Hünxe aufgrund der Unterstützung durch die CDU wie CDU-
    Kandidaten codiert.

Tabelle 11: Einfluss von Partei-, Themen- und Kandidatenorientierung auf die Ratswahl 1999

a) Duisburg

Modell	Variable	SPD			CDU		
		Beta	r²	Zunahme r²	Beta	r²	Zunahme r²
1	Parteiorientierung	.554	.306		-.633	.401	
2	Parteiorientierung	.397	.362		-.484	.451	
	spezielle Themenorientierung	.282		.055	-.269		.050
3	Parteiorientierung	.384	.369		-.470	.456	
	spezielle Themenorientierung	.265			-.230		
	Kandidatenorientierung	.092		.008			
	allgemeine Themenorientierung				-.087		.005

b) Essen

Modell	Variable	SPD			CDU		
		Beta	r²	Zunahme r²	Beta	r²	Zunahme r²
1	Parteiorientierung	.574	.329		-.652	.426	
2	Parteiorientierung	.427	.371		-.505	.467	
	spezielle Themenorientierung	.250		.041	-.251		.041
3	Parteiorientierung	.416	.373		-.478	.480	
	spezielle Themenorientierung	.239			-.223		
	Kandidatenorientierung	.050		.002	-.123		.013

c) Hünxe

Modell	Variable	SPD			CDU		
		Beta	r²	Zunahme r²	Beta	r²	Zunahme r²
1	Parteiorientierung	.605	.366		-.630	.397	
2	Parteiorientierung	.504	.386		-.544	.412	
	spezielle Themenorientierung	.173		.020	-.147		.014
3	Parteiorientierung	.479	.394		-.539	.420	
	spezielle Themenorientierung	.144			-.138		
	Kandidatenorientierung				-.092		.008
	allgemeine Themenorientierung	.103		.008			

d) Xanten

Mo-dell	Variable	SPD Beta	r^2	Zunahme r^2	CDU Beta	r^2	Zunahme r^2
1	Parteiorientierung	.598	.357		-.649	.421	
2	Parteiorientierung	.481	.378		-.486	.461	
	spezielle Themenorientierung	.185		.021	-.258		.040
3	Parteiorientierung	.440	.392		-.449	.472	
	spezielle Themenorientierung	.161			-.236		
	Kandidatenorientierung	.131		.014	-.118		.011

Anmerkungen:
Der Determinationskoeffizient „r^2" informiert über die Stärke des Zusammenhanges zwischen einer oder mehreren unabhängigen Variablen und einer abhängigen Variable. Der Koeffizient kann Werte zwischen 0 und 1 annehmen, wobei ein Wert von z.B. 0,306 besagt, dass 30,6% der Varianz der abhängigen Variablen durch die unabhängige(n) Variablen „erklärt" wird.

Der standardisierte Regressionskoeffizient „Beta" informiert über die relative Stärke und Richtung des Einflusses einer unabhängigen Variablen in bezug auf eine abhängige Variable unter Einbeziehung weiterer unabhängiger Variablen.

Quelle: Eigene Berechnungen.

Der einflussstärkste Faktor in allen Modellen für die Ratswahl ist die Parteiorientierung, die zwischen 0,31 (erklärte Varianz: 31%) und 0,43 (erklärte Varianz: 43%) liegt. Der Einfluss auf Seiten der CDU ist höher, während auf Seiten der SPD die Erklärungskraft der Variablen in den kleineren Gemeinden höher als in den Großstädten ist. Hintergrund sind die hohen Anteile Unentschlossener und Nichtwähler unter den SPD-Anhängern in den Großstädten, die den Einfluss der Parteibindung verringern. Damit zeigt sich einmal mehr die negative Bedeutung des bundespolitischen Trends für die SPD. Als zweiter Faktor wird die spezielle Themenorientierung in das Modell aufgenommen. Doch bleibt die zusätzliche Varianzreduktion sehr gering (1% bis 6%). Erst bei einem Drei-Faktoren-Modell ist ein Einfluss der Kandidatenorientierung festzustellen, wobei es sich hier um den Zusammenhang zwischen der Beurteilung von Bürgermeisterkandidaten und der beabsichtigen Ratswahl handelt. Nach pessimistischer Schätzung ist der zusätzliche Einfluss der Kandidatenorientierung sehr gering (um 1%). Für die CDU in Duisburg und die SPD in Hünxe rückt sogar die allgemeine Themenorientierung an die Stelle der Kandidatenorientierung. Über die präsentierten Ergebnisse hinaus wurde auch die optimistische Schätzung nur für die Kandidatenorientierung ohne andere Faktoren berechnet. Dabei ergaben sich Erklärungen der Varianz zwischen 6% und 16%. Lediglich in Hünxe ist aufgrund der besonderen Kandidatenkonstellation kaum eine Wirkung auf die Ratswahl festzustellen. Relativ starke Effekte zeigen sich in Essen zugunsten des CDU-

Bewerbers und in Xanten bei beiden Kandidaten. Zusammenfassend kann die Ratswahl als eine Parteienwahl charakterisiert werden, bei welcher der Einfluss der Bürgermeisterkandidaten auf die Wahlabsicht gering bleibt.[41]

Tabelle 12: Einfluss von Partei-, Themen- und Kandidatenorientierung auf die Bürgermeisterwahl 1999

a)   Duisburg

Mo-dell	Variable	SPD-Kandidatin			Einzelbewerber		
		Beta	r^2	Zu-nahme r^2	Beta	r^2	Zu-nahme r^2
1	Kandidatenorientierung	.436	.190		-.488	.238	
2	Kandidatenorientierung	.374	.240		-.431	.285	
	Parteiorientierung	.231		.049	-.225		.047
3	Kandidatenorientierung	.358	.255		-.421	.290	
	Parteiorientierung	.147			-.196		
	spezielle Themenorientierung	.154		.015			
	allgemeine Themenorientierung				-.077		.005

Anmerkung: Der Einzelbewerber wurde von der CDU und der FDP unterstützt.

b)   Essen

Mo-dell	Variable	SPD-Kandidat			CDU-Kandidat		
		Beta	r^2	Zu-nahme r^2	Beta	r^2	Zu-nahme r^2
1	Kandidatenorientierung	.404	.163		-.501	.251	
2	Kandidatenorientierung	.325	.206		-.379	.353	
	Parteiorientierung	.221		.043	-.342		.102
3	Kandidatenorientierung	.310	.210		-.355	.366	
	Parteiorientierung	.177			-.288		
	spezielle Themenorientierung	.084		.004			
	allgemeine Themenorientierung				-.132		.013

---

41   Vgl. aber die Ergebnisse der multivariaten Analyse von Marcinkowski 2001: 27ff., der für die Ratswahl im ersten Modell ähnlich starke Einflüsse der Parteiidentifikation, im zweiten Modell aber relativ starke Kandidateneffekte feststellt. Allerdings setzt Marcinkowski dabei die Bürgermeisterkandidatenpräferenz mit der Wahlabsicht für die Bürgermeisterwahl gleich. Vgl. auch die Ergebnisse bei Gabriel 1997: 161ff., der die subjektive Einschätzung der Partei-, Themen- und Kandidatenorientierung mit Hilfe einer Diskriminanzanalyse analysiert.

c) Hünxe

Mo dell	Variable	SPD-Kandidat			Einzelbewerber		
		Beta	r^2	Zu- nahme r^2	Beta	r^2	Zunahme r^2
1	Kandidatenorientierung	.330	.109		-.661	.437	
2	Kandidatenorientierung	.310	.137				
	Parteiorientierung	.169		.028			
3	Kandidatenorientierung	.305	.144				
	Parteiorientierung	.133					
	allgemeine Themenorientierung	.089		.007			

Anmerkung: Der Einzelbewerber trat „aus dem Amt" an und wurde von der CDU, der FDP und der Wählergruppe unterstützt sowie von den Grünen empfohlen.

d) Xanten

Mo dell	Variable	SPD-Kandidat			CDU-Kandidat		
		Beta	r^2	Zu- nahme r^2	Beta	r^2	Zu- nahme r^2
1	Kandidatenorientierung	.575	.331		-.529	.280	
2	Kandidatenorientierung	.475	.376		-.389	.367	
	Parteiorientierung	.234		.045	-.327		.087
3	Kandidatenorientierung	.465	.379		-.354	.390	
	Parteiorientierung	.187			-.259		
	spezielle Themenorientierung	.081		.004			
	allgemeine Themenorientierung				-.176		.023

Quelle: eigene Berechnungen.

Die Gesamtmodelle für die Bürgermeisterwahl zeigen ein anderes Bild als für die Ratswahl. Der stärkste Einfluss geht von der Kandidatenorientierung aus, die bei dieser zugleich optimistischen Schätzung zwischen 11% und 44% der Gesamtvarianz erklärt. Er wird teilweise überlagert von dem Einfluss des Bundestrends in Verbindung mit der Gemeindegröße. So zeigen sich für die SPD-Bewerber in Duisburg und Essen niedrigere Koeffizienten als bei ihren CDU-Konkurrenten. Hohe Personeneffekte sind dagegen in den kleineren Kommunen bei dem unechten Einzelbewerber in Hünxe und den beiden Bewerbern in Xanten festzustellen. Die Parteiorientierung spielt mit Ausnahme der SPD in Duisburg erst im zweiten Modellschritt eine Rolle. Ihre Effektstärke liegt zwischen 2% und 10% und ist wiederum auf Seiten der SPD schwächer ausgeprägt. In Hünxe ist infolge der Kandidatenkonstellation kein weiterer signifikanter Einflussfaktor neben der Kandidatenorientierung festzustellen. Bei der optimistischen Variante zur Bestimmung des Effektes der Parteiorientierung ergeben sich Werte zwischen 1% (Hünxe) und 24% (Xanten). Die Stärke der Einflüsse fällt wiederum für die SPD etwas niedriger aus als für die CDU und ist in kleineren Gemeinden höher als in Großstädten. Um zu einer pessimistischen Einschätzung der Effektstärke der Kandidatenorientierung zu gelangen, kann auf der zweiten Modellstufe das Zusammentreffen von Kandidaten- und Parteiorientierung betrachtet werden. Anhand der Beta-Koeffizienten ist festzustellen, dass sich der Kandidateneinfluss zwar relativiert, aber immer noch doppelt so stark bis gleich stark wie der Einfluss durch die Parteiorientierung ist. Insgesamt betrachtet stellt die Bürgermeisterwahl eine Mischung aus Parteien- und Personenwahl dar, bei der unter bestimmten Bedingungen die Kandidatenorientierung dominiert, aber auch Einflüsse der Parteiorientierung und Auswirkungen der Bundespolitik erkennbar sind.[42]

4. Resümee

Zu Beginn dieses Beitrages wurde gefragt, welchen Unterschied die Einführung der Direktwahl der hauptamtlichen Bürgermeister in NRW für das Wahlverhalten macht. Auf der Grundlage von den in Bürgerumfragen gewonnenen Individualdaten aus vier Fallstädten können nun erste Antworten und weiterführende Hypothesen formuliert werden. Sowohl bei der Untersuchung der Wählerbewegungen als auch der Einflussfaktoren auf das Wahlverhalten haben sich wesentliche Unterschiede zwischen der Ratswahl und der Bürgermeisterwahl ergeben.

Der wichtigste Unterschied besteht darin, dass die Bürgermeisterwahl stärker als die Ratswahl Merkmale eines kommunalspezifischen Wahlverhaltens aufweist. Bezogen auf die beiden Ausgangsthesen lautet das Ergebnis: Für die Ratswahl bestätigt sich eher die *Konvergenzhypothese*, nach der das Wahlverhalten bei Kommunalwahlen dem bei Bundestagswahlen ähnlich ist; für die Bürgermeisterwahl gilt eher die *Differenzhypothese*, die von wesentlichen Unterschieden im Wahlverhalten zwischen den Wahlebenen ausgeht. Diese Aussagen sind sicherlich insofern zugespitzt, als Konvergenz und Differenz zwei Pole eines Kontinuums darstellen, zwischen denen sich das tatsächliche Wahlverhalten bewegt. So waren auch bei dieser Analyse zumeist Argumente für die eine und zugleich die andere These zu finden. Al-

---

42 Vgl. in diesem Zusammenhang noch einmal die These von der „Sogwirkung" bei Marcinkowski 2001: 30, die sich nur auf die Modelle zur Ratswahl und nicht auf entsprechende Analysen zur Bürgermeisterwahl stützt. Die eigenen Untersuchungen zur Rats- und Bürgermeisterwahl lassen eher die Hypothese von der internen Wechselwahl plausibel erscheinen. Eine Sogwirkung dürfte vor allem bei den Wählern ohne eine Parteibindung festzustellen sein, wobei die Frage, ob die Ratswahlentscheidung die Bürgermeisterwahl beeinflusst oder umgekehrt, weiter ungeklärt ist.

lerdings konnten auch deutliche Schwerpunkte ausgemacht werden, wie gerade das Gesamtmodell unter Einbeziehung mehrerer Variablen verdeutlicht. Argumente für die Kennzeichnung der *Ratswahl* als Parteienwahl sind:

- der hohe Stammwähleranteil,
- die in allen Fallstädten einheitlich auftretende Abwanderung von SPD-Bundestagswählern in das Lager der Nichtwähler bzw. der Unentschlossenen als Reflex auf die bundespolitische Situation,
- der starke Einfluss der Parteiorientierung auf das Wahlverhalten, die trotz einiger Unterschiede zwischen den Wahlebenen als gesamtsystemarer Faktor zu betrachten ist.

Einschränkend ist anzumerken, dass ein wenn auch geringer Anteil von Wechselwählern zwischen Bundestags- und Kommunalwahl festzustellen war, dessen Höhe von Besonderheiten der politischen Kultur, des Parteienangebots (Wählergruppen) und der Gemeindegröße abhing. Zudem erwies sich die Themenorientierung als weiterer Einflussfaktor, der teils durch bundespolitische Problemlösungsmuster, teils durch kommunalspezifische Themen geprägt wurde. Ein Effekt von Seiten der Ratskandidaten konnte nicht überprüft werden. Der Einfluss, der von den Bürgermeisterkandidaten auf die Ratswahl ausging, war insgesamt gering.

Für die Beschreibung der *Bürgermeisterwahl* als Personenwahl im Unterschied zur Ratswahl spricht:

- der niedrigere Stammwähleranteil,
- der schwächere Einfluss der Parteiorientierung auf das Wahlverhalten,
- die Kandidatenorientierung als stärkster Erklärungsfaktor, dessen Einfluss wiederum abhängig ist von:
  - der Kandidatenkonstellation (Verzicht kleinerer Parteien auf eigene Kandidaten, Auftreten von aussichtsreichen Einzelbewerbern),
  - dem taktischen und strategischen Wahlverhalten der Anhänger kleinerer Parteien (Wahlempfehlungen, Entscheidung für aussichtsreichere Kandidaten, Koalitionsüberlegungen),
  - dem Kandidatenprofil (Amtsbonus, Funktionen und Erfahrungen in der Kommunalpolitik bzw. -verwaltung, Bekanntheitsgrad, Kandidatenbeurteilung),
  - der Größe der unterstützenden Partei(en),
  - der Gemeindegröße.

Der Einfluss der Kandidatenorientierung wird begrenzt durch den allgemeinen bundespolitischen Trend, der auch bei der Bürgermeisterwahl durchschlägt. Zudem ist der Anteil der internen Wechselwähler im engeren Sinn relativ niedrig. Schließlich wird die Bedeutung der Kandidatenorientierung durch den gleichzeitigen Einfluss der Parteiorientierung relativiert.

Um den Grad der „Personalisierung" des Wahlverhaltens bei der Bürgermeisterwahl einzuschätzen, können aber auch noch weitere Kriterien wie beispielsweise die Einstellungen und Erwartungen der Bürger herangezogen werden. Bei der Bürgerumfrage konnten sich durchschnittlich 74,4% der Befragten in den Fallstädten vorstellen, bei der Bürgermeisterwahl einen Kandidaten zu wählen, der nicht der Partei angehörte, die sie bei der Ratswahl wählen wollten.[43] Zugleich hielten im Durchschnitt 85,8% die Konfliktbereitschaft des Bürgermeisters mit der eigenen Partei und 80,6% die Neutralität gegenüber allen Parteien für sehr wichtige bzw. wichtige Eigenschaften eines Bürgermeisterkandidaten.[44] Die theoretische Bereitschaft zum personenorientierten Wahlverhalten bei der Bürgermeisterwahl ist also offensichtlich sehr hoch. Wie jedoch die Analyse gezeigt hat, kommen bei der praktischen Umsetzung viele Faktoren zum Tragen, die zumindest bei der „Uraufführung" der Direktwahl dafür gesorgt haben, dass das tatsächliche Ausmaß der Personenorientierung sehr viel niedriger ausfiel.

---

43 Quelle: Bürgerumfrage, Frage Nr. 22. Die Anteile betrugen in Duisburg 71,9%, in Essen 71,9%, in Hünxe 82,9% und in Xanten 71,0%.
44 Vgl. dazu den Beitrag von Andersen in diesem Band.

Jennifer Neubauer

Sozialstruktur und Wahlentscheidung in kleinräumiger Perspektive

1. Einleitung

Wahlergebnisse unterscheiden sich im Zeitverlauf, zwischen den verschiedenen Wahlebenen und nicht zuletzt zwischen Bundesländern, Städten, Gemeinden, Stadt- und Ortsteilen. Welche Faktoren beeinflussen die Unterschiede zwischen Wahlentscheidungen[1], den Wahlterminen, politischen Ebenen und Gebieten? In der Wahlforschung werden zur Interpretation von Wahlergebnissen verschiedene Faktoren herangezogen. Jeder kennt die Interviews mit Politikwissenschaftlern an Wahlabenden im Fernsehen. Sie greifen in ihren Stellungnahmen in sehr unterschiedlicher Gewichtung auf solche Einflussfaktoren zurück: das Spektrum der angetretenen Parteien, die Parteiprogramme, die Schwerpunktthemen des Wahlkampfes, die regionale Ebene der Wahlen, die regionalpolitische Kultur, die „politische Großwetterlage" und die aktuellen gesellschaftspolitischen Diskussionen in der Öffentlichkeit. Der Wahlforschung ist darüber hinaus bekannt, dass sich Wahlentscheidungen zwischen verschiedenen sozialen Räumen unterscheiden. Dementsprechend werden an Wahlabenden neben den Wahlergebnissen auch Ergebnisse über die Wahlentscheidungen nach Arbeiter- und Angestelltengebieten, nach städtischen und ländlichen, katholischen und evangelisch dominierten Regionen präsentiert. Diese Auswahl an Eigenschaften von Räumen beruht auf klassischen *Annahmen* über die Zusammenhänge von sozialer Schichtung

---

1 Es kann zwischen Wahlentscheidungen und Wahlverhalten unterschieden werden. Der Begriff „Wahlentscheidungen" bezieht sich lediglich auf das *Ergebnis* von Entscheidungen für eine Partei oder die Nichtwahl, die in ihrem direkten Ausdruck als Wahlergebnisse betrachtet werden können. Dagegen steht „Wahlverhalten" als umfassenderer Begriff, der auch die *Gründe* für Entscheidungen, wie grundsätzliche Parteibindungen, (wahl-) politische Einstellungen und Haltungen, z.B. zu Wechselwahlen, strategischem Wahlverhalten, Nichtwählen einbezieht. Im Gegensatz zur Untersuchung von Wahlentscheidungen kommt die Analyse von Wahlverhalten nicht ohne Individualdaten aus, die z.B. über standardisierte Umfragen oder qualitative Interviews gewonnen werden können. Vgl. dazu den Beitrag von Bovermann in diesem Band.

und politischen Präferenzen von Personen. Ganz grob lassen sie sich wie
folgt beschreiben:

–   Arbeiter, Mitglieder der evangelischen Kirche, Bevölkerung mit niedri-
    geren Bildungs- und Berufsabschlüssen, geringem Einkommen, die in
    größeren Städten leben, wählen die SPD.
–   Angestellte, Beamte, Katholiken, Bevölkerung mit mittleren bis höheren
    Bildungsabschlüssen, mittlerem bis höherem Einkommen, die in größe-
    ren Städten, aber vor allem der Teil von ihnen, der in ländlichen Gebie-
    ten lebt, wählt die CDU.
–   Die Grünen sind eine Partei, die von Höherqualifizierten gewählt wird,
    meist Angestellte jüngeren bis mittleren Alters, die in alternativen groß-
    städtischen Milieus verhaftet sind und der Umwelt- und Friedensbewe-
    gung nahe stehen.
–   Die FDP teilt sich mit den Grünen diese Gruppe zu gewissen Teilen: Sie
    wird von Bevölkerungsgruppen gewählt, die höherqualifiziert sind, ein
    überdurchschnittliches Einkommen aufweisen, dagegen aber weniger
    links-alternativen Milieus zugehören, sondern „Modernisierungsgewin-
    ner" mit leistungsorientierten Aufstiegs-Lebensstilen repräsentieren.

Tatsächlich spiegelt sich einiges dieser typischen Strukturen in Wählerbefra-
gungen wider.

Menschen, die sich im Lebensstil ähneln, die über eine vergleichbare
Einkommenshöhe verfügen oder einen ähnlichen Migrationshintergrund haben, wohnen aus unterschiedlichen Gründen oft im gleichen Stadtteil.[2] Daher
können die skizzierten Beziehungen auch zusammengefasst für Stadtteile beobachtet werden. Einzelne wissenschaftliche Studien zeigten bereits beispielhaft, dass Parteiergebnisse in Stadtteilen den sozialstrukturellen Eigenschaften im Sinne der Annahmen „typisch" entsprachen.[3] Diese angenommenen
Beziehungen fanden sich auch in den Fragestellungen wieder, die in dieser
Arbeit anhand der kleinräumigen Analysen untersucht werden sollten: Welche Zusammenhänge lassen sich zwischen den sozialstrukturellen Merkmalen und Wahlergebnissen der Teilgebiete auf Basis der vorliegenden Aggregatdaten erkennen, und unterscheiden sich die Zusammenhänge im Zeitvergleich, d.h. zwischen den Wahlen? Im Ergebnis enthält dieser Beitrag empirische Befunde dafür, dass sich einige der oben beschriebenen Zusammenhänge immer noch finden lassen.

Im Verlauf der Forschungsarbeit wurden aber noch andere Zusammenhänge und Entwicklungen deutlich. Wie sozialstrukturelle Merkmale und

---

2   Die sogenannte „Segregation" (Entmischung) von Städten funktioniert nicht nur nach
    dem Motto „Gleich und Gleich gesellt sich gern", sondern ist neben anderen Mecha-
    nismen z.B. auch Ergebnis der unterschiedlichen Höhe der Wohnungsmieten in den
    Stadtteilen.
3   Vgl. u.a. Troitzsch 1976; Czarnecki 1992; Hennig/Homburg/Lohde-Reiff 1998.

Parteiergebnisse verteilt sich die Wahlbeteiligung räumlich unterschiedlich. Bestimmte Wahlentscheidungen lassen sich nicht nur mit bestimmten Sozialstrukturen in Verbindung setzen, sondern beides steht auch im Zusammenhang mit dem Umfang der Wahlbeteiligung. Schon seit längerem wird beobachtet, dass die Beteiligung an Wahlen insgesamt zurückgeht. Über die Gründe und die möglichen Folgen wird ebenso lange diskutiert. Das wissenschaftlich Interessante, aber auch politisch Bedeutende der Ergebnisse kleinräumiger Wahlforschung ist, dass sich der Rückgang der Wahlbeteiligung räumlich und sozial selektiv vollzieht. Das heißt, dass nicht überall in gleichem Maße weniger gewählt wird, sondern dass in bestimmten Stadtteilen *noch mehr* wahlberechtigte Bürger ihr Stimmrecht *nicht mehr* wahrnehmen als in anderen Stadtteilen, in denen die Wahlbeteiligung auch sinkt. In den Stadtteilen, in denen bereits bei vergangenen Wahlen wenig mitgewählt wurde, sinkt die Beteiligung weiter stark. Dagegen geht die Wahlbeteiligung in Stadtteilen weniger stark zurück, in denen bei vergangenen Wahlen noch vergleichsweise viele Wahlberechtigte ihre Stimme abgaben. Diese beiden Gruppen von Stadtteilen mit einem starken und einem stärkeren Rückgang sind spezifisch sozial strukturiert. Es kann somit ein Zusammenhang zwischen dem Umfang und der Entwicklung der Wahlbeteiligung und der sozialen Struktur der Stadtteile angenommen werden.

Im Gegensatz zur Auswertung der Bürger- und Kandidatenumfrage liegen dieser Untersuchung nicht Individual- sondern *Aggregatdaten* zugrunde. Alle verfügbaren Daten zur Sozialstruktur und zu den Wahlentscheidungen sind aggregiert: D.h. die Einzelangaben wie das Alter oder die Wahlentscheidung von Einwohnern sind *für die Gebietseinheiten* unterhalb der Gesamtstadtebene *zusammengefasst*. Für die Interpretation bedeutet das, dass man zwar weiß, wie viele Arbeiter in bestimmten Gebieten leben und wie viel Prozent der Wähler in diesen Gebieten die SPD gewählt haben, aber nicht, ob generell oder ein bestimmter Anteil von Arbeitern für die SPD stimmen oder gestimmt haben. Auf Basis von Aggregatdaten können somit keine *Aussagen* über individuelles (Wahl-) Verhalten getroffen werden,[4] sondern ausschließlich *über die räumlichen Einheiten* – in diesen Fällen die Orts- und Stadtteile.

Da sich die Datenlage zwischen den größeren Städten Duisburg und Essen auf der einen Seite und der Stadt Xanten und der Gemeinde Hünxe auf der anderen Seite stark unterscheidet, waren zwei unterschiedliche Vorgehensweisen notwendig. Die kleinräumigen Betrachtungen für die „Kleinstädte" blieben gänzlich auf der deskriptiven, d.h. beschreibenden Ebene, da die Anzahl sowohl von Stimmbezirken als auch von Ortsteilen für andere

---

4 In der Sozialwissenschaften werden solche unzulässigen Folgerungen von der Gesamtheit eines Raumes, den man untersucht hat, auf einzelne Menschen, die nicht befragt wurden, als „ökologische Fehlschlüsse" bezeichnet. „Ökologisch" übrigens deshalb, weil mit dem Begriff „Ökologie" die Wechselbeziehung zwischen Lebewesen und ihrer Umwelt gemeint ist.

statistische Verfahren zu gering waren.[5] Ferner waren bis auf wenige Ausnahmen keine Daten für die Wahlen und für die sozialstrukturellen Merkmale
vorhanden, die sich auf den gleichen Raumzuschnitt bezogen. Dagegen lagen
für die Großstädte viele Daten sowohl für Stimmbezirke als auch für die
Einteilung nach Stadtteilen vor. Und weil die Großstädte darüber hinaus in
viele kleinere Raumeinheiten unterteilt sind, konnten Regressions- und Korrelationsverfahren angewendet werden.[6]

Die kleinräumigen Analysen wurden für jede Kommune getrennt durchgeführt und alle vier werden hier auch nacheinander vorgestellt. Zum Abschluss werden die Ergebnisse mit Blick auf die Gemeinsamkeiten und Unterschiede zwischen den Kommunen zusammengefasst.

2. Hünxe – Von der SPD zur CDU

2.1 Sozialstrukturelle Skizze der Hünxer Ortsteile

Seit der nordrhein-westfälischen Gebietsreform gliedert sich die Gemeinde
Hünxe in sechs Ortsteile, in denen 1998 insgesamt rund 14.000 Einwohner
lebten.[7] In jeweils drei der sechs Ortsteile wohnen über 2.900 bzw. unter 650
Einwohner.[8] Die Ortsteile mit geringer Einwohnerzahl sind: Bucholtwelmen,
Gartrop-Bühl und das in der Fläche relativ kleine Krudenburg. Dagegen
wohnen in Drevenack, Hünxe und Bruckhausen vergleichsweise viele Einwohner. Die Bevölkerungszahl entwickelte zwischen den Ortsteilen sehr uneinheitlich: In den Ortsteilen Hünxe (+28%) und Bucholtwelmen (+21%)
nahm die Einwohnerzahlen beträchtlich zu, leichter stiegen sie in Drevenack
und Gartrop-Bühl, in Krudenburg und Bruckhausen sank die Bewohnerzahl
geringfügig.

In der Gemeinde Hünxe waren fast zwei Drittel der Bevölkerung Mitglied der evangelischen Kirche, nur rund ein Drittel gehörten der katholischen Konfession an (Stand: 1987). Im Gemeindegebiet stach lediglich
Bruckhausen mit einem fast 10 Prozentpunkte geringeren Anteil evangelischer Bevölkerung als im Gemeindedurchschnitt hervor. Dagegen war in

5   Für bestimmte statistische sogenannte „multivariate" Analysen benötigt man eine
    Mindestanzahl von Untersuchungsfällen, damit die Ergebnisse ausreichend gesichert
    sind, d.h. auf genügend „Erfahrungen" (Empirie) beruhen.
6   Da zwischen den Wahlen die Stimmbezirkseinteilungen verändert wurden, sind die
    Daten auf der Ebene von statistischen Bezirken berechnet worden.
7   Eine kurze Beschreibung der Fallstädte findet sich in der Einführung dieses Bandes.
8   Alle im Beitrag kommentierten Daten beziehen sich entweder auf das Jahr 1998 (Erhebungen zum Stand am Jahresende, 31.12.) oder stammen aus der Volkszählung vom
    25.5.1987, weil keine anderen vergleichbaren Informationen aktuelleren Datums für
    die Kleinräume zur Verfügung standen.

Gartrop-Bühl der Anteil von Mitgliedern der katholischen Kirche vergleichsweise niedrig.

Nur wenige Bürger in Hünxe sind nichtdeutsche Staatsangehörige (1998:
3,5%). Die zumeist für Großstädte festzustellende Segregation (Entmischung)
der Bevölkerung mit deutscher und anderen Staatsangehörigkeiten lässt sich
aber auch für die Gemeinde Hünxe feststellen: Während in den meisten
Ortsteilen prozentual zwischen 0,6% (Krudenburg) und 3,5% (Drevenack)
nichtdeutsche Einwohner leben, ist in Gartrop-Bühl knapp jeder zehnte Einwohner und in Bucholtwelmen[9] fast jeder achte nichtdeutscher Nationalität.
Die Ortsteile mit den höchsten Anteilen Nichtdeutscher sind auch die Ortsteile mit dem höchsten Kinderanteil. Gemessen an der Gesamtbevölkerung
leben in Gartrop-Bühl und Bucholtwelmen überdurchschnittlich viele Kinder
unter 6 Jahren (Stand: 1998). Dagegen liegt der Anteil der jüngsten Altersgruppe in Krudenburg und Bruckhausen unter dem Gemeindedurchschnitt.
Diese beiden Ortsteile weisen vergleichsweise höhere Anteile an über 65-
Jährigen auf als die anderen Gemeindeteile und die Gemeinde insgesamt.

Im Vergleich der Ortsteile war der Bevölkerungsanteil mit Volks- bzw.
Hauptschulabschluss im Jahr 1987 in Gartrop-Bühl und Bruckhausen höher
als in den anderen Hünxer Teilräumen. Dagegen hatte Krudenburg prozentual
einen überdurchschnittlichen Anteil von Einwohnern mit Hochschul- bzw.
Fachhochschulabschluss. Dort fand sich auch der höchste Erwerbstätigenan-
teil in der Gemeinde Hünxe. Von den rund 41% Erwerbstätigen in der Gemeinde Hünxe waren 1987 knapp über die Hälfte als Beamte, Angestellte o.ä.
tätig. Diese Gruppe war in Gartrop-Bühl vergleichsweise klein und in Krudenburg relativ groß.

2.2 Der wahlpolitische Weg zur Kommunalwahl 1999

Seit Anfang der 80er Jahre galt die Gemeinde Hünxe wie viele vor allem
städtische Kommunen in Nordrhein-Westfalen als SPD-dominiert. Seit 1979
erzielte die SPD bei allen 15 Wahlen stets den höchsten Anteil von allen
Parteien. Wobei die Parteiergebnisse zu den Kommunalwahlen stets unter
denen zu den Bundestags- und insbesondere Landtagswahlen lagen. Bei der
Kommunalwahl 1994 verlor die SPD im Vergleich zur Kommunalwahl 1989
sechs Prozentpunkte und lag mit 0,2 Prozentpunkten nur äußerst knapp über
dem CDU-Ergebnis. Dieser Verlust ist im wesentlichen auf die Kandidatur
der „Unabhängigen Sozialen Demokraten Hünxe" (USH) zurückzuführen,
die sich von der SPD abgespalten hatte und bei ihrem Erstantritt direkt 6,7%
der gültigen Stimmen erreichen konnte. Zur Kommunalwahl 1999 schließlich

---

9 Mit steigender Tendenz: In Bucholtwelmen hat der Anteil Nichtdeutscher 1998 im
   Vergleich zum Jahr 1987 um knapp 11 Prozentpunkte zugenommen.

verschob sich die Verteilung deutlich zugunsten der CDU. Sie überholte mit 44,1% der gültigen Stimmen deutlich die SPD, die lediglich 32,9% erzielen konnte.

Abbildung 1:   Ratswahlen in Hünxe 1979 bis 1999 (in % der gültigen Stimmen)

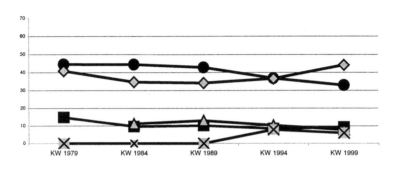

Anmerkung: Bei den Ratswahlen 1994 und 1999 sind unter der Gruppe „Sonstige" ausschließlich die Anteile für die „Unabhängigen Sozialdemokraten Hünxe" (USH) enthalten.
Quelle: Eigene Darstellung auf der Grundlage der Wahldaten des LDS NRW.

Im Vergleich zur Verteilung in den Ratsperioden 1989 bis 1994 und 1994 bis 1999 stellt die SPD nach diesem Wechsel seit Herbst 1999 nur noch elf Vertreter im Gemeinderat.

Tabelle 1:   Mandatsverteilung in Hünxe nach den Ratswahlen 1989, 1994 und 1999

	SPD	CDU	GRÜNE	FDP	USH
1989	15	11	4	3	
1994	13	13	3	2	2
1999	11	14	2	3	2

Anmerkungen: USH: Unabhängige Sozialdemokraten Hünxe.
Die Vertreter in den Räten werden erst seit der Kommunalwahl 1989 im Landesamt für Datenverarbeitung und Statistik Nordrhein-Westfalen (LDS NRW) erfasst.
Quelle: LDS NRW.

In der Periode 1994 bis 1999 wählten die CDU, FDP und USH gemeinsam einen parteilosen hauptamtlichen Bürgermeister. Dieser amtierende Bürgermeister wurde im September 1999 mit der ersten Direktwahl des Bürgermeisters mit 74,5% der Stimmen gewählt. Der SPD-Kandidat konnte lediglich ein Viertel der Stimmen auf sich vereinen.

2.3 Kommunalwahlen 1989 und 1999 in den Hünxer Ortsteilen

Der Frage nach den Veränderungen der Wahlentscheidungen bei den ausgewählten Kommunalwahlen soll mit der vergleichenden Betrachtung der Wahlergebnisse nachgegangen werden.[10] Zunächst werden als Ausgangssituation die Ergebnisse der Kommunalwahl 1989 kurz betrachtet.[11] Dem schließt sich der Vergleich zur Kommunalwahl 1999 an. Als letzter Schritt werden die Rats- und Bürgermeisterwahl des Jahres 1999 verglichen.

---

10 Für die Gemeinde Hünxe liegen die Ergebnisse der Kommunalwahl 1989 nicht umgerechnet auf die Stimmbezirkseinteilung der Wahl 1999 vor und sind daher nicht mit den anderen hier zu betrachtenden Wahlen vergleichbar. Dafür wurden jedoch die Ergebnisse der Kommunalwahl 1989 auf Ortsteilebene zur Verfügung gestellt. Die Ergebnisse der Wahlen 1999 dagegen sind für diese Stimmbezirkseinteilung vorhanden und für die Ortsteile zusammenfassbar.

11 Die Kommunalwahl 1994 eignet sich nur bedingt für einen Vergleich, da diese zeitgleich mit der Bundestagswahl durchgeführt wurde. Deshalb wurde zusätzlich die Kommunalwahl 1989 einbezogen. Auf diesem Wege werden sowohl kurzfristige Einflüsse auf die kommunalen Wahlentscheidungen in den Fallstädten als auch die langfristige Entwicklung aufgezeigt.
Die Wahlentscheidungen in Hünxe der Jahre 1989 und 1999 nach Ortsteilen werden über den Vergleich der prozentualen Anteile an den Wahlberechtigten in den Blick genommen, weil damit die Nichtwähler in die Betrachtung einbezogen werden.
Für die Ergebnisse der Wahlen 1989 bis 1999 in einigen Ortsteilen mussten Briefwähler über ein Schätzverfahren umverteilt werden. Auf diesen Wegen konnten zwar die verzerrenden Effekte, die bei der Umverteilung zwischen den Ortsteilen entstanden sind, insofern korrigiert werden, dass die Angaben zur Wahlbeteiligung bzw. zu den Nichtwählern plausibler sind. Die Parteiergebnisse mussten jedoch in ihrer Tendenz und Verteilung übertragen werden, ohne das u.U. verschiedene Abstimmungsverhalten der Briefwähler berücksichtigen zu können.

Tabelle 2: Ratswahl 1989 in Hünxe nach Ortsteilen
(in % der Wahlberechtigten)

Ortsteil	Nichtwähler	SPD	CDU	GRÜNE	FDP
Bruckhausen	31,3	37,2	17,4	6,7	6,5
Bucholtwelmen	15,7	30,9	27,7	8,6	16,9
Drevenack	31,4	25,2	27,8	9,2	5,7
Gartrop-Bühl	31,1	34,9	19,6	6,6	6,4
Hünxe	25,0	26,0	28,5	11,7	8,0
Krudenburg	32,9	17,0	27,6	15,5	5,7
Gemeinde Hünxe	28,9	30,0	24,0	7,1	9,1

Anmerkung: Aufgrund der Stimm- und Wahlbezirkseinteilungen wurde ein Teil der Briefwähler des Ortsteils Bruckhausen in dem Stimmbezirk Bucholtwelmen ausgezählt und diesem Ortsteil zugerechnet (vgl. Fußnote 11). Da über das gewählte Schätzverfahren die verzerrenden Effekte nicht gänzlich bereinigt werden konnte, ist insbesondere der niedrige
Nichtwähleranteil in Bucholtwelmen nur bedingt interpretierbar.
Quelle: Gemeinde Hünxe. Eigene Berechnungen.

Bei der *Kommunalwahl 1989* in Hünxe ging die SPD auf der Ebene der Ge-
samtgemeinde mit relativ geringem Abstand zur CDU als Sieger hervor.
Noch vor der CDU und gleich hinter der SPD konnte allerdings die Gruppe
der Nichtwähler prozentual die meisten Wahlberechtigten verbuchen. Abgesehen von Bucholtwelmen (15,3%) betrug der Anteil der Nichtwähler an den
Wahlberechtigten in Hünxe ein Viertel und in den anderen Ortsteilen fast ein
Drittel. In drei der Ortsteile mit dieser geringen Wahlbeteiligung waren die
Unterschiede zwischen den Anteilen der beiden großen Parteien besonders
hoch: Die Ortsteile Bruckhausen und Gartrop-Bühl können als SPD-
dominiert, Krudenburg dagegen als CDU-dominiert charakterisiert werden.
    In allen anderen Ortsteilen unterschieden sich die Anteile an den Wahl-
berechtigten für die größeren Parteien nicht so deutlich. Die Anteile differierten zwischen 3,1 Prozentpunkten in Bucholtwelmen zugunsten der SPD,
und 2,5 Prozentpunkten in Hünxe und 2,6 Prozentpunkten in Drevenack zugunsten der CDU (schwache Mehrheiten). Die Ergebnisse der beiden kleineren Parteien, FDP und Grüne, differierten im Gemeindegebiet zum Teil deutlich. So wurde die FDP im Ortsteil mit der hohen Wahlbeteiligung Bucholtwelmen von knapp 17% der Wahlberechtigten gewählt. Die Grünen konnten
ihre Schwerpunkte dagegen einmal mit rund 12% in Hünxe und insbesondere
im CDU-dominierten Krudenburg mit 15,5% der Wahlberechtigten setzen.
    Diese Beschreibung der Wahlgeographie der Gemeinde Hünxe weist Pa-
rallelen zu den sozialstrukturellen Merkmalen hinsichtlich der traditionellen
Wählerschaft der jeweiligen Parteien auf. In Bruckhausen und Gartrop-Bühl
mit starkem SPD-Anteil lebten im Vergleich der Ortsteile viele Arbeiter und
Auszubildende im gewerblichen Bereich, viele Einwohner mit Volks-/Haupt-
schulabschluss und ein über dem Gemeindedurchschnitt liegender Anteil an
Erwerbslosen. In Bucholtwelmen mit hohem FDP-Anteil und schwacher

SPD-Mehrheit finden sich überdurchschnittlich viele Selbständige, ein geringer Anteil an Arbeitern, ein vergleichsweise hoher Anteil an Einwohnern mit Hoch-/Fachhochschulabschluss und jedoch prozentual die meisten Erwerbslosen.

Das CDU-dominierte Krudenburg war dagegen gekennzeichnet durch den deutlich geringsten Anteil an Arbeitern und Erwerbslosen, ein prozentual hoher Teil der Einwohnerschaft hatte einen Hoch-/Fachhochschulabschluss, war in Erwerbstätigkeit und als Angestellte beschäftigt. In Hünxe mit schwacher CDU-Dominanz, aber dem höchstem Wahlanteil für die Grünen im Gemeindegebiet fand sich der geringste Anteil der Bevölkerung mit Volks-/Hauptschulabschluss, ein überdurchschnittlicher mit Hoch-/Fachhochschulabschluss und ein hoher Anteil an Angestellten und Auszubildenden im kaufmännisch/technischen Bereich. Die Sozialstruktur von Drevenack mit ebenfalls schwacher CDU-Mehrheit wies im Vergleich keine entsprechend deutlichen Charakteristika auf.

Ausgehend von dieser Skizze der wahl- und sozialräumlichen Struktur sollen im folgenden die Ergebnisse der *Kommunalwahl 1989* im Vergleich zu denen der *Kommunalwahl 1999* betrachtet werden.

Tabelle 3: Ratswahl 1999 in Hünxe nach Ortsteilen
(in % der Wahlberechtigten)

Ortsteil	Nichtwähler	SPD	CDU	GRÜNE	FDP	USH
Bruckhausen	39,0	23,9	20,2	4,8	6,8	4,1
Bucholtwelmen	37,8	22,2	22,7	2,4	11,2	3,3
Drevenack	37,9	19,4	31,1	3,3	4,9	2,9
Gartrop-Bühl	29,0	20,9	40,4	1,3	6,9	0,9
Hünxe	29,2	20,3	32,8	7,0	5,5	4,4
Krudenburg	25,9	15,8	39,6	7,0	3,6	6,0
Gemeinde Hünxe	34,5	21,3	28,5	5,1	6,0	3,8

Anmerkungen: USH: Unabhängige Sozialdemokraten Hünxe.
Aufgrund der Stimm- und Wahlbezirkseinteilungen wurde ein Teil der Briefwähler des Ortsteils Bruckhausen in dem Stimmbezirk Bucholtwelmen ausgezählt und diesem Ortsteil zugerechnet.

Quelle: Gemeinde Hünxe. Eigene Berechnungen

Der Anstieg des Nichtwähleranteils 1999 gegenüber der Kommunalwahl 1989 ist mit +5,6 Prozentpunkten im Gemeindegebiet noch moderat ausgefallen. Im Vergleich zu 1989 stieg 1999 der CDU-Anteil an den Wahlberechtigten – bis auf Bucholtwelmen (vgl. Fußnote 11) – in allen Ortsteilen. Besonders in dem noch 1989 als SPD-dominiert gekennzeichnetem Ortsteil Gartrop-Bühl entschieden sich ein Fünftel mehr Wahlberechtigte für die CDU. Die SPD und die Grünen verloren gemessen an ihrem Ergebnis von 1989 drastisch an Stimmen. Wenn zudem beachtet wird, dass Gartrop-Bühl der einzige Ortsteil war, in dem der Nichtwähleranteil sank, kann vermutet werden, dass die bundespolitische Stimmung zuungunsten der Regierungskoalition dort am stärksten zum Ausdruck gebracht wurde. Die Wahlberechtigten in dem zweiten SPD-starken Ortsteil Bruckhausen schienen dagegen auf eine andere Weise zu reagieren: Sie entschieden sich nur zu geringem Anteil für die andere Volkspartei oder die SPD-Abspaltung USH, der größere Teil hatte sich vermutlich dafür entschieden, nicht an der Wahl teilzunehmen. Ähnliche Wahlentscheidungen können in Bucholtwelmen, mit eher schwacher SPD-Mehrheit von 1989, beobachtet werden. Dort verloren alle Parteien fünf bis sechs Prozentpunkte an den Wahlberechtigten. Zu geringem Anteil profitierte davon die USH, aber am deutlichsten die Gruppe der Nichtwähler (+18,5 Prozentpunkte). In den CDU-dominierten Ortsteilen Krudenburg, Hünxe und Drevenack polarisierte sich lediglich die schon bestandene Situation. Die Parteien der Regierungskoalition auf Bundesebene verloren, die USH und die Nichtwähler gewannen (drei bis sechs Prozentpunkte) und die CDU legte zwischen vier und acht Prozentpunkte zu – am deutlichsten in ihrem Stamm-Ortsteil Krudenburg.

Tabelle 4:   Bürgermeisterwahl 1999 in Hünxe nach Ortsteilen
(in % der Wahlberechtigten)

Ortsteil	Nichtwähler	SPD	EB
Bruckhausen	39,0	17,1	42,4
Bucholtwelmen	37,2	16,8	45,1
Drevenack	37,9	25,4	36,0
Gartrop-Bühl	29,0	11,6	58,7
Hünxe	29,2	10,5	59,1
Krudenburg	26,0	19,1	53,1
Gemeinde Hünxe	34,5	16,5	47,9

Anmerkungen: EB: Einzelbewerber.
Aufgrund der Stimm- und Wahlbezirkseinteilungen wurde ein Teil der Briefwähler des Ortsteils Bruckhausen in dem Stimmbezirk Bucholtwelmen ausgezählt und diesem Ortsteil zugerechnet.
Quelle: Gemeinde Hünxe. Eigene Berechnungen.

Im Vergleich der *Rats- mit der Bürgermeisterwahl 1999* können lediglich die Anteile für die SPD und die der Nichtwähler gegenüber gestellt werden, da der zweite Kandidat für das Amt des Bürgermeisters als Einzelbewerber angetreten ist. Der SPD-Kandidat konnte mit knapp 26% den höchsten Anteil der Wahlberechtigten im schwach CDU-dominierten Drevenack hinter sich bringen. Da der Kandidat in dem Ortsteil ansässig ist, hat der Heimvorteil anscheinend den Parteieffekt überlagert. Deutlich wird dies auch in der Differenz des Rats- und Bürgermeisterwahlergebnisses: Bei der Bürgermeisterwahl entschieden sich sechs Prozent mehr Wahlberechtigte für die SPD bzw. ihren Kandidaten als bei der parallel stattgefundenen Ratswahl. Auffallend ist, dass dies zwar in geringerem Ausmaß, aber ebenfalls im CDU-dominierten Krudenburg der Fall war.

Im deutlichen Gegensatz dazu stand das Wahlverhalten in den anderen Ortsteilen. Dort entschieden sich die Wahlberechtigten häufiger für die Rats-SPD als für den entsprechenden Bürgermeisterkandidaten – selbst in den vormals SPD-starken Ortsteilen Gartrop-Bühl und Bruckhausen. Der Parteieffekt – dem hier nur für die SPD nachgegangen werden konnte – scheint somit für den SPD-Kandidaten bei der Bürgermeisterwahl 1999 in der Gemeinde Hünxe keine ausschlaggebende Rolle gespielt zu haben.

Der Anteil der Nichtwähler blieb in Drevenack und Gartrop-Bühl zwischen den beiden Wahlgängen gleich niedrig und weichte geringfügig in Krudenburg, Hünxe und Bruckhausen ab. Lediglich in Bucholtwelmen nahmen im Vergleich der Ortsteile mehr Wahlberechtigte an der Rats- als an der Bürgermeisterwahl teil. Ob dies lediglich ein statistischer Artefakt ist (vgl. Anmerkung in entsprechenden Tabellen) oder ob es lokalspezifische Gründe gegeben hat, kann hier nicht eingeschätzt werden.

2.4 Zusammenfassung

Mit der Kommunalwahl 1999 wurde in der Gemeinde Hünxe der Wechsel im Gemeinderat von der langjährigen SPD- zur CDU-Dominanz vollzogen, der sich bereits bei der vorangegangenen Wahl angekündigt hatte. Die Hünxer SPD musste sich seit Ende der 80er Jahre mit sinkender Zustimmung – sowohl bezogen auf die gültigen Stimmen als auch auf die Wahlberechtigten – bei gleichzeitiger Stärkung der CDU auseinandersetzen. Im Kontrast dazu stehen die SPD-Wahlerfolge in Hünxe zu den Landtags- und letzten beiden Bundestagswahlen. Offen bleibt, ob der bundespolitische Einfluss 1999 zuungunsten der SPD überhaupt oder lediglich als verstärkender Faktor des kommunalen Trends zur CDU interpretiert werden kann.

Die wahlgeographische Struktur in den sechs Gemeindeteilen spiegelt im wesentlichen die sozialstrukturelle wider. Die traditionell SPD-orientierten Wählerschichten und die vormals SPD-dominierten Ortsteile entschieden sich jedoch mit der Kommunalwahl 1999 offensichtlicher noch als bei der Wahl 1994 für die CDU. In den deutlichen sowie den schwachen CDU-Hochburgen verstärkte sich die Dominanz der CDU lediglich.

Für die Bürgermeisterwahl und die Frage, in welchem Ausmaß die beiden parallel zu treffenden Wahlentscheidungen voneinander abhängig sind, kann für die Gemeinde Hünxe festgehalten werden, dass sich auch in früher SPD-starken Ortsteilen mehr Wahlberechtigte für die Rats-SPD als für den SPD-Kandidaten entschieden haben. Der SPD-Kandidat konnte somit nicht einmal im denkbar möglichem Maße von einem Parteieffekt profitieren. Der parteilose Einzelbewerber gewann die Wahl mit deutlichem Abstand. Die erste Direktwahl in der Gemeinde Hünxe scheint daher in starkem Maße eine Persönlichkeitswahl gewesen zu sein.

3. Xanten – bleibt bei der CDU

3.1 Sozialstrukturelle Skizze der Xantener Stadtteile

Die Bevölkerung in Xanten hat ebenso wie in der Gemeinde Hünxe in den letzten Jahren, allerdings weitaus deutlicher, zugenommen. Ende 1998 lebten in der Stadt Xanten 20.531 Einwohner. Seit der Gebietsreform besteht Xanten aus sechs Stadtteilen. Der größte Stadtteil ist der Kernbereich „Xanten" mit knapp über 10.000 Einwohnern. In den übrigen fünf Stadtteilen wohnen zwischen rund 1.300 (Birten) und ca. 2.900 Menschen (Wardt/Lüttingen). Bis auf Marienbaum haben in den letzten elf Jahren alle Stadtteile deutlich an Einwohnern gewonnnen. Im Gemeindedurchschnitt nahm die Bevölkerungszahl im Vergleich zu 1987 um rund ein Drittel zu.

Im Gegensatz zu Hünxe waren zwei Drittel der Bevölkerung Mitglied der katholischen Kirche und lediglich jeder Fünfte gehörte der evangelischen Konfession an. In den Stadtteilen variierten die entsprechenden Anteile nur geringfügig. In Vynen/Obermörter fanden sich die meisten Katholiken und Xanten, Wardt/Lüttingen stellten mit immerhin noch 65% den im Stadtgebiet geringsten Anteil katholischer Bevölkerung.

Der Anteil nichtdeutscher Bevölkerung war in Xanten gering – wie in Hünxe und vielen kreisangehörigen Gemeinden. Auch 1998 hatte in fast allen Stadtteilen lediglich jeder 24. Einwohner eine nichtdeutsche Staatsangehörigkeit (4,1%). Die Unterschiede zwischen den Stadtteilen waren in Xanten nicht so ausgeprägt wie in der Gemeinde Hünxe. Die Anteile Nichtdeutscher lagen zwischen 5,3% im Stadtkern Xanten und 2,5% in Vynen/Obermörter.

Die Altersstruktur in den Stadtteilen Xantens wies – ebenso wie in Hünxe – nur wenige Besonderheiten auf. Im Vergleich der Stadtteile hatte der Kernbereich Xantens den geringsten Anteil an unter 6-Jährigen. Die Anteile der jüngsten Altersgruppe lagen in den anderen Teilräumen zwischen 0,4 bis 0,7 Prozentpunkte über dem Gemeindedurchschnitt. Birten hatte prozentual sowohl die größte Anzahl junger als auch älterer Bevölkerung. Mit größerem Abstand folgte der Anteil an über 65-Jährigen in Xanten, die anderen Stadtteile wiesen einen unterdurchschnittlichen Anteil älterer Einwohner auf.

Der Bevölkerungsanteil mit Volks-/Hauptschulabschluss lag 1987 in den Stadtteilen Vynen/Obermörmter, Marienbaum und Birten über dem Gemeindedurchschnitt. Dagegen waren in diesen Teilräumen die Anteile an Einwohnern mit Hoch-/Fachhochschulreife vier bis fünf Prozentpunkte geringer als in Xanten und Wardt/Lüttingen. In diesen beiden Stadtteilen fanden sich die höheren Anteile an Erwerbstätigen und darunter die größten Anteile an Angestellten in der Stadt Xanten. Unter den Erwerbstätigen waren in den Stadtteilen Vynen/Obermörmter, Marienbaum und Birten dagegen prozentual überdurchschnittlich viele Einwohner als Arbeiter beschäftigt und nur unterdurchschnittlich viele Einwohner erwerbslos.

3.2 Der wahlpolitische Weg zur Kommunalwahl 1999

Im Gegensatz zur Gemeinde Hünxe ist die Stadt Xanten seit Ende der 70er eine CDU-Hochburg. Bei allen 15 Wahlen zwischen 1979 und 1999 erreichte sie von allen Parteien den höchsten Anteil an den gültigen Stimmen. Ebenso wie die Entwicklung der SPD-Anteile in Hünxe lagen die CDU-Anteile in Xanten jedoch bei den Kommunalwahlen unter denen, die diese Partei bei Landtags- und Bundestagswahlen erzielen konnte. Die Entwicklung der Stimmenanteile zeigt, dass sich diese im wesentlichen zugunsten der sonstigen Parteien vollzogen hat. Für die Kommunalwahlen seit 1984 umfassen die Anteile der „Sonstigen" vor allem die der Wählergruppe „Freie Bürger-Initiative Xanten" (FBI). Die Wählergruppe konnte seit 1984 bei jeder Wahl die Fünf-Prozent-Hürde überschreiten, 1989 und 1994 sogar um die 20% der gültigen Stimmen auf sich vereinen. Die Ratswahl 1999 wurde deutlich zugunsten der CDU entschieden, die zudem ihr bestes Ergebnis seit ca. 15 Jahren realisieren konnte. Hatte die SPD bei den letzten Landtags- und Bundestagswahlen hinzugewinnen können, lag der Anteil der lokalen Vertretung dagegen wie bei den vorherigen Kommunalwahlen seit Ende der 80er Jahre unter der 30%-Marke.

Abbildung 2:   Ratswahlen in Xanten 1979 bis 1999
(in % der gültigen Stimmen)

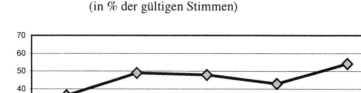

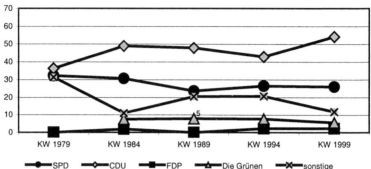

Anmerkung: Bei den Ratswahlen 1984, 1989, 1994 und 1999 sind unter der Gruppe „Sonstige" ausschließlich Anteile für die „Freie Bürger-Initiative Xanten" (FBI) enthalten.
Quelle: Eigene Darstellung auf der Grundlage der Wahldaten des LDS NRW.

Nachdem die CDU 1994 im Vergleich zur vorherigen Ratsperiode Vertreter im Rat einbüßen musste und im Rat eine Koalition von SPD, Grünen und FBI regierte, stellt sie seit September 1999 wieder über 20 Mitglieder. Die Tendenz, dass sich die Zahl im Rat vertretenden Gruppierungen mit der Kommunalwahl 1999 erhöht hat, lässt sich auch in Xanten beobachten: Die restlichen Mandate verteilen sich nun auf vier statt bisher drei Parteien/Wählergruppen. Die FDP erreichte 2,3% der gültigen Stimmen und ist aufgrund des Wegfalls der Fünf-Prozent-Hürde seit langem zum ersten Mal wieder im Rat vertreten. Die Wählergruppe FBI verlor gegenüber der letzten Ratsperiode die Hälfte ihrer Vertretersitze, SPD und Grüne wurden mit jeweils einem Mandat weniger in den Xantener Rat entsandt.

Tabelle 5:   Mandatsverteilung in Xanten nach den Ratswahlen 1989, 1994 und 1999

	SPD	CDU	GRÜNE	FDP	FBI
1989	10	20	3		6
1994	11	17	3		8
1999	10	21	2	1	4

Anmerkungen: FBI: Freie Bürger-Initiative Xanten.
Die Vertreter in den Räten werden erst seit der Kommunalwahl 1989 im Landesamt für Datenverarbeitung und Statistik Nordrhein-Westfalen (LDS NRW) erfasst.
Quelle: LDS NRW.

In der Stadt Xanten wurde von der vorzeitigen Umsetzung der Einheitsspitze nicht Gebrauch gemacht, so dass bis 1999 die Doppelspitze erhalten blieb. Die erste Direktwahl des Bürgermeisters im Herbst 1999 gewann der CDU-Kandidat mit 53,1% der gültigen Stimmen vor dem mit Amtsbonus ausgestatteten ehrenamtlichen Bürgermeister und gleichzeitigem Kandidaten der SPD (44,5%). Der FDP-Kandidat konnte lediglich einen geringen Anteil der gültigen Stimmen erreichen (2,4%).

3.3 Kommunalwahlen 1989 und 1999 in den Xantener Stadtteilen

Die *Kommunalwahl 1989* wurde deutlich zugunsten der CDU entschieden.[12] Mit einem Abstand von 17 Prozentpunkten zum Ergebnis der SPD wurden ihre Vertreter in den Rat entsandt. Noch weit vor der SPD gingen die Nichtwähler als zweiter Sieger aus dieser Kommunalwahl hervor. Rund ein Drittel der Xantener Wahlberechtigten nahm nicht an der Wahl zum Rat teil. Während in Birten lediglich jeder Fünfte nicht wählen ging, war dies in Wardt/Xanten und Lüttingen schon jeder vierte und in Marienbaum, Vynen/Obermörmter und Xanten-Zentrum sogar jeder dritte Wahlberechtigte.

Tabelle 6: Ratswahl 1989 in Xanten nach Ortsteilen (in % der Wahlberechtigten)

Ortsteil	Nichtwähler	SPD	CDU	GRÜNE	FBI
Birten	21,4	11,3	46,7	4,7	13,3
Xanten	29,5	18,4	31,4	5,8	10,6
Wardt/ Xanten	24,8	18,1	37,6	6,4	10,3
Lüttingen	24,0	12,6	41,0	7,2	11,9
Vynen/ Obermörmter	32,9	18,2	32,2	4,5	6,9
Marienbaum	32,3	13,6	26,0	4,4	20,5
Stadt Xanten	28,6	16,7	33,7	5,5	11,5

Anmerkung: FBI: Freie Bürger-Initiative Xanten.
Quelle: Stadt Xanten. Eigene Berechnungen.

---

12 Die Ergebnisse der berücksichtigten Wahlen wurden für die Stadt Xanten auf Stimmbezirksebene zur Verfügung gestellt. Nach einem Vergleich der Zuordnung der Straßenzüge zu den Stadtteilen und zu den Stimmbezirken bei den jeweiligen Wahlen wurden die Ergebnisse für die Stadtteile zusammengefasst. Im Folgenden ist zu beachten, dass die jeweiligen Einteilungen der Stadtteile für die oben beschriebenen sozialstrukturellen Daten nicht Eins-zu-Eins mit dem Zuschnitt der Stadtteile für die Wahlergebnisse übereinstimmt.
Ebenso wie für die Gemeinde Hünxe werden die Wahlentscheidungen der Jahre 1989 und 1999 in den Xantener Stadtteilen über den Vergleich der prozentualen Anteile an den Wahlberechtigten in den Blick genommen.

Im Gegensatz zu den Hünxer Ortsteilen zog sich der deutliche Unterschied
zwischen den beiden großen Parteien durch alle Xantener Stadtteile. In den
Stadtteilen mit den geringeren Anteilen von Nichtwählern waren die Differenzen besonders groß: In den Stadtteilen Birten, Lüttingen und Wardt/Xan-
ten lagen die CDU-Ergebnisse zwischen 20 und 35 Prozentpunkte über denen
der SPD. In den drei anderen Stadtteilen mit vergleichsweise hohen Enthal-
tungen polarisierten sich die Wahlentscheidungen nicht so stark und lagen
zwischen 12,5 Prozentpunkten in Marienbaum und 14 Prozentpunkten in Vy-
nen/Obermörmter. Eine Charakterisierung der Stadtteile in „Hochburgen" der
beiden großen Parteien ist aufgrund der eindeutigen CDU-Hoheit in allen
Stadtteilen nicht möglich. Es kann lediglich zwischen starken und mittleren
CDU-Mehrheiten unterschieden werden.

Die Wahlergebnisse für die kleinere Partei bzw. Wählergruppe unterschieden sich zwischen den Stadtteilen ebenfalls nicht bemerkenswert. Für
die FBI kann Marienbaum als Hochburg und Vynen/Obermörter als Diaspora
bezeichnet werden. Die Grünen erreichten in Lüttingen ihr bestes Ergebnis
im Stadtgebiet, und in den anderen Stadtteilen variierten die Ergebnisse +/-1
Prozentpunkt um den Gemeindedurchschnitt.

Tabelle 7:   Ratswahl 1999 in Xanten nach Ortsteilen
(in % der Wahlberechtigten)

Ortsteil	Nicht-wähler	SPD	CDU	GRÜNE	FDP	FBI
Birten	35,1	8,9	46,7	2,1	0,9	5,7
Xanten	37,5	17,0	33,0	3,9	1,4	6,4
Wardt/Xanten	35,1	16,2	35,8	3,7	2,0	6,0
Lüttingen	30,4	16,8	38,1	4,8	2,0	7,5
Vynen/Obermörmter	36,4	22,5	30,1	3,2	0,9	5,8
Marienbaum	37,7	12,2	26,6	2,0	1,7	18,5
Stadt Xanten	36,1	16,4	34,1	3,5	1,4	7,5

Anmerkung: FBI: Freie Bürger-Initiative Xanten.
Quelle: Stadt Xanten. Eigene Berechnungen.

Die Ergebnisse der *Ratswahl 1999* spiegeln bis auf einige Ausnahmen die
Verhältnisse, die zur *Kommunalwahl 1989* bestanden, wider. Die CDU war
wieder die stärkste Kraft im Stadtgebiet und hatte sich in ihren starken und
mittleren Hochburgen Birten, Wardt/Xanten und Lüttingen behauptet. Die
Differenzen zwischen den Ergebnissen der beiden großen Parteien hatten sich
im Vergleich der beiden Kommunalwahlen nur geringfügig verändert. Eine
Ausnahme findet sich allerdings in den Ergebnissen für die Stadtteile Lüttingen und Vynen/Obermörmter. Das SPD-Ergebnis in Lüttingen verringerte
sich in der Distanz zum CDU-Ergebnis um deutliche 7 Prozentpunkte. In
Vynen/Obermörmter ging der Abstand zum CDU-Ergebnis von 1989 um die
Hälfte zurück und betrug nicht mehr 14, sondern nur noch 7,5 Prozentpunkte.

Im Vergleich zur Kommunalwahl 1989 ist der Anteil der Nichtwähler deutlich gestiegen. Dieser Anstieg differiert jedoch deutlich zwischen den Stadtteilen. Bis auf die SPD in Lüttingen und Vynen/Obermörmter und die CDU geringfügig in Birten, Xanten und Marienbaum haben alle Parteien in allen Stadtteilen an Zustimmung bei den Wahlberechtigten verloren.

Die Verhältnisse zwischen den Parteiergebnissen einerseits und die zwischen den Stadtteilergebnissen der jeweiligen Parteien andererseits haben sich im Vergleich zur Kommunalwahl 1989 kaum verändert. Der Blick auf die kleineren Parteien und die Xantener Wählergruppe zeigt jedoch eine weitere Abweichung von diesem generellen Befund. Sowohl Grüne als auch die FBI haben gegenüber ihren Ergebnissen von 1989 eindeutig in allen Stadtteilen verloren, wobei allerdings die Rangfolge bzw. der Abstand zwischen den Einzelergebnissen erhalten blieb. In Marienbaum entschieden sich wieder deutlich mehr Wahlberechtigte für die FBI als in den anderen Teilräumen, und in Lüttingen konnten die Grünen wieder den höchsten Anteil an den Wahlberechtigten erreichen. Für die kleinen Gruppierungen hat sich somit auf nur geringerem Stimmenniveau die gleiche wahlgeographische Struktur ergeben wie 1989. Ob diese Entwicklung aber mit dem Wiederantritt der FDP zusammenhängt, kann nur vermutet werden.

Tabelle 8: Bürgermeisterwahl 1999 in Xanten nach Ortsteilen (in % der Wahlberechtigten)

Ortsteil	Nichtwähler	SPD	CDU	FDP
Birten	35,2	16,7	45,0	1,9
Xanten	37,5	27,8	32,7	1,3
Wardt/Xanten	35,1	26,4	36,0	1,9
Lüttingen	30,4	31,5	35,7	1,9
Vynen/Obermörmter	36,5	35,6	25,8	1,4
Marienbaum	37,7	28,2	31,3	1,4
Stadt Xanten	36,2	28,0	33,5	1,5

Quelle: Stadt Xanten. Eigene Berechnungen.

Zur parallel stattgefundenen *Bürgermeisterwahl* traten drei Partei-Bewerber an, so dass die Rats- und Bürgermeisterwahlergebnisse der SPD, CDU und FDP verglichen werden können. Die Unterschiede zwischen den SPD-Ergebnissen für den Stadtrat und für den Bürgermeisterkandidaten schlugen über alle Stadtteile zugunsten des Bürgermeisters aus. Eine ansonsten nicht SPD-orientierte Wählerschaft stimmte in diesem Wahlgang offensichtlich für den SPD-Kandidaten.

Der Vergleich der Wahlergebnisse zwischen den SPD- und CDU-Kandidaten zeigt, dass sich der Unterschied zwischen den Ergebnissen der beiden großen Parteien deutlich verringerte. Abgesehen von Birten kam die SPD mit ihrem Bewerber bis auf drei bis fünf Prozentpunkte an den CDU-Kandidaten heran, und in Vynen/Obermörter übertraf die SPD das CDU-

Ergebnis sogar um fast 10 Prozentpunkte. Dies kann – wie bereits angesprochen – darauf zurückgeführt werden, dass Vynen der Heimatstadtteil des SPD-Kandidaten ist. Zu beachten ist, dass der SPD-Kandidat – neben seinem Heimatstadtteil – vor allem in den Stadtteilen gegenüber der Rats-SPD gewinnen konnte, die keine starken oder mittleren CDU-Hochburgen waren (Lüttingen[13] und Marienbaum).

Obwohl der SPD-Kandidat mit Amtsbonus antrat und daher einen Vorteil gegenüber dem bisher kommunalpolitisch nicht in Erscheinung getretenen CDU-Bewerber in die Wahl einbringen konnte, verlor er die Wahl. Eine mögliche Begründung kann auf Basis der hier vorliegenden Informationen lediglich die bereits vorher dominante Stellung der CDU in der Kommunalpolitik sein. Zudem ist zu vermuten, dass die bundespolitische Stimmungslage die Entwicklung der CDU-Ergebnisse mit begünstigt hat.

3.4 Zusammenfassung

Für die Stadt Xanten ergibt sich aus dem Vergleich der Kommunalwahlen 1989 und 1999 ein relativ konstantes Bild der wahlgeographischen Struktur. In der Stadt Xanten hat die CDU im Parteienspektrum seit Jahren eine dominierende Stellung bei den Kommunalwahlen. Bei im Vergleich höherem Anteil an Nichtwählern behielt die bereits vor der Wahl dominierende CDU ihre Ergebnisse im Wesentlichen bei. Auch die kleinräumige Verteilung der Parteiergebnisse blieb bis auf zwei Veränderungen bestehen. Die erste Veränderung betrifft die kleineren Parteien, die alle 1999 im Vergleich zu 1989 an Zustimmung in den Stadtteilen verloren haben, wobei sich die jeweiligen Hochburgen und die Verhältnisse der einzelnen Stadtteilergebnisse zueinander nicht verändert haben. Die zweite Abweichung besteht darin, dass sich der Abstand zu den SPD-Ergebnissen veränderte – in den meisten Stadtteilen geringfügig, deutlich allein auf weiterhin hohem Niveau in Lüttingen, aber drastisch in Vynen/Obermörmter, dem Heimatstadtteil des SPD-Kandidaten für das Amt des Bürgermeisters.

Der Vergleich mit der Bürgermeisterwahl zeigte schließlich, dass sich die Wahlentscheidungen zwischen den beiden Wahlgängen unterschieden. Der Bürgermeisterkandidat der SPD konnte lediglich die Differenzen zwischen seinen Ergebnissen und denen der Rats-Ergebnisse vermindern – insbesondere in den schwächeren CDU-Hochburgen Lüttingen und Marienbaum – und vergleichsweise zu seinen Gunsten entscheiden. In seinem Heimatstadtteil Vynen/Obermörmter konnte er sogar den CDU-Kandidaten überrunden. Obwohl er als ehrenamtlicher Bürgermeister mit Amtsbonus kandidierte,

---

13 In Lüttingen und Vynen/Obermörmter gewann auch die Rats-SPD gegenüber 1989 hinzu.

stimmte die Mehrheit der an der Wahl teilgenommenen Wahlberechtigten jedoch für den CDU-Kandidaten. Unklar bleibt, ob der Parteieffekt im Gegensatz zum Personen- und Amtsbonus bei der ersten Direktwahl des Bürgermeisters in Xanten ausschlaggebend war. Die Annahme, dass sich um einen Einfluss von der Bürgermeisterwahl auf die Entscheidungen bei der Ratswahl ergeben hat, der noch durch den bundespolitischen Trend unterstützt wurde, liegt nahe.

4. Duisburg – Die SPD verliert Wähler

4.1 Der wahlpolitische Weg zur Kommunalwahl 1999

Im Gegensatz zu den Untersuchungen für die Gemeinde Hünxe und die Stadt Xanten konnte bei den kleinräumigen Analysen für die kreisfreien Städte Duisburg und Essen auf vertiefende Verfahren zurückgegriffen werden. Nachdem zunächst die Mehrheitsverhältnisse im Rat der Stadt Duisburg bis zur Kommunalwahl 1999 dargestellt werden, folgen die Beschreibungen der sozialräumlichen Strukturen bezogen auf die Wahlentscheidungen. Den Abschluss bilden die Fragen nach dem Ausmaß der Wählermobilisierung und -bewegungen zwischen den Parteien, denen mittels Korrelationen und Regressionsgleichungen nachgegangen worden ist.

Duisburg ist als eine beständige Hochburg („Trotzburg") der SPD bekannt. Bei allen Kommunalwahlen seit 1979 erzielte die SPD deutlich über 50% der gültigen Stimmen. Im Vergleich zu den anderen Wahlebenen lagen die Kommunalwahlergebnisse fast ausnahmslos unter denen, welche die SPD zu Landtagswahlen, aber in der Regel über denen, die zu Bundestagswahlen erreicht werden konnten. Die 45,3% der gültigen Stimmen zur Kommunalwahl 1999 waren jedoch das schlechteste Ergebnis der SPD seit 1952. Dagegen konnte die CDU mit 41,5% ihr bis dato bestes Kommunalwahlergebnis erreichen, lag damit aber immer noch, wenn auch knapp, unter dem Stimmenanteil der SPD.

Seit 1984 kandidieren Die Grünen in Duisburg und sind seitdem im Rat der Stadt vertreten. Nach nur leicht schwankendem Stimmenanteil in den vorherigen Wahlen verloren sie im Herbst 1999 rund 2 Prozentpunkte, konnten jedoch mit 6% die drittstärkste Position nach den beiden großen Parteien behaupten.

Der Stimmenanteil der sonstigen Parteien belief sich auf insgesamt 4,7% – wobei die PDS hiervon allein 4,2% erzielen konnte und damit noch vor der FDP lag. Mit 2,6% blieb die FDP wie bei vergangenen Kommunalwahlen deutlich unter der Fünf-Prozent-Marke, die sie das letzte Mal 1979 knapp überschreiten konnte.

Abbildung 3: Ratswahlen in Duisburg 1979 bis 1999 (in % der gültigen Stimmen)

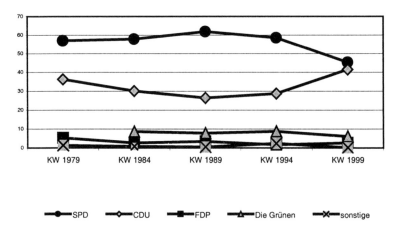

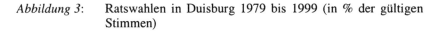

Anmerkung: Die Anteile der PDS sind in der Kategorie „sonstige Parteien" enthalten.
Quelle: Eigene Darstellung auf der Grundlage der Wahldaten des LDS NRW.

Die FDP und die PDS konnten als kleinere Parteien aufgrund des Wegfalls der Fünf-Prozent-Hürde den (Wieder-)Einzug in den Rat der Stadt Duisburg erreichen und 2 bzw. 3 Vertreter entsenden. Seit der Kommunalwahl 1999 sind somit neben den beiden großen Parteien und den Grünen insgesamt fünf Parteien im Duisburger Rat vertreten.

Die SPD hat mit der Wahl im Herbst 1999 ihre absolute Mehrheit im Duisburger Stadtrat verloren und stellt seitdem noch 34 Vertreter (-12). Die CDU hat dagegen neun Sitze gewonnen und den Abstand zur SPD erheblich verringert. Die Grünen konnten statt ihrer vormals sieben nur noch vier Vertreter in den Rat einbringen.

Tabelle 9: Mandatsverteilung in Duisburg nach den Ratswahlen 1989, 1994 und 1999

	SPD	CDU	GRÜNE	FDP	PDS
1989	49	20	6		
1994	46	22	7		
1999	34	31	4	2	3

Anmerkung: Die Vertreter in den Räten werden erst seit der Kommunalwahl 1989 im Landesamt für Datenverarbeitung und Statistik Nordrhein-Westfalen (LDS NRW) erfasst.

Quelle: LDS NRW.

Die Wahl zum Oberbürgermeister gewann die amtierende hauptamtliche Bürgermeisterin deutlich mit 53,3% der gültigen Stimmen. Unter den Herausforderern war lediglich der Kandidat von den Grünen ein „echter" Parteikandidat. Dieser konnte 5,2% der gültigen Stimmen erzielen. Ein Einzelbewerber wurde von der CDU und der FDP unterstützt und konnte sicherlich daher die zweite Position mit 35% erreichen. Die anderen Bewerber erhielten 2,6 und 4% der Stimmen von den Duisburger Wählern.

4.2 Wahlentscheidungen zur Kommunalwahl 1999 in typisierten Stadtteilen

Das Ziel des folgenden Abschnittes ist, typische Strukturen der Wahlentscheidungen bezogen auf räumliche Aggregate zu beschreiben. Dazu wurden die Duisburger Stadtteile nach ausgewählten sozial- und wahlstrukturellen Merkmalen typisiert.

Mit Hilfe eines statistischen Verfahrens, der Clusteranalyse, wurden die 46 Duisburger Stadtteile zu Gruppen zusammengefasst, die bei ausgewählten Merkmalen ähnliche Strukturen aufweisen.[14] Diese Gruppen können dann anhand von Eigenschaften beschrieben werden. In diesem Fall wurden vier sozialstrukturelle Typen und eine Gruppierung der Wahlbeteiligung im Stadtgebiet gebildet. Die Ergebnisse der Typisierung zeigen die folgenden Karten.

---

14 Die Zuordnung der Stadtteile zu den Typen wird nicht vorgegeben. Mit der Clusteranalyse werden die Einheiten mit einer statistischen Zuordnungsmethode und über ein Maß der Ähnlichkeit in Gruppen zusammengestellt (WARD-Methode und quadrierte euklidische Distanz).

Karte 1: Typisierte Duisburger Stadtteile – Konfession

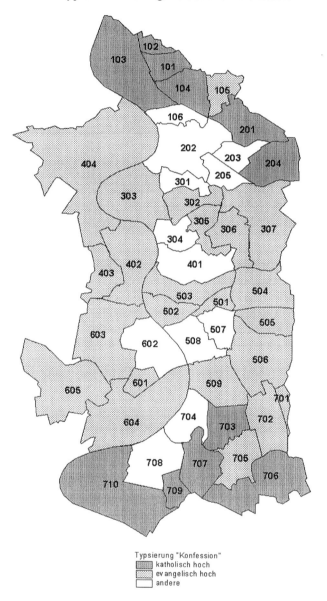

Typsierung "Konfession"
katholisch hoch
evangelisch hoch
andere

Quelle: Stadt Duisburg; eigene Berechnungen und Darstellung.

Karte 2: Typisierte Duisburger Stadtteile – Nichtdeutsche

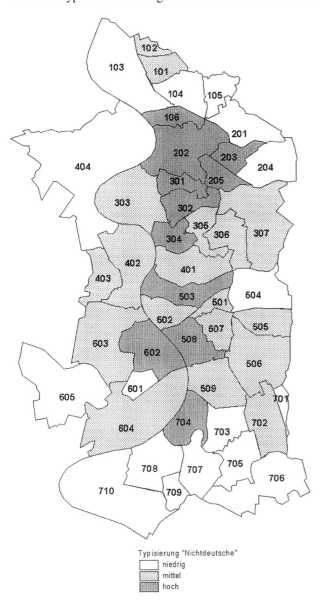

Typisierung "Nichtdeutsche"

☐ niedrig
▒ mittel
▓ hoch

Quelle: Stadt Duisburg; eigene Berechnungen und Darstellung.

Karte 3: Typisierte Duisburger Stadtteile – Schichtzugehörigkeit

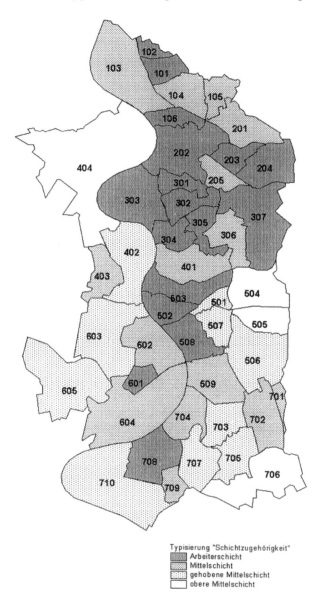

Typisierung "Schichtzugehörigkeit"
Arbeiterschicht
Mittelschicht
gehobene Mittelschicht
obere Mittelschicht

Quelle: Stadt Duisburg; eigene Berechnungen und Darstellung.

Karte 4: Typisierte Duisburger Stadtteile – Arbeitslosigkeit

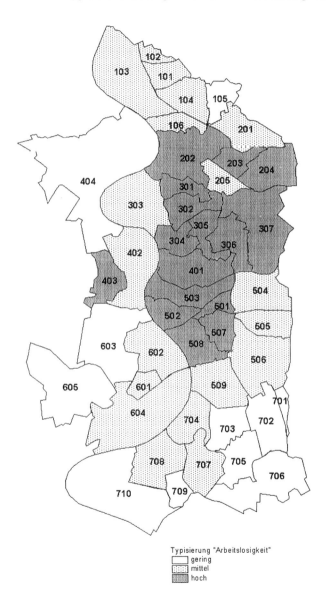

Quelle: Stadt Duisburg; eigene Berechnungen und Darstellung.

Karte 5: Typisierte Duisburger Stadtteile – Wahlbeteiligung

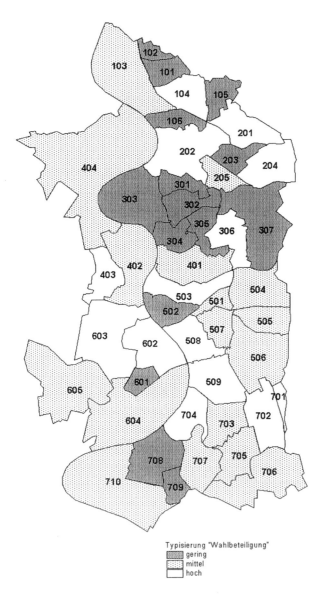

Quelle: Stadt Duisburg; eigene Berechnungen und Darstellung.

Anhand der abgebildeten Typisierungen werden im folgenden die Wahlbeteiligungen und die Wahlentscheidungen für die Parteien zur Ratswahl 1999 und im Vergleich zu den Ergebnissen des Jahres 1989 beschrieben.[15] Zum ersten Mal lag die Beteiligung an einer Kommunalwahl in Duisburg mit 44,2% deutlich unter 50%-Schwelle. Im Jahr 1994 nahmen noch rund 78% der Wählerinnen und Wähler an der Kommunalwahl teil. Diese hohe Quote beruhte sicherlich darin, dass die Kommunalwahl 1994 zeitgleich mit der Bundestagswahl durchgeführt wurde. Dieser Zusammenhang wird auch deutlich, wenn man berücksichtigt, dass sich 1989 zur Kommunalwahl 56% der Wahlberechtigten beteiligten. Da die Ergebnisse der Kommunalwahl 1989 nicht durch einen parallel durchgeführten Wahlgang beeinflusst wurden, stellt die Kommunalwahl 1989 einen im Rahmen eines Kommunalwahlvergleichs angemesseneren Bezugspunkt dar als die Kommunalwahl des Jahres 1994.

Die niedrigste Wahlbeteiligung fand sich 1999 mit 38,9% in Stadtteilen, in denen die Teilnahme der Wahlberechtigten traditionell gering ist. In Gebieten mit mittlerer Wahlbeteiligung lag die Quote knapp unter dem Durchschnitt (42,1%). Dagegen beteiligte sich 1999 fast jeder zweiter Wahlberechtigte aus Stadtteilen, die über die Clusteranalyse dem Typ „hohe Wahlbeteiligung" zugeordnet wurden. Im Vergleich zur Kommunalwahl 1989 ist die Teilnahme in allen Gebieten gesunken. Am stärksten in den Stadtteilen mit bereits niedriger Wahlbeteiligung (-14,4 Prozentpunkte) und geringer, aber mit knapp 10 Prozentpunkten dennoch deutlich in den Gebieten hoher Beteiligung.

Niedrige Wahlbeteiligung findet sich in Stadtteilen mit hoher Arbeitslosigkeit und einem hohem Anteil an nichtdeutscher Bevölkerung. Diese Gebiete sind überwiegend von der Arbeiterschicht geprägt.

Dagegen war die Wahlbeteiligung in Duisburg 1999 in Stadtteilen hoch, in denen die wenigsten Arbeitslosen leben, die einen hohen Anteil an Mittelschichtsbevölkerung aufweisen und in denen der Anteil an Nichtdeutschen gering ist.

---

15 Obwohl die PDS mit 4,6% als viertstärkste Kraft aus der Kommunalwahl 1999 hervorging, muss im folgenden aufgrund des gewählten Vergleichs mit der Kommunalwahl 1989 auf eine differenzierte Betrachtung der PDS verzichtet werden. Ihre Ergebnisse gehen in die Kategorie „sonstige Parteien" ein, deren Umfang dadurch selbstverständlich erheblich zunimmt. In der Interpretation wird dieser Umstand berücksichtigt.

Karte 6: Typisierte Duisburger Stadtteile – SPD-Hochburgen und SPD-Diaspora-Gebiete zur Kommunalwahl 1989

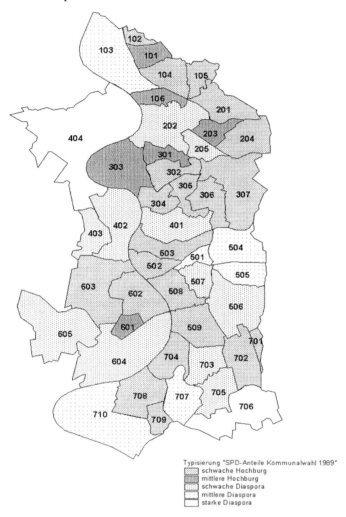

Typisierung "SPD-Anteile Kommunalwahl 1989"
- schwache Hochburg
- mittlere Hochburg
- schwache Diaspora
- mittlere Diaspora
- starke Diaspora

Anmerkung: schwache Hochburg/Diaspora: bis zu einer Standardabweichung über/unter
dem Mittelwert; mittlere Hochburg/Diaspora: ein bis zwei Standardabweichungen über/
unter dem Mittelwert; starke Hochburg/Diaspora: zwei bis drei Standardabweichungen
über/unter dem Mittelwert; extreme Hochburg/Diaspora: mehr als drei Standardabweichungen über/unter dem Mittelwert.

Quelle: Stadt Duisburg; eigene Berechnungen und Darstellung.

Karte 7: Typisierte Duisburger Stadtteile – SPD-Hochburgen und SPD-Diaspora-Gebiete zur Kommunalwahl 1999

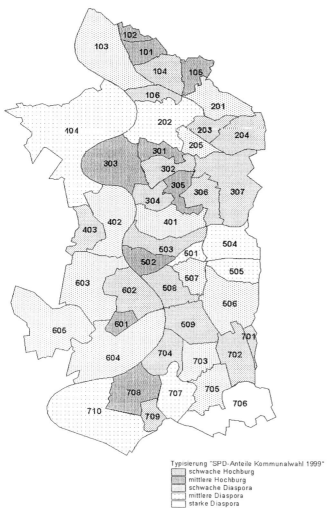

Typisierung "SPD-Anteile Kommunalwahl 1999"

- schwache Hochburg
- mittlere Hochburg
- schwache Diaspora
- mittlere Diaspora
- starke Diaspora

Anmerkung: schwache Hochburg/Diaspora: bis zu einer Standardabweichung über/unter dem Mittelwert; mittlere Hochburg/Diaspora: ein bis zwei Standardabweichungen über/ unter dem Mittelwert; starke Hochburg/Diaspora: zwei bis drei Standardabweichungen über/unter dem Mittelwert; extreme Hochburg/Diaspora: mehr als drei Standardabweichungen über/unter dem Mittelwert.

Quelle: Stadt Duisburg; eigene Berechnungen und Darstellung.

Betrachtet man die Beteiligung an der Kommunalwahl 1999 in den SPD-Hochburgen und Diaspora-Gebieten, zeigt sich, dass die Wahlbeteiligung mit zunehmender Überlegenheit der SPD sinkt. Obwohl die Wahlbeteiligung in den SPD-Hochburgen und Gebieten mit traditionell geringer Wahlteilnahme überdurchschnittlich gesunken ist, konnte die SPD dort immer noch die höchsten ihrer Ergebnisse erzielen. Trotzdem schlägt sich die mangelnde Mobilisierung der Wahlberechtigten in den Ergebnissen nieder: Während die SPD zur Kommunalwahl 1989 sogar noch in ihren Diaspora-Gebieten deutlich mehr Wahlberechtigte auf sich vereinen konnte als die CDU, gelang ihr das zur Kommunalwahl 1999 lediglich in ihren Hochburgen.

Nach den Klassifizierungen der gewählten sozialstrukturellen Indikatoren zeigt sich als grundlegender Trend für die Ergebnisse der beiden großen Parteien, dass die SPD 1999 in allen typisierten Gebieten gegenüber 1989 zwischen 12 und 17 Prozentpunkten verlor und die CDU zwischen drei und fünf Prozentpunkten hinzugewann.

Die *SPD* konnte noch zur Kommunalwahl 1989 eine breite Zustimmung bei den Wahlberechtigten erreichen, so dass die Unterschiede zwischen den SPD-Anteilen in den typisierten Gebieten nur graduell waren. Erst mit den Verlusten zur Ratswahl 1999 entwickelten sie sich etwas auseinander. Die Stimmenanteile der SPD an den Wahlberechtigten unterschieden sich dementsprechend zwischen den Gebieten mit einem hohen Anteil katholischer bzw. evangelischer Bevölkerung nur geringfügig. Auch der Rückgang ist in beiden Gebietstypen im Vergleich zur Kommunalwahl 1989 mit jeweils 14 Prozentpunkten gleich hoch. Lediglich in Stadtteilen ohne eindeutige konfessionelle Prägung fielen die Wahlentscheidungen für die SPD etwas deutlicher aus. Dort erzielte die SPD bereits 1989 die niedrigsten Stimmenanteile und verlor zur Ratswahl 1999 weiter überdurchschnittlich viele Prozentpunkte (-15,3).

Eine ähnlich gleichverteilte Struktur und Entwicklung der Zustimmung der Wahlberechtigten für die SPD lässt sich für die Stadtteile gruppiert nach ihrem Anteil an nichtdeutscher Bevölkerung beobachten. Erreichte die SPD noch 1989 in allen diesen Gebietstypen gut jeden dritten Wahlberechtigten, so sanken die Stimmenanteile jedoch zur Ratswahl 1999 zwischen 14 und 16 Prozentpunkte. Am stärksten verlor die SPD wieder in dem Gebietstyp, in dem sie bereits vor zehn Jahren das schlechteste Ergebnis realisierte. So sank der Anteil in Stadtteilen, in denen vergleichsweise viele Nichtdeutsche leben, überdurchschnittlich um 16,1 Prozentpunkte auf 17,5% der Wahlberechtigten. Dort und in den Stadtteilen mit mittlerem Anteil Nichtdeutscher lag ihr Anteil dennoch über dem der CDU. Das noch beste Ergebnis erzielte die SPD in Gebieten mit niedrigem Anteil nichtdeutscher Bevölkerung (21%), die CDU konnte dort allerdings geringfügig mehr Wahlberechtigte auf sich vereinen.

Die Klassifizierung nach den Anteilen der Arbeitslosen zeigt, dass die SPD in Gebieten, in denen die Arbeitslosigkeit niedrig ist, sowohl 1989 als auch 1999 ihre stärksten Ergebnisse erzielen konnte. Mit 13,6 Prozentpunkten verlor sie dort nur unterdurchschnittlich, blieb jedoch mit geringem Abstand hinter der CDU zurück. Dagegen sanken die Anteile in den Stadtteilen mit mittlerem und hohem Anteil von Arbeitslosen überdurchschnittlich um rund 15 Prozentpunkte. Trotzdem verteidigte die SPD dort die Position als stärkste Partei.

Zur Kommunalwahl 1989 hatte die SPD ihre Schwerpunkte sowohl in von der Arbeiterschicht als auch von der Mittelschicht geprägten Gebieten. Mit der Ratswahl 1999 hat sich die stärkere Zustimmung für die SPD in die Mittelschichtsgebiete verschoben. Gegenüber der CDU verringerte sich der Abstand deutlich, und in den Gebieten der gehobenen und oberen Mittelschicht büßte die SPD ihre Vorrangstellung ein. Mit 16,4 Prozentpunkten verlor die SPD im Vergleich zu den Ergebnissen der Kommunalwahl 1989 überdurchschnittlich in den Stadtteilen, die überwiegend von der Arbeiterschicht geprägt sind.

Die *CDU* konnte zur Ratswahl 1999 in allen Gebietstypen höhere Ergebnisse als 1989 erzielen, gewann im Stadtdurchschnitt jedoch lediglich 3,5 Prozentpunkte an Wahlberechtigten hinzu. Damit wurden die flächendeckend hohen Verluste der SPD von im Schnitt 14,5 Prozentpunkten rein rechnerisch nur zu einem Viertel durch Stimmen für die CDU kompensiert. Insbesondere in Gebieten mit traditionell mittlerer und hoher Wahlbeteiligung sind die Stimmenanteile für die CDU gegenüber 1989 gestiegen. In den starken Gebieten der SPD mit beständig niedriger Wahlbeteiligung erzielte die CDU nur einen leichten Zugewinn von 2,5 Prozentpunkten.

Kennzeichen der CDU-Hochburgen ist die hohe Teilnahmequote der Wahlberechtigten, die zwischen 45 und 57% liegt. In diesen Stadtteilen sowie in den CDU-Diaspora-Gebieten ist der Stimmenanteil an den Wahlberechtigten für die CDU im Vergleich zu 1989 gestiegen. So konnte die CDU zwar in ihren mittleren und starken Hochburgen die SPD-Anteile übertreffen, liegt jedoch in den schwachen Hochburgen und den Diaspora-Gebieten immer noch und zum Teil deutlich unter den Ergebnissen der SPD.

Im Gegensatz zu den SPD-Ergebnissen sind die konfessionellen Strukturen für die Stimmenanteile der CDU etwas deutlicher. In Gebieten mit hohem Anteil katholischer Bevölkerung konnte die CDU bereits 1989 ihr bestes Ergebnis erzielen und zur Ratswahl 1999 mit einem überdurchschnittlichen Zugewinn (+4,4 Prozentpunkte) ausbauen. Dagegen nahmen die Stimmenanteile für die CDU in vorwiegend evangelisch geprägten Stadträumen und ohne eindeutige konfessionelle Prägung lediglich unterdurchschnittlich zu, so dass auch dort die SPD ihre starke Stellung behielt.

Die Klassifizierung nach dem Anteil Nichtdeutscher zeigt, dass die CDU dort am stärksten gewann, wo sie schon 1989 ihren stärksten Zuspruch unter den Wahlberechtigten fand: Mit einem Plus von 4,8 Prozentpunkten entschieden sich 21,7% der Wahlberechtigten in Stadtteilen, in denen wenige Nichtdeutsche leben, für die CDU. Sowohl in den Teilräumen mit mittlerem als auch hohem Anteil nichtdeutscher Bevölkerung lag der Stimmengewinn unter dem Stadtdurchschnitt und blieb die CDU auf der zweiten Position.

Ebenso stellen sich die Verteilungen und Entwicklungen der CDU-
Anteile dar, betrachtet man die Stadträume nach ihrem Anteil an Arbeitslosen. Der Anteil an Wahlberechtigten konnte in den Gebieten gesteigert werden, die durch eine niedrige Arbeitslosigkeit gekennzeichnet sind und in denen die CDU bereits zur Kommunalwahl 1989 einen vergleichsweise hohen
Anteil an Wahlberechtigten hinter sich bringen konnte. Dort konnte die CDU
auch die SPD-Dominanz knapp überwinden. In Stadtteilen mit mittlerer und
hoher Arbeitslosigkeit stieg die Zustimmung für die CDU dagegen nur geringfügig.

Die Gebietstypisierung nach dem Indikator „Schichtzugehörigkeit" verdeutlicht, dass die CDU in ihren schon zur Kommunalwahl 1989 starken
Teilräumen der gehobenen und oberen Mittelschicht die Stimmenmehrheit
der Wahlberechtigten erzielen konnte. In den Stadtteilen, die von der Arbei-
ter- und Mittelschicht geprägt sind, konnte sie lediglich den enormen Abstand zur SPD mit unter- und durchschnittlichen Stimmengewinnen verringern.

Wie die SPD verloren die hier einzeln ausgewiesenen kleineren Parteien
FDP und Grüne gegenüber der Kommunalwahl 1989 in allen Gebietstypen.
Die Grünen erreichten ihre höchsten Ergebnisse in den Stadträumen, in denen die Wahlberechtigten traditionell im starkem Umfang an Wahlen teilnehmen. Dieser Befund wird durch die anderen Klassifizierungen bestätigt:
Die Stimmenanteile der Grünen sind in den typisierten Gebieten hoch, in denen die Wahlberechtigten in stärkerem Maße an der Ratswahl teilgenommen
haben. Dies sind Stadtteile, die durch einen hohen Bevölkerungsanteil mit
evangelischer Konfession gekennzeichnet sind, die ein geringeres Ausmaß an
Arbeitslosigkeit aufweisen, in denen ein niedriger bis mittlerer Anteil an
nichtdeutscher Bevölkerung lebt und die insbesondere durch Bevölkerung der
oberen Mittelschicht geprägt sind. Der Umfang der Stimmenverluste unterscheidet sich zwischen den Gebietstypen nur geringfügig. Etwas deutlicher
fielen die Einbußen in Stadtteilen der gehobenen Mittelschicht und in Gebieten mit einem niedrigen Anteil an Arbeitslosen aus (-2 Prozentpunkte). Besonders gering war der Rückgang mit 0,5 Prozentpunkten lediglich in Stadtteilen der oberen Mittelschicht.

Wie oben bereits erwähnt, enthalten die unter „*sonstige Parteien*" zusammengefassten Stimmen hauptsächlich die Stimmen für die PDS. Neben
der CDU können die so definierten sonstigen Parteien als weiterer Gewinner
der Ratswahl 1999 gelten. Gegenüber 1989 nahm ihr Stimmenanteil in allen
Gebietstypen zu – besonders in Stadtteilen, in denen die SPD an Zustimmung
der Wahlberechtigten verlor und die von der Arbeitschicht geprägt sind, in
denen die Arbeitslosigkeit hoch ist und die einen hohen Anteil Nichtdeutscher aufweisen. Allerdings fand sich die höchste Zunahme in Stadträumen
der oberen Mittelschicht (+2,2 Prozentpunkte).

Karte 8: Typisierte Duisburger Stadtteile – CDU-Hochburgen und CDU-Diaspora-Gebiete zur Kommunalwahl 1989

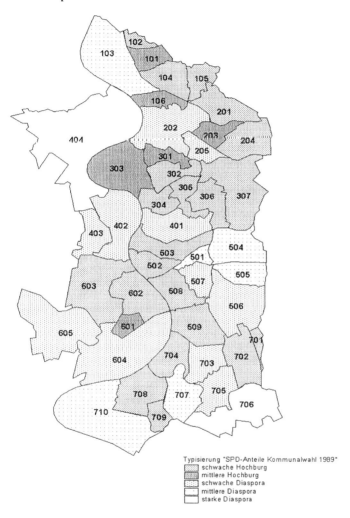

Typisierung "SPD-Anteile Kommunalwahl 1989"
- schwache Hochburg
- mittlere Hochburg
- schwache Diaspora
- mittlere Diaspora
- starke Diaspora

Anmerkung: schwache Hochburg/Diaspora: bis zu einer Standardabweichung über/unter dem Mittelwert; mittlere Hochburg/Diaspora: ein bis zwei Standardabweichungen über/ unter dem Mittelwert; starke Hochburg/Diaspora: zwei bis drei Standardabweichungen über/unter dem Mittelwert; extreme Hochburg/Diaspora: mehr als drei Standardabweichungen über/unter dem Mittelwert.

Quelle: Stadt Duisburg; eigene Berechnungen und Darstellung.

Karte 9: Typisierte Duisburger Stadtteile – CDU-Hochburgen und CDU-Diaspora-Gebiete zur Kommunalwahl 1999

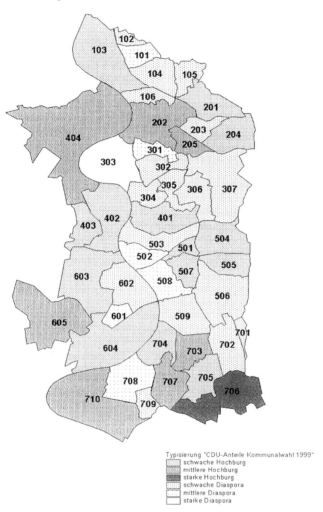

Typisierung "CDU-Anteile Kommunalwahl 1999"
schwache Hochburg
mittlere Hochburg
starke Hochburg
schwache Diaspora
mittlere Diaspora
starke Diaspora

Anmerkung: schwache Hochburg/Diaspora: bis zu einer Standardabweichung über/unter
dem Mittelwert; mittlere Hochburg/Diaspora: ein bis zwei Standardabweichungen über/
unter dem Mittelwert; starke Hochburg/Diaspora: zwei bis drei Standardabweichungen
über/unter dem Mittelwert; extreme Hochburg/Diaspora: mehr als drei Standardabweichungen über/unter dem Mittelwert.

Quelle: Stadt Duisburg; eigene Berechnungen und Darstellung.

Noch deutlicher als die PDS profitierte die *FDP* in Duisburg von dem Wegfall der Fünf-Prozent-Hürde bei der Ratswahl 1999. Die Stimmen von 1,2% der Wahlberechtigten und 2,6% der gültigen Stimmen der Wahlteilnehmer reichten aus, um zwei Vertreter in den Rat der Stadt Duisburg zu senden. Gegenüber der Kommunalwahl 1989, bei die FDP noch an der 5%-Schwelle scheiterte, sank auch für die FDP die Zustimmung in allen typisierten Gebieten (-0,5 bis 1 Prozentpunkt). Die relativ höheren Anteile konnte die FDP in Stadträumen erzielen, in denen wenige Nichtdeutsche leben, die von der oberen Mittelschicht geprägt sind und in denen der Anteil der Arbeitslosen niedrig ist. In eben diesen Stadtteilen verlor die FDP jedoch zumeist überdurchschnittlich an Zuspruch der Wahlberechtigten. Insgesamt konnte die FDP insbesondere in Gebieten mit traditionell hoher Wahlbeteiligung die Stimmen von Wahlberechtigten für sich verbuchen (1,5%). Dort stellten sich zur Ratswahl 1999 allerdings auch vergleichsweise deutliche Einbußen ein.

Die *Nichtwähler* sind angesichts ihrer hohen Zuwächse im Vergleich zu den Gewinnen der CDU und der sonstigen Parteien die eigentlichen Sieger der Ratswahl 1999 in Duisburg. Mit rund 56% sind im Vergleich mit der Kommunalwahl 1989 12 Prozentpunkte mehr Wahlberechtigte in das Lager der Nichtwähler gewechselt. Der Wahlverzicht stieg insbesondere in Gebieten ohne eindeutige konfessionelle Mehrheit (+13,1 Prozentpunkte), in Stadtteilen mit einem hohem Anteil Nichtdeutscher (+13,9 Prozentpunkte), in Teilräumen, die von der Arbeiterschicht geprägt sind und dort, wo der Anteil der Arbeitslosen besonders hoch ist (+12,8 Prozentpunkte). Die Typisierung der Stadtgebiete nach der Wahlbeteiligung zeigt zudem, dass sich die Nichtwähleranteile dort erhöht haben, wo die Teilnahme traditionell gering ist (+14,5 Prozentpunkte). In Stadtteilen mit hoher Wahlbeteiligung sanken die Wähleranteile dagegen trotz deutlicher 9,9 Prozentpunkte unterdurchschnittlich. Dieser Trend deutet darauf hin, dass sich die Wahlbeteiligung im Duisburger Stadtgebiet auseinander entwickelt.

Der Vergleich der Nichtwähler- und der Parteianteile zeigt, dass insbesondere in den Gebietstypen weniger Wahlberechtigte zur Wahl gegangen sind, in denen die SPD relativ stark verloren hat. Da dies nicht die Stadtteile sind, in denen die CDU besonders hinzugewonnen hat, sondern lediglich unterdurchschnittliche Zugewinne verzeichnen konnte, deutet sich an, dass die ehemaligen SPD-Wählerinnen und -Wähler sich in geringem Maße für die CDU, dagegen in starkem Maße für die Nichtwahl entschieden haben.

4.3 Wählermobilisierungen und -bewegungen

Die öffentlichen und fachwissenschaftlichen Diskussionen nach der Kommunalwahl 1999 wurden u.a. um die Frage geführt, ob es zur Kommunalwahl 1999 eine Wählerwanderung von der SPD zu den Nichtwählern gegeben hat

oder ob die SPD-Wählerschaft zur CDU gewechselt ist. Da diese Frage mit
den vorgestellten Vergleichen der Stimmenanteile und deren Entwicklung
gegenüber 1989 nicht ausreichend beantwortet werden konnte, wurden vertiefende Verfahren gewählt, deren Ergebnisse im folgenden kurz vorgestellt
werden.

Bestimmte statistische Maßzahlen (sog. „Koeffizienten") zu den Gewinnen und Verlusten der Parteien im Vergleich zweier Wahlen informieren darüber, ob zwischen der Höhe der Verluste bzw. Gewinne einer Partei und der
Höhe der Verluste bzw. Gewinne einer anderen Partei ein statistischer Zusammenhang besteht.[16]

Der *Vergleich der Ratswahl 1999 mit der Ratswahl 1989* anhand der
Koeffizienten zeigt, dass lediglich zwischen den Bilanzen der SPD und der
Nichtwähler ein starker negativer Zusammenhang gemessen werden konnte:[17]

– Die Verluste der SPD in den Stadtteilen zur Ratswahl 1999 waren um so
  größer, je stärker die Nichtwähleranteile gegenüber 1989 zugenommen
  haben ($r=-0,82$, $r^2=0,68$).
– Für die CDU und die Nichtwähleranteile zeigen die Maßzahlen, dass ein
  statischer Zusammenhang lediglich auf sehr niedrigem Niveau für die
  leichten Gewinne der CDU und dem Rückgang der Nichtwähleranteile
  gemessen werden konnte ($r=-0,42$, $r^2=0,18$).

Die Prüfung der statistischen Zusammenhänge zwischen den Gewin-
nen/Verlusten im *Vergleich der Kommunalwahl 1999 mit der Bundestagswahl 1998* ergab zwei hervorzuhebende Ergebnisse.

– Einmal korrelierten wiederum die Ergebnisse der SPD mit den Veränderungen der Nichtwähleranteile, und zwar in der gleichen Richtung wie
  schon zuvor im Vergleich mit der Kommunalwahl 1989 ($r=-0,85$,
  $r^2=0,72$). Die Gewinne der Nichtwähler gingen auch gegenüber der Bundestagswahl 1998 mit Verlusten der SPD einher.

---

16 Der Determinationskoeffizient r^2 (auch Bestimmtheitsmaß) kann Werte zwischen 0
    und 1 annehmen und zeigt das Vorhandensein und die Stärke eines Zusammenhangs
    an, in dem er den Anteil der gemeinsamen Varianz zweier Merkmale beschreibt. Der
    Korrelationskoeffizient (nach Bravais/Pearson) r informiert dagegen über die Stärke
    und die Richtung des Zusammenhangs. Dieser kann Werte zwischen -1 und 1 anneh-
    men. Ein Koeffizient von 1 bedeutet einen maximalen positiven linearen Zusammen-
    hang, ein Wert von 0 zeigt eine statistische Unabhängigkeit und das Ergebnis -1 einen
    maximalen negativen linearen Zusammenhang an.
17 Hier zeigt sich eine Schwäche der klassischen korrelations- und regressionsanalyti-
    schen Verfahren: Der Wähleraustausch zwischen mehreren Parteien oder einer Partei
    mit mehreren anderen sowie gleichzeitige Gewinne und Verluste einer Partei in unter-
    schiedlichen Teilräumen werden mit Regressions- und Korrelationsverfahren nicht
    bestimmt. Die Verfahren informieren dagegen darüber, wo die Veränderung der Anteile
    einer Partei sowohl von der Höhe als auch von der Richtung her eindeutig zugunsten
    oder zulasten einer anderen Partei geht.

– Ebenso wie im Vergleich zur Kommunalwahl 1989 zeigten die Koeffizienten für die CDU lediglich eine geringe Korrelation mit den Veränderungen der Nichtwähleranteile an (r=-0,48, r^2=0,23). Die CDU konnte somit nicht von den Verlusten der SPD profitieren, aber auch nicht die wahlberechtigte Bevölkerung zur Teilnahme und zum CDU-Votum motivieren.

Für die Frage nach den Zusammenhängen zwischen den Wahlentscheidungen bei *Rats- und der Oberbürgermeisterwahl* in den 46 Duisburger Stadtteilen konnten die Bilanzen der SPD, der CDU, der Grünen, der Nichtwähler und der Sammelgruppe „sonstige Parteien", welche die Ergebnisse der drei Einzelbewerber beinhalten, berücksichtigt werden. Die Berechnungen ergaben für alle Kombinationen, die möglich waren, keine Hinweise auf bedeutende Zusammenhänge. Lediglich die Unterschiede zwischen dem Ratsergebnis und dem Bürgermeisterwahlergebnis der Grünen und der SPD weisen statistisch einen Zusammenhang auf: Gewinne der Grünen gingen mit Verlusten der SPD einher (r=-0,56, r^2=0,32).

4.4 Zusammenfassung

– Zur Ratswahl 1999 hat sich die Wahlbeteiligung im Vergleich zur Kommunalwahl 1989 zwischen den Duisburger Stadtteilen weiter auseinander entwickelt. Stadtteile, die bereits zu anderen Wahlterminen eine geringe Teilnahmequote der Wahlberechtigten aufwiesen, zeigten auch zur Ratswahl 1999 weiterhin die niedrigste Beteiligung der wahlberechtigten Bevölkerung im Stadtgebiet. Darüber hinaus sank dort die Wahlbeteiligung am stärksten. In geringerem Ausmaß ging dagegen die Wahlbeteiligung in den Duisburger Teilräumen zurück, die sich durch eine traditionell hohe Teilnahme der Wahlberechtigten auszeichneten. In diesen typisierten Gebieten lag die Wahlbeteiligung im Herbst 1999 weiterhin über dem Stadtdurchschnitt.

– Die Wahlbeteiligung und Wahlentscheidungen blieben im wesentlichen in ihrer grundlegenden sozialräumlichen Struktur erhalten. Gebietstypen mit niedriger Wahlbeteiligung sind vorwiegend von der Arbeiterschicht geprägt, in diesen Stadtteilen ist sowohl der Anteil nichtdeutscher Bevölkerung als auch der Arbeitslosen hoch. Die SPD-Anteile an den Stimmen der Wahlberechtigten waren insbesondere in diesen Teilräumen sowohl zur Kommunalwahl 1989 als auch zur Ratswahl 1999 hoch. In diesen Stadtteilen ist jedoch der Anteil der Wahlberechtigten, die an der Ratswahl 1999 teilnahmen und für die SPD stimmten, gegenüber 1989 auch am stärksten zurückgegangen. Es ist somit der SPD nicht gelungen, die Wahlberechtigten in ihren bisher starken Stadtteilen zur Wahl zu motivieren und für sich zu gewinnen. Die CDU konnte dagegen vor allem in

Gebieten ihre höheren und im Vergleich zu 1989 noch leicht gestiegenen Ergebnisse erzielen, in denen die Wahlberechtigten sich stärker an Wahlen beteiligen. Hohe Wahlbeteiligung findet sich in Stadtteilen mit einem hohem Anteil an Mittelschichtsbevölkerung, mit niedrigem Arbeitslosenanteil und in denen wenige Nichtdeutsche leben.

– Zum Abschluss zeigten die statistischen Analysen, dass lediglich die SPD-Anteile mit den Veränderungen der Nichtwähleranteile hoch korrelierten. Die SPD-Ergebnisse gingen dort besonders stark zurück, wo die Wahlberechtigten sich im höherem Maße für die Nichtwahl entschieden. Die CDU konnte nur zu einem geringem Teil von dieser Entwicklung profitieren und lediglich leichte Zugewinne in ihren Ergebnissen verzeichnen. Dabei schaffte sie es in den SPD-Gebieten weder in einem deutlichen Maße Wahlberechtigte für sich zu gewinnen noch andere Wählerschichten zu mobilisieren.

5. Essen – Die SPD-Hochburg fällt

5.1 Der wahlpolitische Weg zur Kommunalwahl 1999

Die Ergebnisse der kleinräumigen Analyse für die Stadt Essen basieren auf Verfahren, die analog zur Untersuchung für die Stadt Duisburg angelegt waren, und werden in der gleichen Reihenfolge vorgestellt. Zunächst folgt eine kurze Vorstellung der Mehrheitsverhältnisse im Essener Stadtrat bis zur Kommunalwahl 1999. Im zweiten Schritt werden die Ergebnisse der Clusteranalyse mit Bezug auf die Wahlentscheidungen für die Parteien erläutert. Dem schließen sich korrelations- und regressionsanalytische Prüfungen der Fragen nach dem Ausmaß der Wählermobilisierung und der sozialräumlichen Stabilität der wahlgeographischen Strukturen an.

Bei allen Wahlen seit 1979 erzielte die SPD im Vergleich aller Parteien in Essen die höchsten Anteile an den gültigen Stimmen bzw. die absolute Mehrheit. Essen galt daher als deutliche SPD-Hochburg. Die Ergebnisse der SPD zu Kommunalwahlen lagen dabei stets unter denen zu Landtagswahlen, aber weniger deutlich und oft unter den Bundestagswahlergebnissen. Zur Kommunalwahl 1999 allerdings rutschte der SPD-Anteil zum ersten Mal seit 1952 mit 35% deutlich unter die 40 Prozent-Marke. Die CDU wechselte die SPD an der Spitze ab, sie erreichte mit knapp 50% der gültigen Stimmen ihr bestes Wahlergebnis nach 1946.

Die Grünen kandidieren seit 1979 für den Rat, konnten allerdings erst 1984 in den Rat einziehen, aber seitdem zu jeder Kommunalwahl die Fünf-Prozent-Hürde deutlich überschreiten. Nach steten Stimmengewinnen von 1984 bis 1994 erreichte der Stimmenanteil 1999 mit 8,1% wieder ein ähnliches Niveau wie zur Kommunalwahl 1984. Die Grünen haben sich in Essen im Laufe der Jahre als dritte Kraft neben SPD und CDU im Stadtrat etabliert.

Nachdem die FDP 1979 mit 4,8% knapp an der Fünf-Prozent-Hürde scheiterte und 1984 mit lediglich 2,7% ihr schlechtestes Ergebnis einstecken musste, gelang ihr der knappe Wiedereinzug zur Wahl im Jahr 1989 (5,2%).

Der Stimmenanteil der sonstigen Parteien lag bis zur Kommunalwahl 1984 stets unter 2%. Bei der Ratswahl 1989 und 1994 entfielen mehr Wählerstimmen auf sonstige Parteien. Der Anteil lag bei der Wahl zum Rat 1999 bei 4,6%.

Abbildung 4:   Ratswahlen in Essen 1979 bis 1999
                   (in % der gultigen Stimmen)

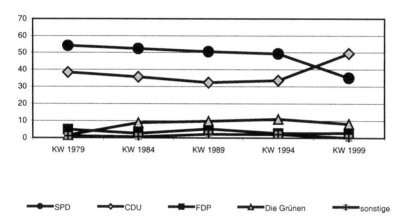

Anmerkung: Die Anteile der PDS sind in der Kategorie „sonstige Parteien" enthalten.
Quelle: Eigene Darstellung auf der Grundlage der Wahldaten des LDS NRW.

Drei kleinere Parteien haben aufgrund des Wegfalls der Fünf-Prozent-Hürde den (Wieder-)Einzug in den Rat der Stadt Essen geschafft. Erstmals können PDS (2%) und die Republikaner (1,7%) Vertreter in den Stadtrat senden. Nach der Wahlniederlage von 1994 ist es der FDP mit 2,3% der Stimmen gelungen, erneut im Rat der Stadt Essen vertreten zu sein. Mit den beiden großen Parteien und den Grünen sind seit der Kommunalwahl 1999 insgesamt sechs Parteien im Essener Rat vertreten.

Im Vergleich zu den vorherigen Ratsperioden stellt die SPD seit Herbst 1999 lediglich 29 Vertreter im Rat der Stadt. Die CDU hat knapp die absolute Mehrheit im Stadtparlament verpasst und muss mit Stimmen anderer Parteien regieren.

Tabelle 10: Mandatsverteilung in Essen nach den Ratswahlen 1989, 1994
und 1999

	SPD	CDU	GRÜNE	FDP	PDS	REP
1989	43	28	8	4		
1994	44	30	9			
1999	29	40	7	2	2	2

Anmerkung: Die Vertreter in den Räten werden erst seit der Kommunalwahl 1989 im Landesamt für Datenverarbeitung und Statistik Nordrhein-Westfalen (LDS NRW) erfasst.
Quelle: LDS NRW.

Auch an der Stadtspitze setzte sich die CDU im September 1999 durch. Mit
der ersten Direktwahl des Bürgermeisters wurde der Kandidat der CDU mit
51,7% der gültigen Stimmen gewählt. Der SPD-Kandidat konnte lediglich
ein Drittel der Stimmen auf sich vereinen (36,4%). Alle anderen Kandidaten
blieben mit Stimmenanteilen von 2 bis 6 Prozent weit hinter den Ergebnissen
der Kandidaten der großen Parteien zurück.

5.2   Wahlentscheidungen zur Kommunalwahl 1999 in typisierten Stadtteilen

Die 50 Essener Stadtteile wurden ebenfalls zu Typen zusammengefasst, die
bei den ausgewählten Merkmalen ähnliche Strukturen aufweisen.[18] Es wurden
wieder vier sozialstrukturelle Typen und eine Gruppierung der Wahlbeteiligung im Stadtgebiet gebildet. Die Ergebnisse der Typisierung für die Stadt
Essen zeigen die folgenden Karten.

---

18 Die Zuordnung der Stadtteile zu den Typen wird nicht vorgegeben. Mit der Clusteranalyse werden die Einheiten mit einer statistischen Zuordnungsmethode und über ein
   Maß der Ähnlichkeit in Gruppen zusammengestellt (WARD-Methode und quadrierte
   euklidische Distanz).

Karte 10: Typisierte Essener Stadtteile – Konfession

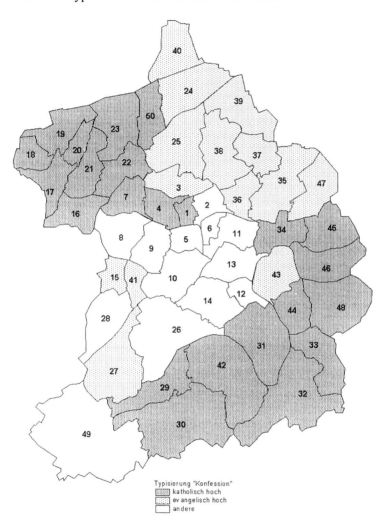

Typisierung "Konfession"
katholisch hoch
ev angelisch hoch
andere

Quelle: Stadt Essen; eigene Berechnungen und Darstellung.

Karte 11: Typisierte Essener Stadtteile – Nichtdeutsche

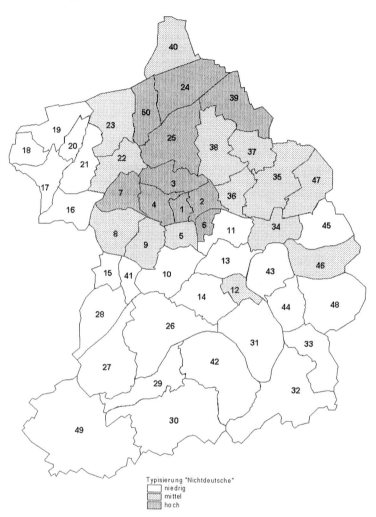

Quelle: Stadt Essen; eigene Berechnungen und Darstellung.

Karte 12: Typisierte Essener Stadtteile – Schichtzugehörigkeit

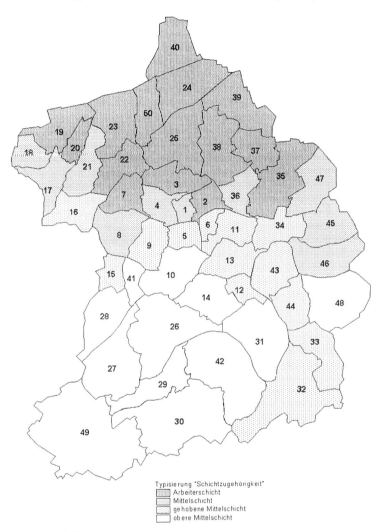

Typisierung "Schichtzugehörigkeit"
- Arbeiterschicht
- Mittelschicht
- gehobene Mittelschicht
- obere Mittelschicht

Quelle: Stadt Essen; eigene Berechnungen und Darstellung.

Karte 13: Typisierte Essener Stadtteile – Einkommensarmut

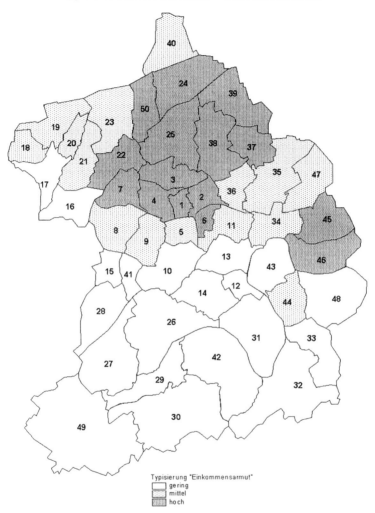

Quelle: Stadt Essen; eigene Berechnungen und Darstellung.

Karte 14: Typisierte Essener Stadtteile – Wahlbeteiligung

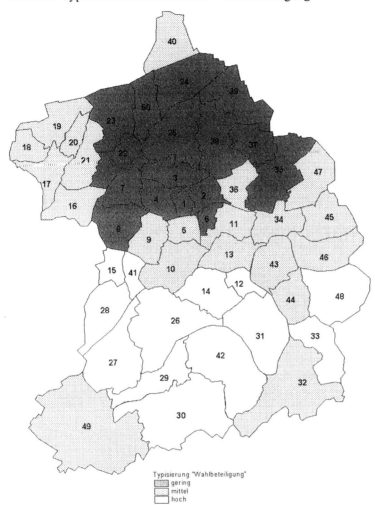

Quelle: Stadt Essen; eigene Berechnungen und Darstellung.

Anhand der vorgestellten Typisierungen werden im folgenden die Wahlbeteiligungen und die Wahlentscheidungen für die Parteien zur Ratswahl 1999
und im Vergleich zu ihren Ergebnissen des Jahres 1989 betrachtet.
    Mit 49,3% beteiligten sich nicht einmal die Hälfte aller Wahlberechtigten
an der Kommunalwahl im Herbst 1999. An der Kommunalwahl 1989 nahmen mit 58% deutlich mehr Wahlberechtigte als zehn Jahre später teil. Gegenüber der Kommunalwahl 1994 ging die Wahlbeteiligung 1999 um knapp
30 Prozentpunkte zurück. Allerdings fand die Kommunalwahl 1994 gleichzeitig mit der Bundestagswahl statt, und die deutlich höhere Beteiligung ist
sicherlich zu großen Teilen auf diesen Umstand zurückzuführen. Aus diesem
Grund wurde den Vergleichen in den Analysen die Kommunalwahl 1989 zugrunde gelegt.
    In den Essener Stadtteilen mit traditionell niedriger Wahlbeteiligung ga-
ben auch zur Ratswahl 1999 eine unterdurchschnittliche Zahl der Wahlberechtigten ihre Stimme ab (40,4%). Die Beteiligung in Gebieten mit hoher
Wahlbeteiligung lag um rund 25 Prozentpunkte höher (64,1%). Der Vergleich
zur Kommunalwahl 1989 legt die Vermutung nahe, dass sich die Wahlbeteiligung im Stadtgebiet auseinander entwickelt. In Stadtteilen mit traditionell hoher Beteiligung nahm die Quote um 1,2 Prozentpunkte ab, in Stadtteilen mit
niedriger Wahlbeteiligung sank sie dagegen um erhebliche 12,7 Prozentpunkte.
    Die soziodemographischen räumlichen Strukturen der Wahlbeteiligung
entsprechen weitgehend den Thesen und Ergebnissen bisherigen Wahlunter-
suchungen. Niedrige Wahlbeteiligung findet sich in Stadtteilen mit einem
hohen Anteil an Einkommensarmen, an Nichtdeutschen und in Gebieten, die
durch die Arbeiterschicht geprägt sind. Dagegen ist die Wahlbeteiligung in
Stadtteilen traditionell hoch, die einen niedrigen Anteil an Einkommensarmen, an Nichtdeutschen und einen vergleichsweise hohen Anteil an Mittelschichtsbevölkerung aufweisen.
    Nimmt man die Mehrheitsverhältnisse mit in den Blick, so fällt auf, dass
der Stimmenanteil an den Wahlberechtigten für die *SPD* mit steigender
Wahlbeteiligung sinkt. Gebiete mit traditionell niedriger und zur Ratswahl
1999 noch gesunkener Wahlbeteiligung sind auch die Stadtteile, die zu den
SPD-Hochburgen zählen. Der SPD ist es zur Ratswahl 1999 somit nicht gelungen, in ihren Hochburgen, d.h. in den Stadtteilen, in denen sie bisher hohe
Stimmenanteile realisieren konnte, die Wahlberechtigten zu mobilisieren.
    Im Vergleich zu den Hochburgen der Kommunalwahl 1989 lässt sich
festhalten: Je stärker der Stimmenanteil SPD zur Kommunalwahl 1989 war,
desto höher war der Verlust an Prozentpunkten zur Ratswahl 1999. Zwar erreichte die SPD in ihren Hochburgen immer noch die besten ihrer Ergebnisse
im Stadtgebiet, jedoch konnte sie lediglich in ihren mittleren Hochburgen
mehr Wahlberechtigte auf sich vereinen als die CDU.

Karte 15: Typisierte Essener Stadtteile – SPD-Hochburgen und SPD-Diaspora-Gebiete zur Kommunalwahl 1989

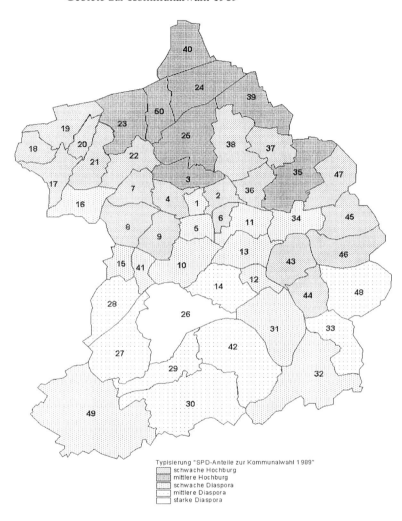

Typisierung "SPD-Anteile zur Kommunalwahl 1989"
- schwache Hochburg
- mittlere Hochburg
- schwache Diaspora
- mittlere Diaspora
- starke Diaspora

Anmerkung: schwache Hochburg/Diaspora: bis zu einer Standardabweichung über/unter dem Mittelwert; mittlere Hochburg/Diaspora: ein bis zwei Standardabweichungen über/unter dem Mittelwert; starke Hochburg/Diaspora: zwei bis drei Standardabweichungen über/unter dem Mittelwert; extreme Hochburg/Diaspora: mehr als drei Standardabweichungen über/unter dem Mittelwert.

Quelle: Stadt Duisburg; eigene Berechnungen und Darstellung.

Karte 16: Typisierte Essener Stadtteile - SPD-Hochburgen und SPD-Diaspora-
Gebiete zur Kommunalwahl 1999

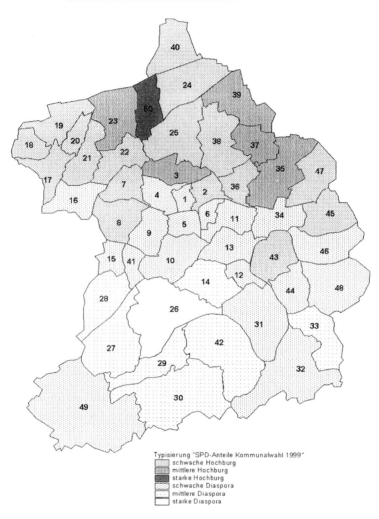

Typisierung "SPD-Anteile Kommunalwahl 1999"
schwache Hochburg
mittlere Hochburg
starke Hochburg
schwache Diaspora
mittlere Diaspora
starke Diaspora

Anmerkung: schwache Hochburg/Diaspora: bis zu einer Standardabweichung über/unter
dem Mittelwert; mittlere Hochburg/Diaspora: ein bis zwei Standardabweichungen über/
unter dem Mittelwert; starke Hochburg/Diaspora: zwei bis drei Standardabweichungen
über/unter dem Mittelwert; extreme Hochburg/Diaspora: mehr als drei Standardabweichungen über/unter dem Mittelwert.

Quelle: Stadt Duisburg; eigene Berechnungen und Darstellung.

In Stadtteilen mit hohem Anteil evangelischer Bevölkerung wählten 18,4% der Wahlberechtigten die SPD. Im Vergleich zu 1989 ist dies ein Rückgang von 14,7 Prozentpunkten. Der Verlust war in Gebieten mit vornehmlich katholischer Bevölkerung oder ohne eindeutige konfessionelle Mehrheit geringer, doch entschieden sich lediglich zwischen 16 und 17% der Wahlberechtigten zur Wahlteilnahme und für die SPD.

Konnte die SPD zur Kommunalwahl 1989 noch 31,5% der Wahlberechtigten in Stadtteilen mit hohem Anteil Nichtdeutscher hinter sich bringen, so waren es dort 1999 knapp 15 Prozentpunkte weniger. Einen ebenfalls überdurchschnittlichen Rückgang, aber doch noch leicht überdurchschnittliches Ergebnis, konnte die SPD nur noch in Gebieten mit mittlerem Anteil nichtdeutscher Bevölkerung erzielen.

Eine ähnliche Entwicklung lässt sich für Stadtteile mit hohem und niedrigem Anteil von Einkommensarmut beobachten. In beiden Gebietsgruppen ist der Anteil der Wahlberechtigten, die für die SPD votierten, überdurchschnittlich zurückgegangen. Die SPD konnte damit lediglich noch in Gebieten mit niedriger Einkommensarmut ein geringfügig besseres Ergebnis unter den Wahlberechtigten erzielen als die CDU.

Die Differenzierung nach der vorwiegenden Schichtzugehörigkeit der Gebietsbevölkerung zeigt, dass die SPD weit überdurchschnittlich die Zustimmung der Wahlberechtigten in Stadtteilen verloren hat, die überwiegend von der Arbeitschicht geprägt sind. Der im Vergleich zu 1989 deutliche Abstand zur CDU verringerte sich von 18,2 auf 1,6 Prozentpunkte. Zwar erreicht sie mit 17,8% der Wahlberechtigten dort noch eines ihrer besseren, aber nicht mehr stärksten Ergebnisse. In Mittelschicht geprägten Gebieten war der durchschnittliche Verlust von 11,8 Prozentpunkten zwar deutlich, aber mit 18,2% der Wahlberechtigten erreichte die SPD im Herbst 1999 dort noch das höchste Ergebnis. Im Vergleich zu den Gebieten mit traditionellen Wählerschichten fielen die Einbußen in Stadtteilen der gehobenen und insbesondere der oberen Mittelschichten geringer aus.

Da die CDU im Vergleich zu 1989 in diesen Gebieten jedoch überdurchschnittlich gewann, vergrößerte sich der Abstand zwischen den Anteilen an den Wahlberechtigten dort besonders deutlich. Erreichte die SPD 1989 in Stadtteilen, die vornehmlich von der oberen Mittelschicht geprägt sind, noch 23% der Wahlberechtigten und damit lediglich drei Prozentpunkte weniger als die CDU, so betrug die Differenz zwischen den Ergebnissen nach der Ratswahl 1999 eklatante 19,7 Prozentpunkte.

Die *CDU* hat die Kommunalwahl in Essen 1999 deutlich gewonnen. In allen Gebietstypen gewann die CDU hinzu und profitierte von den starken Verlusten der SPD. In Stadtteilen mit hoher Wahlbeteiligung stieg der CDU-Stimmenanteil an der Wahlberechtigten gegenüber 1989 um mehr als 10,1 Prozentpunkte und lag bei rund 38%. Auch in Stadtgebieten mit traditionell niedriger Beteiligung an Wahlen konnte die CDU höhere Ergebnisse erzielen.

Gemessen an den Wahlberechtigten beträgt der Zugewinn im Vergleich zu 1989 dort allerdings ein Fünftel der Verluste der SPD.

Die CDU-Hochburgen sind durch eine traditionell hohe Wahlbeteiligung gekennzeichnet. Zur Ratswahl 1999 lagen die Teilnahmequoten dort zwischen 54% und 68%. Sowohl in ihren Hochburgen (9 bis 18,5 Prozentpunkte) als auch in ihren Diaspora-Gebieten konnte die CDU gegenüber 1989 Stimmen von Wahlberechtigten hinzugewinnen (4 bis 6 Prozentpunkte). Lediglich in mittleren und starken Diaspora-Gebieten lag der Anteil unter dem, den die SPD erzielte. Zur Kommunalwahl 1989 wurde dieses Verhältnis nur in den mittleren bis starken Hochburgen erreicht.

In Gebieten mit hohem Bevölkerungsanteil katholischer Konfession entschieden sich 25,6% der Wahlberechtigten für die CDU. Geringfügig mehr erreichte die CDU auch in Stadtteilen ohne eindeutig konfessionelle Prägung. In beiden Gebietstypen lagen die CDU-Anteile an den Wahlberechtigten bereits 1989 dicht beieinander und sind im Vergleich zu 1999 in vorwiegend katholisch geprägten Stadtteilen durchschnittlich und in konfessionell gemischten Gebieten überdurchschnittlich gestiegen. Dagegen nahm die Zustimmung der Wahlberechtigten in den Teilräumen mit hohem Anteil evangelischer Bevölkerung im Vergleich zu 1989 lediglich unterdurchschnittlich zu.

Die Klassifizierung nach dem Ausmaß der Einkommensarmut zeigt ein ähnliches Verhältnis zwischen SPD-Verlusten und CDU-Gewinnen. In den Gebieten mit niedriger Einkommensarmut hat die SPD deutliche Einbußen an Stimmen der Wahlberechtigten hinnehmen müssen, die CDU hat dort aber lediglich unterdurchschnittlich gewonnen. Einen starken Zuwachs im Vergleich zu 1989 erreichte die CDU allerdings bei den Wahlberechtigten in Stadtteilen mit mittlerer Einkommensarmut (+8,7 Prozentpunkte), so dass sie ihre bereits recht starke Position von 1989 ausbauen konnte und die SPD dort mit der Zustimmung von einem Drittel der Wahlberechtigten übertraf. In geringerem Ausmaß gelang es ihr auch in Gebieten mit hohem Anteil an Einkommensarmen, in denen sie im Vergleich zu 1989 jedoch lediglich ein Drittel der Prozentpunkte hinzugewinnen konnte, welche die SPD verlor.

Die Typisierung der Stadträume nach dem Anteil der nichtdeutschen Bevölkerung verdeutlicht, dass sich in Stadtteilen, in denen wenige Nichtdeutsche leben, sich fast jeder Dritte der Wahlberechtigten im Herbst 1999 für die CDU entschieden hat. Der Vergleich zu den Ergebnissen der Kommunalwahl 1989 zeigt, dass die CDU dort am wenigsten hinzugewann, wo sie bereits 1989 geringen Zuspruch fand: In Stadtteilen mit hohem Anteil Nichtdeutscher stieg der Stimmenanteil für die CDU an den Wahlberechtigten um unterdurchschnittliche 2,6 Prozentpunkte.

Ebenso stellt sich diese Entwicklung 1999 zu 1989 dar, schaut man sich die Entscheidungen der Wahlberechtigten in den nach Schichtzugehörigkeit typisierten Gebieten an. Die CDU erzielte gerade in den Gebieten, in denen sie bereits 1989 stark war, überdurchschnittliche Zugewinne. In Stadtteilen der „oberen Mittelschicht" stieg ihr Anteil um 9,2 Prozentpunkte. In den beiden anderen Mittelschichtsgebieten erreichte die CDU zwischen 5 und 6 Prozentpunkte mehr Wahlberechtigte als vor zehn Jahren und löste damit – einmal deutlich, einmal knapp – die SPD in diesen Stadtteilen von Rang 1 ab. In den Stadtteilen, die überwiegend durch die Arbeiterschicht geprägt sind, unterlag die CDU noch mit geringem Abstand der SPD. Verlor die SPD dort im Vergleich zu 1989 deutliche 15,2 Prozentpunkte, so konnte die CDU lediglich 3,2 Prozentpunkte zusätzlich für sich verbuchen.

Die kleineren Parteien verloren im Vergleich zu 1989 wie die SPD in allen Gebietstypen an Zustimmung der Wahlberechtigten. *Die Grünen* hat in den typisierten Stadtteilen ihre höchsten Ergebnisse erzielt, in denen auch die Beteiligung an der Wahl hoch war. Dies sind Gebiete, die konfessionell nicht eindeutig geprägt sind, in denen wenige Nichtdeutsche, ein mittlerer Anteil Einkommensarmer leben und die überwiegend von der Mittelschicht geprägt sind. Relativ deutliche Verluste im Vergleich zu 1989 ergaben sich für die Grünen einmal in Stadtteilen der oberen Mittelschicht, mit niedrigem Anteil Nichtdeutscher und in solchen, mit mittlerer Einkommensarmut sowie in Teilräumen mit traditionell hoher Wahlbeteiligung. Allerdings sind dies auch die Gebietstypen, in denen sie 1989 und 1999 ihre höchsten Ergebnisse erzielt hat[19].

Die *FDP* ist trotz der Verluste gegenüber 1989 mit dem Wegfall der Fünf-Prozent-Hürde seit der Ratswahl 1999 wieder im Rat der Stadt Essen vertreten. Ebenso wie bei den Grünen ist die FDP in den Stadtteilen stärker, in denen die Wahlbeteiligung traditionell hoch ist und auch bei der Kommunalwahl 1999 groß war. Die FDP verlor zwar gegenüber 1989 in allen Stadtteilen, die Verluste waren jedoch insbesondere ebenfalls dort zu verzeichnen, wo bisher eher gute Ergebnisse erzielt worden sind: In Gebieten mit niedrigem Anteil Nichtdeutscher, mit mittelstarker Einkommensarmut, in konfessionell nicht eindeutig geprägten Stadtteilen und denen der oberen Mittelschicht. Im Gegensatz zu den Verlusten von den Grünen variiert die Höhe der Einbußen bei den Ergebnissen der FDP deutlicher (zwischen 0,7 und 3,2 Prozentpunkten).

Von den unter *„Sonstige"* zusammengefassten Parteien PDS und REP sind seit dem Herbst 1999 und dem Wegfall der Fünf-Prozent-Hürde mit je zwei Sitzen im Rat der Stadt Essen vertreten. Sie erzielten zusammen 2,3% der Stimmen der wahlberechtigten Bevölkerung. Damit hat sich im Vergleich zu 1989 der Anteil der Wähler, die sich für keine der vier etablierten Parteien entschieden haben, um einen Prozentpunkt erhöht. Die höheren Zuwächse – bei geringfügiger Variation zwischen den Gebietstypen – ergaben sich in Stadtteilen mit einem hohem und mittlerem Anteil Nichtdeutscher, niedriger Einkommensarmut, niedriger Wahlbeteiligung und in von der Arbeiter- sowie Mittelschicht geprägten Gebieten.

---

19 Die Verluste der Grünen variierten nicht so deutlich wie bei den anderen Parteien und lagen zwischen 0,3 und 1,1 Prozentpunkten.

Karte 17: Typisierte Essener Stadtteile – CDU-Hochburgen und CDU-Diaspora-Gebiete zur Kommunalwahl 1989

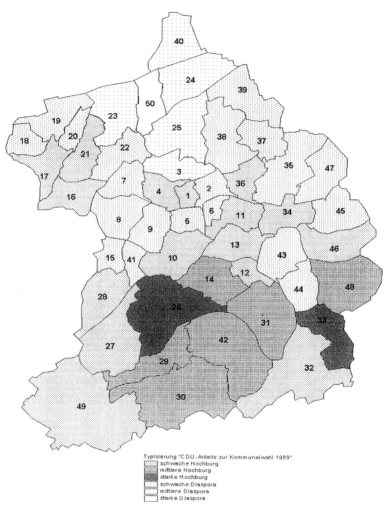

Typisierung "CDU-Anteile zur Kommunalwahl 1989"
- schwache Hochburg
- mittlere Hochburg
- starke Hochburg
- schwache Diaspora
- mittlere Diaspora
- starke Diaspora

Anmerkung: schwache Hochburg/Diaspora: bis zu einer Standardabweichung über/unter dem Mittelwert; mittlere Hochburg/Diaspora: ein bis zwei Standardabweichungen über/unter dem Mittelwert; starke Hochburg/Diaspora: zwei bis drei Standardabweichungen über/unter dem Mittelwert; extreme Hochburg/Diaspora: mehr als drei Standardabweichungen über/unter dem Mittelwert.

Quelle: Stadt Duisburg; eigene Berechnungen und Darstellung.

Karte 18: Typisierte Essener Stadtteile – CDU-Hochburgen und CDU-Diaspo-ra-Gebiete zur Kommunalwahl 1999

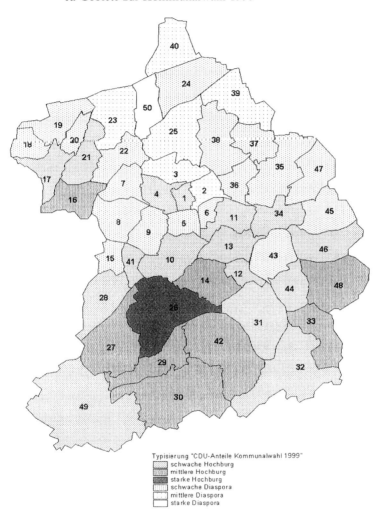

Typisierung "CDU-Anteile Kommunalwahl 1999"
- schwache Hochburg
- mittlere Hochburg
- starke Hochburg
- schwache Diaspora
- mittlere Diaspora
- starke Diaspora

Anmerkung: schwache Hochburg/Diaspora: bis zu einer Standardabweichung über/unter dem Mittelwert; mittlere Hochburg/Diaspora: ein bis zwei Standardabweichungen über/ unter dem Mittelwert; starke Hochburg/Diaspora: zwei bis drei Standardabweichungen über/unter dem Mittelwert; extreme Hochburg/Diaspora: mehr als drei Standardabweichungen über/unter dem Mittelwert.

Quelle: Stadt Duisburg; eigene Berechnungen und Darstellung.

Die Wahlbeteiligung betrachtet über die *Nichtwähler*anteile hat sich zu den Kommunalwahlen 1999 und 1989 in den Essener Stadtteilen unterschiedlich entwickelt. Auffällig ist, dass der Nichtwähleranteil 1999 im Vergleich zu 1989 in den Stadtteilen zugenommen hat, in denen die SPD vormals stark war, jedoch ihre höchsten Verluste zur Ratswahl 1999 hinnehmen musste: In den Gebieten mit hohem Anteil evangelischer Bevölkerung (+12,8 Prozentpunkte), mit hohem Anteil Nichtdeutscher (+13,9 Prozentpunkte), mit niedrigem Anteil von Einkommensarmut (+14,2 Prozentpunkte), in Stadtteilen, die von der Arbeiterschicht geprägt sind (+14,1 Prozentpunkte) und – wie schon hervorgehoben – in Gebieten traditionell niedriger Wahlbeteiligung (+13,2 Prozentpunkte). Wie bereits oben erwähnt, entsprechen die Verluste der SPD nur zu geringem Teil den Zugewinnen der CDU. Dieser Befund legt die Vermutung nahe, dass sich die Wählerschaft teilweise ausgetauscht hat: Die CDU war in der Mobilisierung ihrer Wählerschaft zur Kommunalwahl 1999 erfolgreicher als die SPD.

5.3 Wählermobilisierungen und -bewegungen

Der *Vergleich der Ratswahl 1999 mit der Ratswahl 1989* anhand des Determinationskoeffizienten zeigt, dass lediglich die Zusammenhänge zwischen den Wahlergebnissen der beiden großen Parteien und die Zusammenhänge der Ergebnisse von den großen Parteien und den Nichtwählern betrachtenswert sind. Diese sollen im folgenden jeweils kurz zusammengefasst beschrieben werden:

– Der statistische Zusammenhang zwischen den Gewinnen bzw. Verlusten der CDU und der SPD, der durch die Regressionsgleichung in seiner Tendenz bestätigt wird, verdeutlicht, dass die CDU-Gewinne nicht mit der Höhe der SPD-Verluste steigen ($r=0,6$, $r^2=0,3$).[20]
– Für SPD und die Nichtwähler zeigen die Koeffizienten und der Verlauf der Regressionsgeraden an, dass der Zuwachs an Nichtwählern mit Verlusten der SPD einhergeht ($r=-0,9$, $r^2=0,8$).[21]
– Für die CDU und die Nichtwähler legen die Koeffizienten und die Regressionsgleichung die Annahme nahe, dass die CDU-Gewinne mit einem Rückgang an Nichtwählern zusammenhängen ($r=-0,8$; $r^2=0,7$).

---

20 Bei einem positiven Koeffizienten entsprechen die hohen Gewinne einer Partei den niedrigen Verlusten einer anderen Partei, d.h. dass die Ausmaße der Anteilsveränderungen nicht zueinander passen. Die Werte der statistischen Analysen sind im Projektbericht dokumentiert.
21 Bei einem negativen Korrelationskoeffizienten fallen hohe Gewinne einer Partei mit hohen Verlusten einer anderen Partei zusammen, so dass hypothetisch von einer Wählerwanderung ausgegangen werden kann.

Die Prüfung der statistischen Zusammenhänge zwischen den Gewinnen/Verlusten im *Vergleich der Kommunalwahl 1999 mit der Bundestagswahl 1998* ergab zusammengefasst folgende Ergebnisse:

- Für die Einbußen der SPD und die Gewinne der CDU zur Kommunalwahl 1999 im Vergleich zur Bundestagswahl 1998 zeigt sich auch hier, dass sich die Anteilsveränderungen der beiden Parteien nicht entsprechen – bei einem durch den Vergleich bedingten höheren Niveau der SPD-Verluste und einer geringeren Steigung (r=0,6, r^2=0,4).
- Die Koeffizienten für den Zusammenhang zwischen den Gewinnen und Verlusten der SPD und der FDP zeigen die Koeffizienten einen stärkeren negativen Zusammenhang an, so dass angenommen werden kann, dass hohe Verluste der SPD mit niedrigeren Verlusten der FDP einhergingen (r=-0,7, r^2=0,5).
- Die Maßzahlen für die SPD, die CDU und die Nichtwähler zeigen ähnliche Werte wie beim vorherigen Wahlvergleich.

Zwischen den „Bilanzen" sowohl der SPD und den Nichtwähler als auch der CDU und den Nichtwählern besteht ein starker negativer Zusammenhang: Je größer der Zuwachs bei den Nichtwählern in den Essener Stadtteilen, desto höher waren die Verluste der SPD (r=-0,9, r^2=0,8) und je höher die Verluste bei den Nichtwählern, desto höher fielen die Anteile der CDU an den Wahlberechtigten aus (r=-0,9, r^2=0,8).
Für die Frage nach den Zusammenhängen zwischen den Wahlentscheidungen bei *Rats- und der Oberbürgermeisterwahl* in den 50 Essener Stadtteilen lassen sich folgende Befunde zusammengefasst festhalten:

- Die statistische Prüfung des Zusammenhangs der Gewinne/Verluste der CDU und den Nichtwählern zeigt auch in Bezug auf die Oberbürgermeisterwahl, dass der Rückgang der Nichtwähler für die Gewinne der CDU von Bedeutung waren (r=-0,7, r^2=0,5).
- Zwischen den Bilanzen der FDP und denen den Grünen zeigen die Korrelationen und die Regressionsgleichung einen starken negativen Zusammenhang an: Die Verluste der Grünen bei der Oberbürgermeisterwahl gegenüber der Ratswahl gehen mit Gewinnen der FDP bei der Oberbürgermeisterwahl einher (r=-0,9, r^2=0,8).

5.4 Zusammenfassung

- Die Wahlbeteiligung hat sich zur Ratswahl 1999 im Vergleich zur Kommunalwahl 1989 auseinander entwickelt. In Stadtteilen, in denen die Motivation zur Stimmabgabe traditionell gering war, nahmen auch 1999 zusätzlich weniger Wahlberechtigte von ihrem Recht Gebrauch. Dagegen sank der Anteil der Wahlteilnehmer in Gebieten nur geringfügig, die sich zu anderen Wahlen durch eine hohe Beteiligung auszeichneten.

– Die sozialräumlichen Strukturen der Wahlbeteiligung und der Wahlentscheidungen sind im wesentlichen Zügen weiterhin gültig. Hohe Wahlbeteiligung findet sich in Gebieten, die vorwiegend von der gehobenen und oberen Mittelschicht geprägt sind, die einen mittleren Anteil an Einkommensarmen aufwiesen sowie in Stadtteilen, in denen wenige Nichtdeutsche leben. In diesen Stadtteilen mit hohen Wahlteilnahmequoten finden sich die höheren Stimmenanteile an den Wahlberechtigten für die CDU. Die SPD ist vor allem in solchen Teilräumen stark, in denen sich traditionell geringer an Wahlen beteiligt wird. Für die Ratswahl 1999 lässt sich im Vergleich zu 1989 allerdings feststellen, dass die wahlgeographischen Strukturen der SPD-Ergebnisse (gemessen an den Wahlberechtigten) nicht mehr eindeutig mit den sozialräumlichen Strukturen einhergehen, die für SPD-Wählerschichten als typisch gelten. So verliert die SPD in ihren angestammten Gebietstypen zumeist überdurchschnittlich an Zustimmung der Wahlberechtigten: Stadtteile, die überwiegend von der Arbeiterschicht geprägt sind, solche, in denen der Anteil an Nichtdeutschen und an evangelischer Bevölkerung hoch ist sowie in Stadtteilen mit mittlerer und hoher Einkommensarmut.

– Die weiterführenden statistischen Analysen verdeutlichten, dass sowohl die Verluste der SPD als auch die Gewinne der CDU mit der Veränderung der Nichtwähleranteile an den Wahlberechtigten zusammenhängen. Die Richtung der Zusammenhänge ist in beiden Fällen negativ, nur fallen die Effekte unterschiedlich aus. Die CDU profitiert von Rückgängen an Nichtwählern und die SPD büßt mit wachsenden Nichtwähleranteilen an Stimmen der Wahlberechtigten ein. Es hat sich somit kein Wähleraustausch zwischen den beiden großen Parteien ergeben, sondern der unterschiedliche Grad der Mobilisierung von Wahlberechtigten hatte bedeutenden Einfluss auf die Wahlergebnisse.

6. Resümee

Die Ergebnisse lassen sich zum Schluss vergleichend zusammenfassen:

– In der Zusammenschau der vier Kommunen war die CDU – wie in der landesweiten Bilanz – der Gewinner der Kommunalwahl 1999. Während die CDU in Xanten ihre bisherige Hochburg deutlich verteidigen und die SPD dort lediglich in zwei Stadtteilen den Abstand zur CDU verringern konnte, ist die SPD-Dominanz in Duisburg erheblich geschwächt worden, in Essen und Hünxe löste die CDU mit der Ratswahl 1999 die SPD als stärkste Fraktion in den Räten ab.

- Mit dem Wegfall der Fünf-Prozent-Hürde haben in den beiden Großstädten seit der Ratswahl 1999 die kleineren Parteien den (Wieder-) Einzug in den Rat geschafft. Während in Duisburg statt bislang drei nun fünf
Parteien Vertreter entsenden konnten, sind in Essen seit der Ratswahl
1999 vier zu den drei in der Stadt etablierten Parteien hinzugekommen.
In den Räten der beiden kleineren Kommunen hat lediglich die Xantener
FDP vom Wegfall der Fünf-Prozent-Hürde profitieren können. Dieser
geringe Effekt hängt sicherlich damit zusammen, dass das Parteispek-
trum in den Räten von Hünxe und Xanten bereits vor der Ratswahl mit
fünf jeweils Parteien breit besetzt war. Dagegen kam die Wahlrechtsänderung im Vergleich der vier Städte den kleinen Parteien in den Großstädten entscheidend zugute. Die FDP und die PDS zogen im Herbst
1999 in die Räte beider Großstädte ein und den Republikanern wurde es
ermöglicht, im Essener Kommunalrat vertreten zu sein.
- Die Wahlberechtigten haben gegenüber 1989 sowohl in Hünxe und
Xanten als auch besonders deutlich in Duisburg und Essen weniger an
der Ratswahl 1999 teilgenommen.
- Jedoch hat sich die Beteiligung im jeweiligen Stadtgebiet zwischen den
Ortsteilen und den Gebietstypen im Vergleich zu 1989 verändert. Während die Nichtwähleranteile in Xanten deutlicher in starken CDU-
Ortsteilen zunahmen, waren dies in den anderen drei Kommunen insbesondere die bislang starken SPD-Gebiete, in denen Wahlberechtigte nicht
an der Kommunalwahl 1999 teilnahmen. Im Gegensatz zu der Wahlbeteiligung in Xanten, die sich mit den Veränderungen zur Ratswahl 1999
einander angeglichen haben, entwickelten sie sich in Hünxe, Duisburg
und Essen bei Rückgang in (fast) allen Teilräumen auseinander. In den
Essener Stadtteilen mit traditionell geringer Wahlbeteiligung gingen die
Quoten deutlich zurück und dort, wo die Wahlberechtigten bereits an
vorangegangenen Wahlen stärker teilnahmen, sank die Beteiligung geringfügig. In Duisburger Stadtteilen gleichen Typs dagegen nahmen die
Nichtwähleranteile auch in Gebieten mit hoher Wahlbeteiligung, zwar
geringer als in Gebieten mit niedriger Wahlbeteiligung, so doch im
Städtevergleich, erheblich zu.
- Noch zur Kommunalwahl 1989 – und zur Ratswahl 1999 in Essen in geringerem Maße – konnte die SPD in beiden Großstädten insbesondere in
den Stadtteilen niedriger Wahlbeteiligung ihre besten Ergebnisse erzielen, während die CDU in den Gebietstypen mit traditionell hoher Wahlbeteiligung ihre höchsten Anteile an den Wahlberechtigten verzeichnen
konnte. Sowohl in Duisburg als auch in Essen entschieden sich die
Wahlberechtigten insbesondere in den SPD-Hochburgen für die Nichtwahl, so dass mit zunehmender SPD-Dominanz 1989 in den typisierten
Gebieten die Wahlbeteiligung zur Ratswahl 1999 gegenüber der Kommunalwahl 1989 zurückging.

– Nimmt man die Mehrheitsverhältnisse und die sozialräumlichen Merkmale der jeweiligen Teilräume in den Blick, so fällt auf, dass sich in allen
  vier untersuchten Kommunen die typischen Zusammenhänge der wahlgeographischen und sozialräumlichen Struktur im Stadtgebiet auch zur
  Ratswahl 1999 im Vergleich zu den Ergebnissen der Kommunalwahl
  1989 wiederfinden ließen. Die SPD konnte ihre höchsten bzw. höheren
  (Hünxe) Ergebnisse in Stadtteilen erzielen, die durch die Arbeiterschicht
  geprägt sind, in denen ein hoher Anteil nichtdeutscher Bevölkerung und
  vergleichsweise viele Arbeits- und Erwerbslose leben. Dagegen war der
  Zuspruch der Wahlberechtigten für die CDU in den Teilräumen höher,
  die einen hohen Anteil an Mittelschichtsbevölkerung aufweisen und in
  denen die Anteile Nichtdeutscher und Arbeitslosen geringer sind. Wurden die großen Parteien 1989 im wesentlichen noch von den ihnen allgemein zugeschriebenen Wählerschichten unterstützt, so verlor die SPD
  sowohl in Hünxe als auch in besonderem Maße in Essen und Duisburg in
  ihren starken Gebieten an Zustimmung der Wahlberechtigten.
– Die Korrelationen der Partei-Ergebnisse und der Nichtwähleranteile in
  den Großstädten zeigten, dass die Verluste der SPD in Essen und Duisburg mit der Zunahme der Nichtwähler zusammenhingen. Die SPD büßt
  in den Teilgebieten der beiden Städte mit zunehmenden Nichtwähleranteil deutlich an Stimmen der Wahlberechtigten ein. Allerdings fällt der
  Nutzen, den die CDU aus dieser Entwicklung ziehen konnte, unterschiedlich aus. Die Essener CDU konnte von den SPD-Verlusten profitieren, da sie anscheinend in der Lage war, die Wahlberechtigten in starkem Maße zur Wahlteilnahme und Wahlentscheidung für die CDU zu
  motivieren. Da es der Duisburger CDU dagegen nicht gelungen ist, insbesondere in den SPD-starken Stadtteilen Wähler zu gewinnen und/oder
  Wahlberechtigte zur Stimmabgabe zu mobilisieren, blieb die Duisburger
  CDU im Gesamtergebnis zwar deutlich gestärkt, jedoch lediglich zweitstärkste Fraktion im Stadtrat.

Die Untersuchungen bestärken insbesondere den Eindruck, dass sich die sinkende und sich innerhalb der Städte auseinander entwickelnde Wahlbeteiligung vom (einer in annehmbarer Höhe) grundlegend vorausgesetzten zum
künftig eventuell entscheidenden Faktor für den Ausgang von Wahlen bzw.
für das Ergebnis einzelner Parteien entwickelt. Aber die räumlich und sozial
selektive Wahlbeteiligung ist nicht nur von parteipolitischem Interesse. Der
Umfang der Wahlbeteiligung gilt auch als ein Anzeiger für das Ausmaß an
sozialer Integration innerhalb der Stadtgesellschaft.
    Segregation (Entmischung) der Stadtbevölkerung vor allem innerhalb
großstädtischer Regionen ist ein Grundprozess städtischer Entwicklung. Die
jüngere Entwicklung weist darauf hin, dass sich diese Prozesse zu einer
kleinräumigen Polarisierung sozialer Lagen im Stadtgebiet verstärken. Arm
und reich, alt und jung, eingesessene und zugewanderte Bevölkerung leben

räumlich immer mehr voneinander entfernt. Einige Befunde dieses Beitrags zeigten zudem, dass sich der Umfang der Wahlbeteiligung entlang dieser sozioökonomischen Linien verteilt. Vor diesem Hintergrund wird das bislang vorrangige Interesse an Wahlergebnissen, welche Partei aus welchen Gründen die meisten Stimmen der Wählerinnen und Wähler auf sich vereinen konnte, mehr und mehr überdeckt von der Frage danach, wie die Bürgerinnen und Bürger insgesamt zur aktiven Teilnahme an Wahlen gewonnen werden können und/oder in welchem Ausmaß es einzelne Parteien schaffen, ihre Anhängerschaft zu mobilisieren. Versteht man Wahlbeteiligung als einen Ausdruck sozialer Integration im weitesten Sinne, die für eine demokratische Gesellschaft funktionsnotwendig ist, so kann sich das politische Bemühen nicht nur auf eine Partei-Politisierung beschränken, deren Intensität zudem dem Wahlkalender folgt. Politische Partizipation setzt soziale Integration voraus. Diese laufend zu fördern und zu stärken, ist fortwährender Auftrag des demokratischen und sozialen Bundesstaates.

David H. Gehne

Die neuen Bürgermeister

1. Einleitung

Mit der Kommunalwahl im September 1999 endete die lange Übergangsphase der Einführung der neuen Gemeindeordnung in Nordrhein-Westfalen.[1] Erstmals wurden flächendeckend in allen Städten und Gemeinden die Bürgermeister direkt gewählt. Mit der Einführung der Direktwahl der Bürgermeister wurde deren formale Position im kommunalen Machtgefüge aufgewertet, da sie nun eine dem Gemeinderat vergleichbare Legitimation aufweisen. Auch der Einfluss der Bürgerinnen und Bürger auf die Besetzung der kommunalen Spitzenposition wurde gestärkt, die unmittelbar aus dem vorhanden Kandidatenangebot einen ihnen geeignet erscheinenden Bürgermeister auswählen konnten. Ziel dieses Beitrages ist, anhand der erhobenen Daten ein Profil der neuen Bürgermeister zu erstellen und auf dieser Grundlage die Frage zu beantworten, inwieweit sich diese von den Amtsinhabern der Übergangzeit unterscheiden.

Dazu wird im Folgenden zunächst die Zusammensetzung der Gruppe der Wahlsieger in den 396 Städten und Gemeinden in Nordrhein-Westfalen unter Berücksichtigung der Merkmale Art der Kandidatur,[2] Geschlecht sowie Kandidatur aus dem Amt beschrieben. Dabei werden die Unterscheidung nach Wahlsieg im ersten Wahlgang oder der Stichwahl, die Verteilung über die Gemeindegrößenklassen und der Einfluss des Amtsbonus berücksichtigt. Grundlage dieser Analyse ist eine landesweite Vollerhebung des Kandidatenfelds in Verbindung mit den Ergebnissen der Bürgermeisterwahl. Im zweiten

---

1   Zu Entwicklung und Umsetzung der Reform der Gemeindeordnung vgl. den Beitrag von Andersen/Bovermann in diesem Band.
2   Neben der Nominierung von Kandidaten durch Parteien oder Wählergruppen gab es zwei Typen von Einzelbewerbern: Zum einen Einzelbewerber, die gestaffelt nach der Gemeindegröße eine bestimmte Anzahl an Unterstützungsunterschriften sammeln mussten, zum anderen Einzelbewerber, die als Hauptverwaltungsbeamte (Stadtdirektoren oder hauptamtliche Bürgermeister) ohne Unterstützungsunterschriften ihre Kandidatur erklären konnten. Letztere werden als Einzelbewerber „aus dem Amt" bezeichnet.

Teil dieses Beitrags werden die Wahlergebnisse in den vier Fallstudienstädten vorgestellt und vor dem Hintergrund der landesweiten Analyse interpretiert. Im dritten Abschnitt wird auf der Grundlage der schriftlichen Kandidatenbefragung das Profil der Wahlsieger in konzentrierter Form und unter Berücksichtigung der wichtigsten Merkmale erstellt. Von den 396 neuen hauptamtlichen Bürgermeistern haben 300 an der Kandidatenbefragung teilgenommen, so dass auch bei dieser Gruppe ein beachtlicher Rücklauf von 75% erzielt werden konnte und damit von einer weitgehenden Repräsentativität der Befragung ausgegangen werden kann. Im abschließenden Resümee wird die Leitfrage des Beitrags nach der Veränderung des Bürgermeisterprofils zusammenfassend beantwortet.

2. Verteilung der Wahlsieger auf die Kandidatengruppen

Bevor die Verteilung der Wahlsieger auf die Kandidatengruppen beschrieben wird, soll zunächst kurz auf die Wahlbeteiligung bei der Bürgermeisterwahl eingegangen werden. Insgesamt ergab sich bei der Bürgermeisterwahl im ersten Wahlgang am 12.9. 1999 landesweit eine Wahlbeteiligung von 55,1%. Jedoch unterschied sich die Wahlbeteiligung teilweise erheblich im Vergleich der Kommunen. Die niedrigste Wahlbeteiligung lag bei 44,2% in Duisburg (523.311 Einwohner), die höchste Wahlbeteiligung erzielte die Stadt Marienmünster (5.402 Einwohner) mit 76,7%. Wie die Extrembeispiele schon vermuten lassen, sank die Wahlbeteiligung mit der Gemeindegröße. In Gemeinden unter 10.000 Einwohnern lag sie bei 68,7% und in Städten mit mehr als 100.000 Einwohnern nur noch bei durchschnittlich 51,3%.[3] Die Wahlbeteiligung bei der Bürgermeisterwahl unterschied sich in wenigen Fällen – wenn auch nur in geringem Ausmaß – von der Wahlbeteiligung bei der gleichzeitig stattfinden Ratswahl. In 122 Städten und Gemeinden (30,8%) in Nordhein-Westfalen konnte kein Kandidat im ersten Wahlgang die nötige Stimmenmehrheit erreichen, so dass 14 Tage später eine Stichwahl durchgeführt werden musste. Die durchschnittliche Wahlbeteiligung bei der Stichwahl am 26.9. 1999 lag bei 46,6%. Der im Vergleich zum ersten Wahlgang erkennbare Rückgang um 8,5 Prozentpunkte fiel in den einzelnen Kommunen recht unterschiedlich aus[4], der höchste Rückgang war mit 17,3 Prozentpunkten in der Stadt Wipperfürth zu verzeichnen.

---

3   Durchschnittliche Wahlbeteiligung in den anderen Gemeindegrößenklassen: 10.000 bis unter 20.000 Einwohnern 63,5%; 20.000 bis unter 50.000 Einwohner 59,2%; 50.000 bis unter 100.000 Einwohner 54,9%.

4   Nur in der Gemeinde Westerkappeln lag die Wahlbeteiligung bei der Stichwahl um 1,3 Prozentpunkte über der Wahlbeteiligung im ersten Wahlgang.

Von den 396 neuen hauptamtlichen Bürgermeistern kandidierten 349 für eine Partei (88,1%). Damit wird die Kommunalpolitik in Nordrhein-Westfalen – anders als beispielsweise in Baden-Württemberg – weiterhin an der Gemeindespitze von parteipolitisch gebundenen Akteuren geprägt.

Tabelle 1: Wahlsieger nach Nominierungsgruppen und Wahlgang

Wahlgang				Nominierungsgruppen					Gesamt
		SPD	CDU	GRÜNE	FDP	WG	EB	EB „Amt"	
Gewinner erster Wahlgang	Anzahl	32	215				6	21	274
	%	40,5	81,7				50,0	60,0	69,2
Gewinner Stichwahl	Anzahl	47	48	2	1	4	6	14	122
	%	59,5	18,3	100,0	100,0	100,0	50,0	40,0	30,8
Gesamt	Anzahl	79	263	2	1	4	12	35	396

Anmerkung: WG: Wählergruppen; EB: Einzelbewerber mit Unterstützungsunterschriften; EB „Amt": Einzelbewerber aus dem Amt.
Quelle: Erhebung des Kandidatenfeldes; Erhebung der Bürgermeisterwahlergebnisse.

Bei den Wahlsiegern dominierten eindeutig die CDU-Kandidaten, die auch überwiegend die Wahl im ersten Wahlgang für sich entscheiden konnten. Die wenigen siegreichen Kandidaten der kleinen Parteien und Wählergruppen wurden ausschließlich, die Einzelbewerber mit Unterstützungsunterschriften zur Hälfte und die Einzelbewerber „aus dem Amt" zu 40% in der Stichwahl gewählt.

Auch die gewählten SPD-Kandidaten können sich mehrheitlich als „Gewinner der zweiten Chance" betrachten. Gerade der Vergleich der SPD- und CDU-Anteile der Stichwahl-Sieger (59,5% gegenüber 18,3%) deutet auf einen dem Bundestrend geschuldeten Parteieneffekt im Wahlverhalten zugunsten der CDU. Dieser These wird im Zusammenhang mit der Analyse der Frage nach dem Vorliegen eines Amtsbonus bei dieser Wahl weiter nachgegangen.

Lediglich 5% der Wahlsieger waren weiblichen Geschlechts, davon sechs von der SPD, 13 von der CDU und eine von einer Wählergruppe nominierte Kandidatin. Damit war der Frauenanteil der Wahlsieger deutlich niedriger als der Kandidatinnenanteil von 14,4%, jedoch gleich dem Anteil der kandidierenden hauptamtlichen Bürgermeisterinnen mit 5%.[5]

Die CDU stellt in allen Gemeindegrößenklassen den höchsten Anteil an hauptamtlichen Bürgermeistern, am deutlichsten in Städten zwischen 50.000 und 100.000 Einwohnern. Wahlsieger von kleinen Parteien und Wählergrup-

---

5 Zum Profil der kandidierenden Amtsinhaber der Übergangszeit vgl. den Beitrag von Holtkamp/Gehne in diesem Band.

pen sowie die beiden Typen von erfolgreichen Einzelbewerbern traten dagegen eher in kleineren Gemeinden auf, wobei sich in Gemeinden mit 50.000 bis 100.000 Einwohner immerhin noch einige Einzelbewerber aus dem Amt finden lassen.

Tabelle 2:   Wahlsieger nach Gemeindegrößenklassen und Nominierungsgruppen (in %)

Nominierungs-gruppe	Gemeindegrößenklassen					Gesamt
	1	2	3	4	5	
SPD	12,1	17,3	22,6	20,5	33,3	19,9
CDU	58,6	65,4	68,6	75,0	66,7	66,7
GRÜNE	1,7	0,8				0,5
FDP	1,7					0,3
WG	3,4	0,8				0,8
EB	8,6	4,7	0,7			3,0
EB „Amt"	13,8	11,0	8,0	4,5		8,8

Anmerkung: WG: Wählergruppe; EB: Einzelbewerber mit Unterstützungsunterschriften; EB „Amt": Einzelbewerber aus dem Amt.
Gemeindegrößenklassen: 1: unter 10.000 Einwohner; 2: 10.000 bis unter 20.000 Einwohner; 3: 20.000 bis unter 50.000 Einwohner; 4: 50.000 bis unter 10.000 Einwohner; 5: über 100.000 Einwohner.
Quelle: Erhebung des Kandidatenfeldes; Erhebung der Bürgermeisterwahlergebnisse.

Die SPD, die landesweit nur noch ein Fünftel der hauptamtlichen Bürgermeister stellt, konnte sich in den Großstädten behaupten. Sie stellt in einem Drittel der Städte über 100.000 Einwohnern den Bürgermeister. In Gemeinden unter 10.000 Einwohnern sind nur noch knapp über 10% SPD-Bürgermeister gewählt worden.

Knapp 60% aller Gemeinden werden auch in Zukunft von einem Amtsinhaber entweder der alten Doppelspitze oder der noch vom Rat gewählten Einheitsspitze der Übergangszeit regiert. Für eine intensivere Analyse des Bonus, den Amtsinhaber bei dieser Kommunalwahl für sich in Anspruch nehmen konnten, werden in der nächsten Abbildung die Erfolgsquoten der Amtsinhaber ausgewiesen. Die Balken stellen jeweils den Anteil einer Gruppe von Amtsinhabern nach Nominierungsform dar, welche die Wahl für sich entscheiden konnte.

Abbildung 1:   Erfolgsquoten der kandidierenden Amtsinhaber (in %)

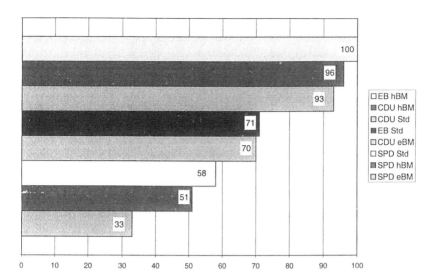

Anmerkung: EB: Einzelbewerber, Std: Stadtdirektoren, eBM: ehrenamtliche Bürgermeister, hBM: hauptamtliche Bürgermeister.
Quelle: Eigene Darstellung auf der Grundlage der Erhebung des Kandidatenfeldes und der Bürgermeisterwahlergebnisse

Die hinter der These des Amtsbonus stehende Vermutung, Amtsinhaber hätten generell eine gute Wahlchance, lässt sich aufgrund der ausgewiesenen Erfolgsquoten eindeutig nur für hauptamtliche Bürgermeister, die als Einzelbewerber kandidierten, sowie weitestgehend für die CDU-Amtsinhaber bestätigen. Wenn man einschränkend berücksichtigt, dass im Einzelfall auch lokale Gründe für eine „Abwahl" eines Amtsinhabers vorliegen können, beispielsweise aufgrund einer schlechten Amtsführung o.ä., weisen die im Vergleich äußerst niedrigen Wiederwahlquoten der SPD-Amtsinhaber auf den schon festgestellten Bundestrend zulasten der SPD hin. Dies ist ein weiteres Indiz für die These, dass das Wahlverhaltens durch den Bundestrend zugunsten der CDU beeinflusst wurde.

Vor dem Hintergrund des erdrutschartigen Wahlsieges der CDU bei der Kommunalwahl 1999 lässt sich dieser Befund zugespitzt so interpretieren, dass SPD-Kandidaten nur dann überhaupt eine gute Wahlchance hatten, wenn sie Amtsinhaber waren. Der Amtsbonus der SPD-Amtsinhaber wurde in der Hälfte der Fälle vom Gewicht des Bundestrends zulasten der SPD aufgehoben.

3. Die Wahlsieger in den Fallstädten

Im Folgenden werden die Ergebnisse der Bürgermeisterwahl in den Fallstudienstädten[6] vorgestellt und vor dem Hintergrund der geschilderten landesweiten Ergebnisse interpretiert.

In *Xanten* unterlag der von der SPD nominierte und von den Grünen unterstützte ehrenamtliche Bürgermeister einem kommunalpolitisch relativ un-
erfahrenem CDU-Kandidaten im ersten Wahlgang. Obwohl der ehrenamtliche Bürgermeister bekannt und bei den Bürgerinnen und Bürgern sehr beliebt
war, konnte er seinen Amtsbonus nicht nutzen, was landesweit zumindest der
Hälfte der für die SPD kandidierenden ehrenamtlichen Bürgermeister gelang.
Hier wirkten sich vermutlich zwei Faktoren zulasten des SPD-Kandidaten
aus: Zum einen die Tatsache, dass Xanten langfristig betrachtet eine eher
CDU-dominierte Stadt ist und die SPD strukturell keine eigene Mehrheit hat.
Zum anderen gelang es dem ehrenamtlichen Bürgermeister der SPD nicht in
ausreichendem Maße, das Potenzial der Parteien und der Wählergruppe, die
in der letzten Ratswahlperiode eine Koalition gegen die relative Mehrheit der
CDU bildeten, für sich zu mobilisieren. Vor diesem Hintergrund stellt sich
der Wahlsieg des CDU-Kandidaten als eine durch Rückenwind von der Bundesebene geförderte Wiederherstellung der CDU-Vorherrschaft dar. Dazu
bedurfte es dann auch keines ausgeprägten kommunalpolitischen Profils des
Wahlsiegers, der möglicherweise auch von seinem Kontrastprofil als junger
verwaltungserfahrener Kandidat profitieren konnte.

In *Hünxe* fuhr der als Einzelbewerber kandidierende hauptamtliche Bürgermeister einen auch in der Höhe beeindruckenden Wahlerfolg ein. Er hatte
nur einen von der SPD nominierten Gegenkandidaten. Zulasten des SPD-
Kandidaten wirkte sich die parteiübergreifende Unterstützung des hauptamtlichen Bürgermeisters im Wahlkampf aus. Dieser war in seiner Amtsgemeinde in einem Maße bekannt und beliebt, dass in diesem Fall der Amtsbonus
voll zum Tragen kam und es ihm gelang, noch einen Teil der SPD-Wähler
auf seine Seite zu ziehen, so dass sein Herausforderer keine Chance hatte.
Wie der landesweite Vergleich zeigte, konnten sich auch die anderen zwölf
als Einzelbewerber kandidierenden hauptamtlichen Bürgermeister unter ähnlichen Rahmenbedingungen (wenige Gegenkandidaten, zusätzliche Unterstützung durch andere Parteien) im ersten Wahlgang deutlich durchsetzen.

In *Essen,* wie auch in einigen anderen ihrer Hochburgen im Ruhrgebiet,
musste die SPD eine deutliche Niederlage hinnehmen. Der CDU-Kandidat,
ein ausgewiesener Kommunalpolitiker und Fraktionsvorsitzender im Rat,
gewann im ersten Wahlgang gegen den – zumindest was die Politikebene an-
ging – Import-Kandidaten der SPD, einen in der Europapolitik profilierten
und bekannten Abgeordneten des Europäischen Parlaments. Neben dem

---

6   Vgl. zu den Fallstudienstädten auch den Beitrag von Bovermann in diesem Band.

Bundestrend haben sich in Essen sicherlich auch lokale Gründe ausgewirkt, wie die Unzufriedenheit der Bürgerschaft mit Großprojekten der Stadtpolitik, die zu drei Bürgerbegehren in der Ratswahlperiode 1994-99 geführt hat. Es gelang dem SPD-Kandidaten, weder das eigentlich vorhandene Wählerpotenzial der SPD in Essen zu mobilisieren, noch aufgrund seines Bekanntheitsgrades in ausreichendem Maß Stimmen aus anderen Lagern zu gewinnen.

In *Duisburg*, einer weiteren klassischen SPD-Hochburg im Ruhrgebiet, konnte sich dagegen die für die SPD kandidierende hauptamtliche Bürgermeisterin im ersten Wahlgang deutlich behaupten. Die hauptamtliche Bürgermeisterin profitierte von ihrem Amtsbonus. Zudem ging die von der CDU gewählte Strategie der Unterstützung eines Einzelbewerbers nicht auf, der durch seine Parteiunabhängigkeit Stimmen aus anderen Lagern gewinnen sollte. Der unterstützte Kandidat war offensichtlich weder wechselwilligen Wählern anderer Lager noch dem eigenen Anhang als Alternative zur hauptamtlichen Bürgermeisterin zu vermitteln. Dazu kam, dass CDU-Wähler bei der Bürgermeisterwahl, die über die Strategie ihrer Partei nicht informierten waren, „ihren" Kandidaten auf dem Stimmzettel nicht wiederfanden. Das stark verbesserte Abschneiden der CDU bei der Ratswahl zeigt dagegen, dass sich der Bundestrend zugunsten der CDU auch in Duisburg ausgewirkt hat.

4. Profil der Wahlsieger auf Landesebene

Im folgenden Abschnitt wird nun das Profil der neuen hauptamtlichen Bürgermeister beschrieben und jeweils mit dem der Kandidaten insgesamt und dem der kandidierenden hauptamtlichen Bürgermeister, die bereits während der Übergangzeit vom Rat gewählt worden waren, verglichen. Die Analyse der Sozialstruktur und des politischen Hintergrunds der Wahlsieger sowie der hautamtlichen Bürgermeister der Übergangzeit beruht auf der Auswertung der landesweiten Kandidatenbefragung.[7] Folgende Merkmale fließen in das Profil der Wahlsieger ein: Alter, Konfession, Familienstand, Wohnsitz und Wohndauer, Mitgliedschaft in lokalen Vereinen, Bildung und Beruf sowie für ein politisches Profil: Parteimitgliedschaft, ausgeübte Ämter und Mandate sowie die Parteibindung im Wahlkampf.

Fast alle Wahlsieger hatten Erfahrung oder Vorpositionen in der Kommunalpolitik und -verwaltung.

---

7   Zu methodischen Details vgl. den Beitrag von Holtkamp/Gehne in diesem Band.

Tabelle 3: Wahlsieger nach Nominierungsgruppen und Erfahrung/
Vorposition (in %)

Erfahrung/Vorposition	Nominierungsgruppen							Gesamt
	SPD	CDU	GRÜNE	FDP	WG	EB	EB „Amt"	
Erfahrungen in der Kommunalpolitik	10,0	22,1	100,0			12,5		17,0
ehrenamtlicher Bürgermeister	11,7	8,2						7,7
hauptamtlicher Bürgermeister	43,3	18,5					37,5	24,7
Stadtdirektor	18,3	26,2					62,5	27,3
Erfahrungen in der Kommunalverwaltung	13,3	19,5		100,0	100,0	75,0		18,7
keine Erfahrungen	3,3	5,6				12,5		4,7

Anmerkung: WG: Wählergruppen; EB: Einzelbewerber mit Unterstützungsunterschriften;
EB „Amt": Einzelbewerber aus dem Amt.
Quelle: Kandidatenbefragung; Erhebung der Bürgermeisterwahlergebnisse.

Lediglich 4,7% der Städte/Gemeinden werden in Zukunft von Kandidaten
ohne Erfahrung in Kommunalpolitik und -verwaltung regiert. Knapp ein
Viertel der Wahlsieger hat Erfahrungen bzw. Vorpositionen im Bereich Kommunalpolitik (ehrenamtliche Bürgermeister eingeschlossen), beinahe dreimal
so viele haben Erfahrungen bzw. Vorpositionen im Bereich Kommunalverwaltung, wenn man die kandidierenden Hauptverwaltungsbeamten (Stadtdirektoren und hauptamtliche Bürgermeister) einbezieht. Vor allem bei den
beiden großen Parteien ergibt sich im Vergleich zum Profil der Kandidaten
eine deutliche Verschiebung zugunsten der Bewerber, die Erfahrun-
gen/Vorpositionen in der Kommunalverwaltung haben.[8] Ob dies für eine besondere Präferenz der Wähler für den Verwaltungsfachmann spricht, lässt
sich auf dieser Grundlage jedoch nicht beurteilen, da die auf Landesebene
aggregierten Daten keine Auskunft über das Profil der Mitbewerber vor Ort
geben.

Das Durchschnittsalter der Wahlsieger lag mit 50,8 Jahren leicht über
dem aller Kandidaten mit 49,5 Jahren, jedoch knapp unter dem Durchschnittsalter der kandidierenden hauptamtlichen Bürgermeister mit 52,2 Jahren. Der jüngste Wahlsieger war 30, der älteste 65 Jahre alt. Insgesamt gab es
fünf Wahlsieger, die über 63 Jahre alt waren und damit keine volle Amtszeit

---

8 Nur 50,2% aller SPD-Kandidaten sowie 40,1% der CDU-Kandidaten waren diesem
Bereich zuzuordnen.

absolvieren können.[9] Beinahe sämtliche Wahlsieger waren verheiratet und Mitglied einer der beiden großen Kirchen.[10]

Knapp jeder zehnte Wahlsieger hatte seinen Hauptwohnsitz nicht in seiner zukünftigen Amtsgemeinde (9,7%). Damit lag dieser Anteil sowohl über dem der kandidierenden hauptamtlichen Bürgermeister (5,9%) als auch über dem aller Kandidaten (6,7%). Vergleicht man das Profil der Bindungen an die Amtsgemeinde der Wahlsieger ohne Wohnsitz in der zukünftigen Amtsgemeinde mit dem aller Kandidaten,[11] so war die Bedeutung der beruflichen Bindungen größer als die Bedeutung der sozialen und familiären Bindungen. Darüber hinaus lag der Anteil der Wahlsieger, die angaben, in einer Nachbargemeinde zu leben, über dem entsprechenden Anteil aller Kandidaten, während der Anteil der Wahlsieger ohne Bindungen in etwa gleich groß war. Die relative Wohndauer der Wahlsieger entsprach bei geringen Abweichungen der relativen Wohndauer aller Kandidaten. 54,4% der Wahlsieger wohnten mehr als die Hälfte, 45,5% weniger als die Hälfte ihrer Lebenszeit in der zukünftigen Amtsgemeinde.[12] Sowohl der Anteil der Vereinsmitglieder mit 89,7% (Gesamtanteil 84%) als auch die durchschnittliche Anzahl der Mitgliedschaften lag mit 7,2 über den Werten aller Kandidaten (5,3). Somit finden sich so gut wie keine Wahlsieger, die weder berufliche, noch soziale oder politische Bindungen zu ihrer Amtsgemeinde aufweisen.

Hinsichtlich der Schul- und Bildungsabschlüsse bewegten sich die Wahlsieger auf einem ähnlich hohem Niveau wie das gesamte Kandidatenfeld: 77,2% hatten einen höheren Schul- oder Bildungsabschluss.[13] Allerdings lag der Anteil der Wahlsieger mit einem Fachhochschulabschluss (33,8%) sowohl über dem Anteil der Kandidaten (23,3%) als auch über dem der kandidierenden hauptamtlichen Bürgermeister (26,3%). Bei den Studienabschlüssen dominierten bei den Wahlsiegern die rechtswissenschaftlichen und die verwaltungswissenschaftlichen Studienabschlüsse.[14] Die Anteile anderer Studienabschlüsse lagen jeweils unter 10%. Das Bildungsprofil der Wahlsieger ist dem Bildungsprofil der CDU-Kandidaten ähnlich, was angesichts des hohen Anteils der CDU-Wahlsieger nicht überrascht.

---

9   Für kommunale Wahlbeamte gilt in NRW eine obere Altersgrenze von 68 Jahren, siehe §195, Absatz 4 des Landesbeamtengesetzes NRW.
10 96,7% der Wahlsieger waren konfessionsgebunden, davon 68,6% katholisch. 94% waren verheiratet.
11 Vgl. dazu den Beitrag von Holtkamp/Gehne in diesem Band.
12 Zum Vergleich die Gesamtanteile der Kandidaten: mehr als die Hälfte der Lebenszeit: 53,5%, weniger als die Hälfte: 46,4%.
13 Zusammengefasste Anteile: Personen mit Fachabitur oder allgemeiner Hochschulreife bzw. einem Fachhochschul- bzw. Hochschulabschluss. Der entsprechende Wert der Kandidaten lag bei 76,9%.
14 32,1% der Wahlsieger hatten einen rechtswissenschaftlichen, 37,7% einen verwaltungswissenschaftlichen Studienabschluss.

Von den Wahlsiegern waren nur einige wenige während ihrer Kandidatur nicht berufstätig. Die folgende Abbildung zeigt die Verteilung der ausgeübten Berufe der berufstätigen Wahlsieger nach Sektoren.

Abbildung 2:   Ausgeübte Berufe der Wahlsieger nach Wirtschaftssektoren

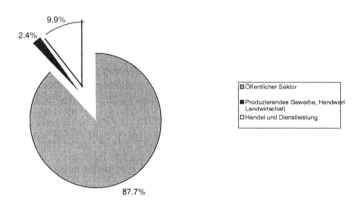

Quelle: Eigene Darstellung auf der Grundlage der Kandidatenbefragung und der Erhebung der Bürgermeisterwahlergebnisse.

Wie sich schon in der Auswertung der Erfahrungen/Vorpositionen andeutete, überwog mit 87,7% die Beschäftigung im öffentlichen Sektor. Damit lag dieser Wert deutlich über dem entsprechenden Anteil aller Kandidaten (65,7%). Einschließlich der kandidierenden Hauptverwaltungsbeamten waren knapp 70% der Wahlsieger vor ihrer Wahl zum hauptamtlichen Bürgermeister in der Kreis- oder Gemeindeverwaltung tätig.[15] Den höchsten Anteil an Beschäftigten im Bereich Handel und Dienstleistung wiesen mit 14,6% die CDU-Wahlsieger auf. In allen Nominierungsgruppen überwog wie auch in der Gesamtverteilung die Berufstätigkeit im öffentlichen Sektor, am deutlichsten bei den Wahlsiegern der SPD mit 96,5%.

Die überwiegende Mehrheit der neuen Bürgermeister waren Parteimitglieder (85%). Unter den Wahlsiegern der kleinen Parteien und Wählergruppen fanden sich jedoch keine Mitglieder der jeweils nominierenden Partei

---

15   24,7% der Wahlsieger waren als hauptamtliche Bürgermeister, 27,3% als Stadtdirektoren und 17,7% als Beigeordnete oder Amtsleiter vor ihrer Wahl in der Kreis- oder Gemeindeverwaltung tätig.

oder Wählergruppe. Auch bei SPD und CDU fanden sich vereinzelt Wahlsieger, die nicht Parteimitglied waren. Bei den großen Parteien war jedoch die Mitgliedschaft in der nominierenden Partei die Regel. Nur 18,9% der Einzelbewerber „aus dem Amt" sowie 37,5% der Einzelbewerber mit Unterschriften waren Mitglied einer Partei.

Unter den Parteimitgliedern fanden sich überraschend wenige ehemalige oder aktuelle Parteivorsitzende und Mandatsträger. So waren 14,7% der Bürgermeister auf Ortsebene, 1,7% auf regionaler Ebene Vorsitzende ihrer Partei und nur 5,7% Kreistagsmitglieder sowie 2% Landtags- oder Bundestagsabgeordnete. Damit lagen diese Anteile bei den Wahlsiegern noch unter denen aller Kandidaten.[16]

Ohne den Wahlkampf der Wahlsieger differenzierter zu analysieren, lässt sich anhand der erzeugten Parteibindungsvariable[17] feststellen, dass vor allem der Anteil der SPD-Wahlsieger mit lediglich mittlerer Bindung (63,8%) deutlich höher lag als bei allen SPD-Kandidaten (44,4%). Dies lässt sich vor allem darauf zurückführen, dass der Anteil der SPD-Wahlsieger, die nicht für den Rat kandidierten, mit 55% deutlich höher lag als bei allen SPD-Kandidaten mit 29,8%. Vor dem Hintergrund des CDU-Wahlerfolgs liegt daher die Vermutung nahe, dass die Wahlchancen von SPD-Kandidaten höher waren, wenn sie im Wahlkampf keine zu enge Bindung an ihre Partei zeigten.

Tabelle 4: Wahlsieger von SPD und CDU nach Parteibindung im Wahlkampf (in %)

Stärke der Parteibindung	Nominierungsgruppen	
	SPD	CDU
gering	6,9	6,6
mittel	63,8	59,9
stark	29,3	33,5

Anmerkung: Parteibindung im Wahlkampf der anderen Wahlsieger: ein Wahlsieger der GRÜNEN mit mittlerer Parteibindung, einer der FDP mit geringer Parteibindung und von den Wählergruppen je einer mit mittlerer und hoher Bindung.

Quelle: Kandidatenbefragung; Erhebung der Bürgermeisterwahlergebnisse.

Die Anteile der CDU-Wahlsieger in den drei Kategorien unterschieden sich dagegen kaum von den Anteilen aller CDU-Kandidaten, so dass bei ihnen kein deutlicher Zusammenhang zwischen Wahlerfolg und Parteibindung im Wahlkampf ablesbar ist. Sowohl die Einzelbewerber „aus dem Amt" als auch die Einzelbewerber mit Unterstützungsunterschriften wurden in hohem Maße von Parteien oder Wählergruppen im Wahlkampf unterstützt. Bei den erfolgreichen Einzelbewerbern mit Unterstützungsunterschriften lag der Anteil der

---

16 Vgl. dazu den Beitrag von Holtkamp/Gehne in diesem Band.
17 Vgl. dazu den Beitrag von Gehne/Holtkamp in diesem Band.

im Wahlkampf von Parteien unterstützten Kandidaten mit 75% deutlich über dem Anteil aller kandidierenden Einzelbewerber dieses Typs mit 19,7%, während der Anteil der parteiunterstützten Einzelbewerber „aus dem Amt" mit 96,8% auf einem ähnlich hohem Niveau lag wie bei den als Einzelbewerbern kandidierenden Amtsinhabern (91,7%). Daher kann davon ausgegangen werden, dass die Unterstützung durch Parteien auch bei diesen formal parteiunabhängigen Kandidaten einen bedeutenden Einfluss auf den Wahlerfolg hatte.

5. Resümee: Zum Einfluss der Direktwahl auf das Profil der Bürgermeister

Das Profil der neuen Bürgermeister in NRW im Vergleich mit dem aller Bürgermeisterkandidaten[18] sowie dem der hauptamtlichen Bürgermeister der Übergangszeit unterscheidet sich kaum. Abgesehen von der parteipolitischen Zusammensetzung kann keine deutliche Veränderung aufgrund des neu gewonnenen Wählereinflusses festgestellt werden. Die Wahlsieger waren wie die Kandidaten in ihrer Mehrzahl männlich, in den mittleren Jahren, alteingesessen, in ihrer Amtsgemeinde beruflich sowie sozial integriert und lebten in einer ehelichen Gemeinschaft. Sie wiesen ein hohes Bildungsniveau auf und waren weitgehend im öffentlichen Sektor sowie in geringerem Ausmaß im Handels- und Dienstleistungssektor beruflich tätig. Es gab so gut wie keine Wahlsieger, die über keine Erfahrung in Kommunalpolitik oder -verwaltung verfügten. Knapp 60% waren bereits vor ihrer Wahl Inhaber einer der kommunalen Spitzenpositionen.

Hinsichtlich der parteipolitischen Zusammensetzung dominierten die CDU-Wahlsieger, die zudem mehrheitlich die Wahl direkt im ersten Wahlgang für sich entscheiden konnten. Weit über 80% der Wahlsieger waren Parteimitglieder und wurden in ihrem Wahlkampf von ihren Parteien unterstützt. Dies traf weitgehend auch auf die, zumindest formal parteiunabhängigen Einzelbewerber zu, die in 12% der eher kleineren Gemeinden zum Bürgermeister gewählt wurden. In diesen Fällen ist ein deutlicher Effekt des neuen Elements der Direktwahl auf das Kandidatenangebot und damit auf den Wahlausgang abzulesen, da es in den meisten Fällen wenige Gegenkandidaten gab und mindestens eine der großen Parteien keinen eigenen Bewerber ins Rennen schickte. Diese Fälle verdeutlichen den weiterhin bedeutsamen Einfluss, den die Parteien direkt durch Auswahl und Nominierung von Kandidaten oder indirekt durch den Verzicht auf eine Nominierung und die Un-

---

18   Vgl. dazu den Beitrag von Holtkamp/Gehne in diesem Band.

terstützung anderer Kandidaten auf die Struktur des Kandidatenangebots ausüben.

Wie schon die Analyse der Auswahl- und Nominierungsprozesse von Kandidatinnen und Kandidaten für das Amt des Bürgermeisters in diesem Band ergab[19], wird durch das Vorschlagsrecht der Parteien die Auswahlmöglichkeiten der Wähler deutlich einschränkt. Parteien stellen in NRW weiterhin deutlich mehr Kandidaten auf, die im Lichte der erhobenen Daten als parteigebunden gelten können, so dass sich eine denkbare Wählerpräferenz für parteiunabhängige bzw. -distanzierte Kandidaten bereits aufgrund des fehlenden Angebots nicht auswirken kann. Ob dies ausschließlich auf den Premierencharakter dieser Wahl und damit eine gewisse Zaghaftigkeit im Erproben neuer Rekrutierungsmuster z.B. bei oppositionellen Parteien zurückzuführen ist oder ob durch die von Groß- und Mittelstädten geprägte politische Kultur den Parteien weiterhin eine auch vom Bürger erwartete prägende Rolle bei der Kandidatenaufstellung zukommen wird, hängt nicht zuletzt von den Erfahrungen und Lerneffekten durch diese erste Wahl bei Parteien und Bürgern ab.

---

19 Vgl. den Beitrag von Holtkamp/Gehne in diesem Band.

Lars Holtkamp

Das Verhältnis von Bürgern und Bürgermeistern

1. Einleitung

Responsivitätsuntersuchungen können auf eine lange kommunalwissen-schaftliche Tradition verweisen. Seit Anfang der 90er Jahre haben die Frage-stellungen dieser Untersuchungen auch in der kommunalen Praxis eine ge-wisse Brisanz bekommen. Einerseits wurde deutlich, dass die aufkommende Politiker- und Parteienverdrossenheit nicht nur die Berufspolitiker auf der Bundes- und Landesebene traf, sondern dass sich die Bürger auch zuneh-mend von den ehrenamtlichen Ratsmitgliedern distanzieren. Andererseits ha-ben Erwin K. Scheuch und Ute Scheuch am Beispiel des „Kölner Klüngels" herausgearbeitet, dass sich zum Teil auch die Ratsmitglieder immer mehr von den Bürgern entfernt haben. Ausgehend von ihrem Kölner Fallbeispiel be-schreiben sie die Kommunalpolitik – sicherlich etwas zugespitzt – als ein „parteiübergreifendes Kartell zur Postenverteilung" (Scheuch/Scheuch 1994: 158), das sich gegenüber dem Wählerwillen verselbständigt hat.

Es war sicherlich eine zentrale Hoffnung der Befürworter der süddeut-schen Ratsverfassung, dass durch die Einführung der Direktwahl in NRW der demokratisch legitimierte Verwaltungschef diese zunehmende Kluft zwi-schen Bürgern und Kommunalpolitik überbrücken könnte. Insbesondere wurde eine höhere Responsivität der direktgewählten Bürgermeister erwartet.

„Unter dem Begriff Responsivität wird die Aufnahmebereitschaft und Sensibilität der Re-präsentanten für die Wünsche und Interessen der Repräsentierten und das entsprechende Handeln ... verstanden" (Walter 1997: 1).

Diese beiden Dimensionen des Responsivitätsbegriffs – Wahrnehmung der Bürgermeinung und Umsetzung der Bürgermeinung in politisches Handeln – sollen im Mittelpunkt dieses Aufsatzes stehen, wobei es sich hierbei sicher-lich nur um eine erste Momentaufnahme handeln kann.

2. Bürgermeinung und Bürgermeistermeinung im Vergleich

Die Analyse der Responsivität konzentriert sich im Folgenden auf die Frage nach den wichtigen Eigenschaften und Fähigkeiten eines Bürgermeisters, bei der sowohl die Bürger als auch die Bürgermeisterkandidaten im Rahmen der telefonischen bzw. schriftlichen Befragung 13 Eigenschaften zu bewerten hatten.[1] Wie bei vielen anderen Fragen konnten auch hier die Befragten in den vier Untersuchungsgemeinden die Eigenschaften auf einer Skala von 1 bis 5 bewerten (1= sehr wichtig bis 5= unwichtig).

Als Erstes soll nun analysiert werden, inwieweit die Bürgermeisterkandidaten davon ausgehen, dass ihre persönliche Sicht mit der von ihnen wahrgenommenen Bürgersicht (perzipierte Bürgermeinung) übereinstimmt. Die folgenden beiden Tabellen (1 und 2) zeigen, dass die Akteure davon ausgehen, dass sie im Wesentlichen die von ihnen so wahrgenommene Position der Bürger teilen. Die Werte der beiden Korrelationskoeffizienten[2] liegen nahe an dem positiven Maximalwert von 1, was darauf hindeutet, dass die Positionen als fast deckungsgleich angesehen werden. Wenn man sich die unterschiedlichen Ergebnisse der Mittelwertdifferenz in den beiden kreisangehörigen und kreisfreien Untersuchungsgemeinden anschaut, wird deutlich, dass die Akteure in den kreisangehörigen Gemeinden von einer deutlich höheren Über-

---

1   Sowohl bei der Akteursbefragung als auch bei der Bürgerumfrage wurde erst in den einzelnen Untersuchungsgemeinden das arithmetische Mittel für die einzelnen Eigenschaften ermittelt, um dann bei gleicher Gewichtung der Untersuchungsgemeinden die Durchschnittswerte für alle Untersuchungsgemeinden zu errechnen. Auf eine Darstellung nach einzelnen Untersuchungsgemeinden wurde bewusst verzichtet, weil dann bei den Akteuren die Analyse aufgrund geringer Fallzahlen (z.B. nur zwei Bürgermeisterkandidaten in Hünxe) nicht sehr aussagefähig wäre. Die Werte der Akteure gehen auf die schriftliche Befragung aller Bürgermeisterkandidaten in NRW zurück. Lediglich ein Bürgermeisterkandidat aus den vier Fallstädten nahm an dieser Befragung nicht teil, so dass für die vier Untersuchungsgemeinden ein außerordentlich hoher Rücklauf (von fast 94%) erreicht wurde. Die Angaben der Akteure wurden nicht nach Parteien differenziert mit den Mittelwerten der Wähler der einzelnen Parteien verglichen, sondern die Meinung aller Akteure wurde mit den Mittelwerten der Gesamtwählerschaft verglichen. Neben den geringen Fallzahlen bei den Akteuren sprach gegen eine differenzierte Betrachtungsweise nach Parteien, dass ein Drittel der befragten Bürgermeisterkandidaten in den vier Untersuchungsgemeinden als (echte und unechte) Einzelbewerber nicht ausschließlich einer Partei zugeordnet werden konnte.

2   Im Folgenden werden zur Messung der Responsivität, wie in vielen anderen kommunalpolitischen Studien (Brettschneider 1997; Arzberger 1980; Gabriel u.a. 1993), der Korrelationskoeffizient nach Pearson, der Rangkorrelationskoeffizient nach Spearman und die durchschnittliche Mittelwertdifferenz verwendet. Trotz ordinalen Skalenniveaus ist es in den Sozialwissenschaften mittlerweile allgemein üblich, bei derartigen Einstellungsdaten auch auf den Korrelationskoeffizienten von Pearson zurückzugreifen, der eigentlich intervallskalierte Daten voraussetzt (Walter 1997: 64).

einstimmung ihrer persönlichen Sicht mit der Bürgermeinung ausgehen als die Akteure in den kreisfreien Gemeinden.

Tabelle 1: Akteursmeinung und perzipierte Bürgermeinung in den Fallstudienstädten

	Mittelwert Akteurs- meinung	Mittelwert perz. Bür- germei- nung	Mittelwert- Differenz	Rang Akteurs- meinung	Rang perz. Bürger- meinung	Rang- Diffe- renz
Bürgernähe	1,35	1,50	0,15	3	2	-1
Gemeindeverbundenheit	1,90	1,79	-0,11	7	4	-3
Sympathieträger	1,88	1,69	-0,19	6	3	-3
Glaubwürdigkeit	1,13	1,21	0,08	1	1	0
Einsatz für Minderheiten	2,50	2,98	0,48	12	13	1
Führungsqualitäten	1,27	2,00	0,73	2	5	3
Vertretung der Gemeinde nach außen	1,65	2,29	0,64	4	6	2
Eigene politische Konzepti- on	1,98	2,44	0,46	9	7	-2
Spezialkenntnisse in der Kommunalpolitik	2,75	2,81	0,06	13	11	-2
Verwaltungserfahrung	2,38	2,83	0,45	11	12	1
Erfahrung außerhalb von Politik und Verwaltung	1,85	2,48	0,63	5	9	4
Neutralität gegenüber allen Parteien	2,33	2,44	0,11	10	8	-2
Konfliktbereitschaft mit ei- gener Partei	1,94	2,54	0,60	8	10	2
⌀			0,36			
Korrelationskoeffizient	0,83					
Rangkorrelationskoeffizient					0,82	

Quelle: Kandidatenbefragung Frage Nr. 7 und Nr. 8.

Tabelle 2: Akteursmeinung und perzipierte Bürgermeinung in den kreisangehörigen (Hünxe und Xanten) und kreisfreien Gemeinden (Duisburg und Essen)

	Kreisangehörige Gemeinden			Kreisfreie Gemeinden		
	Mittelwert Akteursmeinung	Mittelwert perz. Bürgermeinung	Mittelwert-Differenz	Mittelwert Akteursmeinung	Mittelwert perz. Bürgermeinung	Mittelwert-Differenz
Bürgernähe	1,42	1,50	0,08	1,29	1,50	0,21
Gemeindeverbundenheit	1,33	1,42	0,09	2,46	2,17	-0,29
Sympathieträger	1,75	1,83	0,08	2,00	1,54	-0,46
Glaubwürdigkeit	1,17	1,17	0,00	1,08	1,25	0,17
Einsatz für Minderheiten	2,50	3,00	0,50	2,50	2,96	0,46
Führungsqualitäten	1,25	1,83	0,58	1,29	2,17	0,88
Vertretung der Gemeinde nach außen	1,67	2,17	0,50	1,63	2,42	0,79
Eigene politische Konzeption	2,00	2,33	0,33	1,96	2,54	0,58
Spezialkenntnisse in der Kommunalpolitik	2,50	2,58	0,08	3,00	3,04	0,04
Verwaltungserfahrung	1,92	2,33	0,41	2,83	3,33	0,50
Erfahrung außerhalb von Politik und Verwaltung	2,33	2,33	0,00	1,38	2,63	1,25
Neutralität gegenüber allen Parteien	2,58	2,50	-0,08	2,08	2,38	0,30
Konfliktbereitschaft mit eigener Partei	2,00	2,33	0,33	1,88	2,75	0,87
∅			0,24			0,52

Quelle: Kandidatenbefragung, Frage Nr. 7 und Nr. 8.

Bei der Analyse der einzelnen Eigenschaften in allen Untersuchungsgemeinden wird deutlich, dass die Bürgermeisterkandidaten die Führungsqualitäten[3], die Vertretung der Gemeinde nach außen, die Erfahrungen außerhalb der Verwaltung und Kommunalpolitik und die Bereitschaft zu Konflikten mit der eigenen Partei für deutlich wichtiger halten, als dies ihrer Meinung nach die Bürger tun (diese Angaben liegen deutlich über der durchschnittlichen Mittelwertdifferenz). Die größte Abweichung ist bei den Führungsqualitäten zu verzeichnen, was, wie in den halbstandardisierten Interviews deutlich wurde,

---

3 Zu den genauen Formulierungen der Antwortvorgaben vgl. den Kandidatenfragebogen im Anhang (Frage 7 und 8) und den Bürgerfragebogen im Anhang (Frage 14).

vor allem darauf zurückgeführt werden kann, dass die Akteure davon ausgehen, dass der Bürger in vielen Fällen die Reform der Gemeindeordnung noch nicht zur Kenntnis genommen hat. Sie nehmen an, dass der Bürger den hauptamtlichen Bürgermeister eher nach Kriterien des früheren ehrenamtlichen wählt und daher die Führungsaufgaben in der Verwaltung tendenziell unterbewertet bleiben.

Nicht wenige Untersuchungen bleiben bei der Messung von Responsivität aus forschungsökonomischen Gründen (um kostenintensive Bürgerumfragen zu vermeiden) bei einem Vergleich der von den Akteuren wahrgenommenen Bürgermeinung mit der Akteursmeinung stehen, mit der nicht selten Folge, dass die sehr hohe Responsivität, die sich die Kommunalpolitiker häufig selbst bescheinigen, auch das Ergebnis der wissenschaftlichen Untersuchungen ist. Diese Einschränkungen werden in den Studien deutlich hervorgehoben:

„Die absolute Höhe der Bürgerresponsivität könnte zudem wesentlich auf das Bestreben der Befragten zurückzuführen sein, im Sinne sozialer Erwünschtheiten zu antworten. Auch bei ihnen dürfte bekannt sein, dass ein Agieren in Übereinstimmung mit dem Willen der Bevölkerung heute allgemein positiv gewertet wird". (Frerk 1998: 83)

Deswegen ist es jetzt natürlich umso reizvoller, die Ergebnisse der Bürgerumfrage mit der Akteursbefragung abzugleichen, um festzustellen, ob die von den Bürgermeisterkandidaten behauptete hohe Responsivität auch der Realität entspricht.

In den folgenden beiden Tabellen (3 und 4) wird die Bürgermeinung, die in der Bürgerumfrage erhoben wurde, mit der von den Akteuren in der Kandidatenbefragung eingeschätzten Bürgermeinung verglichen. Es lässt sich unschwer erkennen, dass es hier zu erheblichen Abweichungen kommt. Beide Korrelationskoeffizienten liegen deutlich unter dem Wert 0,5, so dass sich nur von einem eher schwachen Zusammenhang zwischen ermittelter und wahrgenommener Bürgermeinung sprechen lässt. Auch bei diesem Vergleich lässt sich ein deutlicher Unterschied zwischen den kreisangehörigen und den kreisfreien Gemeinden feststellen. Die Abweichungen sind in den kreisfreien Gemeinden fast um 50% höher als in den kreisangehörigen Gemeinden, was zum Teil sicherlich auf die sehr große Bedeutung der Face-to-Face-Kommunikation im Wahlkampf der kleinen kreisangehörigen Gemeinden zurückgeführt werden kann (Arzberger 1980: 154-156).

Tabelle 3: Perzipierte Bürgermeinung und Bürgermeinung in den
Fallstudienstädten

	Mittelwert perz. Bürgermeinung	Mittelwert Bürgermeinung	Mittelwert-Differenz	Rang perz. Bürgermeinung	Rang Bürgermeinung	Rang-Differenz
Bürgernähe	1,50	1,52	0,02	2	3	1
Gemeindeverbundenheit	1,79	2,16	0,37	4	11	7
Sympathieträger	1,69	2,19	0,50	3	13	10
Glaubwürdigkeit	1,21	1,23	0,02	1	1	0
Einsatz für Minderheiten	2,98	1,82	-1,16	13	7	-6
Führungsqualitäten	2,00	1,45	-0,55	5	2	-3
Vertretung der Gemeinde nach außen	2,29	1,61	-0,69	6	4	-2
Eigene politische Konzeption	2,44	2,18	-0,26	7	12	5
Spezialkenntnisse in der Kommunalpolitik	2,81	2,13	-0,68	11	10	-1
Verwaltungserfahrung	2,83	1,96	-0,88	12	8	-4
Erfahrung außerhalb von Politik und Verwaltung	2,48	2,04	-0,44	9	9	0
Neutralität gegenüber allen Parteien	2,44	1,72	-0,72	8	6	-2
Konfliktbereitschaft mit eigener Partei	2,54	1,65	-0,90	10	5	-5
∅			0,57			
Korrelationskoeffizient	0,41					
Rangkorrelationskoeffizient					0,26	

Quelle: Kandidatenbefragung, Frage Nr. 8; Bürgerumfrage, Frage Nr.14.

Tabelle 4: Perzipierte Bürgermeinung und Bürgermeinung in kreisangehörigen (Hünxe und Xanten) und kreisfreien Gemeinden (Duisburg und Essen)

	Kreisangehörige Gemeinden			Kreisfreie Gemeinden		
	Mittelwert perz. Bürgermeinung	Mittelwert Bürgermeinung	Mittelwert-Differenz	Mittelwert perz. Bürgermeinung	Mittelwert Bürgermeinung	Mittelwert-Differenz
Bürgernähe	1,50	1,50	0,00	1,50	1,53	0,03
Gemeindeverbundenheit	1,42	2,14	0,72	2,17	2,19	0,02
Sympathieträger	1,83	2,17	0,33	1,54	2,21	0,67
Glaubwürdigkeit	1,17	1,20	0,03	1,25	1,27	0,02
Einsatz für Minderheiten	3,00	1,82	-1,18	2,96	1,83	-1,13
Führungsqualitäten	1,83	1,46	-0,37	2,17	1,44	-0,73
Vertretung der Gemeinde nach außen	2,17	1,61	-0,56	2,42	1,61	-0,81
Eigene politische Konzeption	2,33	2,21	-0,13	2,54	2,15	-0,40
Spezialkenntnisse in der Kommunalpolitik	2,58	2,11	-0,48	3,04	2,16	-0,89
Verwaltungserfahrung	2,33	1,93	-0,40	3,33	1,99	-1,35
Erfahrung außerhalb von Politik und Verwaltung	2,33	2,09	-0,25	2,63	1,99	-0,64
Neutralität gegenüber allen Parteien	2,50	1,67	-0,84	2,38	1,78	-0,60
Konfliktbereitschaft mit eigener Partei	2,33	1,65	-0,68	2,75	1,64	-1,11
Ø			0,46			0,65

Quelle: Kandidatenbefragung, Frage Nr. 8; Bürgerumfrage, Frage Nr. 14.

Analysiert man wiederum die einzelnen Eigenschaften für die vier Untersuchungsgemeinden, kann man feststellen, dass die Bürger den Einsatz für benachteiligte Minderheiten, die Konfliktbereitschaft gegenüber der eigenen Partei, die Erfahrung in der öffentlichen Verwaltung und die Neutralität gegenüber allen Parteien für viel wichtiger halten, als dies die Akteure von ihnen erwartet haben (vgl. Tabelle 3). Auch die Führungsqualitäten eines Bürgermeisters werden von den Bürgern, wenn auch nicht in so starkem Maße, für wichtiger gehalten, als dies die Akteure erwartet haben. Die systematische Unterschätzung der Erfahrungen in der öffentlichen Verwaltung deutet auch hier wieder darauf hin, dass die Akteure vermuten, dass die Bürger die Rolle des Bürgermeisters als Verwaltungschef ausblenden, während die Bürger sie in der Bürgerumfrage doch für eher wichtiger gehalten haben. Analysiert

man auch hier wiederum die Unterschiede zwischen kreisangehörigen und
den kreisfreien Untersuchungsgemeinden, lässt sich resümieren, dass die
Fehleinschätzung des Faktors „langjährige Verbundenheit mit der Gemeinde"
vor allem auf die Akteure in den kreisangehörigen Gemeinden und die Fehleinschätzung der Verwaltungserfahrung und der Führungsqualität insbesondere auf die Akteure in den kreisfreien Gemeinden zurückgeht (vgl. Tabelle
4). Während die Bürger in allen Untersuchungsgemeinden die notwendigen
Eigenschaften eines Bürgermeisters sehr einheitlich einschätzten, wurde ihnen in den kreisangehörigen Gemeinden zu Unrecht unterstellt, dass sie sehr
stark auf die lokale Verbundenheit der Kandidaten achten, während ihnen in
den kreisfreien Städten ein mangelndes Interesse an der Verwaltungskompetenz der Kandidaten zugeschrieben wurde.

Die großen Abweichungen zwischen ermittelter und wahrgenommener
Bürgermeinung lassen den Schluss zu, dass insbesondere für die Phase des
Wahlkampfes, aber möglicherweise auch für die Nominierungsphase, die
Strategien der Akteure bei besserem Informationsstand über die Wählerpräfe-
renzen hätten optimiert werden können.

Die doch relativ unzutreffende Einschätzung der Bürgerpräferenzen
durch die Akteure[4] kann zu einem guten Teil sicherlich darauf zurückgeführt
werden, dass bei der „Uraufführung" der Bürgermeisterwahl die Informationen über die Präferenzen der Bürger notwendigerweise beschränkt sind. Des
Weiteren haben die Kommunalpolitiker bis dato auch nur sehr begrenzte
Möglichkeiten gehabt, die aus ihrer Sicht notwendigen Eigenschaften eines
Bürgermeisterkandidaten der Öffentlichkeit zu vermitteln, so dass es durch
eine Annäherung der Bürgerpräferenzen an die Akteurspräferenzen indirekt
auch zu einer realitätsgerechteren Einschätzung der Bürgermeinung durch die
Kommunalpolitiker kommen würde.[5]

Wenn man nun in einem letzten Schritt (Tabelle 5 und 6) die in der Bürgerumfrage erhobene Bürgermeinung mit der Akteursmeinung vergleicht,
kann man feststellen, dass beide nicht so weit auseinanderliegen, wie man
aufgrund der Fehleinschätzung der Bürgermeinung erwarten könnte, dass sie
aber auch nicht so nahe beieinander liegen, wie es die Bürgermeisterbewerber selbst vermuten. Beide Korrelationskoeffizienten liegen deutlich über 0,5,
was auf einen mittelstarken statistischen Zusammenhang verweist.

---

4   Auch im Vergleich zu der in anderen Untersuchungen ermittelten Übereinstimmung
    (Arzberger 1980; Walter 1997).
5   Unter der diskussionswürdigen Annahme, dass sich die Bürgerpräferenzen an die
    Akteurspräferenzen durch Lernprozesse der Bürger annähern, führt dies, wenn die
    Kommunalpolitiker annahmegemäß aufgrund sozialer Erwünschtheit die wahrge-
    nommene Bürgersicht per se an ihre Sicht anpassen, auch indirekt zu einer höheren
    Deckung der in Bürgerumfragen ermittelten Bürgermeinung mit der von den Akteuren
    wahrgenommenen Bürgermeinung.

Tabelle 5: Akteursmeinung und Bürgermeinung in den Fallstudienstädten

	Mittelwert Akteurs-meinung	Mittelwert Bürger-meinung	Mittelwert-Differenz	Rang Akteurs-meinung	Rang Bürger-meinung	Rang-Diffe-renz
Bürgernähe	1,35	1,52	0,16	3	3	0
Gemeindeverbunden-heit	1,90	2,16	0,27	7	11	4
Sympathieträger	1,88	2,19	0,31	6	13	7
Glaubwürdigkeit	1,13	1,23	0,11	1	1	0
Einsatz für Minderhei-ten	2,50	1,82	-0,68	12	7	-5
Führungsqualitäten	1,27	1,45	0,18	2	2	0
Vertretung der Ge-meinde nach außen	1,65	1,61	-0,04	4	4	0
Eigene politische Kon-zeption	1,98	2,18	0,20	9	12	3
Spezialkenntnisse in der Kommunalpolitik	2,75	2,13	-0,62	13	10	-3
Verwaltungserfahrung	2,38	1,96	-0,42	11	8	-3
Erfahrung außerhalb von Politik und Verwal-tung	1,85	2,04	0,18	5	9	4
Neutralität gegenüber allen Parteien	2,33	1,72	-0,61	10	6	-4
Konfliktbereitschaft mit eigener Partei	1,94	1,65	-0,29	8	5	-3
∅			0,31			
Korrelationskoeffizient	0,65					
Rangkorrelationskoeffi-zient				0,57		

Quelle: Kandidatenbefragung, Frage Nr. 7; Bürgerumfrage, Frage Nr. 14.

Tabelle 6: Akteursmeinung und Bürgermeinung in kreisangehörigen (Hünxe und Xanten) und kreisfreien Gemeinden (Duisburg und Essen)

	Kreisangehörige Gemeinde			Kreisfreie Gemeinde		
	Mittelwert Akteurs-meinung	Mittelwert Bürger-meinung	Mittelwert-Differenz	Mittelwert Akteurs-meinung	Mittelwert Bürger-meinung	Mittelwert-Differenz
Bürgernähe	1,42	1,50	0,08	1,29	1,53	0,24
Gemeindeverbundenheit	1,33	2,14	0,81	2,46	2,19	-0,27
Sympathieträger	1,75	2,17	0,42	2,00	2,21	0,21
Glaubwürdigkeit	1,17	1,20	0,03	1,08	1,27	0,18
Einsatz für Minderheiten	2,50	1,82	-0,68	2,50	1,83	-0,68
Führungsqualitäten	1,25	1,46	0,21	1,29	1,44	0,15
Vertretung der Gemeinde nach außen	1,67	1,61	-0,06	1,63	1,61	-0,02
Eigene politische Konzeption	2,00	2,21	0,21	1,96	2,15	0,19
Spezialkenntnisse in der Kommunalpolitik	2,50	2,11	-0,40	3,00	2,16	-0,85
Verwaltungserfahrung	1,92	1,93	0,01	2,83	1,99	-0,85
Erfahrung außerhalb von Politik und Verwaltung	2,33	2,09	-0,25	1,38	1,99	0,62
Neutralität gegenüber allen Parteien	2,58	1,67	-0,92	2,08	1,78	-0,30
Konfliktbereitschaft mit eigener Partei	2,00	1,65	-0,35	1,88	1,64	-0,24
∅			0,34			0,37

Quelle: Kandidatenbefragung, Frage Nr. 7; Bürgerumfrage, Frage Nr. 14.

Betrachtet man die kreisfreien und kreisangehörigen Untersuchungsgemeinden getrennt, kann man kaum Unterschiede zwischen den Abweichungen feststellen, mit anderen Worten: Durch die persönlichere Kommunikation in den kreisangehörigen Gemeinden und die realitätsnähere Einschätzung der Bürgermeinung wird die Übereinstimmung zwischen Bürgern und Bürgermeisterkandidaten nicht viel größer, wie man vielleicht hätte erwarten können.

Deutliche Abweichungen bestehen bei den Faktoren „Einsatz für benachteiligte Minderheiten", „Spezialkenntnisse Gemeindepolitik" und „Neutralität gegenüber allen Parteien", die von den Bürgern als wesentlich wichtiger bewertet wurden als von den Bürgermeisterkandidaten (vgl. Tabelle 5). Es ist sicherlich kein Zufall, dass die Bürgermeisterkandidaten die Parteiendistanz der Bürger im Durchschnitt nicht teilen. Die meisten Kandidaten wurden von Parteien nominiert und die Analyse des Nominierungsprozesses hat ergeben, dass die Parteien vor allem diejenigen zum Kandidaten nominiert haben, die eine enge Bindung zum lokalen Parteimilieu aufwiesen.[6]

Die Differenz bei der Eigenschaft „Neutralität gegenüber allen Parteien" zwischen den Bürgern und den Akteuren ist im *Durchschnitt* in den beiden Großstädten viel kleiner als in den Kleinstädten (vgl. Tabelle 6). Dies kann vor allem auf die drei echten Einzelbewerber in den Großstädten zurückgeführt werden, die diese Eigenschaft jeweils mit der Höchstnote bewertet haben, nicht zuletzt weil der Protest gegen verkrustete Parteienstrukturen die Hauptmotivation ihrer Kandidatur war.

Wenn man davon ausgeht, dass die Unterschiede zwischen der Akteursmeinung und der ermittelten Bürgermeinung für die Nominierungs- und die Wahlkampfphase keine so große Rolle gespielt haben, weil in diesen Phasen die perzipierte Bürgermeinung für die Akteursstrategien zentral war, ändert sich dies in der noch abzuhandelnden Phase der Umsetzung der Bürgermeinung in politisches Handeln.[7] In dieser Phase können die Abweichungen zwischen Akteursmeinung und ermittelter Bürgermeinung zu einer nicht responsiven Regierungspolitik führen. Hier empfiehlt sich eine Unterscheidung zwischen gewählten und nicht gewählten Bürgermeisterkandidaten, wie sie in Tabelle 7 vollzogen wurde. Eine mögliche Hypothese wäre, dass die Bürger mehrheitlich die Kandidaten wählen, die am besten die durchschnittlichen Präferenzen der Wähler vertreten, so dass sich durch diese Auswahl noch die Responsivität erhöht. Tabelle 7 zeigt aber, dass zwar die gewählten Bürgermeister die Bürgermeinung etwas realitätsgerechter einschätzen, aber von dieser Bürgermeinung in ihrer persönlichen Meinung stärker abweichen als die nicht erfolgreichen Kandidaten. Sie weichen damit bewusst relativ stark von der Bürgermeinung ab.[8] Die Abweichungen zwischen der ermittelten Bürgermeinung und der Meinung der siegreichen Bürgermeisterkandidaten wird bei der „Neutralität gegenüber allen Parteien" besonders deutlich. Während die Bürger diese Neutralität eines Bürgermeisters sehr hoch schätzen, räumen ihr die siegreichen Bürgermeisterkandidaten, die (mit Ausnahme des Bürgermeisters von Hünxe, der formell als Einzelbewerber angetreten ist) durch das Engagement in einer Partei nominiert wurden, keine Priorität ein.

---

6   Vgl. dazu den Beitrag von Holtkamp/Gehne in diesem Band.

7   Aus Sicht der Neuen Politischen Ökonomie wäre damit zu rechnen, dass sich die Akteure bei der Nominierung und im Wahlkampf vor allem an der wahrgenommenen Bürgermeinung orientieren, um die Wahl zu gewinnen, während anschließend bei der Umsetzung ihres Handlungsprogramms in Regierungspolitik ihre eigene Sichtweise einen dominanteren Einfluss bekommen wird.

8   Bei der Bewertung der Unterschiede zwischen siegreichen und nicht siegreichen Bürgermeisterkandidaten ist zu berücksichtigen, dass in die Gruppe der erfolgreichen Kandidaten lediglich vier Befragte einzuordnen waren. Aufgrund der geringen Fallzahlen kann schon ein Befragter, der relativ „extrem" bewertet, zu erheblichen Verzerrungen beitragen.

Tabelle 7: Differenzen zwischen Bürgermeinung und perzipierter Bürgermeinung bzw. Akteursmeinung nach Kandidatenerfolg in den
Fallstudienstädten

	Differenz zwischen Bürgermeinung und perz. Bürgermeinung	
	erfolgreiche Kandidaten	nicht erfolgreiche Kandidaten
Bürgernähe	-0,24	0,15
Gemeindeverbundenheit	0,41	0,16
Sympathieträger	0,19	0,64
Glaubwürdigkeit	-0,02	-0,04
Einsatz für Minderheiten	-1,18	-1,18
Führungsqualitäten	-0,05	-0,95
Vertretung der Gemeinde nach außen	-0,40	-0,85
Eigene politische Konzeption	-0,33	-0,28
Spezialkenntnisse in der Kommunalpolitik	-0,87	-0,87
Verwaltungserfahrung	-1,29	-1,04
Erfahrung außerhalb von Politik und Verwaltung	-0,46	-0,42
Neutralität gegenüber allen Parteien	-0,78	-0,73
Konfliktbereitschaft mit eigener Partei	-0,86	-1,08
∅	0,54	0,65

	Differenz zwischen Bürgermeinung und Akteursmeinung	
	erfolgreiche Kandidaten	nicht erfolgreiche Kandidaten
Bürgernähe	-0,49	0,42
Gemeindeverbundenheit	-0,09	0,16
Sympathieträger	0,19	0,28
Glaubwürdigkeit	-0,02	0,14
Einsatz für Minderheiten	-1,68	-0,36
Führungsqualitäten	0,20	0,18
Vertretung der Gemeinde nach außen	0,11	-0,12
Eigene politische Konzeption	0,18	0,18
Spezialkenntnisse in der Kommunalpolitik	-0,87	-0,69
Verwaltungserfahrung	-0,54	-0,68
Erfahrung außerhalb von Politik und Verwaltung	-0,21	0,58
Neutralität gegenüber allen Parteien	-1,28	-0,28
Konfliktbereitschaft mit eigener Partei	-0,36	-0,26
∅	0,48	0,33

Quelle: Kandidatenbefragung, Frage Nr. 7 und Nr. 8; Bürgerumfrage, Frage Nr. 14.

Insgesamt ist festzustellen, dass auch die Übereinstimmung zwischen Akteurssicht und ermittelter Bürgermeinung zumindest nicht so stark ausgeprägt ist wie in anderen kommunalen Responsivitätsuntersuchungen (Brettschneider 1997). Lediglich in der Untersuchung von Arzberger (1980) wurde noch eine geringere Responsivität der kommunalen Eliten ermittelt und damit ein Repräsentativitätsdefizit[9] bilanziert.

Bei der Analyse der Perspektiven der Bürger und der Akteure neigt man häufig dazu, die Unterschiede zu betonen und die Gemeinsamkeiten zu vernachlässigen. Deswegen soll abschließend noch auf eine nicht unerhebliche Gemeinsamkeit der ermittelten und wahrgenommenen Bürgermeinung sowie der Akteursmeinung hingewiesen werden. Drei Eigenschaften belegen in allen drei Perspektiven einen vorderen Rangplatz (Rang 1-5): Glaubwürdigkeit, Bürgernähe und Führungsqualitäten. Etwas pointierter könnte man resümieren: Wem es gelingt, diese drei Eigenschaften zu vermitteln, dürfte den Schlüssel zum (vom Kandidaten beeinflussbaren) Erfolg gefunden haben.

3. Umsetzung der Bürgermeinung in politisches Handeln

3.1 Bedingungen für responsives Handeln

Auch wenn sich dieses Forschungsprojekt im Wesentlichen auf die Analyse der Nominierungsphase, der Wahlkampfphase und des tatsächlichen Wahlverhaltens beschränkt, so wurde doch als eine Art Ausblick auch die Frage behandelt, welche Auswirkungen die Direktwahl des Bürgermeisters auf die zukünftige Kommunalpolitik in den vier Untersuchungsgemeinden haben könnte. Insbesondere in den Interviews mit ausgewählten Akteuren nach der Kommunalwahl wurde die Frage erörtert, welche Auswirkungen die Direkt-

---

9 Dagegen lässt sich insbesondere methodisch einwenden, dass die hier, wie in den anderen Responsivitätsstudien, durch statistische Verfahren erzeugte klare Präferenzenordnung der Bürger zum Teil einer Fiktion entspringt. Die Einstellungen der Bürger sind in der Realität weit weniger konsistent, als hier zu analytischen Zwecken angenommen wurde (Hoffmann-Lange 1991: 282). Weiterhin ist es schwer, eine klare Reihenfolge der Bürgermeistereigenschaften zu bilden, weil sie zum Teil gegenseitig voneinander abhängen. So ist z.B. davon auszugehen, dass Kandidaten, die schon lange in der jeweiligen Gemeinde leben und aktiv die Kommunalpolitik mitbestimmen, von den Bürgern auch hinsichtlich der anderen zentralen Dimensionen (z.B. Glaubwürdigkeit und Führungsqualitäten) besser beurteilt werden können. Es ist wohl kaum damit zu rechnen, dass diese gegenseitigen Abhängigkeiten von vielen Bürgern bei den Befragungen berücksichtigt wurden.

wahl voraussichtlich auf die kommunalen Entscheidungsstrukturen und Politikergebnisse haben wird.

In der wissenschaftlichen Literatur (Banner 1984 und 1989, Holtkamp 2000a und 2000b) und zum Teil auch in der politischen Debatte über die Reform der Gemeindeordnung in NRW wurden vor allem zwei Hypothesen diskutiert, die einen Zusammenhang zwischen der Veränderung der rechtlichen Rahmenbedingungen und den konkreten Politikergebnissen vor Ort postulieren, und zwar in dem Sinne, dass durch die Direktwahl für den Bürgermeister Anreize entstehen, in verschiedenen Politikbereichen die perzipierte Bürgermeinung umzusetzen:

– Der direkt gewählte Bürgermeister müsste sich wegen dieser veränderten Anreize für eine stärkere Bürgerorientierung der Verwaltung und für mehr Bürgerbeteiligung in den Gemeinden einsetzen.

– Der direkt gewählte Bürgermeister hätte stärkere Anreize (wegen der hohen Priorität der Haushaltskonsolidierung aus Sicht der Bürger) eine sparsamere Haushaltspolitik zu betreiben als der frühere Stadtdirektor.

Die Besonderheit dieser Argumentation von Gerhard Banner besteht darin, dass die höhere Responsivität nicht nur zu einem legitimeren, sondern auch zu einem effizienteren Handeln führt.

Es handelt sich mit der Bürgerbeteiligung und der Haushaltskonsolidierung sicherlich um die gegenwärtig zentralen Herausforderungen der kommunalen Selbstverwaltung. Im Rahmen der Interviews konnte selbstverständlich nicht abschließend geklärt werden, ob die in diesen Hypothesen zum Ausdruck gebrachten Zusammenhänge in den Untersuchungsgemeinden zum Tragen kommen. In den Interviews vor und nach der Wahl[10] ergaben sich aber interessante Hinweise, die Rückschlüsse auf die Plausibilität der Hypothesen ermöglichen.

Voraussetzung dafür, dass der Bürgermeister in diesen Politikbereichen neue Impulse (im Sinne der perzipierten Bürgermeinung) setzen kann, ist, dass ihm durch die rechtlichen Rahmenbedingungen des Landes (Gemeindeordnung NRW, Wahlrecht etc.) und vom Stadtrat genügend Handlungskompetenzen zugewiesen werden.

In den beiden kreisangehörigen Gemeinden äußerten sich die beiden gewählten Bürgermeister nach der Kommunalwahl zu den rechtlichen Rahmenbedingungen sehr kritisch. Zum einen wurden die verbundene Wahl (gleichzeitige Wahl von Bürgermeister und Rat) und die kurze Amtszeit problematisiert, die den Bürgermeister sehr stark an die Mehrheitsfraktionen binden. Zum anderen wurde das Wahlrecht in NRW kritisiert, durch das die Bürger

---

10   Hierbei ist hervorzuheben, dass nach der Wahl wesentlich weniger Interviews geführt wurden als vor der Wahl, so dass die folgenden Aussagen zur Politik nach der Wahl auf einer schmaleren empirischen Basis getroffen werden. Sie sind deswegen mit Vorsicht zu interpretieren.

im Gegensatz zum Kumulieren und Panaschieren nur begrenzte Möglichkeiten haben, die personelle Zusammensetzung des Rats zu bestimmen. Dadurch, dass die Parteien über die Reserveliste die personelle Zusammensetzung des Stadtrates präjudizieren, sei die Fraktionsdisziplin in NRW sehr ausgeprägt, mit der Folge, dass die Fraktionen eine sehr starke Stellung im Vergleich zum Bürgermeister einnähmen und es so häufig zu Politikblockaden bei unterschiedlicher Parteizugehörigkeit des Bürgermeisters und der Mehrheitsfraktionen kommen kann. Auch in der politikwissenschaftlichen Literatur wird u.a. aus diesen Gründen davon ausgegangen, dass sich die Direktwahl des Bürgermeisters sowie Kumulieren und Panaschieren aus systematischer Perspektive gegenseitig bedingen (Wehling 1999).

Daruber hinaus wird die Machtposition des Bürgermeisters vom Rat maßgeblich über die Hauptsatzung mitgestaltet. Die beiden gewählten hauptamtlichen Bürgermeister der kreisangehörigen Gemeinden haben im Rahmen der Hauptsatzung durch den Rat mehr Kompetenzen, z.B. in Vergabe- und in Personalangelegenheiten, zugewiesen bekommen. Dies wurde zum Teil explizit damit begründet, dass die Ansprüche des Bürgers an den hauptamtlichen Bürgermeister durch die Direktwahl gewachsen seien und dass ihm dementsprechend mehr Kompetenzen eingeräumt werden müssten.

Demgegenüber ist in den beiden Großstädten nicht vorgesehen, die Kompetenzen des Bürgermeisters in der Hauptsatzung auszubauen. Das kann darin begründet liegen, dass der hauptamtliche Bürgermeister im Gegensatz zu vielen kleinen Gemeinden in den Großstädten nicht das gleiche Durchsetzungsvermögen gegenüber der teilprofessionalisierten Kommunalpolitik hat und kraft Autorität mehr Kompetenzen einfordern kann.

Landesweit ist zu befürchten, dass die Bürgermeister insbesondere dann nicht mehr Kompetenzen über die Hauptsatzung zugewiesen bekommen, wenn sie ein anderes Parteibuch haben als die Mehrheitsfraktionen im jeweiligen Stadtrat (sogenannte Kohabitation)[11]. Es stellt sich die Frage, ob nicht ein Mindestmaß an Kompetenzen unter Berücksichtigung der jeweiligen Gemeindegröße landesweit normiert werden sollte, um unabhängig von den parteipolitischen Konstellationen den gestiegenen Ansprüchen der Wähler an die Amtsinhaber gerecht zu werden.

Insgesamt kann man aber davon ausgehen, dass der hauptamtliche Bürgermeister in der Mehrzahl der Gemeinden durchaus Handlungsspielräume hat, die perzipierte Bürgermeinung umzusetzen.

---

11 Teilweise kommt es in einigen Gemeinden zu noch schwierigeren Konstellationen, wenn die beiden großen Volksparteien geschlossen gegen einen als Einzelbewerber gewählten Bürgermeister vorgehen. In diesen Einzelfällen steht zu befürchten, dass der Bürgermeister noch weniger Kompetenzen in der Hauptsatzung zugestanden bekommt als der damalige Stadtdirektor.

3.2 Der Bürgermeister als Promotor für Bürgerbeteiligung?

Bereits im Vorfeld der Kommunalwahl in NRW wurde in einem umfangreichen Forschungsprojekt u.a. der Frage nachgegangen, ob der hauptamtliche Bürgermeister, mit der Direktwahl vor Augen, zu einer stärkeren Bürgerorientierung der Verwaltung beiträgt. Die Analyse der Fallstudien im Rahmen dieses Forschungsprojektes kam u.a. zu folgenden Ergebnissen:

„Nimmt man die Selbsteinschätzung der neuen Amtsinhaber und die Fremdeinschätzungen durch leitende Verwaltungsmitarbeiter und Fraktionsvorsitzende zusammen, wurde für alle bei der Vor-Ort-Recherche betrachteten Kommunen eine stärkere Bürgerorientierung durch den hauptamtlichen Bürgermeister festgestellt, im Sinne einer stärkeren Berücksichtigung von Bürgerwünschen bei der Herstellung von Verwaltungsentscheidungen ... Diese stärkere Bürgerorientierung, die im wesentlichen im Zusammenhang mit den Erwartungshaltungen gegenüber der ersten Direktwahl zu sehen ist, war in einigen Fällen nicht von vornherein mit der jeweiligen Verwaltungskultur vereinbar. Von einigen Gesprächspartnern wurde eine anfängliche Unruhe in den Verwaltungen aufgrund der stärkeren Berücksichtigung der Bürgerwünsche konstatiert" (Schulenburg 1999: 131).

Entsprechend dem hohen Stellenwert der Bürgernähe aus Sicht der Bürger und der Bürgermeisterkandidaten, der im letzten Abschnitt empirisch belegt wurde, setzten sich die gewählten Bürgermeister in den kreisangehörigen Gemeinden nach der Kommunalwahl dafür ein, dass die Verwaltung bürgerorientierter arbeitet und investierten einen großen Teil ihrer Zeitressourcen in bürgernahe Repräsentation. Sie machten beide darauf aufmerksam, dass sie sich nach vielen öffentlichen Auftritten im Wahlkampf nicht plötzlich aus der Öffentlichkeit zurückziehen könnten, weil sonst beim Wähler der Eindruck entstünde, dass man sich immer nur unmittelbar vor der Wahl für die Anliegen der Bürger interessiere.

Einer stärkeren Bürgerbeteiligung durch dementsprechende Verfahren (z.B. runde Tische im Rahmen der Lokalen Agenda) stehen die beiden Bürgermeister etwas kritischer gegenüber. Einerseits gehen sie zum Teil davon aus, dass sich der „durchschnittliche" Bürger kaum für Bürgerbeteiligung interessiert, es sei denn, er sei direkt betroffen von einem Planungsverfahren, und andererseits wird teilweise bezweifelt, dass es die Fraktionen im Gemeinderat mit der Bürgerbeteiligung wirklich ernst meinen, also auch die Beteiligungsergebnisse umsetzen wollen, so dass die beteiligten Bürger schnell enttäuscht würden. Auch die anderen nach der Wahl interviewten Akteure in den kreisangehörigen Gemeinden verbinden mehr Bürgernähe in der Regel nicht mit mehr Bürgerbeteiligung. Dies wird zum Teil damit begründet, dass man in kleineren Gemeinden diesen „Formalismus" nicht brauche. Was zählen würde, sei das direkte Gespräch mit dem Bürger und sich als Bürgermeister für die kleinen Anliegen der einzelnen Bürger einzusetzen. Dennoch geben beide Bürgermeister an, dass sie *bedingt* auch die Bürgerbeteiligungsangebote ausbauen wollen (z.B. persönliches Anschreiben für Bürgerversammlungen im Rahmen der Bauleitplanung). In den kreisfreien Untersuchungsgemeinden gaben die nach der Wahl befragten Akteure viel häufiger an, dass eine stärkere Bürgerbeteiligung für den jeweiligen Amtsinhaber eine gute Möglichkeit sei, um seine Bürgernähe zu vermitteln. Dies hängt sicherlich damit zusammen, dass der Aufbau von persönlichen Beziehungen zu einzelnen Wählern in den kreisfreien Städten aufgrund der Masse der Wähler keine erfolgsversprechende Strategie zu sein scheint.[12] Dementsprechend bietet der Ausbau von Beteiligungsverfahren eher eine Chance, Bürgernähe zu vermitteln, zumal diese angesichts knapper Zeitressourcen auch vom Bürgermeister nicht selbst durchgeführt werden müssen, sondern an andere Mitarbeiter delegiert werden können. Ein Jahr nach der Bürgermeisterwahl in Essen kommt die dortige grüne Oppositionsfraktion zu einer Bilanz der Regierungspolitik, die eine stärkere Bürgerbeteiligung nicht zuletzt durch den Einsatz des Oberbürgermeisters konstatiert:

„Und tatsächlich gab es eine Reihe von Versuchen – mehr des neuen CDU-Oberbürgermeisters als der CDU-Fraktion – eine neue Kultur der Beteiligung zu etablieren. Eine zweite, aufwendige Perspektivenwerkstatt zur Entwicklung eines zentralen Innenstadtbereiches wurde durchgeführt ... Grundsätze zur Durchführung von BürgerInnenbegehren und BürgerInnenentscheiden wurden beschlossen und eine Vielzahl weiterer kleiner Beteiligungsversuche etabliert" (Lüttringhaus/Sander 2001: 12).

Die in diesem Zitat auch angedeutete stärkere Distanz der Mehrheitsfraktion zu Bürgerbeteiligung ist als durchaus typisch anzusehen. Die Ratsfraktionen befürchten häufig eine Aushöhlung ihrer Kompetenzen durch Bürgerbeteiligung (Holtkamp 2000b). Hieraus können sich für die Bürgermeister nicht unerhebliche Rollenkonflikte zwischen Parteibindung einerseits und Bürgerorientierung andererseits ergeben.

3.3 Der Bürgermeister als Promotor für Haushaltskonsolidierung?

Im Rahmen der Analyse des Wahlkampfes in den beiden kreisangehörigen Gemeinden unter 20000 Einwohnern wurde bereits deutlich, dass die Bürgermeisterbewerber in den kreisangehörigen Gemeinden persönlich die kommunale Haushaltspolitik für das wichtigste Thema hielten und auch davon ausgingen, dass der Bürger dieses Thema für sehr wichtig hält.[13] Damit sind aus Sicht der relevanten Akteure die Anreize in den kreisangehörigen Gemeinden dafür gegeben, dass sich der Bürgermeister während seiner

---

12 Vgl. dazu den Beitrag von Gehne/Holtkamp in diesem Band.
13 Vgl. dazu den Beitrag von Gehne/Holtkamp in diesem Band.

Amtsperiode stark mit den verschiedenen Optionen der Haushaltskonsolidierung auseinandersetzt.[14]

In den kreisfreien Städten wird hingegen von den Akteuren davon ausgegangen, dass der Wähler die Haushaltspolitik für eher unwichtig hält.[15] Dementsprechend sind die Anreize für den Oberbürgermeister, sich durch eine stringente Haushaltskonsolidierung zu profilieren, nicht sehr ausgeprägt. Lediglich die deutlich höhere Bewertung der Haushaltspolitik durch die Akteure selbst lässt erhoffen, dass die Bürgermeister möglicherweise aufgrund ihrer persönlichen Einstellung die Haushaltskonsolidierung weiter vorantreiben.[16]

Neben der Wahrnehmung der Präferenzen der Bürger durch die Akteure ist an dieser Stelle natürlich auch die in der Bürgerumfrage ermittelte Bürgermeinung von Interesse, nicht zuletzt, weil sich im letzten Abschnitt gezeigt hat, wie weit diese beiden Perspektiven auseinanderliegen können. Auf die offene Frage nach dem wichtigsten kommunalen Problem gaben die Bürger in den kreisangehörigen Gemeinden doppelt so häufig Antworten, die der Haushaltspolitik zugeordnet wurden, wie in den kreisfreien Gemeinden (kreisangehörig: 6,95 % der Nennungen; kreisfrei: 3,4% der Nennungen). Die Bürger sahen also die Haushaltspolitik in den kreisfreien Städten viel weniger als ein Problem an, obwohl die objektiven Haushaltsprobleme (in Form sich auftürmender Fehlbeträge im Verwaltungshaushalt) in den kreisfreien Städten viel größer waren.

In der Bürgerumfrage spiegeln sich also die Unterschiede zwischen kreisangehörigen und kreisfreien Gemeinden wider, wenn auch nicht unbedingt in dem vermuteten Ausmaß, wie es aufgrund der Akteursbefragungen

---

14 Allerdings müssen diese Anreize nicht unbedingt zu einer verstärkten Haushaltskonsolidierung führen, weil ein Teil der Akteure im Rahmen der Haushaltspolitik, wie eine kurze Sichtung der Wahlkampfmaterialien ergab, vor allem den Bürger von Abgaben und Gebühren (Fremdenverkehrsabgabe, Parkgebühren etc.) entlasten will, was zumindest kurzfristig im Gegensatz zur Haushaltskonsolidierung stehen würde.

15 Erklärungsvariablen für das abnehmende Interesse der Bürger an der Haushaltspolitik mit zunehmender Gemeindegröße könnten die abnehmende Identifikation mit der Stadt, der geringere Kenntnisstand bei kommunalpolitischen Fragestellungen und der niedrigere Prozentsatz von Hauseigentümern, welche die Steuer- und Abgabenlast deutlicher wahrnehmen als die Mieter, sein.

16 Der hier deutlich werdende Zusammenhang zwischen Gemeindegröße und erwarteter Aufmerksamkeit der Wähler für die Haushaltspolitik im Verbund mit der zu erwartenden stärkeren Stellung des Bürgermeisters in kleinen als in großen Gemeinden könnte auch eine Erklärung für die für Baden-Württemberg immer wieder behaupteten Konsolidierungsanstrengungen des dortigen Bürgermeisters sein, die vorher monokausal auf die dortige Gemeindeordnung zurückgeführt wurden. Bekanntlich liegt die durchschnittliche Gemeindegröße in Baden-Württemberg weit unter der in NRW, so dass bei der Übertragung von Erfahrungen aus Baden-Württemberg auf NRW – nicht nur in der Haushaltspolitik zeigten sich gravierende Unterschiede zwischen den kreisfreien und den kreisangehörigen Untersuchungsgemeinden – große Vorsicht angezeigt ist.

anzunehmen war.[17] Insgesamt zeigt sich deutlich, dass ein responsiveres Handeln nicht gleichzeitig auch ein effizienteres Handeln sein muss, so dass es gute Gründe dafür geben kann, dass ein Bürgermeister von der Bürgermeinung in der praktischen Politik deutlich abweicht. Somit ist die Responsivität für die Bürgermeister sicherlich nicht „das Maß aller Dinge".

4. Resümee

Sehr schwer tun sich die Bürgermeisterkandidaten bei einer realitätsgerechten Einschätzung der Bürgermeinung. Auch gibt es durchaus gravierende Unterschiede zwischen der Bürgermeinung und den Positionen der Bürgermeister(-kandidaten). Insbesondere wird die Distanz zu den Parteien von den Bürgermeisterkandidaten, die überwiegend aus dem lokalen Parteimilieu stammen, nicht in dem Maße vertreten, wie es die Bürger für angezeigt hielten. Insofern könnte man also skeptisch sein, ob es den direktgewählten Bürgermeistern tatsächlich gelingt die – in der Einleitung skizzierte – Kluft zwischen Kommunalpolitik und Bürgern zu überbrücken. Positiv hingegen deutet sich an, dass der Bürgermeister erhebliche Anreize hat, die Verwaltung bürgernäher auszurichten (Bogumil u.a. 2001) und bedingt auch die Bürgerbeteiligung zu forcieren. Wie sich dieses Spannungsfeld zwischen Partei- und Bürgerorientierung der Bürgermeister in den einzelnen nordrhein-westfälischen Gemeinden entwickeln wird, ist sicherlich eine der spannendsten zukünftigen Forschungsfragen.

---

17 So gibt es zwischen Essen und Hünxe bei der Häufigkeit der Nennungen der Haushaltspolitik in der Bürgerumfrage kaum Unterschiede (Essen: 4,2% Hünxe: 4,4%), während zwischen Duisburg und Xanten gravierende Unterschiede bestehen (Duisburg: 2,6% Xanten: 9,5%), so dass die Unterschiede zwischen kreisangehörigen und kreisfreien Städten mit Vorsicht zu interpretieren sind. Zu ähnlichen Ergebnissen zum geringen Interesse der Bürger an der Haushaltpolitik in Großstädten kommt Wolfgang Bick (1994) durch eine Zusammenstellung der Ergebnisse von Bürgerumfragen in einzelnen Großstädten.

Uwe Andersen/Rainer Bovermann

Resümee und Ausblick

1. Politikwissenschaft: Zusammenhänge und Einflüsse

Die folgenden Überlegungen bieten keine vollständige Zusammenfassung der Ergebnisse der einzelnen Beiträge, sondern greifen die Ausgangsfragestellungen (vgl. Tabelle 7 in der Einführung) noch einmal auf. Orientiert an den verschiedenen Akteursgruppen werden zentrale Aussagen vorgestellt, mit Reformüberlegungen verbunden und vor dem Hintergrund zukünftiger Forschungsaufgaben diskutiert.

Eine der zentralen politikwissenschaftlichen Fragen war die nach den Auswirkungen des mit der kommunalen Verfassungsänderung neu konfigurierten *institutionellen Arrangements* auf unterschiedliche Aspekte der Kommunalwahl. Dabei stand die Direktwahl der neuen hauptamtlichen Bürgermeister im Vordergrund, die von allen Reformelementen auch auf die größte Zustimmung in der Bevölkerung stieß. Damit können sich auch in Nordrhein-Westfalen nach dem Ende der Übergangszeit (1994-1999) erstmals alle hauptamtlichen Bürgermeister auf eine direkte Legitimation durch die Bürgerschaft stützen. Zu berücksichtigen ist dabei, dass ungeachtet des bundesweiten Trends zugunsten der direkt gewählten Einheitsspitze Nordrhein-Westfalen nicht einfach das süddeutsche Modell der Kommunalverfassung übernommen hat. Wichtige Elemente, wie die Koppelung von Rats- und Bürgermeisterwahl und der Einfluss der Parteien bei der Kandidatennominierung, bedingen ein spezifisches institutionelles Profil. Zudem wirken die noch zu diskutierenden Faktoren politische Kultur (z.B. relativ starke Stellung der Parteien), Gemeindegröße (Nordrhein-Westfalen als das am stärksten großstädtisch geprägte Flächenland) und zeitliche Perspektive (Uraufführung 1999) als Filter für die Wirkung des neuen institutionellen Arrangements.

Die radikale Beseitigung der Fünf-Prozent-Hürde, eine weitere gewichtige institutionelle Neuerung, hat erwartungsgemäß zu einer stärkeren Fragmentierung in den Räten geführt, obwohl die politische Großwetterlage dazu beigetragen hat, dass die Zahl der Räte mit absoluter Mehrheit einer Partei/Wählergruppe gegen den langfristigen Trend noch zugenommen hat. Allgemein sind aber die Räte mit der Vertretung von durchschnittlich einer zusätzlichen Gruppe „bunter" geworden, was nicht zuletzt extremistische Splitterparteien einschließt. Angesichts der geringen Reaktionszeit auf die Veränderung kurz vor der Wahl 1999 ist eher mit einem verstärkten Auftreten solcher Gruppen bei den kommenden Kommunalwahlen zu rechnen. Ob eine durchaus begründbare niedrigere Hürde – z.b. Drei-Prozent-Klausel wie in Rheinland-Pfalz – politisch sinnvoll ist, mag angesichts divergierender Argumente – z.b. Rat als möglichst exaktes Spiegelbild von in der Bevölkerung vertretenen politischen Positionen, Chancen für extremistische Gruppierungen, Wünschbarkeit klarer Mehrheiten – politisch umstritten sein. Zu erinnern ist jedenfalls daran, dass das Urteil des Verfassungsgerichtshofes Nordrhein-Westfalen sie keineswegs ausschließt.

Andere institutionelle Veränderungen wie die Umrechnung von Stimmen in Mandaten nach dem Verfahren Hare/Niemeyer, die Absenkung des Wahlalters von 18 auf 16 Jahre und die Erweiterung des kommunalen Wahlrechts auf Bürger der Mitgliedsländer der Europäischen Union (EU) als Folge einer EU-Vereinbarung sind in ihren Auswirkungen nicht zu vernachlässigen. Während erstere die leichte Begünstigung der jeweils stärksten Partei oder Wählergruppe durch das d'hondtsche Höchstzahlverfahren beseitigt, erhöhten die beiden letztgenannten Änderungen einerseits die Zahl der Wahlberechtigten deutlich, trugen aber andererseits wegen der niedrigeren Wahlbeteiligung der beiden begünstigten Gruppen zur insgesamt geringen Wahlbeteiligung bei.

Eine weitere institutionelle Besonderheit, dass nämlich ein Teil der Gemeinden in Nordrhein-Westfalen von der Übergangsmöglichkeit einer vom Rat gewählten hauptamtlichen Einheitsspitze Gebrauch gemacht hatte, war wegen der vermuteten Prägewirkung bereits vorliegender Erfahrungen zu einem Auswahlkriterium für die Fallstudien gemacht worden. Hier zeigte sich allerdings überraschenderweise in Einstellungen der Bürgerschaft kein nachweisbarer Einfluss.

Umso gewichtiger war der Einfluss unseres zweiten Auswahlkriteriums – der *Gemeindegröße*. Bei einer Vielzahl wichtiger Fragen, z.B. bei den kommunalpolitischen Kenntnissen der Bürgerschaft, der Kandidatennominierung, dem Wahlkampf und dem Wählerverhalten, konnte die Prägekraft des Faktors Gemeindegröße insbesondere in den Fallstudien nachgewiesen werden.

Dagegen konnte dem Einfluss der *politischen Kultur* angesichts der Begrenzung unserer Fallstudien auf die Region Ruhrgebiet nicht näher nachgegangen werden, auch wenn die Hypothese länderspezifischer oder gar regionalspezifischer politischer Kulturen mit Auswirkungen auch auf die kommunale Ebene durchaus plausibel und prüfungswürdig erscheint. Eine systematische Prüfung würde aus politikwissenschaftlicher Sicht synchrone (gleichzeitige) Vergleichsstudien erfordern, auf der Länderebene z.B. zwischen Nordrhein-Westfalen und Baden-Württemberg (in der Vergangenheit sehr unterschiedliche institutionelle Arrangements) sowie in Nordrhein-Westfalen und

Niedersachsen (in der Vergangenheit die beiden Länder mit norddeutscher Ratsverfassung), die für die Zukunft höchst wünschenswert sind.

Auch die Berücksichtigung des *Zeitfaktors* durch Vergleichsstudien in diachroner Form (zeitlicher Längsschnitt) bleibt eine Zukunftsaufgabe der lokalen Politikforschung – beginnend mit der nächsten nordrhein-westfälischen Kommunalwahl 2004. Für die vorliegende Studie muss gerade vor dem Hintergrund begrenzter kommunalpolitischer Kenntnisse der Bürgerschaft und verständlicher Unsicherheit auch bei den lokalen politischen Akteuren betont werden, dass es sich notwendig um eine Momentaufnahme handelt, die wegen des Uraufführungscharakters der Bürgermeisterwahl 1999 „nur" die Startposition für die zeitliche Entwicklung, z.b. des Wählerverhaltens, zu erhellen vermag.

Eine andere zentrale politikwissenschaftliche Frage, zu deren Beantwortung diese Studie beizutragen vermag, ist die nach der wahlbezogenen Interdependenz der verschiedenen politischen *Systemebenen*. Dabei steht die Beziehung zwischen Bundes- und Kommunalebene im Bewusstsein und Verhalten der Bürgerschaft im Vordergrund, wenn auch im Hinblick auf die sachliche Verknüpfung und Kompetenzverteilung die Verbindung zwischen Landes- und Kommunalebene sehr viel nahe liegender wäre. Bei der Beziehung zwischen Bundes- und Kommunalebene handelt es sich im Bewusstsein der Bürgerschaft im Wesentlichen um eine einseitige Abhängigkeitsbeziehung. Die Bewertung der Kommunalpolitik beeinflusst kaum das Wahlverhalten auf Bundesebene, während umgekehrt die Beurteilung der Bundespolitik teilweise in parteipolitische „Denkzettel" bei der Kommunalwahl umgesetzt wird. Da der Trend der Kommunalwahlergebnisse auch von den Medien sehr schnell auf die bundespolitische Signalfunktion zugespitzt wird, muss auch die Bundespolitik mit diesem Faktor rechnen. Dies führt umgekehrt dazu, dass sich auch die erste Garnitur der Bundespolitiker bis hin zum Bundeskanzler zumindest in angespannten politischen Zeiten mit entsprechender Medienaufmerksamkeit in kommunalpolitischen Wahlkämpfen engagiert.

Bei der nordrhein-westfälischen Kommunalwahl 1999 war dies in zugespitzter Weise der Fall. Die Bundesregierung, und damit auch die sie stützenden Parteien, befand sich nach Meinungsumfragen in einer ausgeprägten Schwächephase und machte zudem die Erfahrung auch anderer Bundesregierungen, dass Regierungsparteien es bei „Zwischenwahlen" auf anderen Ebenen tendenziell schwerer haben, die eigenen Anhänger zu Stimmabgaben zu motivieren. Die über alle Kommunen betrachtet durchgängigen, wenn auch im Einzelnen unterschiedlich starken Verluste der SPD bei der Kommunalwahl 1999 dürften vor allem auf tendenzielle SPD-Wähler zurückzuführen sein, die zwar nicht zum parteipolitischen Gegner überliefen, aber, primär als „Denkzettel" für die Bundespolitik, „ihre" Partei bei der Kommunalwahl durch Nichtbeteiligung bestraften. Aus der kommunalen Perspektive ist ein solcher „Fremdeinfluss" anderer politischer Ebenen eher problematisch und „ungerecht", aber die kommunale Ebene ist eben keine isolierte „Insel der

Glückseligen". Allerdings weist sie Besonderheiten auf, die größere Wähler-
flexibilität begünstigen. Dazu zählen die geringere Parteibindung im Verhältnis zur „höheren" Bundesebene – gespiegelt im übrigen auch im Verhältnis
kleinerer Gemeinden zu Großstädten – und die insgesamt „buntere" Angebotspalette, welche die Wähler mit traditionell größerer Experimentierbereit-
schaft honorieren.

Die Stärke des Außeneinflusses der anderen Ebenen auf die Kommunalwahl hängt von einer Vielzahl von Faktoren ab und dürfte schwerlich gene-
ralisierbar, also bei jeder Wahl neu zu bestimmen sein. Wollte man den Einfluss anderer Systemebenen minimieren, läge der Reformvorschlag nahe, den
einheitlichen Kommunalwahltermin aufzugeben und zu einzelnen Wahlterminen für jede Kommune überzugehen, wie es bekanntlich auch bei Landtagswahlen die Regel ist. In einem solchen Fall gäbe es zumindest keine landesweiten Ergebnisse mehr und ihre Interpretation als bundespolitisches Signal
machte wenig Sinn. Ob eine solche weitgehende Reform, die es bezogen auf
Ratswahlen bisher in keinem Bundesland gibt, auch Verhaltensänderungen
bei der Wählerschaft bewirkt, sich z.B. negativ auf die Wahlbeteiligung auswirken würde, bleibt allerdings eine offene Frage.

2. Akteure auf Landesebene: Ziele

Bei der Diskussion auf Landesebene waren drei mit der neuen Kommunalverfassung verbundene Ziele die größere Übereinstimmung von *Verfassungsnorm und –realität*, mehr *Transparenz* und höhere *Effizienz*, zu deren
Verwirklichung diese Wahlstudie allerdings wenig aussagen kann. Dazu wären Analysen konkreter kommunalpolitischer Entscheidungsprozesse möglichst in Form vergleichend angelegter Fallstudien erforderlich, die wiederum
höchst wünschenswert wären.

Anders sieht es beim Ziel größere *Bürgernähe* aus, zu dessen Umsetzung
in der vorliegenden Studie Aussagen gemacht werden. Das betrifft einerseits
Fragen der Wahrnehmung. Was weiß die Bürgerschaft von den neuen Rahmenbedingungen – im Vorfeld der Wahl relativ wenig –, wie bewertet sie sie –
überwiegend positiv –, welche Erwartungen verbindet sie mit ihnen (zum Beispiel erwünschtes, partiell überraschendes Bürgermeisterprofil)? Die Perzepti-
onsfrage betrifft aber auch die politischen Akteure, insbesondere im Hinblick
auf die vermuteten Bürgereinstellungen und deren Realitätsgehalt. Ein weiterer
Aspekt sind andererseits die wechselseitigen Vermittlungs- und Lernprozesse,
wobei im Rahmen der Studie nur die „Startformation" behandelt werden
konnte und die Ergebnisse des mittel- und langfristigen Lernprozesses offen
bleiben. Größere Bürgernähe verlangt primär eine „Bringschuld" der Kommunalpolitiker, die allerdings als Erfolgsvoraussetzung auch einer sekundären
„Holschuld" der Bürgerschaft im Sinne von Aufnahmebereitschaft und damit

eines Mindestmaßes an kommunalpolitischem Interesse bedarf. Im Vermittlungsprozess ist gerade wegen der relativen Offenheit der meisten Bürger von erheblichen Prägechancen der kommunalen Akteure auszugehen. Bei abweichenden Vorstellungen von Bürgerschaft und Parteien, zum Beispiel im Hinblick auf die erforderliche Verwaltungskompetenz für Bürgermeisterkandidaten, bleibt allerdings wegen des „Letztentscheides" der Bürgerschaft einerseits und den innerparteilichen Machtstrukturen im Nominierungsprozess andererseits die Frage offen, ob sich die Parteien bei der Auswahl ihrer Kandidaten eher an den Präferenzen der Bürgerschaft orientieren werden als umgekehrt.

Im Hinblick auf das Ziel mehr *Partizipation* bleibt festzuhalten, dass die Angebotspalette mit der Direktwahl des Bürgermeisters, aber auch mit Bürgerbegehren/ -entscheid, mit breiter Zustimmung der Bürgerschaft objektiv erweitert worden ist. Die quantitative Nutzung der neuen Möglichkeiten fiel dagegen enttäuschend aus, misst man sie an der außerordentlich niedrigen durchschnittlichen Wahlbeteiligung bei der Kommunalwahl 1999.

Ein weiteres diskutiertes Ziel war die erweiterte *Rekrutierungsbasis* für Mandatsträger. Für die Kommunalwahl 1999 gilt, dass bei der Bürgermeisterkandidatenkür von Parteien und Wählergruppen Bewerber außerhalb von Kommunalpolitik und -verwaltung die große Ausnahme bildeten. „Seiteneinsteiger" (aus Wirtschaft, Wissenschaft, Kultur und Sport) und „Externe" (von außerhalb des Wahlgebietes) wurden selten präsentiert und waren wenig erfolgreich. Dabei ist im Nominierungsprozess von zweiseitigen Hemmfaktoren auszugehen. Zum einen scheint die Bereitschaft zur Kandidatur insbesondere bei Seiteneinsteigern, aber auch bei Externen bisher gering. Zum anderen gibt es innerparteiliche Widerstände, insbesondere bei „Platzhirschen" und bei Erfolg versprechenden Kandidaturen. Hinzu kommen Absicherungs- und Versorgungsaspekte, die Kandidaturen von außerhalb des öffentlichen Dienstes erschweren. Festzuhalten bleibt aber auch, dass das Erwartungsprofil der Bürgerschaft im Hinblick auf den Bürgermeister Vorbehalte weder gegen Seiteneinsteiger, noch – eher überraschend – Externe erkennen lässt. Es bleibt offen, ob diese Ausgangsbedingung bei entsprechender Perzeption auch von Seiten der Parteien und Wählergruppen zukünftig doch zu vermehrten Experimenten gerade bei strukturellen Minderheitsparteien beitragen könnte.

Bei den Einzelkandidaturen blieben „echte" Einzelbewerber, das heißt ohne Amtsbonus und ohne Parteienunterstützung, bisher fast chancenlos. Dazu trug auch mangelnde Chancengleichheit bei, zum Beispiel bei der Wahlwerbung, der Medienpräsenz oder auch der Berücksichtigung bei Podiumsdiskussionen, wobei eine Art Teufelskreis von geringen Erfolgschancen und mangelnder Wahrnehmung zu beobachten war. Andererseits hat sich die vor der Wahl verschiedentlich geäußerte Befürchtung, es könnten völlig unqualifizierte Bewerber gewählt werden, als irreal erwiesen. Auch zeigt sich ein interessanter Trend zur Professionalisierung in Form von Kandidatenschulungen, der sich bei kommenden Wahlen noch verstärken und einen entsprechenden „Markt" hervorbringen dürfte.

Der vielleicht gravierendste und aus unserer Sicht reformbedürftige
Faktor ist aber die Wahlkampffinanzierung. Auch wenn konkrete Zahlen ver-
ständlicherweise als „geheime Kommandosache" behandelt wurden, deuten
alle – teilweise vertraulichen – Aussagen von kommunalpolitischen Akteuren
daraufhin, dass es bei der verbundenen Kommunalwahl 1999 zumindest bei
den großen Parteien und Erfolg versprechenden Bürgermeisterkandidaturen
verbreitet zu einer Art Quantensprung in der Kostenbelastung gekommen ist
und dass von Bürgermeisterkandidaten teilweise erhebliche finanzielle Ei-
genleistungen bzw. entsprechende Sponsorenaquisition erwartet wurden.
Dies ist vor dem Hintergrund zu bewerten, dass die kommunale Wahlebene
bisher in die „staatliche" wahlbezogene Parteienfinanzierung nicht einbezogen und die verfassungswidrige Parteienfinanzierung mittels partieller Diä-
tenabführung („Parteisteuer") auf der kommunalen Ebene regelmäßig ein
zentrales Finanzierungsinstrument der Parteien ist. Gerade angesichts der
vermutlich in nicht zu ferner Zukunft zu erwartenden „Skandalisierung" der
kommunalen Wahl- und Parteienfinanzierung durch Medien sollte der Lan-
desgesetzgeber diese unseres Erachtens unhaltbare und in der Tat skandal-
trächtige Situation von sich aus angehen und Rahmenbedingungen schaffen,
die u.a. eine finanzielle Mindestausstattung auch für Einzelbewerber (bei einer Mindestresonanz in der Wählerschaft) zu sichern hätten.

Im Hinblick auf die als Ziel kontrovers diskutierte Verringerung des *Par-
teieinflusses* kann im Verhältnis zum Ziel erweiterter Bürgereinfluss überwiegend von einem Null-Summen-Spiel ausgegangen werden. Das einschlä-
gige Beispiel der Bürgermeisterdirektwahl zeigt aber auch, dass es sinnvoll
ist, nach Phasen zu differenzieren. Der Parteieinfluss nimmt von der Nominierung über den Wahlkampf bis zum Wahlakt der Bürgerschaft deutlich ab.
Ein „demokratisierender" Vorschlag zielt auf die Nominierung. Hält man die
radikale US-amerikanische Lösung der primary, mit der die Entscheidung
über Parteikandidaten über den Kreis der Parteimitglieder hinaus erweitert
wird, unter den deutschen kommunalen Rahmenbedingungen für zu weitgehend, so wäre bereits der obligatorische Mitgliederentscheid über den Bürgermeisterkandidaten einer Partei oder Wählergruppe ein partizipationser-
weiterndes Instrument. Ein anderer, auf Ratswahlen bezogener und in anderen Bundesländern bereits praktizierter, aber umstrittener Vorschlag ist das
Kumulieren und Panaschieren. Dieser Vorschlag ermöglicht der Wählerschaft, die von den Parteien in ihren Listen gewählte Rangfolge der Kandidaturen zu verändern und ihre eigene Kandidatenpräferenz durchzusetzen. Zu
den Reformansätzen, die den Parteieinfluss weiter reduzieren dürften, zählt
auch die Entkoppelung der Wahlen von Rat und Bürgermeister. Sie würde
vermutlich die Personenorientierung gegenüber der Parteiorientierung weiter
stärken und sich automatisch ergeben, wenn ein weiterer Reformvorschlag
realisiert würde – die bescheidene Verlängerung der Amtsperiode des Bürgermeisters (zum Beispiel von fünf auf sechs Jahre).

3. Akteure vor Ort: Strategien

Die Umsetzung der neuen institutionellen Regelungen betraf zunächst einmal die kommunalpolitischen Akteure im engeren Sinne. Für sie bot insbesondere die Einführung der Bürgermeisterdirektwahl die Chance, neue Strategien zur Gewinnung von Wählerstimmen zu entwickeln. Im Mittelpunkt des Interesses und Einflusses der Akteure vor Ort standen dabei die Nominierung der Bürgermeisterkandidaten und die Führung des Wahlkampfes.

Schon unter den Bedingungen der früheren Kommunalverfassung kam den Spitzenkandidaten für die Ratswahl besondere Bedeutung zu. Auch wenn es – ähnlich wie für das Amt des Bundeskanzlers – keine offizielle Kandidatur für die Position des ehrenamtlichen Bürgermeisters gab, sondern dieser vom Rat aus seiner Mitte gewählt wurde, kam den Anführern der Ratsreservelisten zumindest der beiden Großparteien diese Funktion informell zu. Mit Einführung der Bürgermeisterdirektwahl konnte nun zum ersten Mal auch offiziell ein Bewerber für das kommunale Spitzenamt nominiert werden, das die Aufgaben des Hauptverwaltungsbeamten und Ratsvorsitzenden vereint. Da die Rats- und Bürgermeisterwahl jedoch miteinander verbunden sind, wurde der Bürgermeisterkandidat zugleich als „Zugpferd" für „seine" Partei im Hinblick auf die Stimmenmaximierung bei der Ratswahl gesehen. Die Untersuchung des Wahlverhaltens auf der Basis der Bürgerumfragen zeigt, dass eine Sogwirkung zwischen der Bürgermeister- und Ratswahl bei dieser Uraufführung vor allem bei Befragten ohne Parteibindung und den Anhängern der kleineren Parteien auftrat und zudem von weiteren Faktoren wie insbesondere der Kandidatenkonstellation abhing.

Die Auswahl der von Parteien nominierten Bewerber stand weitgehend unter dem Motto: „Keine Experimente". Die Kandidaten zeichneten sich in der Regel durch eine starke Bindung an „ihre" Partei, eine hohe berufliche Qualifikation und Erfahrungen in der Kommunalpolitik oder -verwaltung aus. Darüber hinaus spielte der Amtsbonus eines Kandidaten eine wichtige Rolle. Neben den Vertretern der alten Doppelspitze verfügten vor allem die während der langen Übergangszeit von 1994 bis 1999 vom Rat gewählten hauptamtlichen Bürgermeister über einen Amtsbonus. In der Mehrzahl der Kommunen kandidierte mindestens einer dieser Amtsinhaber. Dem gegenüber waren weder parteiunabhängige Fachleute noch populäre „Schützenkönige" in größerer Zahl unter den Bewerbern der Parteien zu finden. Die Wahlergebnisse in den Fallstädten und auf Landesebene verdeutlichen, dass sich Amtsinhaber bei den Bürgermeisterwahlen meist durchsetzen konnten, wobei die Aussage für die SPD-Bewerber aufgrund des allgemeinen Trends nur eingeschränkt gilt. Insgesamt scheint die Aufstellung von Bewerbern mit Amtsbonus eine erfolgreiche Strategie zu sein, was auch durch hohe Wiederwahlquoten von Bürgermeistern in anderen Bundesländern bestätigt wird. Die Bewährungsprobe steht allerdings bei künftigen Wahlen mit einem vielleicht differenzierteren Bewerberangebot und mehr Experimentierfreude bei der Kandidatennominierung noch aus.

Zu den neuen Möglichkeiten, welche die Bürgermeisterdirektwahl bietet, gehört die *Einzelbewerbung*. Die Gruppe der Einzelkandidaten ist allerdings keineswegs homogen. Formal ist zwischen der Bewerbung mit Unterstützungsunterschriften und der Kandidatur aus dem Amt zu unterscheiden. Letztere stand nur den Stadtdirektoren und den vom Rat gewählten hauptamtlichen Bürgermeistern offen. Ein umfassenderes Kriterium, das nicht nur die Hauptverwaltungsbeamten, sondern auch die ehrenamtlichen Bürgermeister einschließt, ist die Differenzierung nach dem Amtsbonus. Die Einzelbewerber mit einem Amtsbonus unterscheiden sich weiter nach Kandidaten mit Unterstützung durch eine oder mehrere Parteien bzw. Wählergruppen (unechte Einzelbewerber) und Kandidaten ohne Unterstützung (echte Einzelbewerber). Eine mögliche Strategie der Parteien bestand in dem Verzicht auf eine eigene Kandidatur zugunsten der mehr oder weniger öffentlichen und starken Unterstützung eines Einzelbewerbers mit einem Amtsbonus. Im Fall der Untersuchungsgemeinde Hünxe führte dieses zu einem hohen Sieg des Einzelbewerbers. Kandidaten mit Amtbonus, die ohne Unterstützung einer Partei antraten, waren zumeist von „ihren" Parteien nicht nominiert worden und kandidierten damit gegen „ihre" eigene Partei. In Einzelfällen konnten sich diese „Rebellen" gegen ihre Parteikonkurrenten durchsetzen. Von diesen beiden Gruppen von Einzelbewerbern sind die Kandidaten ohne Amtbonus abzugrenzen, die eine bestimmte Anzahl von Unterstützungsunterschriften sammeln mussten. Auch sie sind weiter nach unechten und echten Einzelbewerbern zu differenzieren. Unter den von einer Partei unterstützten Einzelbewerbern ohne Amtsbonus fallen die wenigen Seiteneinsteiger. Ein Beispiel für eine – allerdings erfolglose – Kandidatur liefert die Untersuchungsstadt Duisburg. Die Mehrzahl bildeten die echten Einzelbewerber ohne Amtsbonus und Unterstützung durch eine Partei, die jedoch von wenigen Ausnahmen abgesehen ohne Chance auf einen Wahlsieg blieben.

Während die Umsetzung des Innovationspotenzials der Direktwahl in der Nominierungsphase begrenzt blieb, zeichneten sich für die Wahlkampfphase schon deutlicher Veränderungen gegenüber früheren Kommunalwahlen ab, die mit den Schlagworten *Personalisierung*, Professionalisierung und Medialisierung beschrieben werden können. Hierbei handelt es sich um allgemeine Trends, die bislang schon auf höheren Wahlebenen beobachtet werden konnten und nun auch stärker auf die kommunale Ebene durchschlagen. Die Einführung der Bürgermeisterdirektwahl hat diese Entwicklungen und die dahinter stehenden Strategien der Parteien jedoch gefördert. Gerade die Wahl der Bürgermeister eignet sich für eine Personalisierung des Wahlkampfes. Die besondere Rahmenbedingung der zeitgleichen Rats- und Bürgermeisterwahl wirkt aber wiederum einer zu starken Entkoppelung der Wahlkämpfe entgegen. Daher entschieden sich die meisten Parteien und Kandidaten für einen Mittelweg des verbundenen Wahlkampfes. Zu den Elementen der Professionalisierung gehörten beispielsweise die stärkere Nutzung von Umfragen, wie sie teilweise von den großen Parteien in den Großstädten mit beachtlichem Finanzaufwand in Auftrag gegeben worden sind. Schließlich kam der stärkere Zuschnitt des Wahlkampfes auf die Bürgermeisterkandidaten auch den Personalisierungstendenzen der Medien entgegen, die ihrerseits durch die Berichterstattung den Personalisierungstrend weiter verstärkten. Inwieweit diese Wahlkampfstrategien erfolgreich waren, ist aufgrund der fehlenden Messinstrumente für Wahlkampfeffekte nur schwer abzuschätzen. Die Ergebnisse der Bürgerumfragen lassen aber einige Rückschlüsse zu. So spielte die eigene politische Konzeption eines Bürgermeisterkandidaten und damit sein programmatisches Profil aus der Sicht der Bürger eine geringe Rolle. Doch auch die Orientierung an rein persönlichen Merkmalen des Bürgermeisters als Sympathieträger besaß nur einen geringen Stellenwert. Wichtiger waren den Bürgern offensichtlich die Eigenschaften, die mit den Funktionen eines Bürgermeisters als Einheitsspitze in Verbindung standen. Personenorientierung ist zumindest aus der Perspektive der Bürger nicht gleichbedeutend mit der Präferenz für unpolitische Eigenschaften. Für die Beurteilungsmöglichkeiten der Bürger ist allerdings auch zu berücksichtigen, dass in den Großstädten nur wenige Kommunalpolitiker einer breiten Bürgerschaft bekannt waren.

Die bisher genannten Strategien für die Nominierungs- und Wahlkampfphase sind abhängig von weiteren Einflussfaktoren. Zunächst ist die *Gemeindegröße* zu nennen. Mit sinkender Gemeindegröße stiegen beispielsweise Anzahl und Erfolgschancen der unechten Einzelbewerber mit Amtbonus. Ein weiterer Faktor stellt die *Minderheits- oder Mehrheitsposition* von Parteien in einer Kommune dar. In der Untersuchungsstadt Duisburg versuchte die Minderheitspartei durch die Aufstellung eines parteilosen Einzelbewerbers einen Kontrast zur Bewerberin der Mehrheitspartei zu bilden, konnte aber keine zusätzlichen Wählersegmente erschließen. Insgesamt blieben diese bewussten Gegenstrategien offenbar die Ausnahme. Zudem überlagerte der allgemeine Trend bei dieser Kommunalwahl örtliche Strategien. Unterschiede bestehen schließlich auch zwischen *großen und kleineren Parteien*. Die kleineren Parteien standen vor der Wahl, einen eigenen Bürgermeisterkandidaten aufzustellen oder nicht. Im ersten Fall konnten sie die Abwanderung eines Teils ihrer Wähler zu den aussichtsreichen Kandidaten der Großparteien nicht verhindern. Eher unwahrscheinlich war, dass die kleineren Parteien bei der Ratswahl durch zusätzliche Wählerstimmen direkt von ihren Bürgermeisterkandidaten profitierten. Auf der anderen Seite brachten der Verzicht auf eine Kandidatur und die weitergehende Wahlempfehlung zugunsten des Bewerbers einer anderen Partei Nachteile für die eigenen Präsentationsmöglichkeiten im Wahlkampf und einen möglichen Imageverlust mit sich.

Die veränderten Rahmenbedingungen beeinflussen nicht nur die Strategien der kommunalpolitischen Akteure vor der Wahl, sondern auch die kommunale Praxis nach der Wahl. Hinzu kommt der Ausgang der Wahl, ins-

besondere die veränderten Mehrheitsverhältnisse und die Fragmentierung der
Räte, die das Verhältnis von Bürgermeister und Rat in den Kommunen beeinflussen. In einer Reihe von Städten und Gemeinden stimmen die Parteizugehörigkeit des Bürgermeisters und die parteipolitischen Mehrheitsverhältnisse
in den Räten nicht überein, müssen sich Bürgermeister eigene Mehrheiten im
Rat suchen. Inwieweit die reformierte Kommunalverfassung unter diesen
Bedingungen der „cohabitation" funktioniert, ist eine offene Frage. Auch die
Bildung von Koalitionen ist durch den Wegfall der Wahl des Bürgermeisters
durch den Rat, aber auch durch die Aufsplitterung des Parteiensystems und
den Einzug extremistischer Splittergruppen schwieriger geworden. Auch hier
stellt die Untersuchung der Rückwirkungen auf die kommunalpolitische Praxis ein Forschungsdesiderat dar.

4. Bürgerschaft/Wählerschaft: Reaktionen

Die Bürger bzw. die Wähler sind die eigentlichen Adressaten der Kommunalverfassungsreform. Auch wenn sich notwendigerweise Überschneidungen
mit der Darstellung ergeben, inwieweit die Ziele der Reformbefürworter auf
der Landesebene erreicht wurden, sollen im Folgenden die Reaktionen aus
der Sicht der Bürger fokussiert werden.

Eine Voraussetzung für die Nutzung der neuen Handlungsmöglichkeiten
ist die *Kenntnisnahme* durch die Bürger. Wie die Umfrageergebnisse zeigen,
sind die Kenntnisse der Bürger zum kommunalen politischen System trotz
der häufig herausgestellten Nähe der kommunalen Ebene zum Bürger gering.
Unterschiede bestehen allerdings nach der Gemeindegröße und dem Interesse
an Kommunalpolitik. Zudem legt der Vergleich mit anderen Systemebenen
nahe, die Maßstäbe auch nicht zu hoch anzulegen. Schließlich ist der Charakter der Uraufführung zu berücksichtigen. Ob durch die Praxis der ersten
Direktwahl bereits ein dauerhafter Lernprozess eingesetzt hat oder die erwor-
benen Kenntnisse nach der Wahl wieder in Vergessenheit geraten, bleibt bei
der nächsten Kommunalwahl zu klären. Im Unterschied zu den geringen
Kenntnissen ist die Zustimmung zu allen direktdemokratischen Elementen
der Kommunalverfassungsreform erwartungsgemäß hoch.

Doch die Zustimmung zu den neuen Partizipationsmöglichkeiten ist keineswegs mit der Nutzung dieser Handlungsmöglichkeiten gleichzusetzen.
Der Bürger steht zunächst vor der Entscheidung der *Teilnahme oder Nicht-
teilnahme* an der Wahl. Bei dieser Kommunalwahl haben sich sehr viele Bürger für die zweite Möglichkeit entschieden. Die Gründe hierfür sind vielfäl-
tig, wie die verschiedenen Typen der Nichtwähler zeigen. Neben den SPD-
Anhängern, die aus bundespolitischen Gründen, ihrer Partei die Stimme ver-
weigerten, verdienen die generellen Nichtwähler besondere Beachtung. Gerade in der kleinräumigen Untersuchung des Wahlverhaltens treten die Zu-

sammenhänge zwischen der sinkenden Wahlbeteiligung und bestimmten sozialen Problemindikatoren deutlich hervor. Für einen Teil der Wahlberechtigten erfüllen Kommunalwahlen Funktionen im Hinblick auf die Wahl neuer Parteien, die Artikulation von Protest sowie die Verteilung von „Denkzetteln". Für einen zunehmenden Teil der Wahlberechtigten aber ist nicht einmal mehr diese Experimentier- oder Ventilfunktion relevant. Das resignative Desinteresse ist ein deutliches Alarmzeichen nicht allein für die politische Partizipation, sondern auch für die Integration dieser Menschen in die lokale Gesellschaft.

Von der niedrigen Wahlbeteiligung war aufgrund der verbundenen Wahl auch die Bürgermeisterdirektwahl betroffen. Ob angesichts des in den Umfragen festgestellten hohen Anteils Unentschlossener und damit potenzieller Nichtwähler die Beteiligung bei einer unverbundenen Bürgermeisterwahl noch niedriger gewesen wäre oder ob umgekehrt die geringere Abhängigkeit von einem Bundestrend die Wählerdefizite wieder ausgeglichen hätte, bleibt Spekulation. Bezogen auf die Sondersituation von Stichentscheiden bei der Bürgermeisterwahl zeigte sich allerdings im Durchschnitt eine deutlich niedrigere Wahlbeteiligung.

Wie die Wähler ihre *Handlungsmöglichkeiten* nutzten, ist die nächste Frage, die sich stellt. Idealtypisch konnten sie bei der Bürgermeisterwahl entsprechend ihrer Parteiorientierung den Kandidaten „ihrer" Partei wählen. Ebenso idealtypisch war es möglich, die Bürgermeisterstimme nach der Beurteilung der Person zu vergeben. Bei der Mehrzahl der Befragten standen die eigene Parteibindung, die Parteizugehörigkeit des Bürgermeisters sowie das Urteil über die Person des Bewerbers nicht im Gegensatz zueinander. Bei einem anderen Teil aber war der Einfluss dieser Faktoren entgegengesetzt oder es war gar keine Bindung an eine bestimmte Partei vorhanden. Die Wahlanalyse auf der Grundlage der Bürgerumfragen zeigt, dass innerhalb eines Gesamtmodells von Einflussfaktoren die Kandidatenorientierung den stärksten Einfluss hatte. Im Unterschied zur Ratswahl, die stark von der Parteiorientierung geprägt wurde, kann daher die Bürgermeisterwahl als Personenwahl gelten. Allerdings ist der Grad der Personenorientierung von weiteren Faktoren abhängig. Zunächst ist zu beachten, dass die Handlungsmöglichkeiten bei der Bürgermeisterwahl wesentlich durch das Kandidatenangebot bestimmt wurden. Die Kandidatenkonstellation vor Ort ist also bei allen Betrachtungen der Wahlergebnisse und des Wahlverhaltens im Auge zu behalten, um nicht bei dem berühmten Äpfel-Birnen-Vergleich zu landen. Wenn Parteien auf eine Kandidatur für die Bürgermeisterwahl verzichten und/oder aussichtsreiche Einzelbewerber antreten, nimmt die Orientierung an Personen bei der Bürgermeisterwahl zwangsläufig zu. Auch das Profil der Kandidaten spielt für die Personenorientierung eine wichtige Rolle. So kann sich beispielsweise ein Amtsbonus positiv auf die Bekanntheit und Beurteilung einer Person auswirken. Schließlich werden diese Personeneffekte noch durch die Gemeindegröße gefiltert. In kleineren Gemeinden traten eher aussichtsreiche

Einzelbewerber an und gab es weniger Kandidaturen, weil eine der großen
Parteien und/oder die kleineren Parteien auf eigene Bewerber verzichteten.

Abschließend bleibt zu klären, wie sich die unterschiedlichen Einflussfaktoren und Bedingungen im *Verhalten* der Bürger bei der Rats- und Bürgermeisterwahl ausgewirkt haben. Auch hier ergibt sich kein einheitliches
Bild in den vier untersuchten Kommunen und erst recht nicht in den 396
Städten und Gemeinden des Landes. Ein Beispiel für starke Unterschiede in
den Ergebnissen der beiden Wahlen liefert die Gemeinde Hünxe. Hier führte
zum einen die besondere Kandidatenkonstellation mit nur einem Einzelbewerber und einem Gegenkandidaten der SPD zu einer Differenzierung der
Stimmabgabe zwischen Rats- und Bürgermeisterwahl. Zum anderen gelang
es dem Einzelbewerber, auch Stimmen aus dem Lager seines Konkurrenten
zu gewinnen, wobei wiederum der Amtsbonus als hauptamtlicher Bürgermeister eine wichtige Rolle gespielt haben dürfte. In einer Großstadt wie Essen
dagegen blieb der Kreis der internen Wechselwähler, die in ihrer Wahlentscheidung zwischen Rats- und Bürgermeisterwahl unterschieden, relativ gering. Hier traten auch die kleineren Parteien mit eigenen Kandidaten an, während ein aussichtsreicher Einzelbewerber fehlte. Für allerdings geringe Differenzen im Wahlausgang sorgten vor allem die Anhänger der kleineren Partei-
en, die zu einem Teil nicht „ihre" Bürgermeisterkandidaten unterstützten,
sondern die aussichtsreicheren Bewerber der Großparteien bzw. die Bürgermeisterstimme im Hinblick auf mögliche Bündnisse und Koalitionen nutzten.
Hier zeigen sich bemerkenswerte Ähnlichkeiten im strategischen Einsatz von
Bürgermeister- und Ratsstimmen bei der Kommunalwahl mit der Nutzung
der Erst- und Zweitstimme bei der Bundestagswahl.

5. Gesamtperspektive

Fasst man die unterschiedlichen Aspekte des Wahlverhaltens für die einzelnen Akteursgruppen zusammen, so zeigt sich, dass das institutionelle Arran-
gement der Kommunalverfassung ein bedeutsamer Faktor ist. Dabei stellt
sich u.a. die Frage, inwieweit die in Nordrhein-Westfalen realisierte Verfas-
sungskonfiguration mit dem Zusammenspiel ihrer Einzelelemente ein in sich
schlüssiges System darstellt. Aus Überlegungen der internen Systemlogik
heraus sind bereits erste Anpassungen erfolgt, wie zum Beispiel die direkte
Nachwahl von Bürgermeistern durch die Bürgerschaft anstelle des Rates.
Auch die Verringerung der Quoren bei Bürgerbegehren und -entscheid kann
als Schritt gesehen werden, um die Hürden für die praktische Nutzung dieses
Instrumentes abzusenken. Allerdings bleibt die Frage offen, ob sich die der-
zeitige Konfiguration als nachhaltiges, eigenständiges Kommunalverfas-
sungssystem behaupten oder durch weitere Anpassungen eine Entwicklung in
Richtung beispielsweise des süddeutschen Modells erfolgen wird. Aus poli-

tikwissenschaftlicher Sicht macht dieses zum einen die synchrone Untersuchung der Gemeinsamkeiten und Unterschiede zwischen Kommunalverfassungssystemen erforderlich, zum Beispiel zwischen den sehr verschiedenen in Baden-Württemberg und Nordrhein-Westfalen oder den historisch bedingt eher ähnlichen in Niedersachsen und Nordrhein-Westfalen. Zum anderen ist ein diachroner Vergleich, der die zeitlichen Veränderungen in Nordrhein-Westfalen seit der Uraufführung in den Mittelpunkt stellt, dringend geboten. Bei beiden Vergleichsansätzen verdienen der Einfluss der politischen Kultur, die kommunale Größenstruktur und die Erfahrungen in der politischen Praxis besondere Beachtung.

Anhang

1. Fragebogen zur telefonischen Bürgerumfrage in den Fallstudienstädten Duisburg, Essen, Hünxe und Xanten

Befragt werden nur Personen, die das 16. Lebensjahr vollendet haben und entweder die deutsche Staatsangehörigkeit oder die eines anderen Landes der EU besitzen (=Wahlberechtigte zur Kommunalwahl in NRW am 12. September 1999)

1. Wie stark interessieren Sie sich für Politik auf der Bundesebene? Sie können Werte von 1 bis 5 vergeben. 1 bedeutet Sie interessieren sich sehr stark, 5 bedeutet Sie interessieren sich überhaupt nicht für Politik auf der Bundesebene. Mit den Werten dazwischen können Sie Ihre Meinung abstufen.

1	2	3	4	5	w.n./k.A.
O	O	O	O	O	O

2. Wie stark interessieren Sie sich für Politik auf der kommunalen Ebene in GEMEINDENAME [Duisburg, Essen, Hünxe, Xanten]? Sie können wieder Werte von 1 „sehr stark" bis 5 „überhaupt nicht" vergeben.

1	2	3	4	5	w.n./k.A.
O	O	O	O	O	O

3. Viele Leute neigen ganz allgemein gesprochen längerfristig einer bestimmten politischen Partei zu. Dabei ist wieder zwischen der Bundesebene und der kommunalen Ebene zu unterscheiden. Wie ist das bei Ihnen? Welcher Partei neigen Sie auf der Bundesebene zu? (Antwortvorgaben NICHT vorlesen!)

SPD	O
CDU	O
Bündnis '90/Die Grünen	O

FDP	O
Die Republikaner	O
PDS	O
sonstige Partei, nämlich:	O
neige keiner Partei zu	O
weiß nicht/keine Angaben	O

4. Und wie ist das auf der kommunalen Ebene? Welcher Partei oder Wählergruppe neigen Sie dort zu?
   (Antwortvorgaben NICHT vorlesen!)

SPD	O
CDU	O
Bündnis '90/Die Grünen	O
FDP	O
Die Republikaner	O
PDS	O
sonstige Partei, nämlich:	O
WÄHLERGRUPPE	O
neige keiner Partei/Wählergruppe zu	O
weiß nicht/keine Angaben	O

5. Wie stark beeinflussen kommunale Entscheidungen hier vor Ort in GEMEINDENAME [Duisburg, Essen, Hünxe, Xanten] Ihr persönliches Leben? Sie können wieder Werte von 1 „sehr stark" bis 5 „überhaupt nicht" vergeben.

1	2	3	4	5	w.n./k.A.
O	O	O	O	O	O

6. Wie ist Ihr Eindruck: Hat man als Bürgerin bzw. Bürger Einfluss auf das, was hier am Ort geschieht, teils/teils oder ist man da machtlos?

man hat teils/ Einfluss	man ist teils teils	w.n./ machtlos	k.A.
O	O	O	O

7. Welches kommunale Problem halten Sie zur Zeit für das wichtigste in GEMEINDENAME [Duisburg, Essen, Hünxe, Xanten]?
   (Antwortvorgaben NICHT vorlesen!)

Arbeitsmarktpolitik	O
Ausländerpolitik	O
kommunale Finanzen/Haushalt	O
Frauenpolitik	O
Kinder-, Jugendpolitik	O
Kulturpolitik	O
Ordnungs-, Sicherheitspolitik	O
Schulpolitik	O
Seniorenpolitik	O
Sozialpolitik	O
Stadtentwicklung	O
Umweltpolitik	O
Verkehrspolitik	O
Wirtschaftspolitik	O
Wohnungspolitik	O
sonstiges Problem, nämlich:	O
weiß nicht/keine Angaben	O

Weiter mit Frage 8!

Welche Partei, Wählergruppe oder Person kann Ihrer Meinung nach dieses Problem am besten lösen?
(Antwortvorgaben NICHT vorlesen!)

SPD	O
CDU	O
Bündnis '90/Die Grünen	O
FDP	O
Die Republikaner	O
PDS	O
sonstige Partei, nämlich:	O
WÄHLERGRUPPE	O
Koalitionsgruppen	O
alle Parteien im Konsens	O
keine Partei/Wählergruppe	O
hauptamtlicher (Ober-)Bürgermeister: NAME	O
ehrenamtlicher (Ober-)Bürgermeister: NAME	O
(Ober-)Stadtdirektor: NAME	O
sonstige Person, nämlich	O
weiß nicht/keine Angaben	O

8. Darüber hinaus gibt es verschiedene kommunale Aufgaben. Zu einigen davon möchten wir Ihre Meinung hören. Sie können wieder Werte von 1 „sehr wichtig" bis 5 „überhaupt nicht wichtig" vergeben.

8A. Sicherung und Schaffung von Arbeitsplätzen vor Ort

	1	2	3	4	5	w.n./k.A.
Für wie wichtig halten Sie diese Aufgabe?	O	O	O	O	O	O

(Nur wenn diese Aufgabe als „sehr wichtig" oder „wichtig" eingestuft wird:)

Welche Partei, Wählergruppe oder Person kann Ihrer Meinung nach diese Aufgabe am besten lösen?
(Antwortvorgaben NICHT vorlesen!)

SPD	O
CDU	O
Bündnis '90/Die Grünen	O
FDP	O
Die Republikaner	O
PDS	O
sonstige Partei, nämlich:	O
WÄHLERGRUPPE	O
keine Partei/Wählergruppe	O
hauptamtlicher (Ober-)Bürgermeister: NAME	O
ehrenamtlicher (Ober-)Bürgermeister: NAME	O
(Ober-)Stadtdirektor: NAME	O
sonstige Person, nämlich	O
weiß nicht/keine Angaben	O

8B. Umweltschutz vor Ort

	1	2	3	4	5	w.n./k.A.
Für wie wichtig halten Sie diese Aufgabe?	O	O	O	O	O	O

(Nur wenn diese Aufgabe als „sehr wichtig" oder „wichtig" eingestuft wird:)
Welche Partei, Wählergruppe oder Person kann Ihrer Meinung nach diese Aufgabe am besten lösen?
(Antwortvorgaben NICHT vorlesen!)

SPD   O
CDU   O
Bündnis '90/Die Grünen   O
FDP   O
Die Republikaner   O
PDS   O
sonstige Partei, nämlich: O
WÄHLERGRUPPE   O
keine Partei/Wählergruppe   O
hauptamtlicher (Ober-)Bürgermeister: NAME   O
ehrenamtlicher (Ober-)Bürgermeister: NAME   O
(Ober-)Stadtdirektor: NAME   O
sonstige Person, nämlich   O
weiß nicht/keine Angaben   O

8C. Bekämpfung von Kriminalität und Gewalt in GEMEINDENAME [Duis-
burg, Essen, Hünxe, Xanten]

                                   1   2   3   4   5   w.n./k.A.
Für wie wichtig halten Sie diese Aufgabe? O   O   O   O   O   O

(Nur wenn diese Aufgabe als „sehr wichtig" oder „wichtig" eingestuft
wird:)
Welche Partei, Wählergruppe oder Person kann Ihrer Meinung nach diese Aufgabe am besten lösen?
(Antwortvorgaben NICHT vorlesen!)

SPD   O
CDU   O
Bündnis '90/Die Grünen   O
FDP   O
Die Republikaner   O
PDS   O
sonstige Partei, nämlich: O
WÄHLERGRUPPE   O
keine Partei/Wählergruppe   O
hauptamtlicher (Ober-)Bürgermeister: NAME   O
ehrenamtlicher (Ober-)Bürgermeister: NAME   O
(Ober-)Stadtdirektor: NAME   O
sonstige Person, nämlich   O
weiß nicht/keine Angaben   O

8D. Zusammenleben von Deutschen und Ausländern in GEMEINDENAME
[Duisburg, Essen, Hünxe, Xanten]

                     1 2 3 4 5 w.n./k.A.
Für wie wichtig halten Sie diese Aufgabe? O O O O O O

(Nur wenn diese Aufgabe als „sehr wichtig" oder „wichtig" eingestuft
wird:)
Welche Partei, Wählergruppe oder Person kann Ihrer Meinung nach diese Aufgabe am besten lösen?
(Antwortvorgaben NICHT vorlesen!)

SPD	O
CDU	O
Bündnis '90/Die Grünen	O
FDP	O
Die Republikaner	O
PDS	O
sonstige Partei, nämlich:	O
WÄHLERGRUPPE	O
keine Partei/Wählergruppe	O
hauptamtlicher (Ober-)Bürgermeister: NAME	O
ehrenamtlicher (Ober-)Bürgermeister: NAME	O
(Ober-)Stadtdirektor: NAME	O
sonstige Person, nämlich	O
weiß nicht/keine Angaben	O

9. Die folgenden Aussagen beschreiben zwei gegensätzliche Positionen zur
   Rolle der Parteien in der Kommunalpolitik. Welcher Position würden Sie
   eher zustimmen – A oder B?

Position A lautet:
„Parteien haben auf dem Rathaus nichts zu suchen! Hier geht es
um Sachfragen."   O
Position B lautet:
„Ohne Parteien wird die Kommunalpolitik zu Kirchturmspolitik!
Das heißt, es fehlt ein politisches Gesamtkonzept."   O
weiß nicht/keine Angaben   O

10. Welche Kommunalpolitikerinnen und -politiker in GEMEINDENAME
[Duisburg, Essen, Hünxe, Xanten] sind Ihnen namentlich bekannt und
was halten Sie von diesen Personen – viel, teils/teils oder wenig?
(Antwortvorgaben NICHT vorlesen!)

	namentlich bekannt	viel	teils/ teils	wenig	w.n./ k.A.
NAME	O	O	O	O	O
Sonstige, nämlich:					
	O	O	O	O	O
	O	O	O	O	O
	O	O	O	O	O
weiß nicht/keine Angaben	O				

11. Haben Sie schon davon gehört, dass in Nordrhein-Westfalen eine neue
Kommunalverfassung bzw. Gemeindeordnung gilt?

ja   O   weiter mit Frage 12
nein   O   weiter mit Frage 13
weiß nicht/keine Angaben   O

12. Was ist zum Beispiel neu?
(Antwortvorgaben NICHT vorlesen!)

Zusammenlegung von Ratsvorsitz und Verwaltungsführung   O
Direktwahl des hauptamtlichen (Ober-)Bürgermeisters   O
Bürgerbegehren und Bürgerentscheid   O
Wahlrecht   O
Verwaltungsreform   O
Sonstige, nämlich:
weiß nicht/keine Angaben   O

13. Im folgenden nennen wir Ihnen wichtige Neuerungen der Kommunalverfassung und möchten gerne hören, ob Sie diese gut, teils/teils oder
schlecht finden.

13A.Was halten Sie davon, dass die Aufgaben des bisherigen FUNKTION [Duisburg, Essen: Oberbürgermeisters; Hünxe, Xanten: Bürgermeisters] und des Verwaltungschefs in der Hand eines hauptamtlichen FUNK-TION [Duisburg, Essen: Oberbürgermeisters; Hünxe, Xanten: Bürgermeisters] zusammengelegt worden sind?

            gut   teils/   schlecht   w.n./
                    teils   k.A.
            O   O   O   O

13B.Wie beurteilen Sie die Direktwahl des hauptamtlichen FUNKTION [Duisburg, Essen: Oberbürgermeisters; Hünxe, Xanten: Bürgermeisters] durch die Bürgerinnen und Bürger?

            gut   teils/   schlecht   w.n./
                    teils   k.A.
            O   O   O   O

13C.Wie beurteilen Sie die Einführung von Bürgerbegehren/Bürgerentscheid als zusätzliche Beteiligungsmöglichkeiten für die Bürgerinnen und Bürger?

            gut   teils/   schlecht   w.n./
                    teils   k.A.
            O   O   O   O

13D.Und wie beurteilen Sie den Wegfall der Fünf-Prozent-Hürde bei der Kommunalwahl?

            gut   teils/   schlecht   w.n./
                    teils   k.A.
            O   O   O   O

14. Am 12. September 1999 werden die hauptamtlichen FUNKTION [Duisburg, Essen: Oberbürgermeister; Hünxe, Xanten: Bürgermeister] zum ersten Mal direkt gewählt. Für wie wichtig halten sie die folgenden Eigenschaften eines FUNKTION [Duisburg, Essen: Oberbürgermeisters; Hünxe, Xanten: Bürgermeisters]? Sie können wieder Werte von 1 „sehr wichtig" bis 5 „überhaupt nicht wichtig" vergeben. *(Reihenfolge der Antwortvorgaben zufällig!)*

	1	2	3	4	5	w.n./k.A.
Bürgernähe	O	O	O	O	O	O
langjährige Verbundenheit mit der eigenen Gemeinde	O	O	O	O	O	O
Sympathieträger	O	O	O	O	O	O

Glaubwürdigkeit	O	O	O	O	O	O
Einsatz für benachteiligte Minderheiten	O	O	O	O	O	O
Führungsqualitäten	O	O	O	O	O	O
Fähigkeit, die Gemeinde nach außen zu vertreten	O	O	O	O	O	O
Eigene politische Konzeption	O	O	O	O	O	O
Spezialkenntnisse in einzelnen Bereichen der Gemeindepolitik	O	O	O	O	O	O
Erfahrung in der öffentlichen Verwaltung	O	O	O	O	O	O
Berufserfahrung auch außerhalb von Politik und öffentlicher Verwaltung	O	O	O	O	O	O
Neutralität gegenüber allen Parteien und Gruppen	O	O	O	O	O	O
Bereitschaft, in wichtigen Fragen Konflikte mit der eigenen Partei in Kauf zu nehmen	O	O	O	O	O	O

15. Der Kommunalwahlkampf hat bereits begonnen. Welche Kandidatinnen und Kandidaten für die Direktwahl zum FUNKTION [Duisburg, Essen: Oberbürgermeister; Hünxe, Xanten: Bürgermeister] sind Ihnen schon namentlich bekannt und was halten Sie von ihnen – viel, teils/teils oder wenig?
(Antwortvorgaben NICHT vorlesen!)

	namentlich bekannt	viel	teils/ teils	wenig	w.n./ k.A.
NAME	O	O	O	O	O
Sonstige, nämlich:					
	O	O	O	O	O
weiß nicht/keine Angaben	O				

Und wen würden Sie wählen, wenn schon am nächsten Sonntag die Direktwahl des FUNKTION [Duisburg, Essen: Oberbürgermeisters; Hünxe, Xanten: Bürgermeisters] wäre?
(Antwortvorgaben NICHT vorlesen!)

NAME	O
Sonstige, nämlich:	
	O
weiß nicht/habe mich noch nicht entschieden	O
keine Angaben	O

16. Waren Sie bei der letzten Bundestagswahl 1998 wahlberechtigt?

nicht wahlberechtigt   O   *weiter mit Frage 19!*
wahlberechtigt   O

Welche Partei haben Sie bei der letzten Bundestagswahl 1998 gewählt
oder sind Sie nicht wählen gegangen?
(Antwortvorgaben NICHT vorlesen!)

habe nicht gewählt   O   *weiter mit Frage 18!*
SPD   O
CDU   O
Bündnis '90/Die Grünen   O
FDP   O
Die Republikaner   O
PDS   O
sonstige Partei, nämlich: O
weiß nicht/keine Angaben   O   *weiter mit Frage 18*

17. Wie wichtig waren die folgenden Gründe für Ihre Wahlentscheidung?
    Sie können wieder Werte von 1 „sehr wichtig" bis 5 „überhaupt nicht
    wichtig" vergeben.
    (Antwortvorgaben vorlesen!)

	1	2	3	4	5	w.n./k.A.
die Kandidaten	O	O	O	O	O	O
das Parteiprogramm	O	O	O	O	O	O
einzelne Themen	O	O	O	O	O	O
der Wahlkampf der Partei	O	O	O	O	O	O
die Tatsache, dass Sie schon immer dieser Partei zuneigen	O	O	O	O	O	O
Protest gegen das Parteiensystem	O	O	O	O	O	O
Gab es noch andere Gründe, wenn ja welche?	O	O	O	O	O	O
	O	O	O	O	O	O
	O	O	O	O	O	O

18. Waren Sie bei der letzten Kommunalwahl 1994 wahlberechtigt?

nicht wahlberechtigt   O   *weiter mit Frage 19!*
wahlberechtigt   O

Welche Partei oder Wählergruppe haben Sie sich bei der letzten Wahl
zum Rat Ihrer Gemeinde 1994 gewählt oder sind Sie nicht wählen gegangen?
(Antwortvorgaben NICHT vorlesen!)

habe nicht gewählt	O
SPD	O
CDU	O
Bündnis '90/Die Grünen	O
FDP	O
Die Republikaner	O
PDS	O
sonstige Partei, nämlich:	O
WÄHLERGRUPPE	O
weiß nicht/keine Angaben	O

19. Die nächste Wahl zum Rat Ihrer Gemeinde findet am 12. September
    1999 statt. Wenn diese Wahl schon am nächsten Sonntag wäre: Welche
    Partei oder Wählergruppe würden Sie dann wählen oder würden Sie
    nicht wählen gehen?
    (Antwortvorgaben NICHT vorlesen!)

würde nicht wählen	O	*weiter mit Frage 20!*
SPD	O	
CDU	O	
Bündnis '90/Die Grünen	O	
FDP	O	
Die Republikaner	O	
PDS	O	
sonstige Partei, nämlich:	O	
WÄHLERGRUPPE	O	
weiß nicht/habe mich noch nicht entschieden	O	
keine Angaben	O	

weiter mit Frage 21!

20. Wie wichtig sind die folgenden Gründe für Ihre Entscheidung, nicht
    wählen zu gehen? Sie können wieder Werte von 1 „sehr wichtig" bis 5 „
    überhaupt nicht wichtig" vergeben
    (Antwortvorgaben vorlesen!)

	1	2	3	4	5	w.n./k.A.
die Parteiprogramme sagen mir nicht zu	O	O	O	O	O	O
das Kandidatenangebot sagt mir nicht zu	O	O	O	O	O	O
meine Stimme ändert ohnehin nichts	O	O	O	O	O	O

Protest gegen das Parteiensystem   O O O O O O
ich bin diesmal mit meiner Partei nicht
einverstanden   O O O O O O
Kommunalwahlen halte ich für nicht
so wichtig   O O O O O O
Gibt es noch andere Gründe, wenn ja welche?
   O O O O O O
   O O O O O O
   O O O O O O

21. Wie wichtig sind die folgenden Gründe für Ihre Wahlentscheidung? Sie
    können wieder Werte von 1 „sehr wichtig" bis 5 „ überhaupt nicht wich-
    tig" vergeben
    (Antwortvorgaben vorlesen!)

	1	2	3	4	5	w.n./k.A.
die Persönlichkeiten der Ratskandidaten	O	O	O	O	O	O
die Persönlichkeit des Bürgermeisterkandidaten	O	O	O	O	O	O
das Parteiprogramm	O	O	O	O	O	O
einzelne Themen	O	O	O	O	O	O
der Wahlkampf der Partei	O	O	O	O	O	O
die Tatsache, dass Sie schon immer dieser Partei zuneigen	O	O	O	O	O	O
landespolitische Gründe	O	O	O	O	O	O
bundespolitische Gründe	O	O	O	O	O	O
Protest gegen das Parteiensystem	O	O	O	O	O	O
der Wegfall der Fünf-Prozent-Hürde	O	O	O	O	O	O
Gibt es noch andere Gründe, wenn ja welche?	O	O	O	O	O	O
	O	O	O	O	O	O
	O	O	O	O	O	O

22. Bei der Kommunalwahl 1999 können die Bürgerinnen und Bürger neben
    dem Rat erstmals den FUNKTION [Duisburg, Essen: Oberbürgermei-
    ster; Hünxe, Xanten: Bürgermeister] direkt wählen. Können Sie sich vor-
    stellen, einen FUNKTION [Duisburg, Essen: Oberbürgermeisterkandi-
    daten; Hünxe, Xanten: Bürgermeisterkandidaten] zu wählen, der nicht
    der Partei oder Wählergruppe angehört, die Sie bei der Wahl zum Rat
    wählen wollen?

ja   O
nein   O
weiß nicht/keine Angaben   O

23. Seit wann wohnen Sie in GEMEINDENAME [Duisburg, Essen, Hünxe, Xanten]?
   (Eintragen des Jahres!)

   [Duisburg, Essen: In welchem Stadtteil wohnen Sie?; Hünxe, Xanten: In welcher Ortschaft wohnen Sie?]
   (Eintragen des Stadtteils/der Ortschaft)

24. Wie stark fühlen Sie sich GEMEINDENAME [Duisburg, Essen, Hünxe, Xanten] oder [Duisburg, Essen: Ihrem Stadtteil; Hünxe, Xanten: Ihrer Ortschaft] verbunden? Sie können wieder Werte von 1 „sehr stark" bis 5 „überhaupt nicht" vergeben.

1	2	3	4	5	w.n./k.A.
O	O	O	O	O	O

25. Sind Sie Mitglied in örtlichen Vereinen (z.B. Sport- oder Heimatvereinen)? Wenn ja, in wie vielen örtlichen Vereinen?

ja	O in Vereinen
nein	O
keine Angaben	O

26. In welchem Jahr wurden Sie geboren?
   (Eintragen des Geburtsjahres!)

27. Welche Staatsangehörigkeit haben Sie?
   (Antwortvorgaben NICHT vorlesen!)

deutsche Staatsangehörigkeit	O
Staatsangehörigkeit eines anderen Landes der EU	O
keine Angaben	O

28. Welchen Bildungsabschluss haben Sie?
   (Antwortvorgaben NICHT vorlesen!, bei Schülern/Studenten nachfragen!)

Volks-/Hauptschule	O
Mittlere Reife, Realschulabschluss	O
Fachhochschulreife	O
Abitur	O

Hochschulabschluss   O
noch keinen Abschluss   O
Schule ohne Abschluss verlassen   O
anderer Abschluss (z.b. Handelsschule)   O
keine Angaben   O

29A.Welche berufliche Stellung bzw. Erwerbstätigkeit trifft auf Sie zur Zeit
    zu oder sind Sie zur Zeit nicht berufstätig?
    (Antwortvorgaben NICHT vorlesen!, Nur eine Nennung möglich!, nicht
    eindeutige Berufe bitte notieren!)

nicht berufstätig, und zwar   O   *Weiter mit Frage 29B!*
Arbeiter   O
Angestellter   O
Selbständiger/freier Beruf   O
Beamter   O
selbständiger Landwirt   O
mithelfender Familienangehöriger   O
sonstiger Beruf, nämlich: O
keine Angaben   O
Weiter mit Frage 30

29B. Weshalb sind Sie nicht berufstätig?
     (Antwortvorgaben NICHT vorlesen!)

arbeitslos   O
Hausfrau/Hausmann   O
Rentner   O
Schüler/Student   O
Wehr-/Zivildienstleistender   O
Auszubildender   O
sonstige Gründe, nämlich: O
keine Angaben   O

30. Geschlecht
    (wird vom Interviewer erhoben!)

weiblich   O
männlich   O

2. Leitfadengestützte Interviews mit wichtigen kommunalen Akteuren in den Fallstudienstädten Duisburg, Essen, Hünxe und Xanten

Interviewpartner in den kreisfreien Untersuchungsgemeinden

	Essen	Duisburg
vor der Wahl	SPD-Parteivorsitzende CDU-Parteivorsitzender Grüne Parteivorsitzende REP- Parteivorsitzender PDS- Parteivorsitzende	SPD-Fraktionsvorsitzender SPD-Parteivorsitzender CDU- Fraktionsvorsitzender CDU-Parteivorsitzender Grünes Fraktionsmitglied Grüne Parteivorsitzende FDP-Parteivorsitzender Listenführer PDS
	SPD-OB-Kandidat CDU-OB-Kandidat (u. Fraktionsvorsitzender) OB-Kandidatin Bündnis 90/Die Grünen (u. Fraktionsvorsitzende) FDP-OB-Kandidatin REP-OB-Kandidat Einzelbewerber	SPD-OB-Kandidat (hauptamtliche OB) OB-Kandidat Bündnis 90/Die Grünen unechter Einzelbewerber (unterstützt von CDU und FDP) Einzelbewerber A Einzelbewerber B
	Chefredakteur NRZ Lokales Chefredakteurin Borbecker Nachrichten Chefredakteur WAZ Lokales	Chefredakteur WAZ Lokales Chefredakteurin Rheinische Post Lokales Chefredakteur NRZ Lokales
nach der Wahl	SPD-Parteivorsitzende	CDU-Fraktionsvorsitzender Grüne Fraktionsvorsitzende (ehem.)
	OB-Kandidatin Bündnis 90/Die Grünen	SPD-OB-Kandidat (alte und neue OB) unechter Einzelbewerber

Interviewpartner in den kreisangehörigen Untersuchungsgemeinden

	Xanten	**Hünxe**
vor der Wahl	SPD-Fraktionsvorsitzender SPD-Parteivorsitzender CDU-Fraktionsvorsitzender CDU-Parteivorsitzender Fraktionsvorsitzende Bündnis 90/Die Grünen Fraktionsvorsitzender FBI	SPD-Fraktionsvorsitzender SPD-Parteivorsitzender CDU-Fraktionsvorsitzender CDU-Parteivorsitzender Fraktionsvorsitzende Bündnis 90/Die Grünen Fraktionsvorsitzende FDP Fraktionsvorsitzender USH
	SPD-BM-Bewerber (ehrenamtlicher BM) CDU-BM-Bewerber FDP-BM-Bewerber Rheinische Post-Redakteur NRZ-Redakteur	Einzelbewerber (hauptamtlicher BM) SPD-BM-Bewerber Rheinische Post-Redakteur NRZ-Redakteur
nach der Wahl	Fraktionsvorsitzender FBI (ehem.) SPD-BM-Bewerber CDU-Bürgermeister	Fraktionsvorsitzende Bündnis 90/Die Grünen Einzelbewerber (alter und neuer BM) SPD-BM-Bewerber

3. Interviewleitfaden für Oberbürgermeisterbewerber von Parteien in kreisfreien Städten (Duisburg, Essen)[1]

Fragen zur Nominierung von Oberbürgermeister-Kandidaten in Parteien

1. Welche der folgenden Eigenschaften und Fähigkeiten halten wohl die Bürger bei der Oberbürgermeister-Wahl für wichtig (1= „sehr wichtig" bis 5 = „überhaupt nicht wichtig")?
   - Bürgernähe
   - fachliche Kompetenz zur Leitung einer Verwaltung
   - Neutralität gegenüber allen Parteien mit der Bereitschaft auch Konflikte mit der eigenen Partei einzugehen
   - persönliches Auftreten und Charaktereigenschaften

2. Welche der folgenden Eigenschaften und Fähigkeiten halten wohl die Parteien im allgemeinen bei der Nominierung von Oberbürgermeister-Kandidaten für wichtig (1= „sehr wichtig" bis 5 = „überhaupt nicht wichtig")?
   - Bürgernähe
   - fachliche Kompetenz zur Leitung einer Verwaltung
   - Neutralität gegenüber allen Parteien mit der Bereitschaft auch Konflikte mit der eigenen Partei einzugehen
   - persönliches Auftreten und Charaktereigenschaften

3. Welche der folgenden Eigenschaften und Fähigkeiten halten wohl die Fraktionen im allgemeinen bei der Nominierung von Oberbürgermeister-Kandidaten für wichtig (1= „sehr wichtig" bis 5 = „überhaupt nicht wichtig")?
   - Bürgernähe
   - fachliche Kompetenz zur Leitung einer Verwaltung
   - Neutralität gegenüber allen Parteien mit der Bereitschaft auch Konflikte mit der eigenen Partei einzugehen
   - persönliches Auftreten und Charaktereigenschaften

4. Würden Sie persönlich die Eigenschaften und Fähigkeiten, die man für eine erfolgreiche Amtsperiode als Oberbürgermeister benötigt, in einigen Fällen anders beurteilen als Sie es von den Bürgern erwarten? Wenn ja, in welchen?

---

1 Die Interviewleitfäden wurden nach Funktionen der Befragten und Gemeindegröße differenziert. Bei dem hier abgedruckten Interviewleitfaden handelt es sich um ein Beispiel.

5. Mit dem Amt des Oberbürgermeisters wurde eine sehr reizvolle Position geschaffen. Wie stark war in Ihrer Partei der Wettbewerb um diese Position? Gab es Gegenkandidaten? Wenn ja, was war Ihrer Meinung nach dafür entscheidend, dass Sie sich durchgesetzt haben? (Wenn ja), mit welchen Verfahren bzw. Lösungsmustern wurde der Oberbürgermeister-Kandidat nominiert?

6. Welche Gruppen hatten in welchem Maße Einfluss auf Ihre Nominierung?
   Nachfragen:
   – innerparteiliche Gruppen bzw. Persönlichkeiten
   – die Fraktion
   – führende Verwaltungsmitarbeiter
   – Wer hatte den größten Einfluss?

7. Haben Sie den Eindruck, dass einige Lokalredakteure versuchen, durch ihre Berichterstattung auf die innerparteiliche Nominierung von Oberbürgermeister-Kandidaten sowie letztlich auch auf die Wahlergebnisse Einfluss zu nehmen?

Fragen zum Wahlkampf

8. Wenn Sie den bisherigen Wahlkampf mit dem Wahlkampf von 1994 vergleichen, kann man von einer zunehmenden Personalisierung des Wahlkampfes sprechen, in dem man einzelne thematische Forderungen schlechter vermitteln kann als noch 1994 (oder gab es vorher nicht genau die gleiche Personalisierung im Wahlkampf durch den ehrenamtlichen Oberbürgermeister)?

9. Meinen Sie, man kann in einer Stadt Ihrer Größenordnung auch ohne die Unterstützung einer Partei einen erfolgreichen Wahlkampf führen und Oberbürgermeister werden? Wenn ja, welche Bedingungen müssten erfüllt sein?

10. *[Nur in Städten mit kandidierendem hauptamtlichen Oberbürgermeister]* Welche Vor- und Nachteile hat in Ihrer Stadt der bisherige Oberbürgermeister gegenüber anderen Bewerbern um das Amt des Oberbürgermeisters?
    Nachfragen:
    – höhere Wahlchancen durch Amtsbonus

11. Wird der Wähler relativ häufig den Oberbürgermeister-Kandidaten einer anderen Partei wählen, obwohl die Partei, die er für den Stadtrat gewählt hat, einen eigenen Kandidaten aufgestellt hat ?

12. Welche Informationsquellen sind für den Bürger die wichtigsten, um sich über die Oberbürgermeister-Kandidaten zu informieren?

13. Versuchen Sie sich teilweise als Oberbürgermeister für alle Bürger zu profilieren, indem sie sich etwas von Ihrer Partei abgrenzen?

14. Wenn ja, wie sieht die Abgrenzung aus (z.b. Parteilogo nicht auf dem Oberbürgermeister-Plakat oder auch divergierende Positionen in wichtigen Politikfeldern), und wie wird diese Strategie von den Parteimitgliedern aufgenommen (nachfragen nach Konflikten!)?
Nachfragen:
Haben Sie ein eigenes Wahlkampfteam oder führen Sie gemeinsam mit der Partei den Wahlkampf?

15. Wie sehen die Unterstützungsleistungen Ihrer Partei im Wahlkampf aus?

16. Welche persönlichen Charaktereigenschaften und Fähigkeiten versuchen Sie im Wahlkampf besonders herauszustellen?

17. Wie stark ist das Interesse der Presse an Ihrer Kandidatur bzw. haben Sie Probleme Ihre wesentlichen Positionen in der Presse zu vermitteln?

18. Mit wem war es Ihnen besonders wichtig zu reden, bevor Sie sich zur öffentlichen Kandidatur entschlossen?

19. Werden Sie überwiegend von ehrenamtlichen oder von hauptamtlichen Kräften im Wahlkampf unterstützt?
Nachfragen:
Greifen Sie auch auf kommunale Meinungsumfragen zurück?

20. *[für Bewerber von kleineren Parteien]* Welche Chancen rechnen Sie sich aus, dass Sie die Oberbürgermeister-Wahl gewinnen können (1= „sehr groß" bis 5 = „sehr gering") *[Wenn gering/sehr gering]* Warum kandidieren Sie, wenn Sie Ihre Erfolgschancen für gering halten (nachfragen nach Motiven!)?

21. Bei einer möglichen Stichwahl um das Amt des Oberbürgermeisters können die Parteien, deren Kandidaten ausgeschieden sind, sich für einen anderen Kandidaten einsetzen. Glauben Sie, dass viele Wähler den Empfehlungen Ihrer Partei, die Sie sonst immer gewählt haben, folgen werden?

22. Durch die Veränderung des Wahlrechts sind neue Wähler hinzugekommen – die Jugendlichen ab 16 und die EG-Ausländer. Hat dies einen Einfluss auf Ihren Wahlkampf?
Kritisch nachfragen z.B.:
Gab es nicht 1994 auch viele Wahlkampfveranstaltungen/Werbemittel für Jungwähler?

23. Für wie wichtig halten Sie die folgenden Faktoren zur Erklärung des Wählerverhaltens bei den *Stadtrats*wahlen 1999? (1= „sehr wichtig" bis 5 = „überhaupt nicht wichtig")
   – Bundeseinflüsse
   – Das Profil der Kandidaten
   – lokales Parteiprogramm
   – Wahlkampf

Allgemeine Fragen zur Kommunalpolitik

24. Welches kommunale Problem halten die Wähler in Ihrer Stadt wohl für das wichtigste?

25. Bewerten Sie auf einer Skala von eins bis fünf, für wie wichtig der Bürger wohl die folgenden Themen hält (1= „sehr wichtig" bis 5 = „überhaupt nicht wichtig"):
    - Sicherung und Schaffung von Arbeitsplätzen vor Ort
    - Umweltschutz vor Ort
    - Bekämpfung von Kriminalität und Gewalt in Ihrer Stadt
    - Zusammenleben von Deutschen und Ausländern in Ihrer Stadt
    - eine sparsame Haushaltspolitik der Kommune
    - Neugliederung des Ruhrgebiets.

26. Würden Sie bei der Bewertung dieser Themen stark von den Präferenzen der Bürger abweichen? Wenn ja, bei welchen Themen und mit welcher Bewertung?

27. Haben die Bürger größtenteils die Zusammenlegung von Ratsvorsitz und Verwaltungsführung zur Kenntnis genommen? Glauben Sie, dass die Wähler die Zusammenlegung des Ratsvorsitzes und der Verwaltungsführung durch die Änderung der Gemeindeordnung überwiegend positiv oder negativ beurteilen?

28. Wie ist Ihre persönliche Meinung zu der Zusammenlegung der Funktionen des Ratsvorsitzenden und des Verwaltungschefs?

29. Glauben Sie, dass die Wähler die Direktwahl des Oberbürgermeisters überwiegend positiv oder negativ bewerten?

30. Was halten Sie persönlich von der Direktwahl des Oberbürgermeisters?

31. Hat die Einführung von Bürgerbegehren und Bürgerentscheiden Ihrer Meinung nach zur Folge, dass die Kommunalpolitik bereits im Vorfeld von wichtigen Entscheidungen die Interessen der Bürger oder einzelner Gruppen stärker zur Kenntnis nimmt und zur Vermeidung von Bürgerbegehren diesen Interessen entsprechend auch handelt? Wenn ja, bewerten Sie diese Entwicklung eher positiv oder eher negativ?

32. Sollte sich der Rat im Rahmen des Neuen Steuerungsmodells mehr auf die Diskussion über die Ziele der Kommunalpolitik konzentrieren und sich weitestgehend nicht mehr um die Detailwünsche der Bürger (z.B. klappernde Kanaldeckel) kümmern, die dann Sache der Verwaltung sind?

4. Fragebogen zur schriftliche Befragung der Bürgermeisterkandidaten in NRW

I. Zu Ihrer Kandidatur

1. Kandidieren Sie als Einzelbewerber oder sind Sie von einer Partei/Wählergruppe nominiert worden?
   Bitte zutreffendes ankreuzen.
   Ich kandidiere als Einzelbewerber.   O   *Bitte weiter mit Frage 2!*
   Ich bin von einer Partei/Wählergruppe
   nominiert worden.   O   *Bitte weiter mit Frage 4!*

2. Wenn Sie Einzelbewerber sind, welches formale Verfahren der Kandidatur haben Sie gewählt?
   Kandidatur „aus dem Amt"   O   *Bitte weiter mit Frage 6!*
   Unterstützungsunterschriften sammeln   O   *Bitte weiter mit Frage 3!*

3. Hatten Sie gravierende Probleme bei der Erfüllung der formalen Voraussetzungen für Ihre Kandidatur?
   Bitte zutreffendes ankreuzen, Mehrfachnennungen möglich!
   Nein   O
   Ja, Hemmschwelle beim Bürger, mit Unterschrift
   und Adresse eine Kandidatur zu unterstützen.   O
   Ja, Behinderung durch die Verwaltung.   O
   Ja, fehlende Beachtung durch die Medien.   O

   Sonstiges:..   O
   Bitte weiter mit Frage 6!

4. Falls Sie von einer Partei/Wählergruppe nominiert worden sind, gab es ernsthafte interne Gegenkandidaten?
   Nein   O

   Ja, und zwar .... Gegenkandidat(en)   O

5. Wie kam es zu Ihrer Kandidatur?
   Mehrfachnennungen möglich!
   Ich wurde vom Vorstand zu einer Kandidatur gedrängt.   O
   Meine Kandidatur war eine logische Folge aus meiner
   Vorposition in der Kommunalpolitik/Kommunalverwaltung.   O
   Im Laufe der internen Diskussion wurde eine Liste möglicher
   Kandidaten aufgestellt, ich konnte mich gegen die anderen
   durchsetzen.   O

Ich wurde von einer einflussreichen Gruppierung innerhalb
der Partei/Wählergruppe vorgeschlagen.   O
Ich bin als Außenstehender von der Partei/Wählergruppe
zur Kandidatur aufgefordert worden.   O
Es wurde eine Mitgliederbefragung durchgeführt.   O

Anderes:.. O

6. Was waren für Sie die Gründe, für die Wahl zum Bürgermeister zu kandidieren?

   Bitte maximal drei Gründe ankreuzen!
   Ich möchte spezielle Anliegen umsetzen.   O
   Ich möchte das Programm meiner Partei/Wählergruppe umsetzen.   O
   Ich möchte mich für benachteiligte Minderheiten einsetzen.   O
   Ich möchte mich unabhängig von Parteien und Wählergruppen
   für alle Bürger einsetzen.   O
   Ich möchte für meine Partei/Wählergruppe im Wahlkampf
   mehr Aufmerksamkeit erreichen.   O
   Ich sehe meine Kandidatur als Protest gegen verkrustete
   Strukturen in Kommunalpolitik und -verwaltung.   O

   Sonstiges:.. O

7. Für wie wichtig halten Sie die folgenden Eigenschaften eines Bürgermeisters?
   Kreuzen Sie bitte bei jeder Eigenschaft Ihre Bewertung an!

	sehr wichtig	wichtig	teils/ teils	nicht wichtig	über- haupt nicht wichtig	keine Angabe
Bürgernähe	O	O	O	O	O	O
Langjährige Verbundenheit mit der eigenen Gemeinde	O	O	O	O	O	O
Sympathieträger	O	O	O	O	O	O
Glaubwürdigkeit	O	O	O	O	O	O
Einsatz für benachteiligte Min- derheiten	O	O	O	O	O	O
Führungsqualitäten	O	O	O	O	O	O

Fähigkeit, die Gemeinde nach außen zu vertreten	O	O	O	O	O	O
eigene politische Konzeption	O	O	O	O	O	O
Spezialkenntnisse in einzelnen Bereichen der Gemeindepolitik	O	O	O	O	O	O
Erfahrung in der öffentlichen Verwaltung	O	O	O	O	O	O
Berufserfahrung auch außerhalb von Politik und öffentlicher Verwaltung	O	O	O	O	O	O
Neutralität gegenüber allen Parteien und Gruppen	O	O	O	O	O	O
Bereitschaft, in wichtigen Fragen Konflikte mit der eigenen Partei/Wählergruppe in Kauf zu nehmen	O	O	O	O	O	O

8. Und für wie wichtig halten Ihrer Meinung nach die <u>Bürgerinnen und Bürger</u> diese Eigenschaften?
Kreuzen Sie bitte bei jeder Eigenschaft Ihre Bewertung an!

	sehr wichtig	wichtig	teils/ teils	nicht wichtig	überhaupt nicht wichtig	keine Angabe
Bürgernähe	O	O	O	O	O	O
Langjährige Verbundenheit mit der eigenen Gemeinde	O	O	O	O	O	O
Sympathieträger	O	O	O	O	O	O
Glaubwürdigkeit	O	O	O	O	O	O
Einsatz für benachteiligte Minderheiten	O	O	O	O	O	O
Führungsqualitäten	O	O	O	O	O	O
Fähigkeit, die Gemeinde nach außen zu vertreten	O	O	O	O	O	O
eigene politische Konzeption	O	O	O	O	O	O
Spezialkenntnisse in einzelnen Bereichen der Gemeindepolitik	O	O	O	O	O	O
Erfahrung in der öffentlichen Verwaltung	O	O	O	O	O	O

Berufserfahrung auch außer-halb von Politik und öffentli-cher Verwaltung	O	O	O	O	O	O
Neutralität gegenüber allen Parteien und Gruppen	O	O	O	O	O	O
Bereitschaft, in wichtigen Fra-gen Konflikte mit der eigenen Partei/Wählergruppe in Kauf zu nehmen	O	O	O	O	O	O

9. Meinen Sie persönlich, dass die Bürgerinnen und Bürger die Bindung eines (Ober-) Bürgermeisterkandidaten an eine Partei/Wählergruppe für einen Vorteil oder einen Nachteil halten?
    Vorteil   O
    Teils/Teils   O
    Nachteil   O

10. Kandidieren Sie gleichzeitig für den Rat?

    Nein   O
    Ja, auf Platz 1 der Ratswahlliste.   O
    Ja, auf einem anderen Platz der Ratswahlliste.   O
    Ja, in einem Direktkandidatur in einem Wahlkreis. O

II. Engagement in der Gemeindepolitik – Engagement in Parteien und Wählergruppen

11. Waren oder sind Sie in der gemeindlichen Kommunalpolitik aktiv?
    Bitte zutreffendes ankreuzen und in der rechten Spalte die aktuell ausge-übte(n) Tätigkeit(en) angeben.
    Mehrfachnennungen möglich!

    Aktuell ausgeübte
    Tätigkeit(en)

    Nein
    Bitte weiter mit Frage 12!   O
    Ja, als Ratsmitglied.   O   O
    Ja, als Vorsitzender eines Ausschusses.   O   O
    Ja, als Vorsitzender einer Fraktion im Gemeinderat.   O   O
    Ja, als stellvertretender ehrenamtlicher Bürgermeister.   O   O
    Ja, als ehrenamtlicher Bürgermeister.   O   O

    Sonstiges:...............................   O   O
    Falls ja, wo üben Sie diese aktuelle(n) Tätigkeit(en) aus?

Gemeinde der Kandidatur   O
Andere Gemeinde   O

12. Sind Sie Mitglied einer Partei oder Wählergruppe?
    Falls ja, nennen Sie bitte die Partei oder Wählergruppe.
    Nein   O   *Bitte weiter mit Frage 15!*

    Ja, und zwar in.................... O   *Bitte weiter mit Frage 13!*

13. Falls Sie Mitglied einer Partei oder Wählergruppe sind, waren oder sind
    Sie auf einer Gliederungsebene Ihrer Partei/Wählergruppe Vorsitzender?
    Nein   O
    Ja, auf Ortsebene.   O
    Ja, auf regionaler Ebene.   O

14. Falls Sie Parteimitglied sind, waren oder sind Sie auf einer anderen Ebe-
    ne des politischen Systems Mandatsträger Ihrer Partei?
    Nein   O
    Ja, und zwar Mitglied des Kreistags.   O
    Ja, und zwar Mitglied des Landtags.   O
    Ja, und zwar Mitglied des Bundestags.   O
    Ja, und zwar Mitglied des Europäischen Parlaments. O

III. Einstellungen zur Kommunalpolitik

15. Welches kommunale Problem halten Sie derzeit für das wichtigste in Ih-
    rer Gemeinde?
    Bitte nur das wichtigste Problem in Stichworten!

    ....

16. Sind Sie der Ansicht, dass der kommunalpolitische Handlungsspielraum
    Ihrer Gemeinde durch den Bund oder das Land zu stark eingeschränkt
    wird?
    Ja   O
    Nein   O

17. Die folgenden Aussagen beschreiben zwei Positionen zur Rolle der Par-
    teien in der Kommunalpolitik.
    Welcher der beiden Positionen neigen Sie eher zu?
    Parteien haben auf dem Rathaus nichts zu suchen!
    Hier geht es um Sachfragen.   O

Ohne Parteien wird die Kommunalpolitik zu
Kirchturmspolitik. Das heißt, es fehlt ein politisches
Gesamtkonzept   O

18. Wie beurteilen Sie die Einführung von Bürgerbegehren/Bürgerentscheid
als zusätzliche Beteiligungsmöglichkeit für die Bürgerinnen und Bürger?

Gut   O
Teils/Teils   O
Schlecht   O

19. Halten Sie die formalen Hürden für diese Beteiligungsmöglichkeiten für
zu hoch, richtig oder zu niedrig?

Zu hoch   O
Richtig   O
Zu niedrig   O

IV. Wahlkampf

20. Nennen Sie bitte die drei wichtigsten Themen Ihres Wahlkampfs!

1. ....

2. ....

3. ....

21. Nennen Sie bitte Ihren Wahlkampfslogan!

....

22. Was sind aus Ihrer Sicht die drei wichtigsten Wahlkampfinstrumente?

1. ....

2. ....

3. ....

23. Falls Sie für eine Partei/Wählergruppe kandidieren, verwenden Sie auf Ihren Wahlkampfmaterialien (Plakate, Flugblätter u.ä.) das Logo Ihrer Partei/Wählergruppe?

Ja   O

Teils/Teils   O

Nein   O

24. Nehmen Sie im Wahlkampf professionelle Unterstützung in Anspruch? Mehrfachnennungen möglich!

Nein   O

Ja, und zwar eine Werbeagentur.   O

Ja, und zwar ein Umfrageinstitut.   O

Ja, und zwar Schulung durch die kommunalpolitischen Vereinigungen.   O

Ja, und zwar Kandidatenschulungen durch private Anbieter.   O

Sonstiges:...   O

25. Welche Personen unterstützen Sie im Wahlkampf vor Ort? Mehrfachnennungen möglich!

Ein eigenes Team ehrenamtlicher Helfer.   O

Freunde   O

Familie   O

Ein Team ehrenamtlicher Parteimitglieder.   O

Ein unabhängiger Kreis von Unterstützern (Wahlkomitee, lokale Prominenz).   O

Entlohnter Wahlkampfberater   O

Entlohnte Hilfskräfte   O

Sonstiges:.................................   O

26. Falls Sie für eine Partei oder Wählergruppe kandidieren, wie gestaltet sich die Zusammenarbeit im Wahlkampf? *Bitte wählen Sie die Aussage, die für Ihren Wahlkampf am ehesten zutrifft!*

Mein Wahlkampf wird unabhängig von der Partei organisiert und geführt.   O

Eine gemeinsame Arbeitsgruppe mit Personen aus der Partei und Personen, die ich selbst ausgewählt habe organisiert und führt den Wahlkampf.   O

Meine Partei organisiert und führt den Wahlkampf für mich.   O

Bitte wählen Sie die Aussage, die für Ihren Wahlkampf am ehesten zutrifft!
Da es bei der Bürgermeisterwahl auf meine Person ankommt
und ich die Wähler überzeugen muss, ist mein Wahlkampf
eigenständig und auf mich ausgerichtet.   O
Ich bin Kandidat meiner Partei, deshalb ist es selbstverständlich,
dass wir einen gemeinsamen Wahlkampf führen.   O
Wir unterstützen uns gegenseitig im Wahlkampf, trotzdem muss
ich auch eigene Themen und Inhalte vertreten, damit ich als
eigenständiger Kandidat wahrnehmbar bleibe.   O

28. Besteht in der Gemeinde Ihrer Kandidatur z.Zt. ein Bündnis/eine Koali-
    tion von Parteien/Wählergruppen im Gemeinderat?
    *Falls ja, bitte nennen Sie die beteiligten Parteien und/oder Wählergrup-
    pen!*
    Nein   O
    Ja, und zwar unter Beteiligung von: O

29. Falls Sie für eine Partei/Wählergruppe kandidieren, wird Ihre Kandidatur
    noch von anderen Parteien/Wählergruppen unterstützt?
    Falls ja, bitte nennen Sie die Parteien und/oder Wählergruppen.
    Nein   O
    Ja, und zwar von: O
    ....

30. Falls Sie Einzelbewerber sind, wird Ihre Kandidatur von Parteien/Wäh-
    lergruppen unterstützt?
    Falls ja, bitte nennen Sie die Parteien und/oder Wählergruppen.
    Nein   O
    Ja, und zwar von: O

    ....

31. Welche Bedeutung haben die folgenden Finanzierungsquellen für Ihren
    Wahlkampf?
    *Bitte wählen Sie die für Sie wichtigen Elemente aus und nummerieren Sie
    diese in der Reihenfolge ihrer Bedeutung!*
    Eigenanteil   ....
    Beitrag Partei/Wählergruppe   ....
    Spenden   ....
    Sponsoren   ....
    Anderes/Sonstiges   ....
    Keine Angaben   O

32. Gibt es in Ihrer Gemeinde noch andere Kandidaten für das Amt des Bür-
germeisters?
Nein   O
Bitte weiter mit Frage 35!

Ja, und zwar .... Kandidat(en) außer mir.   O

33. Falls es noch andere Kandidaten für das Amt des Bürgermeisters gibt,
kandidiert einer von ihnen „aus dem Amt"?
Nein   O
Bitte weiter mit Frage 35!
Ja, der hauptamtliche (Ober-)Bürgermeister.   O
Ja, der ehrenamtliche (Ober-)Bürgermeister.   O
Ja, der (Ober-)Stadtdirektor/Gemeindedirektor.   O

34. Falls ja, ergeben sich aus dieser Situation für Sie besondere Probleme?
Probleme bitte in Stichworten schildern!
Nein   O
Ja, und zwar: O

....

V. Beruflicher Werdegang

35. Welchen Schul-/Bildungsabschluss haben Sie?
Kreuzen Sie bitte nur den höchsten Abschluss an.
Volks-/Hauptschule   O
Mittlere Reife   O
Fachschule   O
Fachabitur   O
allgemeine Hochschulreife   O
Fachhochschule   O
Hochschule/Universität   O

36. Wenn Sie einen Studienabschluss (Fachhochschule/Universität) haben:
Welches Fach haben Sie studiert?
Bitte nur Hauptfach nennen.
Rechtswissenschaft   O
Betriebswirtschaft   O
Volkswirtschaft   O
Sozialwissenschaft   O
Verwaltungswissenschaft   O

Ingenieurwissenschaft   O
anderes .... O

37. Gehen Sie derzeit einer beruflichen Tätigkeit nach?
    Ja   O   *Bitte weiter mit Frage 38!*
    Nein   O   *Bitte weiter mit Frage 39!*
    Keine Angaben   O   *Bitte weiter mit Frage 40!*

38. Bitte nennen Sie Ihre derzeit ausgeübte berufliche Tätigkeit!
    Bitte genaue Berufsbezeichnung und ggf. Dienstbezeichnung.

    ....

    Bitte weiter mit Frage 40!

39. Weshalb sind Sie nicht berufstätig?
    Bitte zutreffendes ankreuzen.
    Arbeitslos   O
    Hausfrau/-mann   O
    Rentner   O
    Schüler/Student   O
    Wehr-/Zivildienstleistender   O
    Auszubildender   O
    Sonstiges   O
    Keine Angaben   O

40. Waren oder sind Sie in der Verwaltung einer Gemeinde oder eines Krei-
    ses tätig?
    Bitte zutreffendes ankreuzen und in der rechten Spalte die aktuell ausge-
    übte Tätigkeit angeben.
    Mehrfachnennungen möglich!

		Aktuell aus- geübte Tätigkeit
Nein *Bitte weiter mit Frage 41!*	O	
Ja, als hauptamtlicher (Ober-) Bürgermeister oder Landrat	O	O
Ja, als (Ober-) Stadtdirektor/ Gemeindedirektor bzw. Oberkreisdirektor	O	O
Ja, als Beigeordneter	O	O
Ja, als Amtsleiter	O	O
Sonstige Tätigkeit in der Gemeindeverwaltung	O	O

Falls ja, wo üben Sie diese Tätigkeit aktuell aus?
Gemeinde der Kandidatur   O
Andere Gemeinde   O

41. Waren oder sind Sie in einem anderen Bereich der öffentlichen Verwaltung tätig?
Nein   O
Ja, in der Landesverwaltung.   O
Ja, in der Bundesverwaltung.   O
Anderes   O

42. Nehmen Sie im Rahmen Ihrer beruflichen Tätigkeit Verwaltungsaufgaben wahr?
Falls ja, bitte Tätigkeiten/Aufgaben nennen.
Nein   O
Ja, und zwar: O

....

VI. Zur Person

43. In welchem Jahr wurden Sie geboren?
Bitte das Geburtsjahr eintragen.

Geburtsjahr ....

44. Welcher Religionsgemeinschaft gehören Sie an?
Katholisch   O
Evangelisch   O
Keine   O
Andere   O

45. Welche Staatsangehörigkeit haben Sie?
Bitte zutreffendes ankreuzen.
Deutsche Staatsangehörigkeit   O
Staatsangehörigkeit eines anderen EU- Mitgliedsstaats   O

46. Familienstand
Ledig   O
Verheiratet   O
Geschieden   O
Verwitwet   O

47. Haben Sie Ihren Hauptwohnsitz in der Gemeinde Ihrer Kandidatur?
    Nein   O
    Ja, und zwar seit .... Jahren.   O

48. Welche Bindungen haben Sie zur Gemeinde Ihrer Kandidatur?
    Bitte zutreffendes ankreuzen, Mehrfachnennungen möglich!
    Ich habe berufliche Bindungen.   O
    Ich habe verwandtschaftliche Bindungen.   O
    Ich bin dort aufgewachsen.   O
    Ich lebe in einer Nachbargemeinde   O
    Sonstiges: ....   O
    Keine Angaben   O

49. Sind Sie in der Gemeinde Ihrer Kandidatur Mitglied in lokalen Verei-
    nen?
    (z.B. Sportvereine, Heimat-/und Bürgervereine u.ä.)
    Nein   O
    Ja, und zwar in .... Verein(en).   O

Herzlichen Dank für Ihre Mitarbeit!

Falls Sie der Meinung sind, dass der Fragebogen aus Ihrer Sicht wichtige
Aspekte vernachlässigt oder auslässt, oder falls Sie Anmerkungen zu dem
Fragebogen selbst haben, würden wir uns freuen, wenn Sie uns dies auf den
folgenden Zeilen mitteilen würden!

5. Ergebnisse der Bürgermeisterwahl in NRW (in % der gültigen Stimmen)

1. Wahlgang am 12. September 1999

Kommune	Wahl-berechtigte	Wahl-beteiligung	SPD	CDU	GRÜNE	FDP	Sonstige Parteien	WG 1	WG 2	EB 1	EB 2	EB 3	Anzahl Kandidaten	Stichwahl
Aachen	171.281	58,9	52,5	40,1	4,8	2,6							4	
Ahaus	26.949	60,4	20,0	67,5	1,3			11,2					4	
Ahlen	39.434	59,3	43,6	50,8	2,2	1,5				1,8			5	
Aldenhoven	9.819	68,2	24,7	33,2						42,2			3	x
Alfter	15.714	58,0	20,0	54,1	8,9	5,3		11,7					5	
Alpen	9.964	65,8	22,7	70,0	7,3								3	
Alsdorf	34.612	59,0	47,1	48,8	4,2								3	x
Altena	17.783	56,9	36,8	58,0	5,2						26,6		3	x
Altenbeken	7.277	69,8	35,6	33,0	3,0					1,8			5	x
Altenberge	7.023	75,7	49,0	51,0									2	
Anröchte	8.465	64,8		68,1	6,3	9,5				16,2			4	
Arnsberg	62.493	56,2	34,2	54,5	1,5	2,2				7,7			5	
Ascheberg	11.369	68,1		28,5						71,5			2	
Attendorn	18.263	63,5	69,6	30,4									2	
Augustdorf	6.585	57,4	38,4	53,1	4,2	4,4							4	
Bad Berleburg	17.125	64,6	49,4	41,2	2,2			7,1					4	x
Bad Driburg	15.273	63,1	24,0	68,3	4,2					3,4			4	
Bad Honnef	18.891	58,6	34,2	50,1		11,9		3,8					4	
Bad Laasphe	12.148	63,8			18,6					81,4			2	x
Bad Lippspringe	11.554	61,7		38,1	3,2	2,3				56,4			4	x
Bad Münstereifel	14.255	65,1	26,8	59,0	3,4	10,8							4	
Bad Oeynhausen	38.836	53,1	41,9	47,3	7,4	3,5							4	
Bad Salzuflen	42.671	59,0	31,5	46,3		3,1				19,1			4	
Bad Sassendorf	8.640	68,7	34,4	50,8				14,9					3	
Baesweiler	18.463	59,2		92,6	7,4								2	
Balve	9.330	64,4	17,6	52,8	9,4			20,2					4	

Kommune	Wahlberechtigte	Wahlbeteiligung	SPD	CDU	GRÜNE	FDP	Sonstige Parteien	WG 1	WG 2	EB 1	EB 2	EB 3	Anzahl Kandidaten	Stichwahl
Barntrup	7.640	64,4	54,6	45,4									2	
Beckum	29.672	54,4	38,3	42,0	3,7	4,3		11,7					5	x
Bedburg	17.968	67,1	31,2	66,8		2,1							3	
Bedburg-Hau	9.062	67,9	24,4	65,6	5,3	4,7							4	
Beelen	4.463	65,2				22,2				77,8			2	
Bergheim	45.165	58,9	52,1	42,0	3,4	2,4							4	
Bergisch Gladbach	84.454	54,2	29,0	59,4	5,3			2,7		9,4			5	x
Bergkamen	38.125	50,1	46,5	37,3	6,7	3,7							4	
Bergneustadt	14.362	61,4	28,9	57,7	4,7	4,4		4,3					5	x
Bestwig	8.973	71,5	40,3	59,7									2	
Beverungen	12.479	68,8		48,0	4,9					47,0			3	x
Bielefeld	244.647	57,9	30,4	54,3	9,7	1,9		3,7					5	
Billerbeck	8.539	72,2	41,6	50,8	3,8	3,8							4	
Blankenheim	6.768	69,7	33,1	66,9									2	
Blomberg	13.359	64,2	52,1	36,4	6,9	4,6							4	
Bocholt	54.702	55,6	23,3	55,6	5,2					16,0			4	
Bochum	301.932	51,0	43,4	40,7	7,0			8,6		3,0	3,7		6	x
Bönen	14.478	62,0	49,6	32,3	9,5					0,4			4	x
Bonn	213.807	57,3	45,2	47,6	2,8	1,9		2,2		48,6			6	x
Borchen	9.709	68,9	21,5	29,9									3	x
Borgentreich	7.828	74,4	28,4	71,6									2	
Borgholzhausen	6.608	64,6		43,9	6,1					50,0			3	
Borken	30.585	55,4	31,1	52,5	6,9			9,5					4	x
Bornheim	33.212	56,6	28,0	55,6	6,6	2,6	5,0	9,8					4	
Bottrop	94.538	54,6	44,7	43,8	3,9								5	x
Brakel	13.427	67,8	30,9	64,3	4,9								3	
Breckerfeld	6.904	65,6	23,1	68,2		1,9							3	
Brilon	21.193	66,6	48,9	45,4	8,8			3,7					4	x

Kommune	Wahlberechtigte	Wahlbeteiligung	SPD	CDU	GRÜNE	FDP	Sonstige Parteien	WG 1	WG 2	EB 1	EB 2	EB 3	Anzahl Kandidaten	Stichwahl
Brüggen	11.997	56,4	24,9	75,1		2,0							2	
Brühl	33.880	62,0	42,1	51,5	4,3	7,1		4,4					4	x
Bünde	35.357	56,4	41,6	47,1	3,4								4	
Burbach	11.368	60,6	32,9	63,7									3	
Büren	17.060	59,4	25,0	75,0									2	
Burscheid	14.123	51,8	31,1	61,6	2,7	7,3				2,4			3	x
Castrop-Rauxel	62.545	51,6	38,7	48,0	5,8	1,7		8,9					5	
Coesfeld	27.866	58,8	23,4	68,4									4	
Dahlem	3.388	72,8	16,4	83,6									2	
Datteln	28.139	60,5	13,3	27,6						59,2			3	
Delbrück	21.374	56,9	23,4	76,6				3,6					2	
Detmold	59.040	56,3	50,5	37,4	4,8	3,7							5	
Dinslaken	52.703	53,3	35,3	58,4	4,6	4,4				6,4			3	
Dörentrup	6.845	61,7	24,7	57,2	2,9	4,0				9,0			5	
Dormagen	47.838	57,3	34,4	53,4	3,1		5,2						5	
Dorsten	63.113	53,2	32,3	49,1	7,6	0,7		1,8		15,4			4	x
Dortmund	448.081	54,9	42,2	45,6	1,8	9,7	1,3			0,8			7	x
Drensteinfurt	10.857	67,1	28,5	61,8	5,2								3	
Drolshagen	9.119	66,7	25,5	72,7	3,2								3	
Duisburg	380.058	44,2	53,3		2,9					35,0		2,6	5	
Dülmen	35.741	58,8	26,2	63,9	3,7		4,5	1,8			3,9		5	
Düren	66.711	55,5	43,4	48,4	4,7	2,6	0,9						6	
Düsseldorf	441.829	50,2	45,3	48,3	3,6	2,7							4	x
Eitorf	14.047	59,3	23,8	76,2									2	
Elsdorf	16.084	58,4	48,1			2,4		11,7		33,1			4	
Emmerich	22.918	57,9	29,9	44,8		14,2				2,7	7,5		6	x
Emsdetten	26.698	63,6	17,1	69,5	8,1	2,6							5	x
Engelskirchen	15.714	62,1	51,3	39,5	5,0	4,2							4	

Kommune	Wahlberechtigte	Wahlbeteiligung	SPD	CDU	GRÜNE	FDP	Sonstige Parteien	WG 1	WG 2	EB 1	EB 2	EB 3	Anzahl Kandidaten	Stichwahl
Enger	15.391	59,4	49,1	46,0	2,9	2,0							4	x
Ennepetal	26.603	55,3	20,8		4,7	6,4		7,7		48,8	11,6		6	x
Ennigerloh	16.316	64,9	37,1	29,1	1,3			32,5					4	x
Ense	8.943	66,7		37,6		1,8				8,2	52,3		4	
Erftstadt	39.120	59,7	44,6	45,5	3,7	6,2							4	
Erkelenz	33.308	59,8	44,0	45,2	10,7								3	x
Erkrath	37.245	53,9	30,0	51,7	7,9	4,2		6,2					5	x
Erndtebrück	6.285	67,9	30,8	65,9	3,3								3	
Erwitte	12.186	67,7	32,7	67,3									2	
Eschweiler	43.336	57,7	51,5	40,5	2,3			5,6					4	
Eslohe (Sauerland)	7.003	65,9	22,1	77,9									2	
Espelkamp	19.993	55,5	26,1	64,3	1,7	2,5		5,4					5	
Essen	473.781	49,3	36,4	51,7	6,4	1,7	1,6			2,0			6	
Euskirchen	41.194	52,3	33,1	59,3	4,4	3,1							4	
Everswinkel	6.838	74,2	18,4	34,4		47,1							3	x
Extertal	10.525	61,2	32,1	29,8						38,1			3	x
Finnentrop	13.838	58,6	19,4	69,7				10,9					3	
Frechen	36.187	63,7	37,9	57,0	3,4	1,7							4	
Freudenberg	14.021	63,8	33,8	54,8		5,3		6,2					4	
Fröndenberg	17.810	57,7	48,5	44,3		7,2							3	x
Gangelt	8.565	61,7	22,5	77,5									2	
Geilenkirchen	20.356	59,1	28,3	66,1		5,6							3	
Geldern	24.973	55,8	30,8	63,6	2,7	2,9							4	
Gelsenkirchen	211.144	44,4	44,4	44,8	5,1	2,2				3,6			5	
Gescher	12.361	62,7	29,5	46,1	3,3	14,1		7,0					5	x
Geseke	15.050	57,0	25,2	58,7	4,5	6,1		5,5					5	x
Gevelsberg	26.867	57,0	60,9							3,2	35,8		3	
Gladbeck	58.542	53,2	32,8	60,8	1,7	1,1		3,7					5	

Kommune	Wahlberechtigte	Wahlbeteiligung	SPD	CDU	GRÜNE	FDP	Sonstige Parteien	WG 1	WG 2	EB 1	EB 2	EB 3	Anzahl Kandidaten	Stichwahl
Goch	24.681	56,4	38,1	50,5	4,2	7,1							4	
Grefrath	12.249	57,6	28,5	57,6	13,9								3	
Greven	25.705	57,9	28,9	43,0	10,5	13,2		4,4					5	x
Grevenbroich	48.802	56,0	43,0	48,2	1,9	2,6				4,3			5	x
Gronau (Westf.)	33.194	51,7	37,0	56,9	2,3	3,8							4	
Gummersbach	40.951	51,2	33,1	44,5	4,2	18,2							4	x
Gütersloh	72.572	53,1	54,9	35,0	4,4	5,6							4	
Haan	23.946	58,1	38,2	61,8									2	
Hagen	160.864	49,9	42,1	46,5	4,9	2,9				3,5			5	x
Halle (Westf.)	15.568	60,7	33,0	56,1	5,2	2,6		3,1					5	
Hallenberg	3.919	71,6	33,9	66,1									2	
Haltern	29.159	66,0	44,5	55,5									2	
Halver	13.152	59,7	42,9	50,1		7,0							3	
Hamm	134.002	53,8	35,5	49,5	5,0			7,0		3,1			5	x
Hamminkeln	20.556	65,0	32,1	58,2	5,0	4,7							4	
Harsewinkel	16.933	65,7		32,0				28,6		39,4			3	x
Hattingen	46.855	56,8	44,2	41,4		3,0		6,2		5,2			5	x
Havixbeck	8.612	65,8	42,1	57,9									2	
Heek	5.820	74,2	32,1	59,3						8,6			3	
Heiden	5.809	72,7	17,3	33,9				48,8					3	x
Heiligenhaus	27.731	41,4	29,7	61,7	6,0								3	
Heimbach	3.676	71,9	33,5	64,2			2,3						3	
Heinsberg (Rhld.)	31.669	56,6	31,7	62,2							5,1		3	
Hellenthal	6.960	69,2		66,1		5,2				23,5			4	
Hemer	27.846	49,9	25,1	64,5	5,3	5,1							4	
Hennef (Sieg)	31.559	60,5		46,8	7,5					45,7			3	x
Herdecke	20.970	60,0	50,9	39,4	9,7								3	
Herford	50.929	53,5	41,4	55,0	3,6								3	

Kommune	Wahlberechtigte	Wahlbeteiligung	SPD	CDU	GRÜNE	FDP	Sonstige Parteien	WG 1	WG 2	EB 1	EB 2	EB 3	Anzahl Kandidaten	Stichwahl
Herne	129.535	47,2	48,6	40,9	5,7	1,3	3,4						5	x
Herscheid	5.846	61,7		45,9	4,2	2,2				54,1			2	
Herten	51.445	53,2	54,5	39,1									4	
Herzebrock	11.937	61,9	21,8	58,4				14,8					4	
Herzogenrath	35.758	61,1	44,1	50,6	3,4	1,9			5,1				4	
Hiddenhausen	16.559	59,6	54,1	45,9									2	
Hilchenbach	12.829	59,8	37,9	24,8	5,5	6,4		12,4		12,9			6	x
Hilden	44.891	55,8	43,1	42,0	3,0	6,4		5,5					5	x
Hille	13.102	66,4	37,9	41,3	3,7	9,5		7,6					5	x
Holzwickede	13.877	65,0	45,1	25,9	3,0	5,3		13,8		7,0			6	x
Hopsten	5.460	70,7	53,0	47,0									2	
Horn-Bad Meinberg	14.316	61,3	51,8	36,4	4,8			7,0					4	
Hörstel	14.049	61,6	24,8	71,5	3,7								3	
Horstmar	5.091	70,5	24,0	45,5	4,6					25,9			4	x
Hövelhof	11.640	52,9		82,5									1	
Höxter	25.861	59,6		53,1						46,9			2	
Hückelhoven	27.873	60,6	44,2	51,9	3,9	18,4				81,6			3	
Hückeswagen	12.341	58,9	49,4	48,1									2	x
Hüllhorst	10.167	64,8	25,6							74,4			3	
Hünxe	10.878	65,5	40,5	52,2	2,6								2	x
Hürtgenwald	6.793	72,8	49,0	48,7		7,2							3	
Hürth	41.040	58,8	41,2	50,3	4,2	2,3							3	
Ibbenbüren	37.629	56,5				4,3				85,2			4	
Inden	5.911	67,1											1	
Iserlohn	76.349	49,3	32,6	60,0	3,6	3,7							4	
Isselburg	8.095	63,8	47,0	38,7				9,0		5,4			4	
Issum	9.443	64,8	42,2	50,1	3,0	4,8							4	x

Kommune	Wahlberechtigte	Wahlbeteiligung	SPD	CDU	GRÜNE	FDP	Sonstige Parteien	WG 1	WG 2	EB 1	EB 2	EB 3	Anzahl Kandidaten	Stichwahl
Jüchen	17.400	58,8	16,9	59,4		3,7		7,7		5,6	6,6		6	
Jülich	25.861	66,0	30,7	22,3	2,7	2,9				41,3			5	×
Kaarst	33.098	59,9	15,7	40,6	1,9	2,1		8,0		6,7	25,1		7	×
Kalkar	9.959	60,3	33,3	58,6	8,1								3	
Kall	8.781	69,6	32,5	48,0	4,5	14,9							4	×
Kalletal	12.335	67,0	52,0	34,0		1,0				12,9			4	
Kamen	36.472	55,7	51,7	39,2	9,1								3	
Kamp-Lintfort	28.851	48,7	49,0	33,7	4,6	3,0		8,4		1,4			6	×
Kempen	27.546	57,0	29,7	58,9	6,5	4,9							4	
Kerken	9.748	65,4		44,7		10,5				44,9			3	×
Kerpen	45.707	57,1	39,4	45,0	10,4	5,3							4	×
Kevelaer	20.343	58,0	24,6	54,0	4,3	5,0		12,1					5	
Kierspe	13.450	53,4	36,2	56,1	7,7								3	
Kirchhundem	9.932	62,5	28,5	66,6	4,9								3	
Kirchlengern	12.474	61,3	48,5	37,7				13,8					3	×
Kleve	37.789	57,0	32,9	54,6	6,0	4,8		1,7					5	
Köln	711.252	45,8	12,9	48,1	32,4	2,6	2,3	0,6		1,0	0,2		9	×
Königswinter	29.923	60,4	30,1	59,9	4,3					5,8			4	
Korschenbroich	26.216	59,5	24,7	54,1	5,7	2,4		9,0		4,1			6	
Kranenburg	6.995	62,6	24,4	63,0	5,8	6,8							4	
Krefeld	178.431	49,8	30,7	62,9	3,8	2,7							4	
Kreuzau	13.880	65,8	30,7	69,3									2	
Kreuztal	24.378	57,9	32,0	46,9	2,7	18,3							4	×
Kürten	14.901	60,3	20,9	30,3		9,4		22,7		16,8			5	×
Ladbergen	5.015	72,1	21,8	20,1	6,6					49,9			4	×
Laer	4.797	71,0		49,6	28,6	23,4							3	×
Lage	28.034	55,6	40,6	43,2	6,5	4,2		5,6					5	×
Langenberg	6.112	67,5	23,7	46,9	2,7			26,7					4	×

Kommune	Wahlberechtigte	Wahlbeteiligung	SPD	CDU	GRÜNE	FDP	Sonstige Parteien	WG 1	WG 2	EB 1	EB 2	EB 3	Anzahl Kandidaten	Stichwahl
Langenfeld (Rhld.)	44.538	58,2	31,2	57,0	6,5	5,3							4	
Langerwehe	10.376	66,2	32,7	50,8	11,8			4,7					4	
Legden	4.792	68,6		58,4						41,6			2	x
Leichlingen (Rhld.)	21.665	66,5	50,5	38,4	2,2	3,6		5,2					5	
Lemgo	32.637	61,3	38,0	49,4	7,4	5,3							4	
Lengerich	16.793	60,0	37,3	50,3	5,2	1,8				5,4			5	
Lennestadt	21.237	57,3	24,2	73,0	2,8								3	
Leopoldshöhe	12.131	65,3	47,7	48,1	4,2								3	x
Leverkusen	123.867	50,8	32,6	49,6	4,7	3,7	1,2	8,3					6	x
Lichtenau	8.219	70,0	17,8	79,1	3,0								3	
Lienen	6.965	63,5	39,1							60,9			2	
Lindlar	16.168	58,6	24,8	57,9	6,8	10,6							4	
Linnich	10.254	67,4	34,5	61,8	3,7								3	
Lippetal	9.385	65,3	21,7	71,3				7,0					3	
Lippstadt	52.566	52,0	33,1	63,3	3,6								3	
Lohmar	23.147	61,5	54,0	46,0									2	
Löhne	31.783	53,8	55,3	40,7				4,0					3	
Lotte	9.623	49,9	45,0	34,3	9,7	11,0							4	x
Lübbecke	20.089	59,1	39,2	49,2	6,0	5,6							4	x
Lüdenscheid	61.769	47,2	37,7	50,2	5,6	4,7				1,9			5	
Lüdinghausen	17.086	64,0	28,0	66,2	5,8								3	
Lügde	8.977	61,1	29,8	67,6	2,6								3	
Lünen	67.433	53,8	29,8	27,7	1,7		1,3			39,7			5	x
Marienheide	10.131	64,1	31,6	32,1				11,7		25,0			5	x
Marienmünster	4.240	76,7	19,9	18,4		2,9		7,5					5	
Marl	70.837	53,5	38,3	49,7	3,5			8,4		0,9			5	x
Marsberg	17.060	66,7	54,2	45,8									2	
Mechernich	19.953	62,3	24,3	43,4	2,7	2,4		20,9	6,4				6	x

Kommune	Wahlberechtigte	Wahlbeteiligung	SPD	CDU	GRÜNE	FDP	Sonstige Parteien	WG 1	WG 2	EB 1	EB 2	EB 3	Anzahl Kandidaten	Stichwahl
Meckenheim	18.924	63,2	25,0	54,0		9,4		11,6					4	
Medebach	6.542	63,0	20,7	79,3									2	
Meerbusch	42.752	58,1	30,1	49,9	6,6	9,6				3,8			5	x
Meinerzhagen	15.749	55,6	59,3	40,7									2	
Menden (Sauerland)	45.565	51,8	25,3	74,7									2	
Merzenich	7.402	65,9	42,4	54,5	3,1			15,9					3	
Meschede	25.538	63,2	22,6	56,0		5,5							4	
Metelen	4.732	74,4	48,8	51,2						8,0			2	
Mettingen	9.197	66,6	59,7	30,6	3,4	1,6		7,5					4	
Mettmann	30.142	56,7	37,8	44,0	8,4	7,3		6,5					5	
Minden	65.203	51,2	36,2	45,8	7,2	3,2							5	
Moers	80.947	51,4	40,4	43,5			2,4			6,5			5	
Möhnesee	8.452	65,1	21,8	45,8	5,6	2,7				29,6			4	x
Mönchengladbach	206.236	44,7	29,0	48,2	5,9	5,6		11,6					5	x
Monheim	31.716	56,9	33,1	55,1	3,3	2,1		3,9					5	x
Monschau	9.939	69,6	30,3	62,1	5,9	1,2				3,1			5	x
Morsbach	8.488	58,0	26,1	68,0	3,3								3	x
Much	10.852	61,2	42,5	50,6	6,9			1,0		1,9	1,9		3	
Mülheim a.d. Ruhr	137.779	53,2	43,7	43,8	4,7	4,1							6	x
Münster	206.025	65,2	36,4	57,5	3,3	1,8							5	
Nachrodt-Wiblingwerde	5.206	61,9	26,8	43,9	3,6					56,1			2	
Netphen	19.085	64,6	13,2	60,9				8,7					4	
Nettersheim	5.837	73,3	23,6	80,4	3,8	6,3							3	
Nettetal	31.644	51,1	12,0	65,4	3,8	7,2		4,1		30,7			4	
Neuenkirchen	9.956	66,6	12,0	49,3	3,9					30,7			5	
Neuenrade	9.033	66,5	15,1	54,0		11,1				16,3	3,5		5	x

Kommune	Wahlberechtigte	Wahlbeteiligung	SPD	CDU	GRÜNE	FDP	Sonstige Parteien	WG 1	WG 2	EB 1	EB 2	EB 3	Anzahl Kandidaten	Stichwahl
Neukirchen-Vluyn	21.362	59,4	26,1							73,9			2	
Neunkirchen	10.791	56,0								75,8			1	
Neunkirchen-Seelscheid	15.117	58,9	22,2	46,4	6,5	24,9							4	x
Neuss	113.966	51,0	27,3	58,3	3,8	3,1		4,6		2,9			6	
Nideggen	7.673	65,1	27,1	66,2	6,6								3	
Niederkassel	25.140	58,9	34,6	61,7		3,7							3	
Niederkrüchten	10.570	59,9	36,6	54,6	4,8	4,0							4	
Niederzier	10.511	73,2	62,6	37,4									2	
Nieheim	5.543	73,0	31,3	68,7									2	
Nordkirchen	7.407	66,0	22,7	68,3				8,9					3	
Nordwalde	7.022	72,2	36,4	30,2						33,5			3	x
Nörvenich	8.430	66,7	38,3	59,1	2,6								3	
Nottuln	13.928	62,9	26,2	46,0	4,7	5,3		17,9					5	x
Nümbrecht	12.581	56,1								92,1			1	
Oberhausen	170.591	46,5	56,7	37,0	4,2	2,1							4	
Ochtrup	14.121	64,7	33,8	63,5		2,7							3	
Odenthal	11.519	64,8	33,5	52,9		13,6							3	
Oelde	22.926	62,3	17,1	70,4	4,4	3,5		4,7					5	
Oer-Erkenschwick	23.175	60,4	65,1	27,0		1,3		6,6					4	
Oerlinghausen	13.902	61,5	32,1	58,2	9,7								3	
Olfen	8.606	64,7	13,2	73,2		4,7		8,9					4	
Olpe	19.083	60,0	13,9	71,8	2,9			11,4					4	
Olsberg	12.568	65,6	21,8	73,6	2,2					2,4			4	
Ostbevern	7.109	70,8	12,2	74,1	6,4	7,4							4	
Overath	19.614	60,4	16,2	53,9	4,7	14,4				10,9			5	
Paderborn	102.000	50,1	34,6	51,1	4,0	3,7		6,7					5	
Petershagen	21.574	64,6	42,9	39,4		16,4	1,2						4	

Kommune	Wahlberechtigte	Wahlbeteiligung	SPD	CDU	GRÜNE	FDP	Sonstige Parteien	WG 1	WG 2	EB 1	EB 2	EB 3	Anzahl Kandidaten	Stichwahl
Plettenberg	21.924	51,6		45,7						54,3			2	
Porta Westfalica	29.261	54,1	39,1	40,7	6,6	13,7							4	x
Preußisch Oldendorf	10.050	62,6	23,9	46,5	3,1			26,5					4	
Pulheim	40.847	63,3	23,3	38,2		3,4				35,2			4	x
Radevormwald	18.877	57,6	44,3	31,9	3,3			3,8	13,6	3,1			6	x
Raesfeld	7.921	67,7	11,8	76,3				11,9					3	
Rahden	12.303	57,2	19,6	75,7	4,7								3	
Ratingen	72.728	54,0	25,1	58,2	4,6	3,9	8,1						5	
Recke	8.497	63,4	18,8	69,4	11,8								3	
Recklinghausen	97.094	51,6	34,0	50,5	4,5	2,6		3,1		4,3	1,0		7	x
Rees	15.825	58,9	25,4	69,1		5,5							3	x
Reichshof	14.508	57,8	37,9	62,1									2	x
Reken	10.273	58,6	16,3	79,0	4,8								3	
Remscheid	91.820	47,6	38,9	50,9	3,2	2,8		4,2					5	
Rheda-Wiedenbrück	33.026	56,4	26,1	60,9	5,7	2,6		4,7					5	
Rhede	13.531	65,6	22,5	48,0	24,7			4,8					4	
Rheinbach	19.340	66,7	15,4	40,6		2,3		13,5		28,3			5	
Rheinberg	23.845	57,4	39,9	48,2	9,3	2,5							4	
Rheine	57.245	54,0	43,4	52,1	2,7	1,8							4	
Rheurdt	4.901	70,6	28,0	72,0									2	
Rietberg	20.444	64,5	10,6	82,9				6,5					3	
Rödinghausen	7.650	61,7	60,2	39,8									2	
Roetgen	6.244	71,5	51,3	36,2	9,2	3,4							4	
Rommerskirchen	9.492	65,1	39,6	42,6	1,8			15,9					4	x
Rosendahl	8.120	69,0	27,0	64,6	8,4								3	
Rösrath	20.403	58,1	38,6	45,9	6,0	9,4							4	x

Kommune	Wahlberechtigte	Wahlbeteiligung	SPD	CDU	GRÜNE	FDP	Sonstige Parteien	WG 1	WG 2	EB 1	EB 2	EB 3	Anzahl Kandidaten	Stichwahl
Ruppichteroth	7.623	68,1	20,6	68,5	3,5	7,4							4	
Rüthen	9.284	71,2	21,0	44,5						34,6			3	x
Saerbeck	4.449	74,6			3,1					12,9	84,1		3	
Salzkotten	17.658	59,3	27,6	72,4									2	
Sankt Augustin	41.790	61,2	40,2	52,7	4,3	2,9							4	
Sassenberg	9.424	63,4	13,6	58,9				27,5					3	
Schalksmühle	9.403	61,7	45,8							54,2			2	
Schermbeck	10.622	65,0	42,7	34,2		2,6		20,4					4	x
Schieder-Schwalenberg	7.564	64,0	47,0	26,8	2,8	9,6		13,8					5	x
Schlangen	6.693	68,1	37,6	30,5						31,9			3	x
Schleiden	10.848	61,1	15,8	52,0	22,9	9,4							4	
Schloß Holte-Stukenbrock	18.788	57,3	23,7	65,9				10,4					3	
Schmallenberg	20.469	66,7	26,3	66,7				7,0					3	
Schöppingen	4.773	69,9			6,3					6,0	87,7		3	
Schwalmtal	14.105	58,7	24,8	36,2	5,0					34,0			4	x
Schwelm	24.073	54,3	32,0	59,2				5,9					3	
Schwerte	39.618	61,2	36,5	47,2	8,8	1,8		3,3		2,2	0,6	0,5	8	x
Selfkant	7.300	65,0	22,1	56,7	3,0	14,9				3,6			5	
Selm	21.061	53,3	41,7	48,9	5,1			5,9					4	x
Senden	14.140	62,6		78,1	17,4	4,5							3	
Sendenhorst	9.703	69,7	46,0	54,0									2	
Siegburg	28.891	59,5	25,9	61,0	6,9	4,2		2,0					5	
Siegen	82.188	54,5	23,7	61,4	5,5	4,1		5,3					5	
Simmerath	11.464	66,3	21,0	66,7	2,1	3,1		7,2					5	
Soest	37.001	57,3	31,7	52,9	3,8	1,9		9,8					5	
Solingen	125.315	48,7	34,7	59,3	6,0								3	

Kommune	Wahlberechtigte	Wahlbeteiligung	SPD	CDU	GRÜNE	FDP	Sonstige Parteien	WG 1	WG 2	EB 1	EB 2	EB 3	Anzahl Kandidaten	Stichwahl
Sonsbeck	6.278	66,8	14,2	73,0		12,8							3	
Spenge	12.477	66,3	36,3	63,7									2	x
Sprockhövel	21.168	59,6	43,6	43,2	7,3			5,5					4	
Stadtlohn	14.819	65,5	12,1		5,3	23,2				59,4			4	
Steinfurt	25.655	59,3	35,2	59,2		5,9							3	
Steinhagen	14.981	65,3	59,4	35,2	2,7	2,7							4	
Steinheim	10.289	63,8	28,9	66,1	5,0								3	
Stemwede	11.221	58,3	22,4	77,6									2	
Stolberg (Rhld.)	43.935	53,6	36,8	50,4	4,0	2,6	1,1	1,0		2,1	1,4	0,7	9	
Straelen	11.371	58,6	10,1	84,2	2,8	3,0							4	
Südlohn	6.292	72,6	20,4	62,7	2,4			14,6					4	
Sundern (Sauerland)	22.911	63,2	30,7	59,7	4,4	5,2							4	
Swisttal	13.808	64,5	23,4	63,2	7,3	6,1				76,2			4	
Tecklenburg	7.276	65,4	36,3	45,9		23,8		3,1		2,9			2	
Telgte	14.429	69,0	37,2	50,1	7,7	4,1							6	
Titz	6.600	68,8	37,1	52,3	12,8								3	
Tönisvorst	23.515	56,1	39,1	53,9	10,7			2,1					5	x
Troisdorf	53.825	55,2	56,8	36,4	3,2	1,6		4,8					4	
Übach-Palenberg	18.385	59,6	35,7	60,0	2,0		2,2						3	
Uedem	6.029	67,6	43,3	45,6	4,3								4	
Unna	49.359	57,6	33,8	45,7		2,8		8,3					6	
Velbert	68.843	51,3		18,9	4,3	3,6		10,4					5	
Velen	9.245	69,0	23,3	76,7		3,1							2	
Verl	17.178	56,5	22,7	58,4						3,7	73,1	1,2	5	
Versmold	15.413	58,2			10,3			4,9		3,6			3	
Vettweiß	6.397	68,0						21,1		18,9	60,0		5	x
Viersen	60.536	49,2	27,7	56,9	5,6					9,8			4	x

Kommune	Wahlberechtigte	Wahlbeteiligung	SPD	CDU	GRÜNE	FDP	Sonstige Parteien	WG 1	WG 2	EB 1	EB 2	EB 3	Anzahl Kandidaten	Stichwahl
Vlotho	16.308	58,6	37,8	51,5				10,7					3	
Voerde (Niederrhein)	29.422	54,4	55,2	37,4		7,4							3	
Vreden	15.986	67,8	42,8	52,0				5,2					3	
Wachtberg	14.372	64,9	23,2	60,9	3,3	4,4		8,2					5	
Wachtendonk	5.712	61,4	20,4	72,2	7,4								3	
Wadersloh	10.146	64,1	15,2	62,3		7,6		15,0					4	
Waldbröl	13.945	55,6	41,2	58,8						30,5			2	
Waldfeucht	6.771	69,8	25,7	32,6		7,2		11,2		5,8			4	x
Waltrop	23.970	56,3	33,5	42,4	5,2			5,2	6,1				6	x
Warburg	18.776	63,4	29,2	62,2	6,9			3,4					4	
Warendorf	28.787	61,0	23,7	54,1		6,4		8,9					5	x
Warstein	23.046	63,2	33,4	33,4				5,6	27,6				4	x
Wassenberg	11.747	66,7	47,8	44,8				4,1					4	
Weeze	6.832	66,2	41,5	50,9	3,2								3	
Wegberg	21.479	58,3	26,0	58,2	7,5	6,3				6,7			5	
Weilerswist	12.548	61,7	39,8	50,3	2,8	9,8							3	x
Welver	9.850	66,0	29,5	33,7	7,7	5,3				31,5			4	
Wenden	14.723	64,2	16,9	75,4	1,3					74,9			3	
Werdohl	14.812	55,7	23,8							47,7			2	
Werl	22.578	55,8		52,3							1,2		7	
Wermelskirchen	29.294	56,6	25,4	47,0		2,7		11,2	10,0				3	x
Werne	24.274	57,0	24,2	69,9	5,9					2,5			3	
Werther (Westf.)	8.803	61,9	43,9	35,2	12,2	2,0		8,7					4	x
Wesel	48.244	53,8	44,1	47,8	3,2	9,6		2,8					5	x
Wesseling	25.106	55,8	43,1	47,3									3	x
Westerkappeln	8.583	60,6	46,8							46,0			3	x
Wetter (Ruhr)	23.358	58,0	46,3	30,2	4,8	4,5		14,1					5	x

Kommune	Wahlberechtigte	Wahlbeteiligung	SPD	CDU	GRÜNE	FDP	Sonstige Parteien	WG 1	WG 2	EB 1	EB 2	EB 3	Anzahl Kandidaten	Stichwahl
Wettringen	5.570	71,3	25,1	74,9									2	
Wickede (Ruhr)	9.560	58,7	34,6					12,2		53,1			3	
Wiehl	20.676	57,9								92,6			1	
Willebadessen	6.979	66,6	41,9	58,1									2	
Willich	36.859	58,5	47,2	52,8									2	
Wilnsdorf	17.023	65,8	26,8	69,4	3,8								3	
Windeck	15.618	60,7	43,5	50,6	5,9								3	
Winterberg	12.098	65,8	15,7	46,4	1,4	2,6		12,3		37,9			3	x
Wipperfürth	16.981	65,4	22,2	45,8	5,6	5,1				15,7			6	x
Witten	82.155	49,4	42,2	38,7						8,4			5	x
Wülfrath	17.189	59,6						24,3	9,5	66,2			3	
Wünnenberg	9.194	63,9	24,1	75,9									2	
Wuppertal	279.873	50,4	49,0	43,1	3,5	2,9				1,5			5	x
Würselen	27.826	63,8	39,1	53,2	5,2	2,5							4	
Xanten	15.681	63,8	44,5	53,1		2,4							3	
Zülpich	14.887	62,1	31,3	59,4	4,4	4,9							4	

Anmerkungen: WG: Wählergruppe; EB: Einzelbewerber.

Quelle: Eigene Erhebung.

2. Wahlgang am 26. September 1999

Kommune	Wahlbeteiligung	SPD	CDU	GRÜNE	FDP	'WG	EB
Aldenhoven	58,3		36,7				63,3
Alsdorf	48,7	48,0	52,0				
Altenbeken	62,5	61,3	38,7				
Bad Berleburg	55,6	52,7	47,3				
Bad Oeynhausen	44,8	44,0	56,0				
Bad Salzuflen	50,9	45,2	54,8				
Beckum	44,9	53,2	46,8				
Bergkamen	41,6	52,4	47,6				54,1
Beverungen	62,0		45,9				
Bochum	42,9	50,8	49,2				
Bönen	58,0	60,9	39,1				
Bonn	53,9	51,3	48,7				69,2
Borchen	58,4		30,8				60,6
Borgholzhausen	59,5		39,4				
Bottrop	54,2	53,8	46,2				
Brilon	62,3	59,7	40,3				
Bünde	49,8	48,9	51,1				
Castrop-Rauxel	43,2	39,3	60,7				
Dorsten	43,6	38,7	61,3				
Dortmund	52,9	52,2	47,8				
Düsseldorf	46,4	49,2	50,8				
Elsdorf	54,3	52,9	47,1				
Emmerich	46,2	41,7					58,3
Enger	55,3	56,0	44,0				
Ennepetal	41,1	22,7					
Ennigerloh	53,8	52,1				47,9	77,3
Erftstadt	50,0	50,1	49,9				
Erkelenz	51,1	55,5	44,5				

Kommune	Wahlbeteiligung	SPD	CDU	GRÜNE	FDP	WG	EB
Everswinkel	66,3	34,4	27,1		72,9		65,6
Extertal	52,5	54,2	45,8				
Fröndenberg	50,6	49,9	50,1				
Gelsenkirchen	43,4	52,0	48,0				
Gescher	53,5	47,2	52,8				
Greven	47,1	44,5	55,5				
Gummersbach	38,6	48,9	51,1				
Hagen	49,5	40,4	59,6				
Hamm	43,3		36,3				63,7
Harsewinkel	51,0	50,9	49,1				
Hattingen	49,3		24,1			75,9	
Heiden	64,8		46,9				53,1
Hennef (Sieg)	55,2	53,5	46,5				
Herne	41,0	67,8	32,2				
Hilchenbach	46,1	58,8	41,2				
Hilden	50,0	47,6	52,4				
Hille	59,5	66,5	33,5				
Holzwickede	54,4		62,0				38,0
Horstmar	57,8	52,3	47,7				
Hüllhorst	59,8	50,9	49,1				
Hürth	53,2	53,4	46,6				
Isselburg	54,6	26,5					73,5
Jülich	55,5		58,5				41,5
Kaarst	48,8	45,9	54,1				
Kall	55,6	62,7	37,3				
Kamp-Lintfort	45,5		40,4				59,6
Kerken	59,3	44,4	55,6				
Kerpen	48,9	58,7	41,3				
Kirchlengern	58,0						

Kommune	Wahlbeteiligung	SPD	CDU	GRÜNE	FDP	WG	EB
Köln	38,1		54,8	45,2			
Kreuztal	44,1	31,0	69,0				
Kürten	46,3		38,7			61,3	
Ladbergen	61,6				39,6		60,4
Laer	69,2		47,8	52,2			
Lage	46,8	50,6	49,4				
Langenberg	58,0		47,5			52,5	
Lemgo	53,9	42,2	57,8				
Leopoldshöhe	60,2	51,0	49,0				
Leverkusen	44,4	38,0	62,0				
Lotte	43,0	62,1	37,9				
Lübbecke	52,3	42,3	57,7				
Lünen	45,1	24,7					75,3
Marienheide	53,1	65,2	34,8				
Marl	44,8	42,4	57,6				
Mechernich	46,9	40,5	59,5				
Meerbusch	48,8	43,3	56,7				
Mettmann	52,0	51,8	48,2				
Minden	46,6	41,3	58,7				
Moers	47,4	45,6	54,4				
Möhnesee	56,5		47,1				52,9
Mönchengladbach	30,2	39,1	60,9				
Mülheim a.d. Ruhr	46,1	50,0	50,0				
Neuenkirchen	56,1		53,4		46,9		
Neunkirchen-Seelscheid	42,1		53,1				46,6
Nordwalde	59,5	51,6					48,4
Nottuln	46,9	41,7	58,3				
Porta Westfalica	48,2	46,4	53,6				
Pulheim	52,8		41,1				58,9

Kommune	Wahlbeteiligung	SPD	CDU	GRÜNE	FDP	WG	EB
Radevormwald	46,1	65,3	34,7				
Rhede	60,2		46,7	53,3			44,4
Rheinbach	53,0		55,6				
Rheinberg	54,8	47,3	52,7				
Rommerskirchen	63,0	60,8	39,2				
Rösrath	53,7	50,6	49,4				56,1
Rüthen	60,9		43,9				
Schermbeck	59,2	63,6	36,4				
Schieder-Schwalenberg	55,2	65,3	34,7				51,7
Schlangen	60,9	48,3					70,8
Schwalmtal	45,4		29,2				
Schwerte	53,4	45,0	55,0				
Selm	50,9	47,3	52,7				
Sprockhövel	50,5	51,3	48,7				
Telgte	54,9	48,5	51,5				
Unna	51,0	48,8	51,2				
Velbert	39,2	47,3	52,7				71,2
Waldfeucht	61,6		28,8				
Waltrop	48,9	38,9	61,1				
Warstein	55,0	61,7	38,3				
Wassenberg	65,9	53,3	46,7				58,8
Welver	52,4		41,2				
Wermelskirchen	44,0	33,9	66,1				
Werther (Westf.)	53,7	64,0	36,0				
Wesel	51,3	45,8	54,2				
Wesseling	49,0	44,8	55,2				42,8
Westerkappeln	61,9	57,2	35,3				
Wetter (Ruhr)	45,7	64,7					48,0
Winterberg	60,3		52,0				

Kommune	Wahlbeteiligung	SPD	CDU	GRÜNE	FDP	WG	EB
Wipperfürth	48,1	37,6	62,4				
Witten	43,0	51,6	48,4				
Wuppertal	42,9	58,2	41,8				

Anmerkungen: WG: Wählergruppe; EB: Einzelbewerber.

Berechnung der Wahlbeteiligung auf der Grundlage der Wahlberechtigten vom 12.9.1999. Veränderungen der Zahl der Wahlberechtigten zwischen dem 12.9. und dem 26.9.1999 konnten nicht berücksichtigt werden.

Quelle: Eigene Erhebung.

Literatur

Andersen, Uwe (1998): Die kommunale Verfassungsrevolution – die neue nordrhein-westfälische Gemeindeordnung, in: Andersen, Uwe (Hg.): Kommunalpolitik in Nord-rhein-Westfalen im Umbruch, Köln, S. 46-66.

Andersen, Uwe/Bovermann, Rainer (1999): Wahlsystem und Wahlverhalten zeigen deutli-chen Wandel, in: Städte und Gemeinderat, Nr. 12, S. 17-19.

Andersen, Uwe/Bovermann, Rainer/Gehne, David H. (1999): Kommunalwahlratgeber NRW, Schwalbach/Ts.

Arnim, Hans-H. von (2000): Vom schönen Schein der Demokratie. Politik ohne Verant-wortung – am Volk vorbei, München.

Arzberger, Klaus (1980): Bürger und Eliten in der Kommunalpolitik, Stuttgart.

Banner, Gerhard (1984): Kommunale Steuerung zwischen Gemeindeordnung und Partei-politik, in: Die Öffentliche Verwaltung, Nr. 9, S. 364-372.

Banner, Gerhard (1989): Kommunalverfassungen und Selbstverwaltungsleistungen, in: Schimanke, Dieter (Hg.): Stadtdirektor oder Bürgermeister, Basel, S. 37-61.

Bick, Wolfgang (1994): Haushaltskonsolidierung und Bürgermeinung – Beitrag der kom-munalen Umfrageforschung zur Bewertung der Prioritäten kommunaler Aufgaben. in: Frischmuth, Birgit (Hg.): Haushaltskonsolidierung. DIFU-Materialien, Nr. 4, Berlin, S. 91-107.

Biege, Hans-Peter u.a. (1978): Zwischen Persönlichkeitswahl und Parteientscheidung. Kommunales Wahlverhalten im Lichte einer Oberbürgermeisterwahl, Königstein/Ts.

Bogumil, Jörg (2001): Modernisierung lokaler Politik. Kommunale Entscheidungsprozesse im Spannungsfeld zwischen Parteienwettbewerb, Verhandlungszwängen und Ökono-misierung, Baden-Baden.

Bogumil, Jörg/Holtkamp, Lars/Kißler, Leo (2001): Verwaltung auf Augenhöhe – Strategie und Praxis kundenorientierter Dienstleistungspolitik, Berlin.

Bovermann, Rainer (1996): Wahlen im Ruhrgebiet in vergleichender Perspektive, in: Bo-vermann, Rainer/Goch, Stefan/Priamus, Heinz-Jürgen: Das Ruhrgebiet – ein starkes Stück Nordrhein-Westfalen. Politik in der Region 1946-1996, Essen, S. 336-364.

Bovermann, Rainer (1998): Kommunalwahlen und kommunales Wahlverhalten, in: Ander-sen, Uwe (Hg.): Kommunalpolitik in Nordrhein-Westfalen im Umbruch, Köln, S. 160-183.

Brettschneider, Frank (1995): Öffentliche Meinung und Politik – eine empirische Studie zur Responsivität des Deutschen Bundestages zwischen 1949 und 1990, Opladen.

Brettschneider, Frank (1997): Ratsmitglieder und Bürger – Einstellungskongruenz und ihre Folgen für politisches Vertrauen, in: Gabriel, Oscar W./Brettschneider, Frank/Vetter, Angelika (Hg.): Politische Kultur und Wahlverhalten in einer Großstadt, Opladen, S. 249-273.

Brettschneider, Frank (1998): Kohl oder Schröder: Determinanten der Kandidatenpräferenz gleich Determinanten der Wahlpräferenz?, in: Zeitschrift für Parlamentsfragen, Heft 3, S. 401-421.

Brettschneider, Frank (2001): Candidate-Voting. Die Bedeutung von Spitzenkandidaten für das Wählerverhalten in Deutschland, Großbritannien und den USA von 1960 bis 1998, in: Klingemann, Hans Dieter/Kaase, Max (Hg.): Wahlen und Wähler, Wiesbaden, S. 351-400.

Bürklin, Wilhelm/Klein, Markus (1998): Wahlen und Wählerverhalten. Eine Einführung, Opladen.

Busch, Matthias (1997): Politische Themen und Wahlverhalten, in: Gabriel, Oscar W./Brettschneider, Frank/Vetter, Angelika (Hg.): Politische Kultur und Wahlverhalten in einer Großstadt, Opladen, S. 181-201.

Czarnecki, Thomas (1992): Kommunales Wahlverhalten. Die Existenz und Bedeutsamkeit kommunaler Determinanten für das Wahlverhalten. Eine empirische Untersuchung am Beispiel Rheinland-Pfalz, München.

Datenreport 1997. Zahlen und Fakten über die Bundesrepublik Deutschland (1997), hg. v.: Statistisches Bundesamt, Bonn.

Eith, Ulrich (1997): Kommunales Wählerverhalten in Ost- und Westdeutschland: Brandenburg, Baden-Württemberg und Nordrhein-Westfalen im Vergleich, in: Gabriel, Oscar W. (Hg.): Politische Orientierungen und Verhaltensweisen im vereinigten Deutschland, Opladen, S. 377-400.

Falter, Jürgen W. (1973): Faktoren der Wahlentscheidung. Eine wahlsoziologische Analyse am Beispiel der Saarländischen Landtagswahl 1970, Saarbrücken.

Falter, Jürgen W. (1991): Hitlers Wähler, München.

Freis, Guido (1998) : Die Reform der Gemeindeverfassung in Nordrhein-Westfalen: eine „Constituent policy" im kommunalpolitischen Netzwerk, Frankfurt a.M.

Frerk, Thorsten (1998): Die Responsivität kommunaler politischer Eliten, Dortmund.

Gabler, Siegfried/Häder, Sabine (1998): Probleme bei der Anwendung von RLD-Verfahren, in: Gabler, Siegfried u.a. (Hg.): Telefonstichproben in Deutschland, Wiesbaden, S. 58-68.

Gabriel, Oscar u.a. (1993): Responsivität bundesdeutscher Kommunalpolitiker, in: Politische Vierteljahresschrift, Heft 1, S. 29-46.

Gabriel, Oscar W. (1994): Lokale Politische Kultur, in: Alemann, Ulrich von/Loss, Kay/Vowe, Gerhard (Hg.): Politik. Eine Einführung, Opladen, S. 203-252.

Gabriel, Oscar W. (1997): Kommunales Wahlverhalten. Parteien, Themen und Kandidaten, in: Gabriel, Oscar W./Brettschneider, Frank/Vetter, Angelika (Hg.): Politische Kultur und Wahlverhalten in einer Großstadt, Opladen, S. 147-168.

Gabriel, Oscar W./Brettschneider, Frank (1998): Die Bundestagswahl 1998: Ein Plebiszit gegen Kanzler Kohl? in: Aus Politik und Zeitgeschichte, Heft 52, S. 20-32.

Gabriel, Oscar W./Brettschneider, Frank/Vetter, Angelika (Hg.) (1997): Politische Kultur und Wahlverhalten in einer Großstadt, Opladen.

Gabriel, Oscar W./Falter, Jürgen W. (Hg.) (1996): Wahlen und politische Einstellungen in westlichen Demokratien, Frankfurt a.M.

Gehne, David H. (1998): Vereine als Form bürgerschaftlichen Engagements in der Kommune; in: Andersen, Uwe (Hg.): Kommunalpolitik in Nordrhein-Westfalen im Umbruch, Köln, S. 203-218.

Häder, Sabine/Gabler, Siegfried (1998): Ein neues Stichprobendesign für telefonische Umfragen in Deutschland, in: Gabler, Siegfried u.a. (Hg.): Telefonstichproben in Deutschland, Wiesbaden, S. 69-88.

Henke, Andreas (1997): Kumulieren und Panaschieren, in: Gabriel, Oscar W./Brettschneider, Frank/Vetter, Angelika (Hg.): Politische Kultur und Wahlverhalten in einer Großstadt, Opladen, S. 169-179.

Hennig, Eike (1998): Einleitung: Die Kohärenz von Raum, Struktur und Orientierung, in: Hennig, Eike/Homburg, Heiko/Lohde-Reiff, Robert: Politische Kultur in städtischen Räumen. Parteien auf der Suche nach Wählern und Vertrauen, Opladen, S. 17-54.

Henning, Eike/Homburg, Heiko/Lohde-Reiff, Robert (Hg.) (1998): Politische Kultur in städtischen Räumen – Parteien auf der Suche nach Wählern und Vertrauen. Eine Studie am Beispiel der Stadt Kassel, Opladen.

Hermann, Dieter/Werle, Raymund (1983): Kommunalwahlen im Kontext der Systemebenen, in: Politische Vierteljahresschrift, Heft 4, S. 385-405.

Hoffmann-Lange, Ursula (1991): Kongruenzen in den politischen Einstellungen von Eliten und Bevölkerung als Indikator für politische Repräsentation, in: Klingemann, Hans-Dieter et al. (Hg.): Politische Klasse und politische Institutionen, Opladen, S.275-289.

Holtkamp, Lars (2000a): Kommunale Haushaltspolitik in NRW – Haushaltslage – Konsolidierungspotentiale – Sparstrategien, Opladen, Diss.

Holtkamp, Lars (2000b): Bürgerbeteiligung in Städten und Gemeinden – Ein Praxisleitfaden für die Bürgerkommune, Berlin.

Holtkamp, Lars (2001): Der Bürgerhaushalt – Ein Konzept für Klein und Groß und Arm und Reich? in: Der Gemeindehaushalt, Nr. 5, S. 104-107.

Innenminister NRW (1989): Umfrage zu den Bedingungen der Kommunalpolitik in Nordrhein-Westfalen, Düsseldorf.

Institut für Demoskopie Allensbach (1994): „Föderalismus" – Was ist das?, in: Allensbacher Berichte Nr. 11.

Jagodzinski, Wolfgang/Kühnel, Steffen M. (1990): Zur Schätzung der relativen Effekte von Issueorientierungen, Kandidatenpräferenz und langfristiger Parteibindung auf die Wahlabsicht, in: Schmitt, Karl (Hg.): Wahlen, Parteieliten, politische Einstellungen, Frankfurt a.M., S. 5-61.

Keller, Carsten (1999): Armut in der Stadt. Zur Segregation benachteiligter Gruppen in Deutschland, Opladen.

Kevenhörster, Paul (1976): Parallelen und Divergenzen zwischen gesamtsystemarem und kommunalem Wahlverhalten, in: Konrad-Adenauer-Stiftung, Institut für Kommunalwissenschaften (Hg.): Kommunales Wahlverhalten, Bonn, S. 241-283.

Kevenhörster, Paul (1983): Kommunalwahlen – Instrument bürgerschaftlicher Einflußnahme auf die Kommunalpolitik?, in: Gabriel, Oscar W. (Hg): Bürgerbeteiligung und kommunale Demokratie, München, S. 157-172.

Klein, Markus/Ohr, Dieter (2000): Gerhard oder Helmut? ‚Unpolitische' Kandidateneigenschaften und ihr Einfluss aus die Wahlentscheidung bei der Bundestagswahl 1998, in: Politische Vierteljahresschrift, Heft 2, S. 199-224.

Kleinfeld, Ralf (1996): Kommunalpolitik. Eine problemorientierte Einführung, Opladen.

Klingemann, Hans Dieter (1976): Issue-Orientierung, Issue-Kompetenz und Wahlverhalten aus kommunalpolitischer Perspektive, in: Konrad-Adenauer-Stiftung, Institut für Kommunalwissenschaften (Hg.): Kommunales Wahlverhalten, Bonn, S. 199-240.

Krell, Dieter/Wesseler, Norbert (1994): Das neue kommunale Verfassungsrecht in Nordrhein-Westfalen. Das neue Recht und seine Hintergründe. Eine systematische Darstellung für Verwaltung und Politik, Köln.

Landesamt für Datenverarbeitung und Statistik Nordrhein-Westfalen (1999): Kommunalwahlen 1999 (4 Bände), Düsseldorf.

Lazarsfeld, Paul F./Berelson, Bernard/Gaudet, Hazel (1969): Wahlen und Wähler. Soziologie des Wahlverhaltens, Neuwied/Berlin.

Lingk, Anne-Kathrin (1999): Die Reform der nordrhein-westfälischen Kommunalverfassung, Basel.

Löffler, Berthold/Rogg, Walter (1985): Determinanten kommunalen Wahlverhaltens in Baden-Württemberg: dargestellt am Beispiel der Stadt Ravensburg, Tübingen, Diss.

Löffler, Berthold/Rogg, Walter (1985): Kommunalwahlen und kommunales Wahlverhalten, in: Pfizer, Theodor/Wehling, Hans-Georg (Hg.): Kommunalpolitik in Baden-Württemberg, Stuttgart u.a., 2. Aufl. 1991, S. 108-124, 3. Aufl. 2000, S. 109-136.

Lüttringhaus, Maria/Sander, Jochen (2001): Essen – Eine BürgerInnenkommune? in: GAR-Rundbrief 1, S. 12.

Maier, Jürgen (2000): Politisches Interesse und politisches Wissen in Ost- und Westdeutschland, in: Falter, Jürgen/Gabriel Oscar W./Rattinger, Hans (Hg.): Wirklich ein Volk? Die politischen Orientierungen von Ost- und Westdeutschen im Vergleich, Opladen, S. 141-172.

Marcinkowski, Frank (2001): Kommunales Wahlverhalten zwischen Eigengesetzlichkeit und Bundestrend. Eine Fallstudie aus Nordrhein-Westfalen, in: polis Nr. 51.

Mielke, Gerd/Eith, Ulrich (1994): Honoratioren oder Parteisoldaten? Eine Untersuchung der Gemeinderatskandidaten bei der Kommunalwahl 1989 in Freiburg, Bochum.

Naßmacher, Hiltrud (2000): Die Auswahl der Kandidaten muss sorgfältiger getroffen werden, in: Der Städtetag, Nr. 5, S. 43-47.

Noelle-Neumann, Elisabeth (1995): Rechtsbewusstsein im wiedervereinigten Deutschland. Eine Dokumentation des erweiterten Beitrags in der FAZ Nr. 57 vom 8.03.1995, Allensbach.

Pappi, Franz Urban (1976): Sozialstruktur und Wahlentscheidung bei Bundestagswahlen aus kommunalpolitischer Perspektive, in. Konrad-Adenauer-Stiftung, Institut für Kommunalwissenschaften (Hg.): Kommunales Wahlverhalten, Bonn, S. 1-57.

Prase, Tilo (1996): Wie man Glaubwürdigkeit vermittelt. Ein Laborversuch zu den Bürgermeisterwahlen in Leipzig, in: Holtz-Bacha, Christina/Kaid, Lynda Lee (Hg.): Wahlen und Wahlkampf in den Medien. Untersuchungen aus dem Wahljahr 1994, Opladen.

Roth, Dieter (1998): Empirische Wahlforschung. Ursprung, Theorien, Instrumente und Methoden, Opladen.

Roth, Norbert (1998): Wie wird man Bürgermeister und warum? Motivation, Erkenntnisse, Hinweise, Handlungsanleitungen zum Wahlkampf, in: Roth, Norbert (Hg.): Position und Situation der Bürgermeister in Baden-Württemberg, Stuttgart.

Schacht, Konrad (1986): Wahlentscheidung im Dienstleistungszentrum. Analysen zur Frankfurter Kommunalwahl vom 22. März 1981, Opladen.

Scheuch, Erwin K./Scheuch, Ute (1994): Cliquen, Klüngel und Karrieren – Über den Verfall der politischen Parteien, Hamburg.

Schmitt-Beck, Rüdiger (1993): Denn sie wissen nicht was sie tun...Zum Verständnis des Verfahrens der Bundestagswahl bei westdeutschen und ostdeutschen Wählern, in: Zeitschrift für Parlamentsfragen, Heft 3, S. 393-415.

Schulenburg, Klaus (1999): Der Übergang zur neuen Kommunalverfassung – Implementation und erste Konsequenzen, in: Zeitschrift für öffentliches Recht und öffentliche Verwaltung, Nr. 4, S. 126-132.

Schulenburg, Klaus (1999): Direktwahl und kommunalpolitische Führung. Der Übergang zur neuen Gemeindeordnung in Nordrhein-Westfalen, Basel.

Strohmeier, Klaus Peter (1997): Alternativen zur politischen Partizipation durch Bürgerbeteiligung an der Aufgabenerfüllung. Kommunale Problemlösungsstrategien und Verwirklichung des Subsidiaritätsprinzips, in: Gabriel, Oscar W./Knemeyer, Franz-Ludwig/Strohmeier, Klaus Peter: Neue Formen politischer Partizipation – Bürgerbegehren und Bürgerentscheid, Konrad-Adenauer-Stiftung, Interne Studien Nr. 136, Sankt Augustin.

Troitzsch, Klaus G. (1976): Sozialstruktur und Wählerverhalten. Möglichkeiten und Grenzen ökologischer Wahlanalyse dargestellt am Beispiel der Wahlen in Hamburg von 1949-1974, Meisenheim am Glan.

Uppendahl, Herbert (1981): Repräsentation und Responsivität – Bausteine einer Theorie responsiver Demokratie, in: Zeitschrift für Parlamentsfragen, Heft 1, S. 123-134.

Vetter, Angelika (1997): Einstellungen zur lokalen und zur nationalen Politik, in: Gabriel, Oscar W./Brettschneider, Frank/Vetter, Angelika (Hg): Politische Kultur und Wahlverhalten in einer Großstadt, Opladen, S. 17-42.

Voigt, Rüdiger (1992): Kommunalpolitik zwischen exekutiver Führerschaft und legislatorischer Programmsteuerung, in: Aus Politik und Zeitgeschichte, Heft 22-23, S. 3-12.

Walter, Melanie (1997): Politische Responsivität – Messungsprobleme am Beispiel kommunaler Sportpolitik, Wiesbaden.

Wehling, Hans-Georg (1998): Das Kandidatenangebot bei Bürgermeisterwahlen und die Zukunft der kommunalen Selbstverwaltung, in: Roth, Norbert (Hg.): Position und Situation der Bürgermeister in Baden-Württemberg, Stuttgart, S. 40-60.

Wehling, Hans-Georg (1999): Kommunale Direktwahl zwischen Persönlichkeitswahl und Parteienentscheidung. Konrad-Adenauer-Stiftung, download: www.kas.de.

Wehling, Hans-Georg (2000): Der Bürgermeister – Rechtsstellung, Sozialprofil, Funktionen. in: Theodor Pfizer/Hans-Georg Wehling (Hg.): Kommunalpolitik in Baden-Württemberg. Stuttgart, S. 172-186.

Wehling, Hans-Georg/Siewert, Jörg (1984): Der Bürgermeister in Baden-Württemberg, Stuttgart, 2.Auflage 1987.

Woyke, Wichard (1998): Stichwort: Wahlen. Ein Ratgeber für Wähler, Wahlhelfer und Kandidaten, 10. Auflage, Opladen.

Zerger, Frithjof (2000): Klassen, Milieus und Individualisierung. Eine empirische Untersuchung zum Umbruch der Sozialstruktur, Frankfurt a.M./New York.

Die Autorinnen und Autoren

Andersen, Uwe, Dr., Professor für Politikwissenschaft an der Fakultät für Sozialwissenschaft der Ruhr-Universität Bochum

Bovermann, Rainer, Dr., Privatdozent und Oberassistent an der Fakultät für Sozialwissenschaft der Ruhr-Universität Bochum

Gehne, David H., Dipl.-Soz.Wiss., wissenschaftlicher Mitarbeiter am Sozialwissenschaftlichen Institut der Heinrich-Heine-Universität Düsseldorf

Holtkamp, Lars, Dr., wissenschaftlicher Mitarbeiter am Institut für Politikwissenschaft der FernUniversität-Gesamthochschule Hagen

Neubauer, Jennifer, Dipl.-Soz.Wiss., wissenschaftliche Mitarbeiterin am Zentrum für interdisziplinäre Ruhrgebietsforschung (ZEFIR) der Ruhr-Universität Bochum